21
世纪经济管理类精品教材

统 计 学

（第4版）

主　编◎孙静娟
副主编◎杨光辉　杜　婷

Statistics

清华大学出版社
北 京

内 容 简 介

本书由浅入深，全面、系统地阐述了统计学的基本概念、原理和方法，并运用计算机软件结合实例进行统计运算和分析，主要内容包括统计学总论、统计数据调查与整理、总量指标与相对指标、平均指标与标志变异指标、时间序列分析、统计指数、概率统计、抽样推断、相关与回归分析、统计学中的 Excel 例解。每章前面有学习目的，后面附有本章小结、思考与练习，方便学习和使用。

本书可作为普通高等院校经济类、管理类各专业统计学课程的教材，也可作为统计工作者及经济管理工作人员的自学、参考用书。

图书在版编目（CIP）数据

统计学 / 孙静娟主编. —4 版. —北京：清华大学出版社，2021.2（2022.2重印）
21 世纪经济管理类精品教材
ISBN 978-7-302-57433-0

Ⅰ. ①统… Ⅱ. ①孙… Ⅲ. ①统计学—高等学校—教材 Ⅳ. ①C8

中国版本图书馆 CIP 数据核字（2021）第 019671 号

责任编辑：杜春杰
封面设计：刘 超
版式设计：文森时代
责任校对：马军令
责任印制：宋 林

出版发行：清华大学出版社
 网 址：http://www.tup.com.cn，http://www.wqbook.com
 地 址：北京清华大学学研大厦A座 邮 编：100084
 社 总 机：010-62770175 邮 购：010-62786544
 投稿与读者服务：010-62776969，c-service@tup.tsinghua.edu.cn
 质量反馈：010-62772015，zhiliang@tup.tsinghua.edu.cn
印 装 者：小森印刷霸州有限公司
经 销：全国新华书店
开 本：185mm×260mm 印 张：18.75 字 数：445 千字
版 次：2006 年 9 月第 1 版 2021 年 3 月第 4 版 印 次：2022 年 2 月第 4 次印刷
定 价：55.00 元

产品编号：088236-01

第 4 版前言 I

　　统计学是普通高等院校经济管理类专业本科生的一门重要专业基础课程，一直被教育部列为核心课程之一。本书为适应经济管理类专业统计学教学的需要而编写，目的是使经济管理类专业学生掌握系统的统计学基础知识。本书的特色是在体系及内容上规范翔实，由浅入深、循序渐进，注重统计学基本原理、基础知识的阐述和基本统计方法的训练，力求把社会经济统计与数理统计方法相结合，使读者更容易接受统计学的理论与方法，并运用计算机软件 Excel 结合实例进行统计运算，可增强学生学习的兴趣、提高学习效率和实践操作能力。通过学习本书，可培养学生的统计意识和能力，能够运用基本的统计理论与方法，分析和解决经济、管理中出现的实际问题。本书在体例上，每章开篇设有学习目的，提出教学要点和对学生的教学要求；每章末附有本章小结，对教学内容的重点进行扼要的概括，同时每章最后附有思考与练习，以便使学生理解和掌握所学内容。本书有配套的 PPT 课件，可供采用本书教学的教师使用。

　　与本书相配套的教材还有《统计学学习指导书（第 4 版）》（孙静娟、邢莉主编），即将由清华大学出版社出版，该书能使学生在学习统计学的过程中更容易掌握重点与难点并进行练习训练，同时帮助教师驾驭学生的课外学习。

　　本书由深圳大学经济学院统计学专业的孙静娟、杨光辉、杜婷、邢莉、王树佳教师编写，其中，孙静娟为主编，杨光辉、杜婷为副主编。自本书 2006 年出版第 1 版以来，在使用过程中我们注意听取了同行专家及学生们的意见和建议，不断对教材在内容、结构和案例数据上进行调整和修改。本次修订的第 4 版对第 3 版的某些章节充实了内容并更新了案例数据，便于经济管理类学生和其他读者能更好地熟悉和掌握统计学的基本理论、概念和方法。在本次修订中，孙静娟对第二章、第三章、第四章及第六章进行了修改，杜婷对第五章进行了修改，邢莉对第七章进行了修改。

　　本书的编写和出版得到了清华大学出版社的支持，特别是杜春杰老师，为本书的出版及修订做了大量工作，在此表示诚挚的感谢！

　　虽然我们有多年从事经济管理类本科生统计学课程教学的经验，在写作和修改本书的过程中也竭尽全力，但由于编者水平有限，书中不足之处仍在所难免，敬请同人、读者不吝赐教，以便我们做进一步的修改和完善。

编　者

目 录 |

第一章 总 论

✎ 学习目的

本章对统计学的基本轮廓进行了介绍，是以后各章学习的基础。学习者要理解统计的含义，统计学的研究对象、特点，以及统计学的性质；了解统计学的产生和发展；了解大数定律的方法论意义、统计研究的基本方法；掌握统计研究的阶段及它们之间的联系；要求重点掌握统计学的几个基本概念：统计总体和总体单位、指标与标志以及变异、变量与变量值；了解统计指标体系的概念、分类，以及统计的职能。

第一节 统计学的研究对象和性质

一、统计的含义

"统计"一词来源已久，其含义在历史上是不断发展和变化的。"统计"最早源自中世纪拉丁语"Status"，是指各种现象的状态和状况。由这一词根组成的意大利语"Stato"，意为国家，作为各国的国家结构和国情知识的总称。"统计"最早作为学名使用是在 1749 年，德国哥丁根大学政治学教授阿亨瓦尔（G.Achenwall）将课程"国势学"定为"Statistik"（统计）。此后，各国相继沿用"统计"一词，并将其译为各国文字，法国译为 Statistique，意大利译为 Statistica，英国译为 Statistics。该词不断被赋予新的内容并逐渐传播到各国，在 20 世纪初由日本传入我国。"统计"一词成为记述国家和社会状况数量关系的总称。

统计随着人类社会活动及国家管理的需要而不断发展完善，涉及社会的各个领域。"统计"一词的广泛运用使其在不同场合具有不同的含义，归纳起来为：统计工作、统计资料和统计科学。

（一）统计工作

统计工作即统计实践，是指关于收集、整理、分析和预测社会经济现象以及自然现象总体数量方面的活动过程。具体包括：统计设计，即根据统计对象的性质和统计研究的目的，对统计工作涉及的各个方面和环节进行规划；统计收集，即对统计资料的调查；统计整理，即对统计资料进行科学的加工；统计分析和预测，即计算相应指标以及描述研究对象的特征和规律，反映未来的发展趋势。

（二）统计资料

统计资料即统计信息，是指通过统计工作所获得的反映客观现象的各项数据资料以及与之相关的其他资料的总称。统计资料具体表现为各种统计图、统计表、统计公报、统计年鉴、统计手册及统计分析报告等。统计资料能反映客观现象发展的规模、水平、速度、结构、比例以及有关情况。

（三）统计科学

统计科学即统计理论，是指研究如何收集、整理、分析和预测社会经济现象以及自然现象统计资料的方法论科学。统计科学所包含的一系列收集、处理、分析统计数据的方法来源于对统计数据资料的研究，其目的是探索事物的内在数量规律性，以达到对客观事物的科学认识。

统计工作、统计资料、统计科学三者有密切的联系。统计资料是统计工作的成果，统计科学是统计工作的实践经验总结和理论概括，同时也反过来指导统计工作的实践，为统计工作提供科学的理论和方法。因此，统计工作和统计资料是统计实践活动与统计成果的关系，统计科学和统计工作是理论与实践的关系。

二、统计学的研究对象及特点

（一）统计学的研究对象

统计学的研究对象是指统计研究所要认识的客体，它决定着统计科学的研究领域以及相应的研究方法。一般来说，统计学的研究对象是客观事物的总体数量特征和数量关系，以反映其发展过程及规律性。

一切事物都有质和量两个方面，事物的本质都表现为一定的数量，质总是具有一定的量而存在，数量的积累达到一定界限引起质的变化。只有通过对客观事物的数量方面进行分析研究，才能把握事物本质的特点。因此，要研究客观事物的存在、发展并掌握其规律，必须研究事物的量，研究事物在一定时间、地点、条件下的数量表现所反映的发展规律性。

客观事物的质和量是对立统一的两个方面，统计学在研究客观事物数量方面时，也不能离开质，应以事物的质的分析为基础，明确事物数量表现的范围，同时最终说明事物本质的变化。例如，只有弄清国内生产总值的本质和经济内容的范围，才能对其进行正确的统计和计算，而统计的目的最终又要说明国内生产总值的产业结构以及分配的发展变化情况。

（二）统计学研究对象的特点

1. 数量性

数量性是统计学研究对象的基本特点。统计学的研究对象是客观事物的数量特征和数量关系，即它通过数量来反映客观事物的类型、量的顺序、量的大小、量的关系、质量互变的数量界限，并通过对研究对象数量方面的调查、整理、分析，以数字为语言，说明事物的规模、水平、发展速度、构成及比例关系，认识事物的本质和规律。

2. 总体性

总体性亦称大量性。统计学通过对大量事物进行观察研究，或对一个事物的变化做多次观察研究，才能得出反映现象总体数量特征、反映事物必然性的结论。这是因为客观事物的个别现象通常有其偶然性、特殊性，而现象总体则具有相对的普遍性、稳定性，是有规律可循的。然而统计研究是从个别事物开始的，从个别入手，对个别单位的具体事实进行调查研究，但其目的是为了认识总体的数量特征。例如，城镇居民调查，虽然是对每户居民进行调查，但目的不在于研究个别居民户的家计状况，而是通过大量的调查来反映一个城市、一个地区、一个国家的居民收入水平、收入分配、消费水平、消费结构等。统计也不是一概不研究个别事物。由于以大量观察为依据的综合数量特征形式来研究客观现象发展过程，不可避免地容易趋于一般化、抽象化，因此，还要有选择地抽取个别典型单位进行深入的具体研究，以便更有效地掌握现象总体的规律性。

3. 具体性

统计学的研究对象是客观现象某一具体事物的数量方面，而不是像数学那样研究抽象的"纯数量"。客观现象的具体事物都是在一定时间、地点、条件下的数量表现，它总是与时间、空间、事物紧密地联系在一起，具体地、历史地描述客观现象的发展过程，由此反映其本质和规律性。当然，由于统计学是研究客观现象总体的数量特征及关系的科学，因而它也要遵循数学法则并运用许多数学方法进行运算及统计分析。

三、统计学的性质

统计学有其自身特定的研究对象和特有的研究方法。统计学的任务就在于为研究统计活动的数量方面并认识其规律提供科学的方法。这里所指的方法包括指导统计活动的原理原则、统计过程所应用的核算和分析方法以及统计组织和管理方法，其核心内容是统计数据的收集、整理、描述、分析的原理和方法。这些方法论构成了统计学的科学体系，所以统计学是一门认识客观现象总体数量特征和数量关系的方法论科学，即它是研究如何收集数据、整理数据、分析数据，以便对客观现象总体的规律做出正确推断的方法论科学，这些方法既可用于对社会经济现象数量方面的研究，也可用于对自然现象数量方面的研究。

统计学和数学都是研究数量关系的，但它们是两个不同性质特点的学科。两者的区别主要是：数学是撇开具体的对象去研究"纯数量"的联系和空间形式，采用的是逻辑推理和演绎论证的方法，根据严格的定义、假设命题以及给定的条件去推证有关的结论。而统计学在研究方法中所采用的数据则是客观的具体对象的数量表现，统计学是将这些具体数据进行适当的运算，取得一定的结果，然后再根据其客观现象，说明计算结果所反映出的实际意义，为决策提供科学的依据。统计学所运用的方法是归纳法，它是根据试验或调查、观察到的大量的个别单位，加以归纳来推断总体的情况。然而统计学和数学也有着密切的关系：数学为统计理论和统计方法的发展提供了数学基础，在统计学中运用了大量的数学知识。例如，数学中的概率论，它研究随机现象的数量关系和变化规律，从数量方面体现了偶然与必然、个别与一般、局部与总体的辩证关系。统计学则运用这些数学方法，根据研究对象的性质和特点，形成各种专门的统计方法。

统计学与相关的实质性学科，如经济学、哲学、社会学、物理学、医学、生物学等，虽然有共同的研究对象，但它与实质性学科的性质是不同的。统计学是一门方法论学科，而实质性学科是研究该领域现象的本质关系和发展变化规律的。然而统计学与这些实质性学科有着或多或少的联系。在实质性学科的基础理论指导下，统计学帮助各实质性学科探索其学科的内在关系与数量规律性，再由该实质性学科对数量的规律性做出理论的解释并进一步研究本学科内在的规律。例如，统计方法研究出新生婴儿男女性别的比例是107∶100，然而为什么会是这样的比例，这一比例的形成原因是由医学或人类遗传学来研究和解释，而不是统计方法所能解决的。反过来，统计学的实证研究又可以检验实质性学科理论的可靠性和完善程度。统计归纳分析所获得的新知识往往又为实质性学科开辟新的领域，这在哲学、经济学的历史上屡见不鲜。

四、统计学的产生和发展

统计学是从统计实践活动中产生和发展起来的，它将在今后的统计实践中进一步完善和发展。

（一）统计实践的产生和发展

从历史上看，统计实践活动远远早于统计学的产生，它是随着人类社会经济的发展，随着治国和管理的需要而产生和发展起来的，至今已有四五千年的历史。统计活动起源于原始社会末期，当时人们就用结绳记事、结绳计量的方法来对狩猎品和采集到的野果的数量等进行简单计数。

在奴隶社会，统治者为了维护自己的统治地位，实现对内统治、对外战争的需要，进行征兵、徭役、征税，开始了人口、土地和财产的统计活动。据晋代皇甫谧（公元215—公元282年）的《帝王世纪丛书》记载，我国早在四千多年前的夏朝，为了治国治水的需要，就进行了初步的国情统计：全国分为9个州，人口为1 355万人，土地为2 438万顷。在国外，古希腊、古罗马时代，已开始人口和居民财产的统计活动。在埃及，早在建造"金字塔"时，为征集所需财务和征用劳力，在全国进行人口、劳力和财产的调查。

在封建社会，由于当时经济十分落后，统计发展缓慢，仅限于对事物调查、登记、简单计数及加总。

在资本主义社会，随着经济文化的发展和社会分工的不断深化，农业、工业、商业、交通、邮电、海关、银行、保险、外贸等方面逐渐形成独立的行业或部门，也相应地引起了对统计活动的新需要，农业统计、工业统计、商业统计、交通运输统计等部门的社会经济统计应运而生。1830—1849年，欧洲出现"统计狂热"时期，统计科学研究与统计学术活动十分活跃，各国相继成立了统计机关和统计研究机构，统计成为社会分工中一种专门的行业。

（二）统计理论的产生和发展

在资本主义社会，随着统计实践活动的发展，众多学者开始总结丰富的统计实践经验，纷纷著书立说，使得统计学在理论和方法上不断丰富。由于这些统计学者所处的历史条件不同，研究的领域不同，形成了不同的统计学派。主要的统计学派有以下几种。

1. 国势学派

国势学派亦称记述学派，产生于17世纪的德国，代表人物是康令（H.Conring，1606—

1681 年）、阿亨瓦尔（G.Achenwall，1719—1772 年），代表作是《近代欧洲各国国势学概论》。他们在德国的大学开设了国势学课程。国势学派把统计学理解为国家重要事项的记述，他们收集大量的实际资料，分门别类地记述国家组织、土地、人口、军队、居民职业、宗教、资源财产等社会经济情况，注重事件的文字记述，缺乏数量的分析。对比后人所以为的统计学，国势学派所理解的统计学是不符合要求的，存在着名不副实的缺陷。然而"统计学"一词就是从"国势学"演变而来的。

2．政治算术学派

政治算术学派产生于 17 世纪的英国，代表人物是威廉·配弟（W.Petty，1623—1687 年），代表作是《政治算术》。该书运用大量的数据资料，对英国、荷兰、法国的政治事项、社会结构、经济状况、军事力量等国情国力首次进行了解剖分析。其运用具体的数字、重量、尺度等方法，对社会经济等现象及其相互关系做系统的数量运算与对比分析，为统计学的创立奠定了方法论基础。该学派成功地将经济理论和统计分析方法结合在一起，形成了既不同于数学又不同于政治经济学的新学科。因此马克思称威廉·配弟为"政治经济学之父"，在某种程度上说，威廉·配弟是统计学的创始人。政治算术学派的另一位代表人物是约翰·格朗特（John Graunt，1620—1674 年）。在他的论著《对死亡率公报的自然观察和政治观察》中，首次通过大量观察研究发现了一系列人口统计规律：新生儿性别比例；死亡率男性高于女性；一般疾病和事故的死亡率较稳定，而传染病的死亡率波动较大。约翰·格朗特还编制了初具规模的"生命表"，对年龄死亡率与人口寿命进行了分析。尽管该学派的学者运用统计学的理论与方法，但却都没有使用"统计学"这个名称。

3．数理统计学派

数理统计学派产生于 19 世纪的比利时，代表人物是阿道夫·凯特勒（A.Quetelet，1796—1874 年），著有《社会物理学》《概率论书简》等著作。他将法国古典概率理论引入统计学，认为无论是自然现象还是社会现象都有规律可循，一切事物都受大数定律支配。统计学是可应用于任何学科研究的方法，并开创性地应用了许多统计方法。到了 19 世纪 60 年代，凯特勒把统计学发展过程中的三个主要源泉，即国势学派、政治算术学派和古典概率学派加以结合，使之成为近代应用数理统计学。其后，由葛尔登（F.Galton，1822—1911 年）、皮尔生（K.Pearson，1857—1936 年）、戈塞特（W.S.Gosset，1876—1937 年）和费雪尔（R.A.Fisher，1890—1962 年）等统计学家，经过多方面的研究，提出并发展了相关与回归、假设检验、χ^2 分布和 t 分布等理论，使数理统计学逐渐成为一门独立的学科。

4．社会统计学派

社会统计学派产生于 19 世纪的后半叶，其先驱者是德国大学教授克尼斯（K.G.A.Knies，1821—1897 年），主要代表人物是恩格尔（C.L.E.Engel，1821—1896 年）和梅尔（G.V.Mayr，1841—1925 年）。该学派认为，统计学的研究对象在于社会现象的数量方面，即描述社会现象内部的联系和相互关系以及发展规律。统计应当包括资料的收集、整理以及对资料的分析研究。社会统计学派认为：全面调查，包括人口普查和工农业调查，居于重要地位；以概率论为理论基础的抽样调查，在一定范围内具有实际意义和作用。社会统计学派在理论上比政治算术学派更加完善，在时间上比数理统计学派更早成熟，因此在国际统计学界有较大的影响。

第二节　统计学的研究方法和研究阶段

一、大数定律的方法论

统计学研究现象总体的数量特征所运用的基本方法都与数量的总体性有关，其数学依据是大数定律。

大数定律又称大数法则，它是说明在大量随机现象中，其平均结果具有稳定性的法则，也就是说，如果被研究的总体数量特征是由大量的相互独立的随机变量形成的，每个变量对总体的影响都相对得小，那么对大量随机变量加以综合平均的结果就是，变量的个别影响将相互抵消，从而显现出它们共同作用的倾向，使总体数量特征具有稳定性。由于大数定律的作用，大量随机现象的总体作用必然导致某种不依赖于个别随机现象的结果，呈现出规律性。

统计学所研究的对象，无论是自然现象还是社会现象，它们的出现都受许多因素影响，既有必然的因素，也有偶然的因素，这些因素对个别单位所起的作用，在程度大小、变化快慢、发展趋势上可能表现不同，这就使得同一现象在每个单位的数量表现上具有随机性。统计研究是指对这些随机现象通过大量观察法对总体中所有单位或足够多的单位进行调查，并运用综合指标法对各单位变量加以综合，所得到的平均结果可以消除偶然因素的影响，反映出现象的必然性。大数定律使我们通过偶然性发现必然性，认识现象规律的表现形式，但它并不能说明现象的本质，这必须借助相关的实质性学科的知识来解释现象的本质及其内在联系。

二、统计研究的基本方法

统计研究的基本方法有大量观察法、统计分组法、统计指标法、统计模型法和统计推断法等。

（一）大量观察法

大量观察法是指统计研究客观现象和过程的规律，是从总体上加以考察，对总体中的全部或足够多的单位进行调查并进行综合分析的方法。大量观察法的理论根据是大数定律。个别事物的表现往往具有随机性，要反映总体的本质和规律，不能用个别事物、个别单位的特征和数量表现来说明，而只能对总体中全部或足以表现现象总体特征的部分单位进行调查、观察，通过综合平均，个别事物的偶然因素的影响就会互相抵消，呈现出事物的本质特征，进而认识其规律性。例如，对新生婴儿的性别比例进行观察，若只抽取少数婴儿进行观察，其男女性别比例为 3：7，但进行大量观察，新生婴儿男女性别比例就会稳定在 107：100，从而显现出新生婴儿男女性别比例大体平衡且男性略多于女性的自然规律。

（二）统计分组法

统计分组法是指根据统计研究目的和研究对象的特点，将总体各单位按照某一标志划分为不同性质的类型或组别的研究方法。通过分组，可以将总体中性质相同的单位归并在一起，保持组内各单位的同质性，而把性质不同的单位分开，显示组与组之间的差异性，从而研究总体中现象不同类型的性质以及它们的分布情况，如产业的经济类型分组及行业的分布情况；也可以研究总体中现象的构成和比例，如三次产业的构成、生产要素的比例等；或研究总体中现象之间的依存关系，如商业企业按营业额大小分组研究经营规模与商品流通费用率的关系等。因此，统计分组法是我们从多种角度深入分析研究问题的一个重要方法。

（三）统计指标法

统计指标法是指运用统计指标来描述和研究总体的数量状况，以得到事物数量特征的本质或规律性的认识方法。统计指标法与统计分组法两者相互联系并贯穿于整个统计工作之中，通过统计分组而形成统计指标，从而反映总体内部的数量差异和数量关系，以及总体之间的联系和区别。统计指标法包括总量指标法、相对指标法、平均指标法、动态指标法、统计指数法等。例如，研究某地区某年商业企业的经营状况，就可以在统计分组的基础上，运用统计指标法对商品销售额、商品销售额的构成、人均商品销售额、利润总额、人均利润额、资金利用率、平均商品流通费用率、平均商品流转次数以及商品销售量指数、销售价格指数等多个指标进行对比分析，在现象的相互联系中认识这些被研究事物的数量特征。

（四）统计模型法

统计模型法是指根据一定的经济理论和假设条件，用数学方法去模拟现实客观现象之间相互关系的一种研究方法。利用这种方法可以对客观现象和过程中存在的关系在定性分析的基础上，定量地进行比较完整的近似描述，凸显所研究指标之间的数量关系，从而简化客观存在的其他复杂关系，以便利用模型对所研究的现象变化进行定量的估计和趋势预测。例如，利用回归分析法模拟变量之间的数量关系，所建立的回归方程就是统计数学模型。统计模型法除用数学方程式反映指标之间的数量关系外，有时还可以依据统计指标之间的逻辑关系，构建框架式的逻辑模型。例如，国民经济指标体系就是表达经济现象之间关系的统计逻辑模型。

（五）统计推断法

统计推断法是指以一定的置信标准要求，根据随机抽取的样本数据来判断总体数量特征的归纳推理方法。在统计研究中，所面对的总体对象的范围往往是很大的，有些是不可能或不需要进行全面调查而又要了解其数量特征时，必须采用统计推断法。例如，要说明一批灯泡的平均使用时间，就从该批灯泡中随机地抽取一部分进行质量检验，以推断这一批灯泡的平均使用寿命，并给出这种推断的置信程度。统计推断法可以用于对总体参数的点估计或区间估计，也可以用于对总体某假设的检验。它广泛地用于统计研究的许多领域，是现代统计学的基本方法。

三、统计研究的阶段

统计研究是通过统计设计、统计调查、统计整理以及统计分析这几个阶段来完成的，每个阶段虽然有各自的独立性，但它们又是相互连接的统一过程。

（一）统计设计

统计设计是在正式进行具体统计工作之前，根据统计研究的目的和统计对象的性质，对统计工作的各个方面和各个环节所进行的总体规划和全面安排。统计设计的结果表现为各种设计方案，如国民经济核算体系方案、统计指标体系、统计分类目录、统计报表制度、统计调查方案、资料汇总或整理方案以及统计分析提纲等。统计设计是统计工作的第一阶段，它是整个统计工作协调、有序、顺利进行的必要条件，是保证统计工作质量的重要前提。

（二）统计调查

统计调查是根据统计研究的任务和统计设计规定的调查方案的要求，运用科学的调查方法有组织地收集被研究对象的各项数字或文字资料。统计调查是认识事物的起点，这个阶段所收集的资料是否完整、准确、及时，直接关系统计整理的好坏，关系统计分析的结果正确与否，决定着统计工作的质量，因此，它是整个统计工作的基础。

（三）统计整理

统计整理是指根据统计研究的目的，将统计调查所得的资料进行科学的分组、汇总、列表的加工处理过程。统计整理使分散的、不系统的原始资料条理化、系统化，从而能够说明现象总体的特征，为统计分析打下基础。统计整理处于统计工作的中间环节，起着承前启后的作用。

（四）统计分析

统计分析是根据统计研究的目的，综合运用各种分析方法和统计指标，对加工整理后的资料和具体情况进行定性和定量的分析，并对未来进行趋势预测。统计分析是统计工作的最后阶段，能揭示出现象本质并得到发展变化规律的结论，是统计工作获取成果的阶段。

第三节　统计学中的几个基本概念

一、统计总体和总体单位

统计总体简称总体，是指根据一定的研究目的，统计所要研究的、客观存在的、具有某一共同性质的许多个别单位所构成的整体。构成总体的各个个别单位就是总体单位，简称单位或个体，它是构成总体的最基本单位。例如，要研究某市工业生产经营情况，该市所有的工业企业就是一个总体。这是因为在性质上每个工业企业的经济职能是相同的，都是从事工业生产活动的基本单位，即它们是同性质的，而每一个工业企业就是一个总体单位。

统计总体根据总体单位是否可以计量分为有限总体和无限总体。

有限总体是指一个统计总体中包含的单位数是有限的。例如，全国人口数、工业企业数、商店数等，不论它们的单位数量有多大，都是有限的，可以计量的。对有限总体可以进行全面调查，也可以进行非全面调查。

无限总体是指一个统计总体中包含的单位数是无限的。例如，工业生产中连续大量生产的产品、大海里的鱼资源数等，数量都是无限的。对无限总体不能进行全面调查，只能抽取一部分单位进行非全面调查，据以推断总体。

统计总体具有以下三个特征。

（1）同质性，是指构成总体的各个单位必须具有某一个共同的特征和性质。同质性是各个个别单位构成统计总体的先决条件。

（2）大量性，是指总体是由许多单位组成的，仅个别或少数单位不能构成总体。这是因为统计研究的目的是为了描述现象的规律，由于个别单位的现象有很大的偶然性，而大量单位的现象综合则相对稳定。因此，现象的规律性只能在大量个别单位的汇总综合中才能表现出来。

（3）变异性，是指构成总体的各单位只是在某一性质上相同，而在其他性质或特征上具有一定的差异。例如，某市全体工业企业的经济职能相同，但是在所有制类型、经营规模、职工人数等方面是不同的。同质性是构成总体的基础，变异性使统计研究成为必要。如果总体的各个单位没有差异，统计研究就成了毫无意义的活动。

总体和总体单位具有相对性，它们随着研究目的不同是可以变换的。例如，要研究某地区工业企业的生产经营情况，则该地区全部工业企业构成总体，而每一个工业企业是单位；如果要研究该地区某一个企业的生产经营情况，那么该企业就成了总体，该企业下属的各个职能部门就是单位。由此可见，一个工业企业由于研究目的不同，既可以作为一个单位来研究，也可以作为一个总体进行研究。

二、指标与标志

（一）指标

指标，亦称统计指标，是说明总体现象数量特征的概念及其数值。统计指标有两种使用方法：一是进行统计设计或理论研究时所使用的仅有数量概念而没有具体数字的统计指标，如国内生产总值、国民生产总值、商品销售额、人口出生率等；二是统计指标由指标名称和指标数值构成。例如，某年某市国内生产总值为 3 000 亿元，它包括指标名称：国内生产总值；指标数值：3 000 亿元。从完整的意义上讲，指标由六个要素构成：时间限制、空间限制、指标名称、指标数值、计量单位、计算方法。

统计学中通常把统计指标分为数量指标和质量指标。

数量指标是反映现象总规模、总水平和工作总量的统计指标，如人口总数、职工总数、企业总数、工资总额、国内生产总值、商品销售额、货物运输量等。由于数量指标反映现象的总量，所以也称为总量指标，并且由于用绝对数表示，因此也称为统计绝对数。

质量指标是反映现象相对水平或工作质量的统计指标，如人口密度、出生率、死亡率、出勤率、劳动生产率、单位产品成本、职工平均工资等。质量指标通常是由两个总量指标对比而派生的指标，用相对指标或平均指标来表示，反映现象之间的内在联系和对比关系。

（二）标志

标志是说明总体单位属性和特征的名称。例如，某企业全体职工作为一个总体，每一位职工是总体单位，职工的性别、年龄、籍贯、民族、文化程度、工龄、工资水平等是说明每一位职工的特征的名称，都称为标志。显然，总体单位是标志的承担者。

标志按其性质不同可分为品质标志和数量标志。

品质标志是表明总体单位品质属性或特征的名称，它不能用数值表示，只能用文字说明。例如，工业企业职工的性别、籍贯、民族、文化程度就是品质标志。

数量标志是表明总体单位数量特征的名称，是用数值表示的。例如，工业企业职工的年龄、工龄、工资水平就是数量标志。数量标志的具体表现为标志值或变量值。例如，某工业企业的某职工年龄为38岁、工资为2 800元，其数值就是标志值。

（三）指标与标志的区别与联系

指标与标志既有明显的区别，又有密切的联系。两者的区别有以下两点。

（1）指标是说明总体特征的，而标志是说明总体单位特征的。

（2）标志有能用数值表示的数量标志和不能用数值表示的品质标志，而指标不论是数量指标还是质量指标，都是用数值表示的。

指标与标志的联系有以下两点。

（1）统计指标的数值是从总体单位数量标志的标志值进行直接汇总或间接计算的。例如，某工业企业职工的月工资总额是该企业的所属职工月工资额汇总而来的，而职工的月平均工资则是通过进一步计算得到的。

（2）指标与数量标志之间存在着变换关系。当研究目的发生变化，原来的统计总体如果变成了总体单位，则相对应的统计指标也就变为数量标志，反之亦然。总之，统计指标与数量标志的变换关系和总体与总体单位的变换关系是一致的。例如，研究目的由原来某地区工业企业的生产经营情况，变为只是研究该地区某一个工业企业的生产经营情况，那么该企业的工业增加值、职工人数、劳动生产率、工资总额等就由原来的数量标志变成为反映该工业企业总体特征的指标了。

三、变异、变量与变量值

变异是指统计所研究的指标与标志，其具体表现在总体及总体单位之间是可变的，即指标及标志的具体表现在各总体或各单位之间不尽相同或有差异。这样的指标或标志为变异指标或变异标志。变异指标是反映不同总体的同一指标之间数值的差异。变异标志则是反映同一总体内同一标志不同单位之间的差异。对于品质标志而言，是属性或特征的差异；对于数量标志而言，是数量上的差异。变异是统计分组和统计分析的基础。如果没有变异，也就没有必要进行统计研究了。

可变的统计指标和可变的数量标志称作变量。变量是一种概念或名称，变量的具体数值或具体表现就是变量值，即变量值是指标数值或数量标志的标志值。变量与变量值是两个既有密切联系又有明显区别的不同概念，不能混用。例如，某车间有 4 名工人，其月产量分别为 1 000 件、1 200 件、1 500 件、1 800 件，这些都是"产量"这个变量的具体数值。如果要计算这 4 名工人的月平均产量，不能说是求这 4 个变量的平均数，因为这里只有"产量"一个变量，并不是 4 个变量，而所要平均的是这一个变量的 4 个变量值。

变量按变量值是否连续可以分为连续变量和离散变量。连续变量的变量值是连续不断的，相邻两个值之间可做无限分割，即可取无限多个数值。例如，人的身高、体重、年龄、零件误差的大小等都是连续变量，它们可以通过称重、测量或计算取到小数点以后的任意一个位数。离散变量的数值都是以整数断开的。例如，人数、工厂数、机器设备数等都只能用整数表示，不可能有小数。离散变量的数值只能用计数的方法取得。

变量按其性质不同可以分为确定性变量和随机性变量。确定性变量是指影响变量值的变动，起某种决定性作用的因素，致使该变量值沿着一定的方向呈上升或下降的变动。例如，随着人们生活水平的提高以及医疗卫生条件的完善这些确定性因素的影响，人的期望寿命这个变量的变量值不断提高。随机性变量是指变量值的变化受不确定因素的影响，变量值的变化没有一个确定的方向，有很大的偶然性。例如，在同一台机器设备上加工某种机械零件，其尺寸大小总是存在差异。造成这种差异的因素可能有：原材料质量的变化、电压的不稳定、气温和环境的变化以及操作工人的情绪波动等。这些影响该种机械零件尺寸变动的因素都是随机发生的，是不确定的。这里的机械零件尺寸就是一个随机性变量。

四、统计指标体系

统计指标体系是指由若干个相互联系的统计指标所构成的有机整体，用以说明所研究的总体现象各方面的相互依存和相互制约的关系。

单个的统计指标只能反映总体现象的某一个侧面的特征，而一个总体往往具有多种数量表现和数量特征，并且彼此不是孤立的。如果要全面地认识总体的基本特征，必须将反映总体各方面特征的一系列统计指标结合起来，形成统计指标体系，使得我们对总体有更全面、更系统、更深入的认识，更好地发挥统计的整体功能。

由于总体现象本身的联系是多种多样的，所以统计指标之间的联系也是多种多样的，相应地可以建立各种各样的统计指标体系。例如，要反映工业企业的全面情况，就用一系列关于人力资源、资金、物资、生产技术、供应及销售等相互联系的指标来组成工业企业统计指标体系。如果只反映工业企业的产品生产量的情况，就可用产品实物量、产品品种、质量、总产值、净产值、原材料消耗、产品成本、销售利润等一系列统计指标构成产品生产量统计指标体系。如果要从宏观经济的角度反映国民经济运行不同环节之间的经济联系，就必须从生产、分配、流通、使用等过程相应地建立一系列指标，构建反映国民经济运行状况的统计指标体系。统计指标体系还可以用下列形式表示：

$$商品销售额=商品价格\times商品销售量$$

$$农作物收获量=亩产量×播种面积$$

社会经济统计指标体系可以分为两大类：基本统计指标体系和专题统计指标体系。

基本统计指标体系是反映和研究国民经济与社会发展及其各个组成部分基本情况的指标体系，分为三个层次：最高层是反映整个国民经济与社会发展的统计指标体系，是由社会统计指标体系、经济统计指标体系、科技统计指标体系三个子系统构成的；中间层则是各个地区和各个部门的统计指标体系，它是最高层统计指标体系的横向分支和纵向分支，是为了满足本地区和本部门的社会经济管理、检查、监督的需要而设置的指标体系；第三个层次是基层统计指标体系，是指各种企业和事业单位的统计指标体系。它既要满足本企业和本单位的管理和监督的需要，同时也要满足中间层和最高层建立统计指标体系的需要。

专题统计指标体系是针对社会经济的某一个专门问题而制定的统计指标体系，如经济效益指标体系、小康生活水平指标体系、和谐社会指标体系等。

统计指标体系按其功能不同，可分为描述统计指标体系、评价统计指标体系和预警统计指标体系。描述统计指标体系可以全面反映客观事物的状况、运行过程和结果，它包括所有必要的统计指标，具有较强的稳定性。评价统计指标体系用于比较、判断客观事物的运行过程和结果正常与否，它是根据不同分析评价的需要而建立的。其一部分指标可以直接从描述统计指标体系中选取，另一部分指标可由描述统计指标加工处理后得到，该指标体系比较灵活、变动性大。预警统计指标体系是对客观事物的运行进行监测，并根据指标值的变化，预报即将出现的不正常状态、突发事件及某些结构性障碍等。该体系的指标一部分是由描述指标体系中的灵敏性和关键性指标所组成，另一部分是对一些描述指标加工而成。在这三种指标体系中，描述统计指标体系是最基本的指标体系，它是建立、评价预警统计指标体系的基础。

第四节　统计的职能

随着社会经济及科学的发展，人类进入了信息社会和知识经济的时代，政府各级统计部门成为了知识型的产业部门。随着政府职能的改变以及现代化管理体制的完善，统计的职能逐步扩大，在认识和管理方面所发挥的作用日益增强，包括信息职能、咨询职能与监督职能。

一、信息职能

统计的信息职能是指根据一整套科学的统计指标体系，运用科学的统计调查方法，灵敏、系统地采集、处理、传递、存储和提供大量的以数量描述为基本特征的社会经济现象的信息。信息职能是统计的基本功能。统计部门是提供全面、及时、准确的社会经济统计信息的职能部门，统计信息是社会经济信息的主体。

二、咨询职能

统计的咨询职能是指利用已经掌握的统计信息资源，运用科学的分析方法和先进的技术手段，深入开展综合分析和专题研究，为科学决策和管理提供各种可供选择的咨询建议和对策方案。在对统计信息进一步加工整理的基础上，对其分析研究、开发利用，就能发挥统计咨询职能。统计信息咨询可以为各级政府管理部门制定规划、政策和管理决策提供依据，可作为企业制定生产经营管理措施的依据，并且是科学研究机构、高等院校结合定性分析进行定量分析和预测分析的资料来源。各级政府统计部门拥有丰富的统计信息资源，已成为国家重要的咨询机构，为各级政府管理部门，企业、事业单位，社会团体，个人和国外的用户开展统计咨询服务，从而使统计信息实现社会共享，发挥多方面的社会化功能。

三、监督职能

统计的监督职能是指根据统计调查和统计分析，及时、准确地从总体上反映经济、社会和科技运行状况，并对其实行全面、系统的定量检查、监测和预警，以促进国民经济按照客观规律的要求，持续、稳定、协调地发展。如果说统计是观测经济、社会、科技发展状况的仪表，那么统计监督就可以根据该仪表的显示来监测经济、社会、科技发展运行状况是否正常，并对其采取措施进行调节和控制，同时还可以对该仪表本身运行是否正常进行检测。因此，通过统计监督既可以使国民经济健康发展，还可以保障各级政府统计部门的统计工作有效运转。

统计的信息职能、咨询职能和监督职能是一个相互促进、相互制约、紧密联系的有机整体。收集和提供统计信息是统计最基本的职能。统计的信息职能是保证统计咨询职能和统计监督职能有效发挥的基础和前提，没有准确、丰富、系统、灵敏的统计信息，统计咨询和监督职能就是无源之水、无本之木。统计咨询职能是统计信息职能的延续和深化，使统计信息能对科学决策、管理和人们的实践发挥作用。统计的监督职能是在信息职能、咨询职能基础上的进一步拓展，它可以通过对统计信息的分析研究来评价和检验决策、计划方案是否科学、可行，并及时对决策、计划执行和管理过程中出现的偏差提出矫正意见。对统计监督职能的强化，必然会对统计信息和咨询职能提出更高的要求，从而促进统计信息和咨询职能的优化。统计信息职能、咨询职能、监督职能三者相辅相成，只有形成合力，提高三者的整体水平，才能够使统计在现代化管理中发挥重要的作用。

本章小结

"统计"一词的含义包括统计工作、统计资料和统计科学，它们三者之间存在着密切的联系。统计学的研究对象是客观事物的总体数量特征和数量关系，以反映其发展过程及规律性。统计学研究对象的特点为数量性、总体性、具体性。统计学是一门认识客观现象总体数量特征和数量关系的方法论科学，是研究如何收集数据、整理数据、分析数据，以便对客观现象总体的规律做出正确推断的方法论科学，这些方法可用于对社会经济现象和自然现象数量方面的研究。统计学与数学以及相关的实质性学科有着明显的区别和密切的关系。统计学的理论和方法是从统计实践活动中产生和发展起来的，形成了不同的统计学派：国势学派（记述学派）、政治算术学派、数理统计学派、社会统计学派。

统计研究的基本方法有大量观察法、统计分组法、统计指标法、统计模型法、统计推断法。统计研究的阶段有统计设计、统计调查、统计整理以及统计分析，每个阶段既各自独立又相互连接。

统计学的基本概念有：统计总体和总体单位；统计总体的特征——同质性、大量性、变异性；指标（数量指标和质量指标）；标志（品质标志和数量标志）；指标与标志的区别和联系；变异指标、变异标志；变量（连续变量和离散变量、确定性变量和随机性变量）；变量值；统计指标体系（基本统计指标体系和专题统计指标体系；描述统计指标体系、评价统计指标体系和预警统计指标体系）。

统计的职能有信息职能、咨询职能与监督职能。

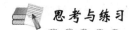 思考与练习

1．"统计"一词有几种含义？它们之间是什么关系？

2．统计学的研究对象是什么？研究对象有哪些特点？

3．统计学是一门什么性质的学科？它与实质性学科有什么关系？

4．统计学的产生和发展过程中出现了哪些学派？

5．论述大数定律在统计研究中的方法论意义。

6．统计研究的基本方法有哪些？

7．统计研究包括哪几个阶段？

8．什么是总体和总体单位？它们之间有什么关系？试举例说明。

9．如何理解统计总体的同质性和变异性？

10．什么是指标、标志、变量、变量值？试举例说明。

11．指标与标志有何区别与联系？试举例说明。

12．构成统计指标的要素有哪些？

13．如何区别数量指标与质量指标、数量标志与品质标志？试举例说明。

14．如何区分连续变量与离散变量、确定性变量与随机性变量？试举例说明。

15．什么是指标体系？它与指标之间的关系是什么？

16．根据自己所熟悉的社会经济问题，设计统计指标体系，以描述问题的各个侧面以及现象之间的联系。

17．统计的职能有哪些？它们之间有什么关系？

第二章 统计数据调查与整理

✎ **学 习 目 的**

统计调查和统计整理是统计研究中的两个阶段，统计整理是统计工作过程的中间环节，它既是统计调查的继续，又是统计分析的前提。通过本章的学习，学生应掌握统计数据的概念及分类方法、统计调查方案及数据的调查方法；了解统计整理、统计分组、分布数列、统计表等概念；重点掌握统计分组的方法以及在分组的基础上进行分布数列的编制，并能运用统计图和统计表来表示统计资料。

第一节 统 计 数 据

在前面的学习中我们已经知道，统计学作为收集、描述和解释数据的科学，是离不开数据的，因此统计数据是统计分析的基础，统计学与统计数据之间有着密不可分的联系。那么什么是统计数据呢？这就是本节所要介绍的主要内容。

一、统计数据的概念

统计数据是对客观现象计量的结果，其表现形式有两种：一种是数值型的，如某种商品的价格是 175 元；另一种是文字型的，如某人的文化程度是大学毕业。统计数据不是指单个的数字，而是由多个数据构成的数据集。

二、统计数据的分类

根据不同的分类方法，统计数据分为以下几种类型。

（一）按计量层次分类

按数据的计量层次，可以将统计数据分为定类数据、定序数据、定距数据与定比数据。

1. 定类数据

定类数据是数据的最低级。它是将数据按照类别属性进行分类，各类别之间是平等并列关系。这种数据不带数量信息，并且不能在各类别间进行排序。例如，某商场将顾客所喜爱的服装颜色分为红色、白色、黄色等，红色、白色、黄色即为定类数据。又如，人类按性别分成男性和女性也属于定类数据。虽然定类数据表现为类别，但为了便于统计处理，可以对不同的类别用不同的数字或编码来表示，如 1 表示女性，2 表示男性。但这并不代表可以区分其大小或进行数学运算。不论用何种编码，其所包含的信息都没有任何损失。对定类数据执行的主要数值运算是计算每一类别中项目的频数和频率。

2．定序数据

定序数据是数据的中间级。定序数据不仅可以将数据分成不同的类别，而且各类别之间还可以通过排序来比较优劣。也就是说，定序数据与定类数据最主要的区别是定序数据之间是可以比较顺序的。例如，人的受教育程度就属于定序数据。我们仍可采用数字编码表示不同的类别：文盲、半文盲=1，小学=2，初中=3，高中=4，大学=5，硕士=6，博士=7。通过将编码进行排序，可以明显地表现出受教育程度之间的高低差异。虽然这种差异程度不能通过编码之间的差异进行准确的度量，但是可以确定其高低顺序，即可以通过编码数值进行不等式的运算。

3．定距数据

定距数据是具有一定单位的实际测量值（如摄氏温度、考试成绩等）。此时不仅可知两个不同变量值之间存在差异，还可通过加、减法运算准确地计算出各变量间的实际差距是多少。可以说，定距数据的精确性比定类数据和定序数据前进了一大步，它可以对事物类别或次序之间的实际间距进行测度。例如，甲的英语考试成绩为80分，乙的英语考试成绩为85分，可知乙的英语成绩比甲高5分。

4．定比数据

定比数据是数据的最高等级。它的数据表现形式同定距数据一样，均为实际的测量值。定比数据与定距数据唯一的区别是：在定比数据中是存在绝对零点的，而定距数据中是不存在绝对零点的（零点是人为制定的）。因此定比数据间不仅可以比较大小，进行加、减运算，还可以进行乘、除运算。例如，甲的月工资收入为12 000元，乙的月工资收入为18 000元，可知乙的收入为甲的1.5倍。而定距数据由于不存在绝对零点，因而只能比较数据间的差值而不能计算比值。例如，甲地区的温度为10℃，乙地区的温度为20℃，可知乙地区的温度比甲地区高10℃，但不能认为乙地区的温度是甲地区的2倍。

前两类数据说明的是事物的品质、属性特征，因此只能用文字表示，其结果表现为类别，可称为定性数据或品质数据；后两类数据说明的是现象的数量特征，用数值表示，又称为定量数据或数量数据。四种类型数据的比较如表2-1所示。

表2-1   四种类型数据的比较

数据名称	特征	运算功能	举例
定类数据	分类	计数	产业分类
定序数据	分类、排序	计数、排序	产品等级
定距数据	分类、排序、有基本测量单位、无绝对零点	计数、排序、加减	学生考试成绩
定比数据	分类、排序、有基本测量单位、有绝对零点	计数、排序、加减、乘除	商品销售额

在统计分析中，区分数据的类型十分重要，不同测度类型的数据，扮演的角色是不一样的。

（1）对不同类型的数据，统计分析处理的方法是不同的。例如，对于定类数据，通常是计算出各组的频数或频率，还可计算出它的众数和异众比率等；对于定序数据，可以计算中位数、等级相关系数等，并可进行非参数分析；对于定距数据或定比数据，可以使用的统计分析方法更多，如回归分析，计算各种统计量，进行参数估计和假设检验等。

（2）不同的统计分析方法，对数据的要求是不同的。一般来说，等级高的数据，可以兼有等级低的数据的功能；反之，等级低的数据，并不兼有等级高的数据的功能。例如，对定距数据和定比数据可以计算算术平均数，但对定类数据和定序数据不能计算算术平均数。

（二）按来源分类

数据的来源主要有两种渠道：一种是通过直接的调查获得的原始数据，一般称为第一手或直接的统计数据；另一种是将别人调查的数据进行加工和汇总后公布的数据，通常称为第二手或间接的统计数据。

（三）按时间状况分类

1．时间序列数据

时间序列数据是指在不同的时间上收集到的数据，反映现象随时间变化的情况，如2000—2019年国内生产总值数据。

2．截面型数据

截面型数据是指在相同或近似相同的时间点上收集到的数据，描述现象在某一时刻的变化情况，如2019年我国各地区的国内生产总值数据。

第二节　统计数据调查

统计数据调查就是对统计资料的收集，它是根据统计研究的目的和任务要求，有组织、有计划地收集原始资料的工作过程。

统计资料的收集方式有两种：一种是直接向调查对象收集，通过这种方式收集上来的资料称为原始资料；另一种是收集经初步加工、整理后的二手资料。统计调查专指对原始资料的收集，而对二手资料的收集不属于统计调查范畴。

《中华人民共和国统计法》规定：国家机关、企业事业单位和其他组织以及个体工商户和个人等统计调查对象，必须依照本法和国家有关规定，真实、准确、完整、及时地提供统计调查所需的资料，不得提供不真实或者不完整的统计资料，不得迟报、拒报统计资料。因此，调查工作必须达到准确、及时、全面、系统四个基本要求。准确性是指通过统计调查收集的数据必须准确可靠、符合实际，它是衡量统计调查工作质量的重要标志。统计工作能否顺利完成，很大程度上取决于资料是否准确。及时性是指要在规定时间内上报统计资料，从而满足各部门对统计资料的要求。全面性是指统计资料所反映的内容要完整、全面，对调查单位和调查项目不得遗漏。系统性是指所收集上来的统计资料之间要有一定的联系，调查项目之间要协调一致等。简单地说，就是资料要便于整理、汇总。

一、统计调查的种类和方法

统计调查按照不同的分类标志有不同的分类，如图 2-1 所示。

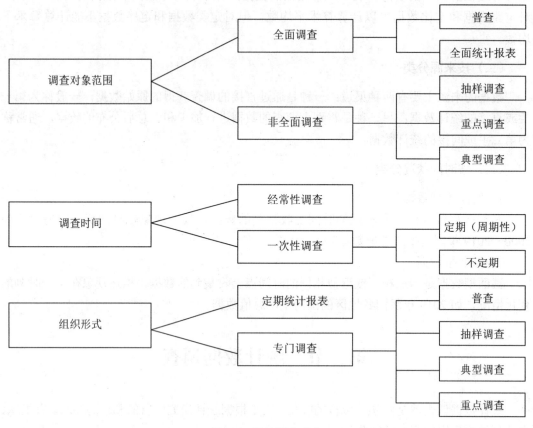

图 2-1　统计调查形式

（一）按调查对象范围可分为全面调查和非全面调查

全面调查是对构成总体的所有单位进行逐一调查登记的一种调查方式。普查和全面统计报表都属于全面调查。例如，要知道全国的人口数，了解全国的人口状况，就要对全国人口进行普遍的登记调查。

非全面调查是对构成调查对象总体的一部分单位进行调查登记的一种调查方式。抽样调查、重点调查、典型调查都属于非全面调查。

1. 普查

普查是专门组织的一次性的全面调查，它主要用于调查有关国情国力的重要资料在一定时点状态下的数量，如人口普查、工业普查、农业普查等。普查具有以下特点。

（1）普查是一次性的或周期性的。由于普查涉及面广、工作量大，需要耗费大量的人力、物力、财力，通常需要间隔较长的时间进行一次。我国的人口普查是每隔 10 年进行一次，1953—2020 年共进行了 7 次人口普查。

（2）普查要规定统一的调查时点，即统计资料所属的标准时点，以避免数据的重复或遗漏。例如，我国第六次人口普查的标准时点为 2010 年 11 月 1 日零时，我国第七次人口普查的标准时点为 2020 年 11 月 1 日零时。

（3）普查所得的数据比较全面、详尽，数据规范化程度较高。

（4）普查的使用范围较窄，主要是用来全面、系统地掌握如人口、工业企业等国情国力方面的基本统计资料。

2．统计报表

统计报表是按照国家或上级部门统一规定的表式、统一的指标、统一的报送程序和报送时间，自下而上逐级提供基本资料的一种调查方式。从它的概念可知，统计报表具有如下优点。

（1）统计报表内容全面，资料连续。

（2）报送时间统一、及时。

（3）资料准确，能满足各级政府及管理部门的需要。

但它也存在一定的局限性，如费时费力、易受干扰、缺乏灵活性。

统计报表的类型多样，按内容的不同，可分为基本统计报表和专业统计报表。基本统计报表提供国民经济各部门各行业最基本的统计资料；专业统计报表则专为部门和企业提供资料，通常专业统计报表比基本统计报表的内容更加详细，但不会与基本统计报表的内容相抵触。按报送周期的不同，统计报表可分为日报、旬报、月报、季报、半年报和年报。按报送范围不同，统计报表可分为全面统计报表和非全面统计报表。全面统计报表要求调查对象中每一个单位都填报；非全面统计报表只要求部分单位填报。按报告形式的不同，统计报表还可分为电讯（电话、电报、传真、网络）报和表式报。电讯报多用于周期较短、时效性强的数据；表式报多用于周期较长、无须立即掌握的数据。

3．抽样调查

抽样调查是按照随机原则从总体中抽取部分样本，根据样本数据推断总体特征，从而达到认识总体的目的。从抽样调查的概念可知，它属于非全面调查。抽样调查具有以下几个特点。

（1）抽样调查的样本单位是按照随机原则选取的，不受人的主观因素影响，其代表性较强。

（2）通过抽样调查得出的结论可以对总体特征进行推断。

（3）抽样误差可以事先计算并加以控制。

（4）抽样调查可以节省大量的人力、财力、物力，大大降低调查成本。

（5）抽样调查的适用范围广，它适用于各个领域、各种问题的调查。抽样调查既适用于全面调查能够涉及的现象，也适用于全面调查无法涉及的现象，尤其适合对一些特殊现象的调查，如对汽车轮胎进行的行程测试试验、显像管的寿命检查、新药品的临床试验等。

（6）应用抽样调查的资料可以对普查等全面调查的统计资料进行检验、修正或补充，以弥补全面调查的不足，提高统计资料的质量。

4．重点调查

重点调查是专门组织的一种非全面调查，它在总体中选择个别重点单位进行调查，从而了解总体的基本情况。所谓重点单位，是着眼于现象的量的方面而言的，重点单位虽然少，但它们调查的标志值在总体的标志总量中占有绝大比重，在总体中具有举足轻重的地位。例如，要了解全国钢铁企业的生产状况，可以选择产量较大的少数几个企业，将鞍钢（鞍钢集团有限公司）、宝钢（中国宝武钢铁集团有限公司）、首钢（首钢集团）等作为重点单位进行调查，虽然它们在全国钢铁企业中只是少数，但它们的产量却占全国钢铁总产量的绝大部分。通过对这些重点单位的调查，可以了解全国钢铁企业生产的基本情况。

重点调查的特点有以下两个。

（1）重点单位的选择不带有主观因素，但有量的限制。

（2）重点调查的目的在于反映现象总体的基本情况，因此要收集重点单位的详细调查资料。

当调查目的只要求了解总体基本情况、发展趋势，不需要全面数据，而总体中又确实存在着重点单位时，就可以采用这种调查方法。重点调查可以用于不定期的一次性调查，也可以用于经常的连续性调查。

5. 典型调查

典型调查也是一种非全面调查，它是根据调查的目的和要求，在对调查对象进行初步分析的基础上，有意识地选取若干有代表性的典型单位进行全面深入的调查。选择典型单位的基本准则是：要对被研究的社会经济现象进行全面的科学分析，并能反映调查目的和任务及调查对象本身的特点，且最充分、最集中地体现总体某方面共性的单位。总的原则是典型单位不宜选得过多。例如，要研究企业经济效益问题，可以在同行业中选择几个经济效益好的单位做深入调查，从中找出经验。

典型调查又可分为两种：一种是对个别典型单位进行调查研究，称"解剖麻雀"式的调查；另一种是在对总体进行分类的基础上，选择部分典型单位进行调查，即"划类选典"式的调查，这种方式适合于总体单位比较多、各单位差异又比较大的情况。

典型调查虽然在选取典型单位时不能排除主观性，对总体只能是近似地认识，但调查单位数量少，取得资料快，调查效率高，特别适用于了解新情况、解决新问题的调查。

（二）按调查时间可分为经常性调查和一次性调查

经常性调查是指随着调查单位情况的变化，随时将变化的情况进行连续不断的登记。例如产品产量，这类指标的数值变动很大，必须进行经常登记才能满足需要。

一次性调查是间隔一定时间，一般是相当长的时期（如一年以上）进行的调查。如固定资产总值，这类指标的数值在一定时期内变动不大，往往可以采用一次性调查的方式收集资料。

经常性调查都是定期调查。一次性调查，可以是定期进行的，也可以是不定期进行的。

（三）按组织形式可分为统计报表和专门调查

统计报表是按国家统一规定的表式和内容，自上而下统一布置，自下而上提供统计资料的一种统计调查方式。

专门调查是为了研究某些专门问题所组织的调查。这种调查多属一次性调查，如普查、抽样调查、典型调查、重点调查等。

二、统计调查方案

统计调查是一项复杂、细致的科学工作，为了使这项工作顺利进行，事先必须制定一个周密的方案，确保调查工作圆满完成。一个完整的统计调查方案应包括：确定调查目的，明确调查对象和调查单位，确定调查项目和设计调查表，确定调查时间和调查期限，拟订调查的组织实施计划等。

（一）确定调查目的

确定调查目的就是明确调查所要研究和解决的问题，这是统计调查的首要问题，它决定着调查工作的内容、范围、方法和组织工作。

（二）明确调查对象和调查单位

确定调查对象和调查单位就是要明确调查的范围以及向谁调查、由谁来提供具体资料。调查对象指的是需要研究的社会经济现象的全体，它是由性质相同的许多个别单位所组成的。调查单位是构成调查对象的个体，是所要调查的具体单位，因此是调查标志的直接承担者。例如，要了解所有工业企业的生产情况，调查对象就是所有的工业企业，而调查单位就是每个工业企业；如果要了解的是企业职工的情况，调查对象就是所有的企业职工，调查单位是每一名职工。由此可见，确定了调查对象和调查单位就解决了向谁调查的问题。

在实际调查中，调查单位可以是调查对象的全部单位，也可以是部分单位。若为全面调查，调查对象中的每一个单位都是调查单位，二者是一致的；若为非全面调查，调查单位只是调查对象中的部分单位，二者是不一致的。

另外，还需注意的是，不要把调查单位与填报单位相混淆。填报单位是指负责上报调查资料的单位，也就是提供调查资料内容的单位。调查单位和填报单位有时一致，有时不一致。例如，要对某市所有的科研机构进行普查，每个科研机构既是调查单位，又是填报单位；若要对所有的科研机构人员进行普查，则调查单位是每一位科研人员，填报单位是每一个科研机构。

（三）确定调查项目和设计调查表

调查项目是指调查中所要了解的具体内容，是所要反映的调查单位的特征（标志）。换句话说，就是向被调查者调查什么，需要被调查者回答什么问题。例如，工业普查中企业的经济类型、行业性质、职工人数、产量、产值等都是调查项目。在确定调查项目时，要注意以下三点：第一，所选择的调查项目是调查任务需要且确实能取得资料的，不必要或无法取得准确资料的项目不应列入；第二，每个调查项目的含义要明确、具体，以免不同的调查人员或被调查者有不同的理解；第三，各调查项目间尽可能有联系，以便核对。

调查表是将调查项目按一定的顺序排列的表格，有单一表和一览表两种形式。

单一表是供调查单位单独登记的表格，有多少调查单位就有多少份表格。它可详细列明调查的项目，在调查项目很多时，一份单一表甚至可以由几张表格组成。单一表适用于调查项目多而调查单位少的情况。单一表如表 2-2 所示。

表 2-2　年末职工家庭就业人口调查表

家庭人口　　　人				就业人口　　　人			
姓　　　名	与户主关系	性　　别	年　　龄	工作单位	职　　业	职务职称	备　　注

一览表是在一张表上登记若干个调查单位的资料。在调查项目不多而调查单位多时，可用一览表。一览表如表 2-3 所示。

表 2-3　学生身体发育状况一览表

编号：

检查序号	姓　　名	性　　别	出生日期	年龄 （周岁）	身　　高	体　　重	呼吸差

（四）确定调查时间和调查期限

调查时间是指调查资料的所属时间，这里应明确规定所调查的是哪个时期或时点上的数据。如果所调查的资料是某一时期的数据，就要规定报告期的起止日期；如果调查资料是某一时点上的水平，就要规定统一的标准时点。调查期限是指调查工作的时间，包括收集资料和报送资料的整个工作所需的时间。如第六次人口普查收集数据的所属时间是"2010年 11 月 1 日零时"，普查的工作期限是"2010 年 11 月 1 日至 11 月 10 日完成普查的登记工作"，即普查工作的调查期限为 10 天。

（五）拟订调查的组织实施计划

严密细致的组织工作，是统计调查顺利开展的保证。调查工作的组织实施计划主要包括以下几个方面的内容：明确调查的组织领导机构和调查人员的组成；确定调查的方式和方法；做好调查前的准备工作，如宣传教育、人员培训、文件印刷、经费预算等；确定调查资料的报送办法；提供或者公布调查成果的时间，以及其他。

三、统计调查问卷

问卷是调查者根据调查目的和要求所设计的，由一系列问题、调查项目、备选答案、说明等组成的一种调查工具。它的特点是：所调查的内容标准化，调查面广，可涉及的内容多，传播快（可利用报纸、杂志、网络等工具）。在统计调查中能否顺利取得符合要求的资料，与问卷设计是否科学有着密切的关系。因此，设计问卷时需要注意以下几点。

（1）问卷中所有项目都必须与统计调查的目的有关，无关的或相关性不强的项目都不要列入问卷。

（2）词语要简明准确，不要模棱两可，以避免理解和回答的错误，影响可信度。

（3）凡是容易引起被调查者反感或疑虑而不能获得真实答案的项目，不要列入问卷。

（4）问卷项目要按照先易后难或由浅入深的顺序排列，并且要注意各项目间的联系。

（5）对于不同的调查对象，由于各自的生活环境、文化修养、价值观念、答问能力等都存在差异，在设置问题时应考虑到这些特点，切合实际，答案才会准确。

（一）问卷的类型与结构

1．问卷的类型

按照填写者不同，问卷可分为访问式调查问卷（他记式）和自填式调查问卷（自记式）两种。所谓访问式调查问卷，是指由调查者向被调查者提问，然后根据被调查者的回答填写调查表。这种问卷的特点是应答率、完整率较高，但是费用高、压力大，且有可能出现被调查者拒答、谎答的情况。自填式调查问卷就是由被调查者按调查项目自己填写调查表。自填式问卷的特点是尊重被调查者隐私权，所获资料可靠，但应答率、完整率相应降低，而且不一定独立完成，会影响到质量。

另外，按照传递方式不同，问卷又可分为报刊问卷、邮政问卷、送发问卷、访问问卷、网络问卷等。

2．问卷的基本结构

问卷通常由前言、主体和结语三部分组成。

前言部分列于问卷的前面，用来说明调查目的、内容和要求，请被调查者给予合作等。它包括题目、问候语、填写说明、问卷编号等。

主体部分是问卷的核心部分，这一部分应包括调查的主要内容以及一些答题的说明。问卷的主体又分为两部分：一是被调查者的背景资料，即关于个人的性别、年龄、婚姻状况、收入等问题；二是调查的基本问题。通常我们把这两部分分开。很多问卷出于降低敏感性的考虑，把背景资料的问题放在基本内容的后面，也是可以的。对于回答问题的说明也要写清楚，如怎么写答案、可以跳答的问题、一些人不必回答的问题等的说明。

结语部分是调查的一些基本信息，如调查时间、地点、调查员姓名、被调查者的联系方式等信息的记录。

（二）问卷设计的程序和形式

1．问卷设计的程序

很多问卷设计者设计问卷的方法是想到什么问题就设计什么问题。其实，问卷设计的好坏与前期的工作密切相关。只有做好问卷设计的前期准备工作，才有可能设计出好的问卷。通常的问卷设计程序包括三部分：一是做好事前的准备工作；二是进行问卷设计；三是要做到事后检查。

在问卷设计中首先要明确调查的目的和内容，这不仅是问卷设计的前提，也是问卷设计的基础。在此基础上要做好事前的准备工作，包括确定所需的资料、明确调查方式、确定数据的分析方法等。准备工作完成后，就可以开始设计问卷了。设计问卷包括提问项目的设计、回答项目的设计、问题顺序的设计以及版式的设计。问卷设计之后还要进行事后的检查工作，可以通过模拟试验对问卷中存在的问题进行修正，最后一份完整的问卷就形成了。问卷设计的程序如图2-2所示。

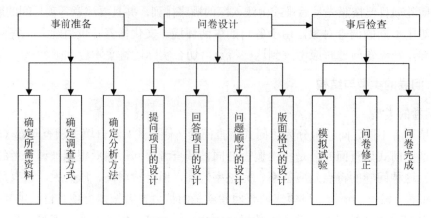

图2-2 问卷设计的程序

2．问卷设计的形式

调查问卷由三种主要的问题类型构成：开放式问题、封闭式问题和量表式问题。

（1）开放式问题，是允许被调查人用自己的话来回答的问题。一般来说，因为被调查者的回答不受限制，所以开放式问题常常能揭露出更多信息。开放式问题在探测研究阶段特别有用，这个阶段期求的是洞察人们内心的想法，而不是去衡量以某种方式思考的人有多少。当然，开放式问题也存在缺点：首先是在编码方面费时费力；其次是调查员在对开放式的问题逐字记录时，有可能出现误差；最后是开放式问题的回答可能向性格外向、善于表达的应答者一方倾斜。

（2）封闭式问题，是一种需要应答者从一系列的应答项中做出选择的问题。封闭式问题避免了开放式问题的缺点，可以减少调查员的误差，提供更为实际的应答，而且编码和录入的过程大大简化。封闭式问题的主要形式包括填空式、是否式、多项选择式、矩阵式、表格式等。

（3）量表式问题。所谓量表，就是通过一套事先拟定的用语、记号和数目，来测定人们心理活动的度量工具。量表的种类很多，可以参照不同标志加以划分。量表式问题在问卷中常需对被调查者的态度、意见、感觉等心理活动方面的问题进行判别和测定，并且在数据分析中，可以使用较复杂的统计分析方法。它的主要优点是对应答者的回答强度进行测量，另一个优点是许多量表式应答可以转换成数字，并且这些数字可直接用于编码，而且对于量表式的问题，调查人员可以使用一些更高级的统计分析方法。

① 评比量表。评比量表是市场调查中最常用的一种顺序量表，调查者在问卷中事先拟定有关问题的答案量表，由应答者自由选择回答。量表的两端是极端性的答案，在两个极端之间可以划分为若干阶段，少则3个，多则5个或7个等。

【例2-1】你喜欢××品牌洗发水的香气吗？

喜　　欢	无　所　谓	不　喜　欢
1	2	3

【例2-2】你会购买该品牌洗发水吗？

肯定不会购买	可能不会购买	可能会购买也可能不会购买	可能会购买	肯定会购买
1	2	3	4	5

② 李克特量表。李克特量表在问卷设计中运用十分广泛，它要求被访者表明对某一表述赞成与否，并且把赞成程度分成若干个分段，通常是从非常不赞成到非常赞成五个分段。

【例2-3】你赞成将个人收入所得税起征点上调吗？

非常不赞成	不 赞 成	无 所 谓	赞 成	非 常 赞 成
1	2	3	4	5

③ 配对比较量表。配对比较量表是通过配对比较的方法来测量人们态度的一种量表。

【例2-4】某咖啡经销商要调查消费者对A、B、C、D四种品牌咖啡的印象，将四种品牌咖啡按照两个品牌一组分成六对，请100名消费者对它们进行成对比较。比较的方法是：在每两个品牌中，让消费者选出较佳的品牌，如A和B比较，认为A较B佳的有35人，B较A佳的有65人，依次类推，所得结果如表2-4所示。

表2-4 品牌i较品牌j佳的人数

j	i			
	品牌A	品牌B	品牌C	品牌D
品牌A	—	65	80	30
品牌B	35	—	60	20
品牌C	20	40	—	25
品牌D	70	80	75	—

为了更进一步分析，可将人数转换为比率，如表2-5所示。

表2-5 品牌i较品牌j佳的比率

j	i			
	品牌A	品牌B	品牌C	品牌D
品牌A	0.50	0.65	0.80	0.30
品牌B	0.35	0.50	0.60	0.20
品牌C	0.20	0.40	0.50	0.25
品牌D	0.70	0.80	0.75	0.50
合 计	1.75	2.35	2.65	1.25

在表2-5中，各个品牌咖啡与自己的比较按照比率0.50计算，将每栏的比率相加，可以得出人们对各种品牌咖啡的态度值。这四种品牌相比，品牌C分值最高，是最受欢迎的咖啡品牌：C（2.65）>B（2.35）>A（1.75）>D（1.25）。

配对比较量表属于顺序量表的一种，适用于比较品牌、价格、外观等因素的态度的问题设计。

四、统计调查误差

（一）统计调查误差的含义和种类

统计调查误差，就是调查结果所得的统计数字与调查对象实际数量表现的差别。统计调查误差主要有登记性误差和代表性误差两种。

登记性误差是在调查过程中由于调查者或被调查者在各个有关环节上的工作不准确而带来的。产生登记性误差的主要原因有计量错误、记录错误、计算错误、抄录错误、逐级上报过程中的汇总错误、被调查者所报不实或调查者有意虚报瞒报，以及调查方案的规定不明确等。登记性误差在全面调查和非全面调查中都会产生。从理论上讲，登记性误差是可以避免的。

代表性误差主要是指在用样本数据推断总体时所产生的误差。只有在非全面调查中才有代表性误差，全面调查不存在这类误差。这类误差通常是无法消除的，但事先可以进行控制和计算。

（二）统计调查误差的防止

为了取得准确的统计资料，必须采取各种措施，防止可能发生的登记性误差，把它缩小到最低限度。首先，要正确制定统计调查方案，详细说明调查项目和计算方法，合理选定调查方法，使之切合调查对象的实际，并使调查人员或填报人员能够明确执行，不致产生误解。其次，要切实抓好调查方案的贯彻执行工作。对于代表性误差的防止，若是重点调查和典型调查，则应该在调查进行前从多方面加以研究，并广泛征求有关方面的意见，使选出的调查单位具有较高的代表性；若是抽样调查，则应严格遵守随机原则，适当增加样本容量等。

第三节　统计数据整理

一、统计整理的概念

统计整理是指根据统计研究的目的和要求，对统计调查所取得的各项原始资料进行科学地分组和汇总，使之系统化、条理化的工作过程。对已经整理过的资料进行再加工也属于统计整理。例如，历史资料的整理、统计年鉴的编辑、次级资料（如各出版物公布的）的加工整理等。统计整理是统计工作的第三阶段。这个阶段是统计调查的继续，是统计分析的前提，起到了承上启下的作用。

二、统计整理的程序和内容

（一）统计整理的程序

统计整理的全过程包括设计统计整理方案，对统计资料的审核、分组、汇总和编表以及资料的保管几个环节。

（1）设计统计整理方案。统计整理方案是根据统计研究的目的和要求，事先对整理工作做出全面安排，制订出周密的工作计划。

（2）资料审核。对收集到的资料进行全面审核，以确保统计资料准确无误。

（3）对资料进行分组和汇总。根据统计整理方案的要求，按已确定的分组体系和汇总方式对资料进行分组和汇总，得出反映各组和总体的各种指标。

（4）编制统计图表。通过统计图和统计表，将整理出的资料简洁明了、系统有序地表示出来，形成有条理的资料。

（5）统计资料的积累和保管。将整理好的统计资料加以汇编、保存并建立统计数据库，实现信息资源共享。

（二）统计整理的内容

1．统计资料的审核

一般来说，从准确性、完整性、及时性三个方面对统计资料进行审核。其中，准确性是审核的重点，可采用逻辑检查和计算检查两种方法。

（1）逻辑检查主要是从定性的角度审核数据是否符合逻辑，内容是否合理，各项数字间有无相互矛盾的现象。例如，中学文化程度的人所填职业为大学教师，这是明显不符合逻辑的，应予以纠正。逻辑检查主要适用于对定类数据和定序数据的审核。

（2）计算检查是检查各项数据在计算结果和计算方法上有无错误。例如，各结构比例之和是否等于100%，不同表格上的同一指标值是否相同等。计算检查适用于对定距数据和定比数据的审核。

审核资料的及时性，是检查各调查单位是否按规定及时报送了资料，对于仍未报送资料的单位催促其尽快报送。

完整性审核主要是检查应调查的单位或个体是否有遗漏，所有的调查项目或指标是否填写齐全等。

2．进行统计分组

将全部调查资料按其性质和特点划分为若干组，这是统计整理的关键问题。只有正确地分组，才能整理出有科学价值的综合指标，并借助这些指标来揭示现象的本质与规律。

3．进行资料的汇总

这是统计整理的中心内容，是在统计分组的基础上，计算出各组和总体的单位数，并计算分组标志总量和总体的标志总量。

4．编制统计表或统计图

统计表或统计图是统计整理的结果，可以将整理好的统计资料清晰地显示出来。

三、统计分组

（一）统计分组的概念和种类

1．统计分组的概念

统计分组是根据统计研究的目的和客观现象的内在特点，按某个标志（或几个标志）

把被研究对象的总体划分为若干个不同性质的组。

统计分组要遵循穷尽原则和互斥原则。穷尽原则是指在所做的全部分组中，必须保证每一个单位或个体都能归属于某一组，不能有所遗漏；互斥原则是指每一个单位或个体只能归属于某一组，不能在其他组中重复出现。例如，某商场把服装分为男装、女装和童装，很明显，这种分组方法不符合统计分组的互斥原则，正确的分组方法是把服装分为成年装和儿童装。

2. 统计分组的种类

统计分组的种类是按照分组时所采用分组标志的性质和分组标志的多少来划分的。

（1）按分组标志的性质不同，统计分组可分为品质分组和数量分组。品质分组就是按品质标志进行分组，一般来说，对于定类数据可采用品质分组。例如，银行存款可以按照存款期限分为活期存款、定期存款、通知存款。数量分组就是按数量标志进行分组。例如，企业职工按工龄进行分组，人口按年龄分组，学生按成绩分组等。

（2）按分组标志的多少，统计分组可分为简单分组、复合分组和体系分组。

简单分组就是对被研究对象总体只按一个标志进行分组，它只能反映现象在某一个标志特征方面的差异情况。例如，人口按性别分组后，只能说明总体中男性人口数和女性人口数各是多少，而不能说明在男性人口数中各年龄段的人数有多少，或女性人口数中各年龄段的人数有多少。

复合分组就是对同一总体用两个或两个以上标志层叠起来进行分组。复合分组的方法是：先按一个标志分组；然后在第一次分组的基础上，按第二个标志分组；依次类推，至分组的最后一层为止。例如，为了认识我国高等院校在校学生的基本状况，可以同时选择学科、学制、性别等三个标志进行复合分组，得到如下分组层次。

理科学生组
   本科学生组
      男学生组
      女学生组
   专科学生组
      男学生组
      女学生组
文科学生组
   本科学生组
      男学生组
      女学生组
   专科学生组
      男学生组
      女学生组

体系分组就是根据统计分析的要求，通过对同一总体进行多种不同分组而形成的一种相互联系、相互补充，能从总体在各种特殊性质意义上的量来加深对社会经济现象总体数量表现的认识的体系。体系分组是对同一总体选择两个或两个以上的标志分别进行简单分组，然后并列在一起形成平行分组体系。例如，为了认识人口总体的自然构成，可以分别选择性别、民族、文化程度等三个分组标志进行分组，得到如下分组体系。

按性别分组
　　男性
　　女性
按民族分组
　　汉族
　　回族
　　苗族
　　藏族
　　……
按文化程度分组
　　文盲或半文盲
　　小学毕业
　　初中毕业
　　高中毕业
　　大学及大学以上

（二）统计分组的方法

统计分组的关键在于选择分组标志、选择分组的种类和划分各组的界限。

1. 选择分组标志

分组标志的选择是统计分组的核心问题，它是将总体区分为各个性质不同的组的标准或依据。选择分组标志的原则是：结合一定的历史条件或经济条件，根据统计研究的目的和任务，选择那些最能反映现象本质特征的标志作为分组标志。

2. 选择分组的种类

分组标志确定后，必须解决分组组数和各组界限的划分，即分组的具体方法问题。根据分组标志的特征不同，统计总体可以按品质标志分组，也可以按数量标志分组。

（1）按品质标志分组，就是选择反映事物属性差异的品质标志作为分组标志，并在品质标志的变异范围内划定各组界限，将总体划分成为若干个性质不同的组成部分。例如，人口按性别可分为男性和女性两组。

（2）按数量标志分组，就是选择反映事物数量差异的数量标志为分组标志，并在数量标志的变异范围内划定各组界限，将总体划分为性质不同的若干组成部分。

① 单项式分组与组距式分组。如果变量值较少，可以将每个变量值单列一组，这种分组称为单项式分组。例如，家庭按子女数分组可分为0人、1人、2人、3人等。单项式分组适用于离散型变量且变量变动范围不大的场合。

如果变量的变异较大，则可以把变量的整个取值范围依次划分为若干个区间，一个区间内的所有变量值归为一组。区间的最大值称为上限，最小值称为下限，上限与下限之差为组距，即组距=上限-下限。这样的分组称为组距式分组。对于连续型变量或变动范围较大的离散型变量，一般采用组距式分组。

② 等距分组与异距分组。按总体内各组组距是否完全相等，数量标志分组又可以分为等距式分组与异距式分组。等距式分组适用于总体各单位的变量值由小到大呈现均匀变化的情况。异距式分组则适用于总体各单位的变量值由小到大呈现不均匀变化的情况。

③ 间断组距式分组与连续组距式分组。在组距式分组中，相邻两组的界限称为组限。凡是组限不相连的，称为间断组距式分组，这种分组方法主要适用于离散型变量。凡是组限相重叠的，称为连续组距式分组，这种分组方法多用于连续型变量，离散型变量也可使用连续组距式分组。在连续组距式分组中会出现以同一个数值作为相邻两组共同组限的情况，为明确该数值究竟应归属于何组，在统计中规定各组一般均只包括本组下限变量值，而不包括本组上限变量值，即"上限不在内"的原则。例如，学生按成绩分组，应把 70 分的学生归入 70～80 分的组内，而不应归入 60～70 分的学生组内。

3．划分各组的界限

按品质标志分组，即根据事物的性质划分界限。目前我国实践中制定和实施了几种最重要的、基础性的国家分类标准。

按数量标志分组，即根据事物的数量变动来判断事物性质上的差异，注意客观界限。

第四节　频 数 分 布

一、频数分布的概念

在统计分组的基础上，将总体中的所有单位按组归类整理，形成总体中各个单位数在各组间的分布，就叫作频数分布。它由两个要素组成：一个是总体按某标志所分的组别；另一个是与各组对应的总体单位数，即频数或次数。各组次数与总次数之比称为频率。将各组组别与次数依次编排而成的数列就叫作频数分布数列，简称分布数列。有时也可把频率列入分布数列中。分布数列可以反映总体中所有单位在各组间的分布状态和分布特征，研究这种分布特征是统计分析的一项重要内容。

二、分布数列的种类

由于分组是频数分布的基础，因此有怎样的分组就形成怎样的频数分布。综合上述各种分组，分布数列的类型可归纳为图 2-3。

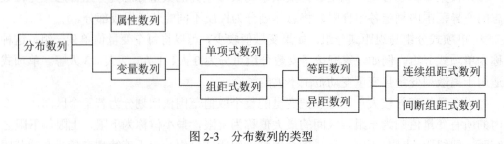

图 2-3　分布数列的类型

根据分组标志特征的不同，分布数列可以分为属性分布数列与变量分布数列两种。

（1）按品质标志分组形成的分布数列称为属性分布数列，简称品质数列。例如，我国 2018 年国内生产总值按产业标志分组，可编制如表 2-6 所示的品质分布数列。

表 2-6　我国三次产业国内生产总值及构成（2018）

产　　业	国内生产总值/亿元	三次产业构成/%
第一产业	64 734.00	7.19
第二产业	366 000.90	40.65
第三产业	469 574.60	52.16
合　　计	900 309.50	100.00

对于品质数列来说，如果分组标志选择得好，分组标准定得恰当，则事物性质的差异表现得比较明确，总体中各组如何划分的问题较易解决。因而品质分布数列一般也较稳定，通常均能准确地反映总体的分布特征。

（2）按数量标志分组形成的分布数列称为变量分布数列，简称变量数列。

对于变量数列来讲，因为事物性质的差异表现得不甚明确，决定事物性质的数量界限往往因人的主观认识而异，因此按同一数量标志分组有可能出现多种分布数列。为了使变量数列能比较准确地反映总体的分布特征，除了按照前面讲到的按数量标志分组的原理进行分组外，还需要从次数分布特征的角度，对变量数列中几个特有的问题加以讨论。

三、变量数列的编制

变量数列由各组变量值（x）和各组次数或频率（f、$f/\sum f$）构成。变量数列的编制可按如下步骤进行。

（一）确定变量数列的形式

根据变量的性质及特点，选择不同类型的变量数列（单项式、组距式、等距式、异距式、连续式、不连续式）。若为单项式数列，则不存在组距的问题，此时，组数等于数量标志所包含的变量值的数目。如某工厂按工人日加工零件的个数进行分组，可编制如表 2-7 所示的单项式数列。

表 2-7　某工厂工人日加工零件个数

日加工零件个数	工人数/人	比率/%
138	42	21
145	56	28
151	54	27
160	48	24
合　　计	200	100

然而，当所包括的变量值较多时，单项式数列显得十分烦琐，难以反映总体内不同性质组成部分的分布特征，这就有必要编制组距数列。

（二）将变量值按顺序排列，并计算全距（R）

$$全距（R）= 最大变量值（max）- 最小变量值（min） \tag{2.1}$$

（三）确定组距和组数

对于等距数列，组数（K）、组距（I）、全距（R）三者间的关系是

$$组距（I）= 全距（R）/ 组数（K） \tag{2.2}$$

组数和组距是此消彼长的关系。若组数过多，则组距太小，要避免将相同性质的单位分到不同组中；反之，若组数过少，则组距太大，要避免将不同性质的单位分到同一组中。对于不同的总体和资料，既可先确定组数，也可先确定组距。若先确定组数，则组距=全距/组数；若先确定组距，则组数=全距/组距。如何确定组数，美国学者 Sturges 提出了一个经验公式

$$K = 1 + \lg n / \lg 2 \tag{2.3}$$

式中，n 为总体单位数。

组距数列根据组距是否相等可分为等距数列和异距数列。等距数列适用于总体分布比较均匀的情况。而在社会经济统计总体中，总有一部分现象性质差异的变动并不均衡，这时很难用等组距的办法近似地区分性质不同的组，在这种情况下可采用异距分组。例如，进行人口疾病研究的年龄分组，应采用异距分组：1 岁以下按月分组；1～10 岁按年分组；11～20 岁按 5 年分组；21 岁以上按 10 年分组等。

确定组距应遵循以下几点。

（1）保证组内资料的同质性。如按计划完成程度分组，若将 95%～100%归为一组，即把完成计划的和未完成计划的归入一组，则明显违背了同质性的原则。

（2）尽量使用等距分组。不能使用等距分组时，采用异距分组。

（3）研究目的不同，对同一总体的分组可采用不同的组距。例如，研究某地选民分布时，可分为 18 岁以下和 18 岁以上两组；研究人口各年龄段发病率时，可分为儿童组（0～14 岁）、少年组（15～17 岁）和成人组（18 岁以上）。

（四）划分组限

当组距、组数确定后，只需划定各组数量界限便可编制出组距数列。组限即各组的界限，每个组包括上限和下限。下限是每组的起始值，上限是每组的终点值。在分组时要求第一组的下限略小于或等于最小变量值，而最后一组的上限要略大于或等于最大变量值。组中值是各组下限与上限的中点数值，计算公式为

$$组中值 =(上限 + 下限)/ 2 \tag{2.4}$$

组限有两种表现形式，即闭口组和开口组。闭口组是指上限与下限均存在的组。开口组是指只有上限没有下限（用"××以下"表示）或只有下限没有上限（用"××以上"表示）的组。在编制分布数列时，通常采用闭口组的形式。但若资料中存在极端值时，为了避免出现"空白组"，可采用开口组。计算开口组的组中值时，一般用相邻组的组距作为该开口组的组距，计算公式为

上开口组（只有下限没有上限）：组中值 = 本组下限 + 邻组组距 / 2 （2.5）

下开口组（只有上限没有下限）：组中值 = 本组上限 – 邻组组距 / 2 （2.6）

组距数列编制出来后，进一步的计算与分析均以各组的组中值为代表值，而不关心各组内的原始数据是什么。用组中值来代表组内变量值的一般水平有一个必要的前提：各单位的变量值在本组范围内呈均匀分布或在组中值两侧呈对称分布。但要想完全具备这一条件，实际上是不可能的。因此在划分各组组限时，必须考虑使各组内变量值的分布尽可能满足这一要求，以减少用组中值代表各组变量值一般水平时所造成的误差。

（五）计算各组次数

次数是分布在各组中的总体单位的个数，如果用相对数形式表示即为比率。比率是一种结构相对数，各组比率之和应等于 1 或 100%。各组次数或比率的大小意味着相应的变量值在决定总体数量表现中所起的作用不同。次数或比率大的组，其变量值在决定总体数量表现中的作用就大；反之就小。

四、累计频数（频率）

累计频数（频率）可分为向上累计频数（频率）和向下累计频数（频率）两种。向上累计频数（频率）是将各组次数（比率）由变量值低的组向变量值高的组累计，各累计数的意义是各组上限以下的累计次数或累计比率；向下累计频数（频率）是将各组次数和比率由变量值高的组向变量值低的组累计，各累计数的意义是各组下限以上的累计次数或累计比率。

下面通过实例说明组距数列的编制。

【例 2-5】某大学统计学专业某班有 100 名学生，高等数学考试成绩如下（单位：分）：

```
43  68  59  99  66  78  64  66  75  48  59  94  86  69  57  72  77  89
53  57  74  48  73  69  62  86  65  68  47  67  69  78  85  66  59  69
55  67  72  64  88  53  56  66  78  76  82  98  43  75  68  69  72  76
82  64  45  78  62  64  87  85  41  66  88  58  58  53  76  77  86  57
95  86  68  88  69  75  76  69  63  55  62  76  43  56  86  89  58  53
65  65  89  44  66  68  52  59  62  89
```

解：

（1）将各变量值排序，计算全距。

$$全距 = 最大值 - 最小值 = 99 - 41 = 58$$

（2）确定组数和组距。若假定分为 6 组，则

$$组距 = \frac{全距}{组数} = \frac{58}{6} = 9.7$$

组距近似为 10。

（3）确定组限。由于最小值为 41，最大值为 99，按照最小组的下限略低于或等于最小变量值，最大组的上限略高于或等于最大变量值的原则，可将最小组下限定为 40，最大组

上限定为100。

（4）编制次数分布数列。根据上面确定的组数、组距和组限，将各个变量值按组归类，得次数分布数列，如表2-8所示。

表2-8 某班学生按高等数学考试成绩分组

成绩/分	学生数/人	比重/%	向 上 累 计		向 下 累 计	
			学生数/人	比重/%	学生数/人	比重/%
40～50	9	9	9	9	100	100
50～60	19	19	28	28	91	91
60～70	32	32	60	60	72	72
70～80	19	19	79	79	40	40
80～90	17	17	96	96	21	21
90～100	4	4	100	100	4	4
合　计	100	100	—	—	—	—

五、频数分布的类型

常见的频数分布有三种类型：钟形分布、J形分布、U形分布。

（一）钟形分布

钟形分布的特征是"两头小、中间大"，即靠近中间的变量值分布的次数多，靠近两端的变量值分布的次数少。绘成曲线图，宛如一口古钟。钟形分布具体可分为对称分布和非对称分布。

对称分布的特征是中间变量值分布的次数最多，两侧变量值分布的次数随着与中间变量值距离的增大而渐次减少，并且围绕中心变量值两侧呈对称分布。对称分布中的正态分布最为重要，许多社会经济现象统计总体的分布都趋近于正态分布。例如，农业平均亩产量的分布、零件公差的分布、商品市场价格的分布等。正态分布在社会经济统计学中具有重要意义。

在非对称分布中，又可分为正偏（右偏）分布和负偏（左偏）分布。

（二）J形分布

J形分布有两种类型：正J形分布是次数随着变量值的增大而增多，绘成曲线图，犹如英文字母"J"字；反J形分布是次数随着变量值的增大而减少，绘成曲线图，犹如反写的英文字母"J"字。在社会经济现象中，有一些统计总体呈J形分布。例如供给曲线，随着价格的提高，供给量以更快的速度增加，呈现为正J形；而需求曲线则表现为随价格的提高需求量以较快的速度减少，为反J形。

（三）U形分布

与钟形分布恰恰相反，U形分布的特征是：靠近两端的变量值分布的次数多，靠近中间的变量值分布的次数少，形成"两头高、中间低"的分布特征。绘成曲线图，像英文字母"U"字。有些社会经济现象的分布表现为 U 形分布，例如，人口死亡率分布。由于人口总体中幼儿死亡人数和老年死亡人数均较高，而中年死亡人数最低，因而按年龄分组的人口死亡率便表现为 U 形分布。

几种常见的频数分布如图 2-4 所示。

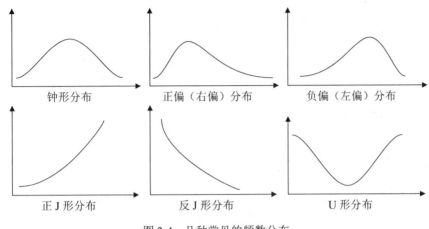

图 2-4　几种常见的频数分布

第五节　数 据 显 示

统计表和统计图是显示统计数据的两种方式。正确地使用统计表和统计图，是做好统计分析的最基本技能。

一、统计表

（一）统计表的概念和结构

统计调查所取得的原始资料，经过整理后，将数字资料填写在表格内，就形成了一张统计表。统计表的优点在于它可以把杂乱的数据有条理地整理在一张简明的表格内，使统计资料系统化、条理化。

从统计表的形式上看，可由总标题、横行标题、纵栏标题和指标数值四部分组成。此外，有些统计表在表下还增列补充资料、注解、附记、资料来源、某些指标的计算方法、填表单位、填表人员以及填表日期等。总标题是表的名称，用以概括统计表中全部统计资料的内容，一般写在表的上端中部。横行标题是横行的名称，通常用来表示各组的名称，它代表统计表所要说明的对象，一般写在表的左方。纵栏标题是纵栏的名称，用来表示统计指标的名称，一般写在表的上方。指标数值列在各横行标题与各纵栏标题的交叉处。统计表中任何一个数字的内容均由横行标题和纵栏标题所限定，如表 2-9 所示。

统计表按其内容可分为两部分：一部分是统计表所要说明的总体，它可以是各个总体单位的名称、总体的各个组，或者是总体单位的全部，这一部分习惯上称为主词；另一部分则是说明总体的统计指标，包括指标名称和指标数值，这一部分习惯上称为宾词。

表 2-9　我国各级各类学校数及专任教师数（2018 年）　◄───　总标题

各级各类学校	学校数/所	专任教师数/万人
普通高等学校	2 663	167.3
普通高中	13 737	181.3
中等职业教育	10 229	83.4
初中	51 982	363.9
普通小学	161 811	609.2
特殊教育	2 152	5.9
学前教育	266 677	258.1

纵栏标题（右上角）；横行标题（左侧）；指标数值（右侧）

（二）统计表的分类

（1）统计表根据主词是否分组以及分组程度不同，可分为以下三种。

① 简单表，是指主词未做任何分组而形成的统计表。可以有两种形式：一是按总体单位名称排列的统计表；二是按时间顺序排列的统计表，如表 2-10 所示。

表 2-10　我国近年来粮食作物播种面积

年　　份	粮食作物播种面积/千公顷①
2015	118 963
2016	119 230
2017	117 989
2018	117 038

② 简单分组表，是指主词仅按一个标志分组而形成的统计表。表 2-11 就是我国 2018 年房地产开发企业完成投资额按房地产用途分组的简单分组表。

表 2-11　我国房地产开发企业完成投资额情况（2018 年）

按房地产用途分组	完成投资额/亿元	比重/%
住宅	85 192.25	70.84
办公楼	5 996.33	4.99
商业营业用房	14 177.09	11.79
其他	14 897.84	12.38
合　　计	120 263.51	100.00

③ 复合分组表，是指主词按两个或两个以上的标志进行并列式或层叠式分组而形成的统计表。表 2-12 即为主词按三次产业和性别两个标志进行层叠式分组。

表 2-12　某地区某年年底就业人员情况

按三次产业分组	按性别分组	就业人员数/万人	比重/%
第一产业	男	51.48	36
	女	91.52	64

---

① 1 公顷=0.01 平方千米。

按三次产业分组	按性别分组	就业人员数/万人	比重/%
第二产业	男	106.26	69
	女	47.74	31
第三产业	男	116.38	46
	女	136.62	54

（2）统计表按宾词设计的不同，又可分为宾词简单排列、宾词分组平行排列和宾词分组层叠排列三种。

① 宾词简单排列是宾词不加任何分组，按一定顺序排列在统计表上，如表 2-13 所示。

表 2-13　部分国家主要社会经济指标（2018 年）

地　区	国土面积/万平方千米	人口密度/（人/平方千米）	国内生产总值/亿美元	国内生产总值增长率/%	人均国内生产总值/美元
中国	960.0	148	136 082	6.6	9 771
美国	983.2	36	204 941	2.9	62 641
日本	37.8	347	49 709	0.8	39 287
英国	24.4	275	28 252	1.4	42 491
德国	35.8	237	39 968	1.4	48 196
俄罗斯	1 709.8	9	16 576	2.3	11 289

② 宾词分组平行排列是宾词栏中各分组标志彼此分开、平行排列，如表 2-14 所示。

表 2-14　我国就业人员数（年底数）

单位：万人

年　份	就业人员	按三次产业分组			按城乡分组	
		第 一 产 业	第 二 产 业	第 三 产 业	城　镇	乡　村
2015	77 451	21 919	22 693	32 839	40 410	37 041
2016	77 603	21 496	22 350	33 757	41 428	36 175
2017	77 640	20 944	21 824	34 872	42 462	35 178
2018	77 586	20 258	21 390	35 938	43 419	34 167

③ 宾词分组层叠排列是统计指标同时有层次地按两个或两个以上的标志分组，各种分组层叠在一起，宾词的栏数等于各种分组的组数连乘积，如表 2-15 所示。

表 2-15　某市 2020 年工业企业职工情况表

按企业规模分组	企业数/个	职工人数/人		工龄/年					
				5 年以下		5～10 年		10 年以上	
		男	女	男	女	男	女	男	女
大型企业									
中型企业									
小型企业									
合　计									

（三）统计表的设计

统计表的设计应符合科学、实用、简练、美观、便于比较的要求，具体应注意以下几点。

1．统计表设计的注意事项

（1）统计表的上下端应以粗线绘制，表内纵线以细线绘制，一般不画横线，但合计栏需画横线。表格的左右两端不画线，采用"开口式"。

（2）统计表如果栏数较多，应当按顺序编号，习惯上主词栏部分以"甲、乙、丙、丁……"为序号，宾词栏以"（1）、（2）、（3）、（4）……"为序号。

（3）表中的数据一般为右对齐，有小数点时应以小数点对齐，且小数点的位数应统一。

2．统计表内容设计的注意事项

（1）统计表的总标题、横行标题、纵栏标题应简明扼要，用简练确切的文字概括出统计资料的内容、资料所属的时间和空间范围。

（2）必须注明数据的计量单位。若表中的全部数据都是同一计量单位，可放在表的右上角标明；若各指标的计量单位不同，可在横行标题后添加一列计量单位。

（3）统计表中缺某项数字资料时，可用"…"表示，不应有数字时用"—"表示。

（4）在统计表下方应注明资料来源，必要时可在表的下方加上注释。

二、统计图

统计图是以图形表现统计资料的一种形式。常用的统计图形有条形图、饼形图、直方图、折线图、茎叶图。对于不同类型的数据，所采用的统计图形是不一样的。

（一）定类数据、定序数据的图示

对定类数据和定序数据，通常可用条形图和饼形图来反映统计资料。

1．条形图

条形图是用宽度相同的条形的长短来表示数据变动的图形。在表示定类数据分布时，用条形图的长短来表示各类别数据的频数或频率。绘图时，各类别可放在纵轴。例如，某小区对小区内家庭家具进行抽样调查后家具的色调频数分布如表 2-16 所示。

表 2-16　某小区抽样调查家具色调频数分布表

家具的色调	户　　数	频率/%
暗红色	8	26.67
淡黄褐色	10	33.33
浅绿色	6	20.00
白色	5	16.67
黑色	1	3.33
合　计	30	100.00

根据表 2-16，绘制条形图如图 2-5 所示。

2．饼形图

饼形图是用圆形及圆内扇形面积来表示数值大小的图形。饼形图多用于表示总体内各部分所占的比例，对于结构性问题十分有用。绘图时，总体内各部分所占的百分比用圆内各扇形面积表示，扇形的中心角度是按各部分百分比占 360° 的相应比例确定的。根据表 2-6，绘制饼形图如图 2-6 所示。

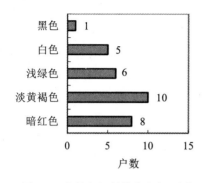

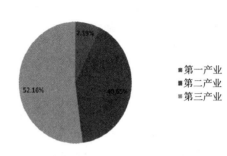

图 2-5　家具色调频数分布条形图　　　图 2-6　我国三次产业国内生产总值构成（2018）饼形图

（二）定距数据、定比数据的图示

对于定距数据和定比数据，除饼形图外，还可通过直方图、折线图、茎叶图显示数据。

1. 直方图

直方图是用矩形的宽度和高度来表示频数分布的图形。绘制直方图时，横轴表示各组组限，纵轴表示频数或频率。根据表 2-8，绘制直方图如图 2-7 所示。

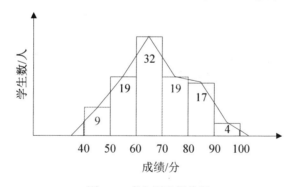

图 2-7　直方图及折线图

直方图与条形图不同。条形图是用条形的长度表示各类别的频数，其宽度是固定的；直方图是用面积表示各组频数的多少，矩形的高度表示每一组的频数或频率，宽度表示各组的组距，因此其高度和宽度均有意义。由于分组数据具有连续性，因此直方图的各矩形是连续排列的，而条形图则是分开排列的。

2. 折线图

在直方图的基础上，把直方图顶部的中点（即组中值）用直线连接起来，再把原来的直方图抹掉就是折线图。需要注意的是，折线图的两个终点要与横轴相交，具体做法是将直方图第一个矩形的顶部中点通过竖边中点（即该组频数一半的位置）连接到横轴，最后一个矩形顶部中点与其竖边中点连接到横轴。这样才会使折线图下所围面积与直方图的面积相等，从而使两者所表示的频数分布一致。对例 2-5 进行组距数列分组得到表 2-8 某班学生按高等数学考试成绩的分组，然后做直方图及折线图，如图2-7所示。

3．茎叶图

对于未分组的原始数据，可用茎叶图来显示其分布特征。茎叶图是由"茎"和"叶"两部分构成的，它的图形是由数字组成的。"茎"在左，"叶"在右，"茎""叶"之间用小数点隔开。绘制茎叶图的关键是设计好"茎"，通常以该组数据的高位数值作为"茎"。"茎"确定之后，"叶"也随之确定。例如，数据101，它的"茎"为1（数据的百位数），"叶"为01。"茎叶"的表达方式为：1.01。这样，就可以很容易地从"茎叶"表达方式（1.01）中推出其数值为101。

茎叶图的基本做法如下。

（1）依据数据的范围，确定"茎"的数字位和"叶"的数字位。确定"茎"时，要遵循"茎"必须有变化的原则，否则，若所有数据的"茎"均相同，就很难绘制茎叶图。

（2）把所有的数据分成"茎"和"叶"两部分。

（3）将数据中的"茎"从小到大、从上至下纵向排列，并在"茎"后标出小数点，小数点纵向对齐。

（4）依次把数据中所有"茎"相同的数据取出来，把这些"叶"按照从小到大的顺序，写在"茎"后小数点的右边，从左到右横向排列。

【例2-6】某厂30名工人日加工零件个数数据如下，试绘制茎叶图。

116	136	102	125	128	107	126	117	119	110
135	123	125	124	130	111	126	131	105	128
139	133	124	129	102	127	134	112	126	122

解：在本例中，应以百位数和十位数为"茎"（若以百位数为"茎"，所有数据的"茎"相同，无法绘制茎叶图），"叶"为个位数。绘制茎叶图如图2-8所示。

"茎"	"叶"	频次
10	. 2,2,5,7	4
11	. 0,1,2,6,7,9	6
12	. 2,3,4,4,5,5,6,6,6,7,8,8,9	13
13	. 0,1,3,4,5,6,9	7

图2-8　茎叶图

从图2-8中可以清楚地看出，该厂30名工人中，有13人的日加工零件数在120～129；有7人的日加工零件数在130～139。

本章小结

本章包括统计数据、统计调查与统计整理三部分内容。

统计数据是进行统计分析的前提。按数据的计量层次，可将数据分为定类数据、定序数据、定距数据与定比数据四类；按数据的收集方法，可将数据分为直接来源数据与间接来源数据；按时间状况，又可将数据分为时间序列数据与截面型数据。

统计调查是统计工作的基础，其工作的好坏直接影响以后各阶段的工作。因此，统计调查的资料必须准确、全面、及时。在统计调查开始前，应该周密地设计调查方案。调查方案的内容包括：确定调查的任务与目的，确定调查对象，明确调查单位与填报单位，确定调查项目，设计调查表，确定调查时间与调查期限，拟订调查的组织实施计划。

统计整理是对调查得来的原始资料进行科学的综合加工，使之系统化，从而得出反映总体特征的综合资料。统计整理的内容包括：对原始资料的审核、汇总，将汇总的结果通过统计图或统计表的形式表现出来。统计分组是统计整理工作中的一项重要工作，它是按某种分组标志，将总体分成若干个组。统计分组的关键是正确地选择分组标志。

分布数列是将总体按某一标志分组，并列出各组的总体单位数。它由两个要素组成：一是分组；二是各组总体单位数。分布数列有品质数列与变量数列，变量数列又可分为单项式和组距式数列、等距数列、异距数列、连续组距式数列和间断组距式数列。在编制组距式数列时，须解决组距与组数的问题，只有组距确定后才能确定组限与组中值等。

统计表的构成包括总标题、横行标题、纵栏标题与统计指标四个部分。统计表的设计应当合理、科学、实用、简明、美观。

思考与练习

1．统计数据可分为哪几种类型？不同类型的数据各有什么特点？

2．简述普查和抽样调查的特点。

3．重点调查中的重点单位的含义是什么？重点调查有何特点？

4．典型调查的特点和作用是什么？

5．什么是统计调查误差？产生误差的原因有哪些？

6．调查对象、调查单位和填报单位的关系如何？

7．统计调查方案包括哪几方面的内容？

8．统计表由哪几个部分组成？制作统计表时应注意哪些问题？

9．对 50 只灯泡的耐用时数进行测试，所得数据如下（单位：小时）。

886	928	999	946	950	864	1 050	927	949	852
1 027	928	978	816	1 000	918	1 040	854	1 100	900
866	905	954	890	1 006	926	900	999	886	1 120
893	900	800	938	864	919	863	981	916	818
946	926	895	967	921	978	821	924	651	850

要求：

（1）根据上述资料编制次数分布数列，并计算向上累计和向下累计的频数和频率。

（2）根据所编制的次数分布数列，绘制直方图、折线图。

（3）根据图形说明灯泡耐用时数的分布属于何种类型。

10．某服装厂×月每日的服装产量如表 2-17 所示。

表 2-17　某服装厂×月服装产量表

日　　期	产量/套	日　　期	产量/套	日　　期	产量/套
1	38	11	90	21	休假
2	210	12	95	22	112
3	105	13	140	23	230
4	130	14	休假	24	170
5	140	15	165	25	205
6	110	16	182	26	125
7	休假	17	120	27	115
8	100	18	150	28	休假
9	160	19	155	29	135
10	180	20	98	30	108

将表中资料编制成组距式分配数列，用两种方式分组，各分为 5 组，比较哪一种分组较为合理。

11. 某驾驶学校有学员 32 人，他们的情况如表 2-18 所示。

表 2-18　某驾驶学校学员资料

学 员 编 号	性　　别	年　　龄	来 自 部 门
1	男	25	商业
2	男	42	工业
3	男	24	农业
4	女	29	商业
5	男	21	工业
6	男	31	工业
7	女	22	商业
8	女	30	工业
9	女	46	工业
10	男	27	农业
11	男	28	工业
12	女	24	工业
13	女	26	农业
14	男	24	工业
15	女	32	工业
16	男	25	工业
17	女	20	商业
18	男	26	工业
19	男	23	商业
20	女	28	农业
21	男	45	农业
22	男	24	商业
23	男	24	商业
24	女	23	工业

学 员 编 号	性　　别	年　　龄	来 自 部 门
25	女	25	工业
26	女	23	工业
27	男	47	工业
28	女	27	农业
29	男	37	工业
30	女	44	工业
31	男	25	工业
32	女	20	农业

利用表中资料编制以下统计表。

（1）主词用一个品质标志分组，宾词用一个品质标志和一个数量标志分三组的宾词平行分组设计表。

（2）主词用一个品质标志分组，宾词用一个品质标志和一个数量标志分三组的宾词层叠分组设计表。

第三章 总量指标与相对指标

🖋 **学习目的**

从广义上说，所有的统计指标都可称为综合指标。综合指标根据表现形式又可分为总量指标、相对指标与平均指标。本章将对总量指标与相对指标做详细介绍。通过本章的学习，学生应了解总量指标和相对指标的概念、性质和种类；理解总量指标和相对指标的特点及应用场合，并熟练掌握其计算方法；能利用总量指标与相对指标对社会经济现象进行简单分析。

第一节 总量指标

一、总量指标的概念及作用

总量指标是反映社会经济现象发展的总规模、总水平的综合指标，也称为数量指标或统计绝对数。它的表现形式为绝对数，且指标值的大小与总体范围的大小直接相关，即总体范围越大，指标值也越大，反之则越小，如人口总数、国内生产总值、粮食产量等。

总量指标是最基本的综合指标，它在社会经济研究和管理中起着重要的作用。

（1）总量指标是对社会经济现象总体认识的起点。了解一个国家或一个地区的国民经济和社会发展状况，首先要准确地掌握客观现象在一定时间、地点条件下的发展规模或水平，然后才能更深入地认识社会。

（2）总量指标是计算相对指标和平均指标的基础。相对指标与平均指标一般都是由两个相互联系的总量指标对比计算出来的，可以说是总量指标的派生指标。总量指标的计算是否科学、合理，会直接影响相对指标和平均指标的准确性。

（3）总量指标是宏观与微观管理的重要依据。无论是宏观还是微观，政策的制定、计划的编制与检查、科学的管理，都要以总量指标为参考值。

二、总量指标的种类

（一）总体单位总量与总体标志总量

总量指标按反映的内容不同，可分为总体单位总量与总体标志总量。

总体单位总量，简称单位总量，是反映总体中所有单位数总和的总量指标，它说明总体本身规模的大小。

总体标志总量，简称标志总量，是反映总体中各单位标志值总和的总量指标。

例如，要了解某个企业所有工人的基本情况，以全体工人为统计总体，每个工人为总体单位，企业的工人总数为单位总量，工人的工资总额为标志总量。

随着研究目的的变化，总体和总体单位可以转变。因此，判断一个总量指标究竟是总体单位总量还是总体标志总量，要视具体情况而定。例如，要研究某市所有医院的基本情况，应以该市所有的医院为总体，医院总数为总体单位总量，所有的病人数为总体标志总量；要研究某市所有医院中病人的基本情况，则所有的病人数为总体单位总量。

（二）时期指标与时点指标

总量指标按反映的时间状况不同，可分为时期指标与时点指标。

时期指标，也称为时期数，是反映总体在某一段时间内所达到的规模或水平，其值等于该时期各个时间的值的连续累加。例如，某一时期产品的产量、销售额等。

时点指标，也称为时点数，是反映社会经济现象在某一时点（瞬间）状况上的总量指标。例如，年末职工人数、某日商品库存量、银行月末储蓄存款余额等都是时点指标。

时期指标与时点指标的主要区别有以下几方面。

（1）时期指标说明现象在某一时期内的规模或水平；时点指标说明现象在某一时点所达到的规模或水平。例如，某厂7月新增职工150人是时期指标，7月底职工人数为1 800人是时点指标。

（2）时期指标是连续的，可以累计，且指标值的大小与时期长短有直接联系；时点指标是间断的，不可以累计，指标值的大小与时间间隔长短无关。

（3）时期指标是通过经常性调查获得的；时点指标是通过一次性调查获得的。

（三）实物指标、价值指标和劳动量指标

总量指标按所采用计量单位的不同，可分为实物指标、价值指标和劳动量指标。

实物指标是以实物单位计量的总量指标，即以实物的物理属性或自然属性作为计量的指标。它能直接反映产品的使用价值或现象的具体内容，但对不同类产品或商品缺乏综合性，不易进行汇总。例如，自然单位：人口用人、汽车用辆等；度量衡单位：木材用立方米、棉布用米等。

价值指标是以货币为计量单位的统计指标，具有最广泛的综合性和概括能力，可以表示现象的总规模和总水平。

劳动量指标是以劳动单位，即工日、工时等劳动时间计量的统计指标。常用于确定劳动规模、评价劳动时间的利用程度，计算劳动报酬、劳动生产率等。

第二节　相　对　指　标

一、相对指标的概念及表现形式

相对指标又称统计相对数。它是两个有联系的现象数值的比率，用以反映现象的发展

程度、结构、强度、普遍程度或比例关系。相对指标通常包括计划完成相对数、结构相对数、比例相对数、比较相对数、强度相对数和动态相对数六种。相对指标的数值一般表现为无名数，也可以是有名数。无名数是一种抽象化的数值，常以倍数、系数、成数、番数、百分数、千分数等表现。有名数是将相对指标中分子和分母的计量单位同时使用，形成双重单位。例如，人口密度是由总人口数和国土面积两个总量指标相比而得，计量单位是人/平方千米。

二、相对指标的作用

（1）通过相对指标能具体表明社会现象之间的数量对比关系，为人们判断计划完成程度、认识事物的构成、发展变化、普及程度或密度以及进行空间比较分析提供依据。例如，2018 年我国国内生产总值为 900 309.5 亿元，比 2017 年增长 6.6%。2018 年年末我国人口数为 139 538 万人，出生率为 10.94‰，死亡率为 7.13‰，自然增长率为 3.81‰，2018 年人口性别比（女=100）为 104.64。

（2）相对指标可以使不能直接对比的现象找到可以对比的基础。处于不同时期和不同空间的总量指标代表不同条件下的现象发展规模，因此，往往不能直接对比。相对指标是把两个总量指标数值抽象化了，从而使不能直接对比的数值变为可比。

三、相对指标的种类和计算

（一）计划完成相对数

计划完成相对数，又称计划完成百分比，是现象在某一段时间内的实际完成数与计划任务数之比，用以检查、监督计划执行情况的相对指标，通常用"%"表示。其计算公式为

$$计划完成相对数 = \frac{实际完成数}{计划任务数} \times 100\% \tag{3.1}$$

其中，分子减分母的差额表示计划执行的绝对效果。根据下达计划任务时期的长短和计划任务数值的表现形式不同，有多种计算方法。

1. 短期计划完成相对数的计算

在实际应用中，计划指标既可能是总量指标，也可能是相对指标或平均指标，因此，在计算时，要根据具体情况采用不同的方法。

（1）根据总量指标计算计划完成相对数。当实际完成数与计划任务数为总量指标时，直接使用式（3.1）。

【例 3-1】某电视机厂某年计划产量达 800 万台，实际生产 880 万台，试计算该厂产量的计划完成相对数。

解：产量计划完成相对数 $= \frac{880}{800} \times 100\% = 110\%$

超额完成的绝对额 $= 880 - 800 = 80$（万台）

计算结果表明，该电视机厂超额完成计划 10%，超产 80 万台。

【例 3-2】某企业计划 8 月份单位产品成本降为 10 元，实际单位产品成本为 8 元，计

算该企业单位产品成本计划完成相对数。

解：单位成本计划完成相对数 $=\dfrac{8}{10}\times100\%=80\%$

计算结果表明，该企业单位成本实际比计划降低 20%。

以上两种计划完成相对数的经济意义是不同的。产量计划完成相对数若大于 100%，表明超额完成计划；小于 100%，表明没有完成计划。数值越大，表明计划完成得越好，这种指标为正指标。单位成本计划完成相对数若大于 100%，说明实际成本比计划提高，没有完成计划；若小于 100%，表明实际成本比计划降低，超额完成计划。数值越小，说明计划完成得越好，这种指标为逆指标。

（2）根据相对指标计算计划完成相对数。

$$相对数计划完成百分数=\frac{1\pm实际提高（降低）百分数}{1\pm计划提高（降低）百分数}\times100\% \tag{3.2}$$

【例 3-3】2020 年 3 月某企业生产 N95 口罩的产量计划增长 30%，实际增长 50%，求该企业 2020 年 3 月 N95 口罩产量计划完成相对数。

解：产量计划完成相对数 $=\dfrac{100\%+50\%}{100\%+30\%}\times100\%=115.38\%$

计算结果表明，该企业 2020 年 3 月超额完成计划 15.38%。

（3）根据平均指标计算计划完成相对数。

$$计划完成相对数=\frac{实际完成的平均数}{计划规定的平均数}\times100\% \tag{3.3}$$

【例 3-4】某企业生产某产品，计划工人每日平均产量为 100 件，实际工人每日平均产量为 120 件，求该企业劳动生产率计划完成相对数。

解：劳动生产率计划完成相对数 $=\dfrac{120}{100}\times100\%=120\%$

计算结果表明，该企业劳动生产率实际比计划提高 20%。

2．短期计划执行进度的考核

计划执行进度的考核就是逐日、逐月、逐季地检查计划执行的进度情况，以保证顺利完成计划任务。其计算公式为

$$计划执行进度相对数=\frac{计划期期初至某时间止累计完成数}{全期计划任务数}\times100\% \tag{3.4}$$

【例 3-5】某企业计划 2020 年全年实现利润 8 000 万元，上半年累计实现利润 3 250 万元，求该企业 2020 年上半年计划执行进度相对数。

解：计划执行进度相对数 $=\dfrac{3\,250}{8\,000}\times100\%=40.63\%$

计算结果表明，到 2020 年上半年为止，累计完成计划 40.63%，时间过半，任务没有完成过半，下半年必须抓紧生产才能完成全年任务。

评价计划执行进度情况的一般标准是均衡性原则。如果时间过半，完成数也应过半，以避免前松后紧或前紧后松的现象。

3．长期计划执行进度的考核

若检查的是长期计划，根据计划制订方式的不同，可采用水平法和累计法进行测算。

（1）水平法。如果在长期计划中只规定最后一年应达到的水平，应采用水平法。其计算公式为

$$
长期计划完成相对数 = \frac{长期计划期末实际达到的水平}{长期计划规定的末年水平} \times 100\% \qquad (3.5)
$$

按水平法计算长期计划提前完成时间的方法是：以计划期内连续一年（只要连续12个月，不论是否为同一日历年度）达到计划规定的最末一年水平为标准，若连续累计12个月实际完成数达到计划规定最末一年的水平，就算完成计划，剩余的时间即为提前完成计划的时间。

【例3-6】 某企业计划规定某产品的产量在第5年达到50万吨，而实际第5年产量为53.5万吨，如表3-1所示。求该企业长期计划完成相对数，并计算提前完成计划的时间。

表3-1　某产品5年计划中各年的完成情况

单位：万吨

时间	第1年	第2年	第3年	第4年				第5年			
				第一季度	第二季度	第三季度	第四季度	第一季度	第二季度	第三季度	第四季度
产量	44	45	46	12	12.5	11.5	13	14.5	12.5	13	13.5

解：长期计划完成程度 $= \dfrac{53.5}{50} \times 100\% = 107\%$

提前完成的时间：由表3-1可知，从第4年的第二季度起至第5年的第一季度止，产量合计为51.5万吨，而第4年一年的产量为49万吨，因此，在第5年第一季度的某一天，产量达到计划规定的50万吨。现设提前 n 天（指从第5年第一季度最后一天往前数的 n 天），假定用季度资料计算平均数代替每日资料，因有连续12个月的要求，所以连续一年的时间为：第4年第一季度有 n 天，第4年第二季度、第三季度和第四季度，还有第5年第一季度的 $90-n$ 天。故列方程如下：

$$
n \times (12 \div 90) + 12.5 + 11.5 + 13 + (90-n) \times (14.5 \div 90) = 50
$$

（第4年第二季度为90天，第5年第一季度为90天）

得　　　　　　　　　　　　　　 $n = 53.9$ （天）

计算结果表明，提前3个季度又53天完成5年计划。

（2）累计法。如果长期计划规定整个计划期内累计应达到的水平，应采用累计法。其计算公式为

$$
长期计划完成相对数 = \frac{长期计划期间实际累计完成数}{长期计划规定任务数} \times 100\% \qquad (3.6)
$$

提前完成计划时间的计算方法是：从期初往后连续考察，只要实际累计完成数达到计划规定的累计任务数，即为完成长期计划，剩余时间为提前完成计划时间。

【例3-7】 企业有关资料如表3-2所示。

表 3-2　某企业 5 年计划各年产量完成情况

单位：万吨

时间	第 1 年	第 2 年	第 3 年		第 4 年				第 5 年			
			上半年	下半年	第一季度	第二季度	第三季度	第四季度	第一季度	第二季度	第三季度	第四季度
实际产量	116	120	60	62	30	36	40	44	42	44	46	50

若该企业 5 年计划规定 5 年产量应达 640 万吨，试计算 5 年计划完成程度和提前完成计划时间。

解：计划完成相对数 $= \dfrac{116+120+60+62+30+36+40+44+42+44+46+50}{640} \times 100\%$

$= \dfrac{690}{640} \times 100\% = 107.81\%$

提前完成计划时间：第 1 年至第 5 年第三季度末累计实现产量 640 万吨，因此，提前完成计划时间为：提前 3 个月。

（二）结构相对数

结构相对数是在对总体分组的基础上，以总体总量作为比较标准，求出各组总量占总体总量的比重，来反映总体内部组成情况的综合指标。通常用"%"表示。其分子和分母既可以是总体单位数，也可以是总体标志值。由于分子分母为同一总体，因此各部分比重之和应为 100%或 1。其计算公式为

$$结构相对数 = \frac{总体中某部分数值}{总体全部数值} \times 100\% \qquad (3.7)$$

结构相对数可以反映总体单位数的结构和总体标志值的结构，从而深刻认识事物各个部分的特殊性质及其在总体中所占的地位。

【例 3-8】 某企业工人总数为 800 人，其中技术工人为 580 人，辅助工人为 220 人，试计算工人人数结构相对指标。

解：技术工人占工人总数 $= \dfrac{580}{800} \times 100\% = 72.5\%$

辅助工人占工人总数 $= \dfrac{220}{800} \times 100\% = 27.5\%$

即该企业技术工人占工人总数的 72.5%，辅助工人占工人总数的 27.5%。

（三）比例相对数

比例相对数是反映总体中不同部分数量对比关系的相对指标，用以分析总体范围内各个局部、各个分组之间的比例关系和协调平衡状况。通常表示为比例的形式 $A:B$。其计算公式为

$$比例相对数 = \frac{总体中某一部分数值}{总体中另一部分数值} \qquad (3.8)$$

【例 3-9】 2018 年年末全国人口总数为 139 538 万人，其中男性为 71 351 万人，女性为 68 187 万人，试计算男女性别比例。

解： 男女性别比例 $= \dfrac{71\,351}{68\,187} = 1.046\,4$

计算结果表明，男女性别比例为 104.64：100（以女性=100）。

（四）比较相对数

比较相对数是将两个同类指标做静态对比得出的相对指标，表明同类现象在不同条件下的数量对比关系，通常用"%"表示。其计算公式为

$$\text{比较相对数} = \frac{\text{某条件下的某类指标数值}}{\text{另一条件下的同类指标数值}} \times 100\% \tag{3.9}$$

【例 3-10】 甲、乙两公司某年销售额分别为 6.8 亿元和 5.6 亿元，试计算甲、乙两公司销售额的比较相对数。

解： 比较相对数 $= \dfrac{6.8}{5.6} \times 100\% = 121\% = 1.21$ （倍）

计算结果表明，该年甲公司的销售额是乙公司的 1.21 倍。

计算比较相对指标用总量指标进行对比，往往受到总体规模和条件的影响，其结果不能准确反映现象发展的本质差异，所以经常采用相对指标或平均指标计算。

该例中，如用各公司该年平均每名员工年销售额进行对比：甲公司平均每名员工年销售额为 23.8 万元，乙公司平均每名员工年销售额为 25.6 万元，则

$$\text{比较相对数} = \frac{23.8}{25.6} \times 100\% = 0.93 \times 100\% = 93\%$$

计算结果表明，该年甲公司平均每名员工的年销售额为乙公司平均每名员工年销售额的 93%，这说明虽然甲公司销售额比乙公司多，但劳动效率却低于乙公司。

运用比较相对指标对不同国家、不同地区、不同单位的同类指标进行对比，有助于揭露矛盾、找出差距、挖掘潜力，促进事物进一步发展。

结构相对指标、比例相对指标和比较相对指标的主要区别有以下两点。

（1）分子与分母的内容不同。结构相对指标是同一时间同一总体内，部分数量与总体总量的对比，分母是总体总量；比例相对指标是同一时间同一总体内，部分数量与部分数量的对比，分母是部分数量；比较相对指标是同一时间不同总体的同类指标在空间上的对比，分母是与分子不同空间的同类指标。

（2）说明的问题不同。结构相对指标用各组总量占总体总量的比重，来反映总体内部的组成情况；比例相对指标说明总体内各部分间的相互关系；比较相对指标说明某种现象在不同空间下发展的不均衡程度。

（五）强度相对指标

强度相对指标是两个性质不同但有一定联系的总量指标之间的对比，表明某一现象在另一现象中发展的强度、密度和普遍程度，通常是有名数，但也有一些强度相对指标的数值用千分数或百分数表示。其计算公式为

$$强度相对指标 = \frac{某一总量指标数值}{另一有联系但性质不同的总量指标数值} \quad (3.10)$$

【例3-11】某地区某年粮食总产量为 260 万吨，人口数为 1 200 万人，试计算该地区人均粮食占有量。

解：该地区人均粮食占有量 $= \dfrac{260}{1\,200} \times 1\,000 = 216.67$（千克/人）

计算强度相对指标时，有时可将分子、分母位置互换，因而有正指标、逆指标之分。正指标是指强度相对数的大小与现象发展的强度或密度成正比；逆指标是指强度相对数的大小与现象发展的强度或密度成反比。

【例3-12】某城市人口总数为 278 万人，零售商业网点 1 847 个，求该市商业网点密度。

解：该市商业网点密度 $= \dfrac{1\,847}{278} = 6.64$（个/万人）　　　　　　（正指标）

计算结果表明，该市平均每万人拥有 6.64 个商业网点。该指标数值越大，表明商业网点越多，零售网点密度越大，因此是正指标。

该市商业网点密度 $= \dfrac{278}{1\,847} \times 10\,000 = 1\,505$（人/个）　　　　　（逆指标）

计算结果表明，该市平均每个商业网点服务的人数是 1 505 个，该指标数值越大，表明商业网点越少，零售网点密度越小，因此是逆指标。

在实际应用时，特别应注意区分强度相对指标与平均指标。虽然有时强度相对指标带有"平均"的意思，如人均国内生产总值、人均粮食产量等，但它并不是平均指标。平均指标是同一总体中的标志总量与总体总量之比，用以反映总体各单位某一标志值的一般水平，即平均指标的分子与分母均为同一总体，如平均工资；而强度相对数中的分子与分母是两个不同总体的总量指标之比，用以表示现象的强度、密度和普遍程度。

（六）动态相对指标

动态相对指标又称发展速度，是同类事物的报告期水平与基期水平对比所得，反映事物发展变化的速度。它是将不同时期的同类现象进行对比计算的相对指标，也可以叫作动态相对数，通常用"%"表示。其计算公式为

$$动态相对指标（发展速度）= \frac{报告期水平}{基期水平} \times 100\% \quad (3.11)$$

$$增长速度 = 发展速度 - 1 \quad (3.12)$$

通常把作为比较标准的时期称为基期，而把同基期比较的时期称为报告期或计算期。

【例3-13】某地区 2019 年粮食产量为 6 450 万吨，2018 年粮食产量为 6 120 万吨，求该地区 2019 年对 2018 年粮食产量的发展速度和增长速度。

解：发展速度 $= \dfrac{6\,450}{6\,120} \times 100\% = 105.39\%$

增长速度 $= 105.39\% - 1 = 5.39\%$

计算结果表明，该地区 2019 年对 2018 年粮食产量的发展速度为 105.39%，2019 年的粮食产量比 2018 年增长了 5.39%。

以上六种相对指标的比较如表 3-3 所示。

表 3-3　六种相对指标的比较

不同时期比较	同一时期比较				
	不同现象比较	同类现象比较			
		不同总体比较	同一总体中		
		比较相对数	实际与计划比较	部分与总体比较	部分与部分比较
动态相对数	强度相对数	比较相对数	计划完成相对数	结构相对数	比例相对数

第三节　总量指标与相对指标的运用原则

一、可比性原则

运用相对指标对社会经济现象进行比较、评价时，必须注意统计的可比性，即用以对比的指标在含义及统计范围、计算方法、计量单位、时间跨度等方面要保持一致。如果被比较的双方在这些方面不一致，就是违反了可比性原则，计算的相对数就不能真实反映现象间的差异，不能做出客观、公正、令人信服的评价。例如，我国不同时期按可比价格计算的国内生产总值是可比的，它可说明我国国内生产总值发展的变化情况，但我国国内生产总值与同期美国的国内生产总值因经济内容、计算方法、货币单位不同而不可比。

二、相对指标与总量指标相结合

相对指标是一个比值，它不能反映现象间绝对数的差别，只能说明现象数量的相对差异。因此，如果对比的基数不同，同样的相对数，其绝对差额却可能很悬殊。

三、各种相对指标相结合

各种相对指标作用不同，每种相对指标只能说明事物现象的某一方面，要全面正确认识事物，必须把各种相对指标结合起来运用。例如，分析企业的经营状况，应将反映产值、利润、劳动消耗、劳动效率、资金利用率等多方面的相对指标与绝对指标结合起来运用，才能比较全面、准确地反映企业的经营状况。

本章小结

综合指标法是统计分析的基础，它是利用统计指标对现象进行深入分析研究，揭示所研究现象的特征及规律性的方法。

总量指标是社会经济统计的基础指标，计算和应用总量指标必须确定指标的科学含义、包括的范围、计算方法和计量单位，在汇总整理和逐级综合过程中，上述几方面应保持一致。

相对指标是两个有联系的指标对比的比值，反映现象的数量特征、数量关系和变动程度。常用的相对指标有计划完成程度相对数、结构相对数、比较相对数、比例相对数、强度相对数、动态相对数。运用相对指标对社会经济现象进行比较、评价时，必须注意统计的可比性，即用以对比的指标在含义及范围、计算方法、计量单位、时间跨度等方面要保持一致。如果被比较的双方在这些方面不一致，就是违反了可比性的原则，计算出来的相对数就不能真实反映现象间的差异，不能做出客观、公正、令人信服的评价。

思考与练习

1. 什么是总量指标？时期指标与时点指标有何异同？

2. 什么是相对指标？相对指标有何作用？常用的相对指标有哪几种？试述它们的特点。

3. 强度相对指标与平均指标有何区别？

4. 在分析长期计划执行情况时，水平法与累计法有何区别？

5. 总体单位总量和总体标志总量是固定不变的，不能互相变换。该陈述是否正确？请说明原因。

6. 如果计划完成情况相对指标大于 100%，则肯定完成了计划任务。这种说法是否正确？请说明原因。

7. 试判断下列指标的类型。

（1）国内生产总值；（2）人均利税总额；（3）职工人数；（4）商品销售总额；（5）商品库存总额；（6）人均国内生产总值；（7）人口密度；（8）工资总额；（9）商业网点密度。

8. 某企业统计分析报告中写道："我厂今年销售收入计划规定 2 500 万元，实际完成了 2 550 万元，超额完成计划 2%；销售利润率计划规定 8%，实际为 12%，超额完成计划 4%；劳动生产率计划规定比去年提高 5%，实际比去年提高 5.5%，超额完成计划 10%；产品单位成本计划规定比去年下降 3%，实际比去年下降 2.5%，实际比计划多下降 0.5%。"

指出上述分析报告中哪些指标计算有错误，并将其改正过来。

9. 某总公司各企业计划完成程度和实际利润额如表 3-4 所示。

表 3-4　某总公司各企业计划完成程度和实际利润额

企　　业	计划完成/%	实际利润额/万元
甲	120	280
乙	105	120
丙	150	200
丁	90	140

试计算该总公司的平均利润计划完成程度。

10. 某企业产值计划完成 103%，比上一年增长 5%，计算产值计划规定比上一年增长多少？

11. 某企业所属 3 个分厂某年下半年的利润额资料如表 3-5 所示。

表 3-5　某企业所属 3 个分厂某年下半年的利润额

企　业	第三季度利润/万元	第 四 季 度					第四季度为第三季度的百分比/%
		计　划		实　际		计划完成百分比/%	
		利润/万元	比重/%	利润/万元	比重/%		
	①	②	③	④	⑤	⑥	⑦
A 厂	1 082	1 234		1 358			
B 厂	1 418	1 724				95	
C 厂	915			1 140		105	
合计	3 415						

要求：

（1）计算空格指标数值，并指出①～⑦栏是何种统计指标。

（2）若未完成计划的分厂能完成计划，则该企业的利润将增加多少？超额完成计划多少？

（3）若 B、C 两分厂都能达到 A 厂完成计划的程度，该企业将增加多少利润？超额完成计划多少？

12．某冰箱厂要求 5 年计划最后一年产量达到 400 万台，该厂在 5 年计划最后两年的每月实际产量如表 3-6 所示。

表 3-6　某冰箱厂 5 年计划最后两年每月实际产量表

单位：万台

月份	1	2	3	4	5	6	7	8	9	10	11	12
第 4 年各月产量	25	27	24	26	29	30	31	32	34	31	35	35
第 5 年各月产量	34	35	36	38	39	40	41	42	44	44	44	47

要求：

（1）计算该冰箱厂最后一年上半年的完成进度。

（2）计算该冰箱厂提前完成 5 年计划的时间。

13．某地区某年国民收入为 320 亿元，其中用于消费的为 220 亿元，用于积累的为 100 亿元。该地区该年年平均人口为 2 950 万人。

要求：

（1）分析该地区该年国民收入中积累和消费的构成及比例关系。

（2）计算人均国民收入强度相对指标。

14．某企业计划本年总产值比上年增长 20%，实际比计划多增长 5%，试计算本年实际比上年增长多少？

第四章 平均指标与标志变异指标

✎ **学习目的**

平均指标和标志变异指标是进行统计描述的重要指标。通过对本章的学习和实际的应用训练，要求学生深刻理解平均指标和变异指标的基本概念和分析方法；掌握各种平均指标的计算方法和运用原则以及几种平均数的关系，并能对平均指标进行分析；了解影响平均指标大小的因素；明确平均指标与标志变异指标的区别；掌握各种标志变异指标的计算方法，并能运用标志变异指标说明平均指标的代表性。

第一节 平均指标

一、平均指标概述

平均指标（统计平均数）是用以反映社会经济现象总体各单位某一数量标志在一定时间、地点条件下所达到的一般水平的综合指标，是总体内各单位参差不齐的标志值的代表值。例如，对某企业职工的某月工资额进行平均，就得到了职工的月平均工资，职工的月平均工资就是平均指标。

平均指标是统计分析和一般经济分析中广泛运用的指标形式，反映了一组数据中心点的位置所在，是对一组数据集中趋势的测度。平均指标在统计分析和研究中具有重要作用，具体如下。

（1）平均指标可以消除因总体不同而带来的总体数量上的差异，从而使不同的总体可以对比。例如，由于播种面积不同，不同地区的粮食产量不便直接对比，如果计算平均亩产量，则可以比较不同地区粮食生产水平的高低。

（2）利用平均指标可以对比同一现象在不同时间的一般水平，反映这类现象发展变化的规律性。例如，研究职工工资水平的变化情况，由于不同时期的职工人数不同，就不能采用职工工资总额来说明，如果用职工平均工资进行动态对比分析，就可以正确反映职工工资水平的变化趋势和规律。

（3）利用平均指标可以分析现象之间的依存关系。例如，工业企业的劳动生产率水平与职工平均工资之间有依存关系，一般劳动生产率高，职工的平均工资也相应提高。

（4）利用平均指标估计、推算其他有关指标。例如，利用抽样调查中样本的平均指标推算总体平均指标。

平均指标概括地表征各种统计数列的基本数值特征，借以显示数列的一般水平或分布的集中趋势。其基本特点如下。

（1）平均指标必须应用于同质总体。平均指标中被平均的总体各单位必须是同质的，各单位之间的不同，仅表现在所研究现象标志值之间的差别上。

（2）平均指标是一种代表值，它是将总体标志总量在总体各单位之间的数值差异抽象化。例如，一个企业职工工资高低不同，而平均工资就是将不同的职工工资差异抽象化，说明其一般水平。

（3）平均指标是说明现象在一定历史条件下的一般水平。客观现象是随着时间、地点条件的变化而变化的，因此，反映现象一般水平的平均指标并不是固定不变的。

（4）计算平均指标应以大量观察法为基础。只有采用大量观察法，将现象偶然性的差异相互抵消，平均指标才能反映出总体内各单位某一数量标志的集中趋势。

平均指标固然决定于总体内各单位个体的水平，但它反映的是总体的数量特征，是总体变量分布的一个重要的特征值。无论是自然现象或社会经济现象，很多变量的分布都表现为接近平均指标的标志值居多，远离平均指标的标志值较少，即多数标志值以平均指标为中心密集地分布在它的两侧，呈现出向心力作用下的集中趋势。因此，平均指标可以是总体所有单位标志值的一般水平的反映。

平均指标也可以反映分布集中趋势的特征，如总体中最常见、出现最为频繁的数值水平或者中等的数值水平等。不管以何种形式表征，平均指标都是把总体各单位标志值的个体差异抽象化，突出其整体上的一般水平，即对统计总体变异性进行平均化的过程，而平均指标则是这种平均化后得到的关于总体一般水平的抽象化的代表值。

根据统计数列形式的不同，可以使用不同的平均指标从多角度描述和考察其一般水平和集中趋势。根据计算方式、代表意义、应用场合和性质的差异，可将统计平均数归纳为静态平均数和动态平均数。静态平均数是根据总体各单位某一数量标志值在同一时间计算所得的平均数，从静态上说明现象发展变化的一般水平，本章讲述的内容就是静态平均数；动态平均数是根据时间序列计算所得到的平均数，从时间变化的动态上说明某一段时期内现象发展变化的一般水平，动态平均数将在第五章时间序列分析中讲述。静态平均数根据计算方法的不同分为数值平均数和位置平均数。数值平均数主要包括算术平均数、调和平均数和几何平均数；位置平均数主要包括众数、中位数和分位数。根据以上描述，平均数的分类归纳如图4-1所示。

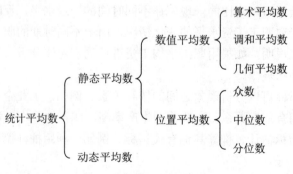

图4-1　平均数的分类归纳

二、数值平均数

数值平均数是对统计数列的所有各项数据计算的平均数，它能够概括整个数列中所有各项数据的一般水平和集中趋势，并受数列中每一个标志值变动的影响。数值平均数主要有算术平均数、调和平均数和几何平均数。

（一）算术平均数（$\bar{x}$）

算术平均数是一种运用最广泛、最频繁的平均数，它是将总体各单位某一数量标志之和求得标志总量后，除以总体单位总量。当提到平均数而又未说明其形式时，通常就指算术平均数。其基本公式为

$$算术平均数 = \frac{总体标志总量}{总体单位总量} \tag{4.1}$$

利用这一计算公式时，应注意公式的分子项与分母项在总体范围上必须保持一致，否则，其意义与平均指标就有所不同。这也是平均指标与强度相对指标的性质差异。

根据所掌握的资料不同，算术平均数可以分为简单算术平均数和加权算术平均数。在具体的计算过程中，根据未经分组的原始数据求平均数时，一般计算简单算术平均数，且简单算术平均数多用于数据量较小的情况。当数据量较大时，我们一般用分组或频率分布进行计算——以频率或频数为权数，用加权平均数的形式计算算术平均数。

1. 简单算术平均数

简单算术平均数就是直接将各变量值相加，再除以变量值的个数。简单算术平均数在资料未经分组整理的情况下应用。其计算公式为

$$\bar{x} = \frac{x_1 + x_2 + \cdots + x_n}{n} = \frac{\sum_{i=1}^{n} x_i}{n} = \frac{\sum x}{n} \tag{4.2}$$

式中，$\bar{x}$ 表示算术平均数；x_i 表示第 i 个单位的标志值（$i=1,2,\cdots,n$）；n 表示总体单位总数。

【例 4-1】某生产小组有 10 名工人，日产零件分别为 34 件、28 件、35 件、45 件、42 件、37 件、30 件、40 件、38 件、43 件，求该组 10 名工人的人均日产量。

解：10 名工人的人均日产量为

$$\bar{x} = \frac{\sum x}{n} = \frac{34 + 28 + 35 + 45 + 42 + 37 + 30 + 40 + 38 + 43}{10} = 37.2 \text{（件/人）}$$

2. 加权算术平均数

当资料已经分组，整理成变量数列时，可以使用加权算术平均数来计算。其计算公式为

$$\bar{x} = \frac{x_1 f_1 + x_2 f_2 + \cdots + x_n f_n}{f_1 + f_2 + \cdots + f_n} = \frac{\sum_{i=1}^{n} x_i f_i}{\sum_{i=1}^{n} f_i} = \frac{\sum xf}{\sum f} \tag{4.3}$$

式中，x_i 表示各组变量值；f_i 表示各组单位数（$i=1,2,\cdots,n$）；$x_i f_i$ 表示第 i 组的标志量总

和；n 表示组数。

式（4.3）也可以表示为

$$\bar{x} = \frac{\sum xf}{\sum f} = \frac{x_1f_1 + x_2f_2 + \cdots + x_nf_n}{\sum f}$$

$$= x_1\frac{f_1}{\sum f} + x_2\frac{f_2}{\sum f} + \cdots + x_n\frac{f_n}{\sum f} = \sum x\frac{f}{\sum f} \tag{4.4}$$

【例 4-2】 某工厂车间 20 名工人加工某种零件的日产量资料如表 4-1 所示，试计算这 20 名工人的平均日产量。

表 4-1　20 名工人零件生产数量分组资料

按日产量分组/件	工人人数/人
14	2
15	4
16	8
17	5
18	1
合　计	20

解： 平均日产量计算表如表 4-2 所示。

表 4-2　20 名工人平均日产量计算表

按日产量分组 x/件	工人人数 f/人	总产量 xf/件	各组工人人数占总人数比重 $\dfrac{f}{\sum f}$	$x\dfrac{f}{\sum f}$
14	2	28	0.10	1.40
15	4	60	0.20	3.00
16	8	128	0.40	6.40
17	5	85	0.25	4.25
18	1	18	0.05	0.90
合　计	20	319	1.00	15.95

20 名工人平均的日产量为

$$\bar{x} = \frac{\sum xf}{\sum f} = \frac{14\times2 + 15\times4 + 16\times8 + 17\times5 + 18\times1}{2+4+8+5+1} = \frac{319}{20} = 15.95 \text{（件/人）}$$

如果利用工人比重的资料进行加权计算，也可以得到同样的结果：

$$\bar{x} = \sum x\frac{f}{\sum f} = 14\times0.1 + 15\times0.2 + 16\times0.4 + 17\times0.25 + 18\times0.05 = 15.95 \text{（件/人）}$$

根据数据资料的不同，用来作为权数的主要有两种形式：一种是数据的各可能值——变量出现的次数（频数）；另一种是频率。通过上面的举例可以看出，在计算加权算术平均数的过程中，无论是采用绝对权数（例中为工人人数），还是采用相对权数（例中为工人比重）来加权，其计算结果是一样的。但从分析的角度来说，两种加权方式各有特点。采用绝对权数计算，能够分别给出总体的单位总数（员工总人数）和标志总量（工资总额）；采用相对权数计算，则更能体现加权作用的实质。这是因为：在被平均变量的可能取值已经给定的情况下，绝对权数的变化不一定会引起平均数计算结果的变化；而相对权数一旦变化，就必然会影响平均数的计算结果。所以，利用相对权数来分析总体内部结构变化对于平均数变化的影响，无疑具有独特的作用。当然，当各变量值的权数都相等时，即 $f_1 = f_2 = \cdots = f_n$ 时，权数也就失去了衡量轻重的作用，这时加权算术平均数即为简单算术平均数。

3．算术平均数的数学性质

算术平均数是最重要的平均数形式，了解和运用一些算术平均数的计算或分析性质，能够帮助我们在计算中减少工作量。归纳起来，算术平均数有以下两个重要的数学性质。

（1）算术平均数与各个变量值的离差之和为零。

即简单算术平均数 $\sum(x - \bar{x}) = 0$ 　　或　　 $n\bar{x} = \sum x$

证明：$\sum(x - \bar{x}) = \sum x - n\bar{x} = \sum x - n\dfrac{\sum x}{n} = \sum x - \sum x = 0$

对于加权算术平均数，则有

$$\sum f\bar{x} = \sum fx \quad\quad 或 \quad\quad \sum(x - \bar{x})f = 0$$

证明：$\sum(x - \bar{x})f = \sum xf - \sum \bar{x}f = \sum xf - \bar{x}\sum f$

$$= \sum xf - \dfrac{\sum xf}{\sum f}\sum f = \sum xf - \sum xf = 0$$

这些都表明，算术平均数用来代表个别单位的标志值固然存在误差，但用来代表整个总体或分布数列的一般水平，却是没有误差的，因为它与个别单位标志值的正、负离差恰好相互抵消，从而使得离差总和恒等于零。这个性质说明，平均数是把总体单位变量值的差异全部抽象化了。

（2）给定任意一个常数 c，对于简单算术平均数和加权算术平均数，分别有

$$\sum(x - \bar{x})^2 \leqslant \sum(x - c)^2$$
$$\sum(x - \bar{x})^2 f \leqslant \sum(x - c)^2 f$$

证明：设 x_0 为不等于平均数 $\bar{x}$ 的任意值，则 $\bar{x} - x_0 = c$，$c \neq 0$

$\because \bar{x} - x_0 = c$，$x_0 = \bar{x} - c$，代入以 x_0 为中心的离差平方和，得

$$\sum(x - x_0)^2 = \sum[x - (\bar{x} - c)]^2$$
$$= \sum(x - \bar{x} + c)^2$$
$$= \sum[(x - \bar{x})^2 + 2c(x - \bar{x}) + c^2]$$
$$= \sum(x - \bar{x})^2 + 2c\sum(x - \bar{x}) + nc^2$$
$$= \sum(x - \bar{x})^2 + nc^2$$
$$\sum(x - x_0)^2 - nc^2 = \sum(x - \bar{x})^2$$

$\because c \neq 0 \quad\quad \therefore nc^2 \geqslant 0$

得 $$\sum (x-x_0)^2 \geqslant \sum (x-\overline{x})^2$$

故 $$\sum (x-\overline{x})^2 \leqslant \sum (x-c)^2$$

（二）调和平均数（H）

调和平均数也称"倒数平均数"，它是对变量值的倒数求平均，然后再取倒数而得到的平均数，记作 H。作为算术平均数的一种变形，一种特定意义上的调和平均数在统计中具有相当强的实用性。调和平均数有简单调和平均数与加权调和平均数两种计算形式。

1．简单调和平均数

$$H = \cfrac{1}{\cfrac{\cfrac{1}{x_1}+\cfrac{1}{x_2}+\cdots+\cfrac{1}{x_n}}{n}} = \cfrac{n}{\cfrac{1}{x_1}+\cfrac{1}{x_2}+\cdots+\cfrac{1}{x_n}} = \cfrac{n}{\sum \cfrac{1}{x}} \qquad (4.5)$$

2．加权调和平均数

$$H = \cfrac{1}{\cfrac{\cfrac{m_1}{x_1}+\cfrac{m_2}{x_2}+\cdots+\cfrac{m_n}{x_n}}{m_1+m_2+\cdots+m_n}} = \cfrac{m_1+m_2+\cdots+m_n}{\cfrac{m_1}{x_1}+\cfrac{m_2}{x_2}+\cdots+\cfrac{m_n}{x_n}} = \cfrac{\sum m}{\sum \cfrac{m}{x}} \qquad (4.6)$$

【例4-3】某企业分三批购进同一种原材料，已知每批原材料购进的价格与购进的总金额如表4-3所示，试计算购进该种原材料的平均价格。

表4-3　购进原材料平均价格计算表

购 进 批 次	价格 x/（元/千克）	金额 m/元	购进数量 $f=\dfrac{m}{x}$/千克
第一批	80	40 000	500
第二批	85	38 250	450
第三批	78	46 800	600
合　计	—	125 050	1 550

解：原材料平均价格为

$$H = \frac{\sum m}{\sum \dfrac{m}{x}} = \frac{40\,000+38\,250+46\,800}{\dfrac{40\,000}{80}+\dfrac{38\,250}{85}+\dfrac{46\,800}{78}} = \frac{125\,050}{1\,550} = 80.68 \text{（元/千克）}$$

该例题中，原材料平均价格是总金额（总体标志总量）除以购进总量（总体单位总量），它的计算方法实际上与算术平均数一样。调和平均数的权数即购进金额为购进价格与购进数量的乘积，即 $m=xf$，调和平均数和算术平均数的关系为

$$H = \frac{\sum m}{\sum \dfrac{m}{x}} = \frac{\sum xf}{\sum \dfrac{xf}{x}} = \frac{\sum xf}{\sum f} = \overline{x}$$

$$\overline{x} = \frac{\sum xf}{\sum f} = \frac{80\times500+85\times450+78\times600}{500+450+600} = \frac{125\,050}{1\,550} = 80.68 \text{（元/千克）}$$

由以上计算结果可见,调和平均数是算术平均数的变形,虽然它们的计算方法不同,但其实质是一样的。

对于调和平均数和算术平均数,若已知条件为分组资料的各组变量值 x 及各组的标志值总和 m,即 xf,可采用加权调和平均法计算平均指标;若已知条件为分组资料的各组变量值 x 及各组的次数 f,可直接用加权算术平均方法计算平均指标。

【例 4-4】某年某集团公司下有 20 个企业,其利润的计划完成程度及实际利润额如表 4-4 所示,试计算该集团公司该年利润平均计划完成程度。

表 4-4　利润平均计划完成程度计算表

利润计划完成程度/%	组中值 x/%	企业数/个	实际利润额 m/万元	计划利润额 $\dfrac{m}{x}$/万元
90～100	95	3	1 140	1 200
100～110	105	8	5 670	5 400
110～120	115	5	5 980	5 200
120～130	125	4	7 750	6 200
合　计	—	20	20 540	18 000

解:根据各组已知的实际利润额除以利润计划完成程度可求得各组计划利润额,该集团公司的利润平均计划完成程度为

$$平均计划完成程度 = \frac{实际利润总额}{计划利润总额} \times 100\% = \frac{\sum m}{\sum \dfrac{m}{x}} \times 100\%$$

$$= \frac{1140+5\,670+5\,980+7\,750}{\dfrac{1140}{0.95}+\dfrac{5\,670}{1.05}+\dfrac{5\,980}{1.15}+\dfrac{7\,750}{1.25}} \times 100\% = \frac{20\,540}{18\,000} \times 100\% = 114.11\%$$

(三)几何平均数(G)

几何平均数是若干变量值的连乘积的 n 次方根,其中 n 是变量值的个数,几何平均数说明事物在一段时间按几何级数规律变化的量的平均水平,它主要用来计算平均发展速度。几何平均数记作 G,根据掌握的资料是否分组,几何平均数也分为简单几何平均数和加权几何平均数两种。

1. 简单几何平均数

$$G = \sqrt[n]{x_1 x_2 \cdots x_n} = \sqrt[n]{\prod_{i=1}^{n} x_i} = \sqrt[n]{\prod x} \tag{4.7}$$

式中, x_i 表示被平均的变量; $i=1,2,3,\cdots,n$; $\prod$ 表示连乘符号。

【例 4-5】某产品经过三个流水连续作业的车间加工生产而成。本月第一车间的产品合格率为 90%,第二车间的产品合格率为 80%,第三车间的产品合格率为 70%。求全厂的平均合格率。

解:全厂的总合格率为

总合格率=90%×80%×70%=50.4%

因此，平均合格率为

$$平均合格率 = \sqrt[n]{\prod x} = \sqrt[3]{90\% \times 80\% \times 70\%} = \sqrt[3]{50.4\%} = 79.58\%$$

2. 加权几何平均数

$$G = \sqrt[\sum f]{x_1^{f_1} x_2^{f_2} \cdots x_n^{f_n}} = \sqrt[\sum f]{\prod x^f} \tag{4.8}$$

式中，f_i 表示各个变量值出现的次数，$i=1,2,3,\cdots,n$。

【例4-6】设某笔为期20年的投资按复利计算收益，前10年的年利率为10%，中间5年的利率为8%，最后5年的年利率为6%。求年平均利率。

解： 年平均本利率 $= \sqrt[20]{1.1^{10} \times 1.08^5 \times 1.06^5} = 108.49\%$

年平均利率=108.49%-1=8.49%

3. 几何平均数的数学性质

以 G 表示几何平均数，则几何平均数具有如下性质。

（1）$\ln G$ 等于 $\ln x_1, \ln x_2, \cdots, \ln x_n$ 的算术平均数。

（2）设 G_x 和 G_y 分别为 $x_1,x_2,\cdots,x_n$ 和 $y_1,y_2,\cdots,y_n$ 的几何平均数，则 $x_1y_1,x_2y_2,\cdots,x_ny_n$ 的几何平均数等于 G_xG_y；$x_1/y_1, x_2/y_2, \cdots, x_n/y_n$ 的几何平均数等于 G_x/G_y。

（3）如果数据中含有0，则其几何平均数为0。

【例4-7】某企业化肥产量逐年发展速度的数据如表4-5所示，试计算在6年间化肥产量的平均发展速度和平均增长速度。

表4-5 某企业6年间化肥产量及逐年发展速度

年度	第一年	第二年	第三年	第四年	第五年	第六年
化肥产量/万吨	120	124	131	135	140	147
发展速度/%	—	103.33	105.65	103.05	103.70	105.00
$\ln x_i$	—	0.032 8	0.055 0	0.030 0	0.036 3	0.048 8

解： 由几何平均数计算这6年的平均发展速度

$$G = \sqrt[n]{x_1 x_2 x_3 x_4 x_5}$$
$$= \sqrt[5]{1.033\,3 \times 1.056\,5 \times 1.030\,5 \times 1.037\,0 \times 1.050\,0} = 104.14\%$$

考虑到开高次方根计算比较麻烦，利用几何平均数的数学性质（1）可先求各数值对数的算术平均数，再求几何平均数

$$\ln G = \frac{\sum x}{n} = \frac{0.032\,8 + 0.055\,0 + 0.030\,0 + 0.036\,3 + 0.048\,8}{5} = 0.040\,6$$

于是有

$$G = e^{\ln G} = e^{0.040\,6} = 104.14\%$$

该企业化肥产量在这6年间的平均增长速度为

$$104.14\%-1=4.14\%$$

（四）三种平均数的关系

可以证明，对于任意一组大于 0 的数据 $x_1, x_2, \cdots, x_n$，其调和平均数 H、几何平均数 G 和算术平均数 $\bar{x}$ 之间存在如下关系：

$$H \leqslant G \leqslant \bar{x}$$

三者相等当且仅当 $x_1 = x_2 = \cdots = x_n$。

当数据波动幅度较小时，三种平均数的值差别较小。掌握了对同一组数据三种平均数之间的这种关系，能够帮助我们从数值上确定某一平均数的范围。但是必须强调，这只是一种数量关系，并不能因此放弃计算几何平均数，而用算术平均数代替。几何平均数是平均指标的一种独立形式，与算术平均数和调和平均数在统计意义上有很大差别。只有数据的连乘积等于总比率或总速度时，才能使用几何平均数计算其平均发展速度，这就要求我们在实际应用中，必须根据研究目的，具体分析社会经济现象的客观性质，选择合理的平均指标形式，只有这样才能客观、真实地反映事物的发展水平。否则，应当选用算术平均数时误用了几何平均数，必然会低估数值的平均水平；反之，将高估数据的一般水平，尤其对于以几何比率变动的社会经济现象，其一般发展水平估计的误差，反映在绝对值上的差别往往是很明显的。

【例 4-8】某地区粮食产量 2016 年为 500 万吨，2017 年与 2016 年相比增长速度为 10%，2018 年与 2017 年相比增长速度为 20%，2019 年与 2018 年相比增长速度为 30%，试计算各年的年平均增长速度。

解：通过给出的数据可知，各年与前一年相比的发展速度分别为 110%、120%、130%，则平均发展速度为

$$\text{平均发展速度} = \sqrt[n]{x_1 x_2 \cdots x_n} = \sqrt[n]{\prod x} = \sqrt[3]{110\% \times 120\% \times 130\%} = 119.72\%$$

$$\text{平均增长速度} = \text{平均发展速度} - 1 = 119.72\% - 1 = 19.72\%$$

在本题中，如果采用算术平均数计算，则年平均增长速度为 (10%+20%+30%)÷3=20%，尽管与几何平均的结果相差不大，但这种计算方法是错误的。因为根据各年的年增长速度可知，2017 年的产量为 500×110%=550（万吨），2018 年为 550×120%=660（万吨），2019 年为 660×130%=858（万吨）。如果按照算术平均法计算的平均增长速度，2019 年的产量应为 500×120%×120%×120%=864（万吨），而实际产量为 858 万吨，算术平均法与按几何平均法计算平均发展速度推算的结果是一致的，即 500×119.72%×119.72%×119.72%=858（万吨）。

三、位置平均数

位置平均数亦称描述平均数，反映数据结构特点的位置特征。与前述的数值平均数不同，位置平均数通常不是对统计数列的所有各项数据进行计算的结果，而是根据总体中处于特殊位置上的个别单位或者部分单位的标志值来确定的代表值。因此，统计总体或统计数列中某些数据的变动，不一定会影响位置平均数的水平。尽管如此，位置平均数对于整个总体仍然具有非常直观的代表性，反映了总体的一般水平和集中趋势。

与位置平均数相比，数值平均数是全部的标志值都参加运算，容易受两个端点值的影

响，当变量数列中存在极大值或极小值时，用数值平均数计算某一标志值的一般水平，很可能失去其代表性。

例如，某部门10名职工的月工资额（单位：元）分别为8 000、8 200、8 400、9 100、9 300、9 600、10 000、10 200、10 400、45 000。计算10人的平均工资为128 200/10=12 820元。显然，用12 820元代表这10名职工工资的一般水平是不合理的，因为这10名职工中没有一个人的工资接近12 820元，原因在于45 000元这个极端值使平均数失去了代表性。因此，就这类数列而言，计算位置平均数可能更适合。位置平均数是根据变量值在变量数列中所处的位置特征而确定的，故称为位置平均数，同样具有表明同类经济现象一般水平的功能。位置平均数包括众数和中位数。

有些社会经济现象的特征表现为品质标志型的，无法采用计算平均数来表现总体共性，这时可选用位置平均数。例如，5位学生某学科的考试成绩分别为优、优、良、良、中，第3个学生的成绩为"良"，则这组资料的中位数是"良"，表明这5位学生的学习成绩总体情况良好，体现了平均成绩的作用。有些社会经济现象的特征虽然表现为数量标志，即使可以取得各种计算平均数，但这些平均数并没有实在的经济意义。例如，在服装生产中，人们不可能按计算的平均尺码数值去统一组织生产同一大小的服装，而需要确定众数，以作为生产量的依据。

（一）众数（Mo）

众数是一种位置平均数，它是指总体中出现次数最多的标志值。一般只在总体数据较多，而且又存在较明显的集中趋势的数列中才存在众数。众数不受极端值的影响。如果总体中有两个或两个以上标志值的次数都比较集中，就可能有两个或两个以上众数。如果总体单位数少或虽多但无明显集中趋势，就不存在众数。在实际工作和生活中，众数的应用很广泛，如大多数人所穿戴的服装、鞋帽的尺寸，集市贸易中某种商品大多数的成交价格，大多数家庭的人口数等，都是众数。众数具有一般水平或代表值的意义。

根据所给资料的不同，众数的计算方法可分为以下两种。

1. 由未分组资料或单项式数列计算众数

在资料未分组或分组资料为单项式数列时，可以直接观察标志值出现的次数，找出次数最多的标志值，即为众数。

【例4-9】某班级20名学生的统计学成绩（分）分别为60、62、65、68、69、70、70、70、70、70、70、73、74、75、77、78、80、81、82、85，试求众数。

解： 70分出现的次数最多，为6次，因此该总体的众数为：Mo=70（分）。

2. 由组距数列计算众数

在资料分组为组距数列时，先在组距数列中确定众数所在的组，然后再利用上下限公式计算众数。

下限公式

$$Mo = L_{Mo} + \frac{\Delta_1}{\Delta_1 + \Delta_2} d_{Mo} \tag{4.9}$$

上限公式

$$Mo = U_{Mo} - \frac{\Delta_2}{\Delta_1 + \Delta_2} d_{Mo} \tag{4.10}$$

式中，L_{Mo} 为众数组下限；U_{Mo} 为众数组上限；Δ_1 为众数组次数与上一组次数之差；Δ_2 为众数组次数与下一组次数之差；d_{Mo} 为众数组的组距。

【例 4-10】某年某地区 100 个工业企业按利润的分组情况如表 4-6 所示，试求众数。

表 4-6　某年某地区 100 个工业企业按利润的分组情况

按利润分组/千万元	企业数/个
0～5	12
5～10	18
10～15	29
15～20	20
20～25	15
25～30	4
30 以上	2
合　计	100

解：根据 100 个工业企业按利润的分组情况，第三组企业数最多，为众数组。

根据下限公式计算

$$Mo = L_{Mo} + \frac{\Delta_1}{\Delta_1 + \Delta_2} d_{Mo} = 10 + \frac{29-18}{(29-18)+(29-20)} \times 5 = 12.75 \text{（千万元）}$$

根据上限公式计算

$$Mo = U_{Mo} - \frac{\Delta_2}{\Delta_1 + \Delta_2} d_{Mo} = 15 - \frac{29-20}{(29-18)+(29-20)} \times 5 = 12.75 \text{（千万元）}$$

采用两种方法计算的结果一致，在实际中，只需按其中一种方法计算即可。

（二）中位数（*Me*）

中位数是指将数列中的标志值按大小顺序排列，处于中间位置的那个标志值。中位数把全部标志值分成两个部分，即两端的标志值个数相等。中位数不受极端值的影响，当数列中出现极大标志值或极小标志值时，中位数比数值平均数更具有代表性。在缺乏计量手段时，也可用中位数近似地代替算术平均数。例如，估计一群人的平均身高，而无测量身高的仪器，则可对人群按身高排队，中间那个人的身高就是平均身高的近似值。

根据所给资料的不同，中位数的计算方法可分为以下三种。

1．由未分组资料计算中位数

当资料为未分组的原始资料时，先对数列按标志值大小排序，排序结果为

$$x_1 \leqslant x_2 \leqslant \cdots \leqslant x_n$$

然后按排序结果确定中位数的位置，中位数的位置公式为

$$\text{中位数位置} = \frac{n+1}{2}$$

式中，n 表示标志值的项数。若标志值的项数为奇数，则处于中间位置的标志值就是

中位数；若标志值的项数为偶数，则处于中间位置的两个标志值的算术平均数就是中位数。

【例 4-11】有 9 名工人生产某种产品（单位：件），将其日产量数据按大小顺序排列为：6，8，10，12，15，17，23，29，32，试确定中位数。

解：中位数位置 $= \dfrac{n+1}{2} = \dfrac{9+1}{2} = 5$

第 5 位工人的日产量为中位数，即 $Me=15$（件）。

【例 4-12】有 10 名工人生产某种产品（单位：件），将其日产量数据按大小顺序排列为：6，8，10，12，15，17，23，29，32，35，试确定中位数。

解：中位数位置 $= \dfrac{n+1}{2} = \dfrac{10+1}{2} = 5.5$

第 5.5 位工人的日产量为中位数，即 $Me = \dfrac{15+17}{2} = 16$（件）。

2. 由单项式数列计算中位数

在资料分组为单项式数列时，先计算单项式数列的向上或向下累计次数，累计次数第一次超过中位数位置的那一组即为中位数所在组，该组的标志值即为中位数。中位数的位置公式为

$$中位数位置 = \frac{\sum f}{2}$$

【例 4-13】某生产车间 120 名工人生产某种零件的日产量分组资料如表 4-7 所示，试计算该车间工人日产量的中位数。

表 4-7　某车间工人日产量分组资料

按日产量分组/件	工人人数 *f*/人	工人人数累计	
		向 上 累 计	向 下 累 计
20	10	10	120
22	12	22	110
24	25	47	98
26	30	77	73
30	18	95	43
32	15	110	25
33	10	120	10
合　计	120	—	—

解：中位数位置 $= \dfrac{\sum f}{2} = \dfrac{120}{2} = 60$

根据工人人数累积次数，向上累计的累积次数为 77，超过中位数位置 60，该组为中位数组，中位数为 26 件。

若向下累计，累积次数为 73，超过中位数位置 60，则该组为中位数组，中位数为 26 件。

3. 由组距式变量数列计算中位数

在资料分组为组距式变量数列时，先计算组距式变量数列的向上或向下累计次数，累

计次数第一次超过中位数位置的那一组即为中位数所在组。中位数的位置公式为

$$中位数位置 = \frac{\sum f}{2}$$

然后根据中位数组的上限、下限计算中位数的值。

下限公式为

$$Me = L_{Me} + \frac{\dfrac{\sum f}{2} - S_{Me-1}}{f_{Me}} d_{Me} \tag{4.11}$$

上限公式为

$$Me = U_{Me} - \frac{\dfrac{\sum f}{2} - S_{Me+1}}{f_{Me}} d_{Me} \tag{4.12}$$

式中，L_{Me} 为中位数组的下限；$\sum f$ 为次数总和；U_{Me} 为中位数组的上限；f_{Me} 为中位数所在组的次数；d_{Me} 为中位数所在组的组距；S_{Me-1} 为中位数所在组以下的累计次数；S_{Me+1} 为中位数所在组以上的累计次数。

如果资料只有向上累计次数的形式，那么中位数的上限公式为

$$Me = U_{Me} - \frac{S_{Me} - \dfrac{\sum f}{2}}{f_{Me}} d_{Me} \tag{4.13}$$

式中，S_{Me} 为中位数所在组的累计次数。

【例 4-14】某市 2019 年城市住户抽样调查资料如表 4-8 所示，试计算该城市住户家庭月收入的中位数。

表 4-8 某市 2019 年城市住户收入抽样调查资料

按月收入额分组/元	调查户数/户	累 计 次 数	
		向 上 累 计	向 下 累 计
10 000 以下	20	20	600
10 000～15 000	70	90	580
15 000～20 000	100	190	510
20 000～25 000	120	310	410
25 000～30 000	130	440	290
30 000～35 000	100	540	160
35 000～40 000	40	580	60
40 000 以上	20	600	20
合 计	600	—	—

解： 中位数位置 $= \dfrac{\sum f}{2} = \dfrac{600}{2} = 300$

向上累计，第四组累计次数为 310，超过 300，故该组为中位数所在组。由下限公式得

$$Me = L_{Me} + \frac{\frac{\sum f}{2} - S_{Me-1}}{f_{Me}} d_{Me} = 20\,000 + \frac{600/2 - 190}{120} \times 5\,000 = 24\,583.33 \quad （元）$$

还可以向下累计，第四组累计次数为 410，超过 300，故该组为中位数所在组。由上限公式得

$$Me = U_{Me} - \frac{\frac{\sum f}{2} - S_{Me+1}}{f_{Me}} d_{Me} = 25\,000 - \frac{600/2 - 290}{120} \times 5\,000 = 24\,583.33 \quad （元）$$

（三）分位数

中位数是从中点将全部数据等分为两部分。与中位数类似的还有四分位数（Quartile）、十分位数（Decile）和百分位数（Percentile）。它们分别是用 3 个点、9 个点和 99 个点将数据 4 等分、10 等分和 100 等分后各分位点上的值。一般地，称能够将全部总体单位按标志值大小等分为 k 个部分的数值为 "k 分位数"，显然，这样的 k 分位数共有 $(k-1)$ 个。确定各种分位数旨在进一步把握总体的分布范围和内部结构。与中位数和众数一样，这些分位数也反映了总体分布的位置特征。尽管它们一般并不表明分布的集中趋势（即本身不属于位置平均数），但却可以作为考察分布的集中趋势和变异状况的有效工具，尤其是在强调"稳健性"和"耐抗性"的现代探索性数据分析中，分位数这一工具获得了许多重要运用。这里只介绍四分位数，其他分位数与之类似。

四分位数是能够将全部总体单位按标志值大小等分为四部分的三个数值，分别记为 Q_1、Q_2 和 Q_3。第一个四分位数 Q_1 也叫作"1/4 分位数"或"下分位数"；第二个四分位数 Q_2 就是中位数；第三个四分位数 Q_3 也叫作"3/4 分位数"或"上分位数"。

在总体所有 n 个单位的标志值都已经按大小顺序排列的情况下，三个四分位数的位次分别为

$$Q_1 \text{ 的位次} = \frac{n+1}{4} \tag{4.14}$$

$$Q_2 \text{ 的位次} = \frac{2(n+1)}{4} = \frac{n+1}{2} \tag{4.15}$$

$$Q_3 \text{ 的位次} = \frac{3(n+1)}{4} \tag{4.16}$$

如果 $(n+1)$ 恰好为 4 的倍数，则按上面公式计算出来的位次都是整数，这时各个位次上的标志值就是相应的四分位数，有

$$Q_1 = x_{\frac{n+1}{4}}, \qquad Q_2 = x_{\frac{n+1}{2}}, \qquad Q_3 = x_{\frac{3(n+1)}{4}}$$

如果 $(n+1)$ 不是 4 的倍数，按上面公式计算出来的四分位数位次可能带有小数，这时有关的四分位数就应该是该带小数的四分位数相邻的两个整数位次上标志值的某种加权算术平均数，权数的大小取决于两个整数位次与四分位数距离的远近。距离越近权数越大，距离越远权数越小。

【例 4-15】当给定总体单位数 $n=50$ 时，容易确定：

$$Q_1 \text{ 的位次} = \frac{n+1}{4} = \frac{51}{4} = 12.75$$

$$Q_2 \text{ 的位次} = \frac{2(n+1)}{4} = \frac{n+1}{2} = \frac{51}{2} = 25.5$$

$$Q_3 \text{ 的位次} = \frac{3(n+1)}{4} = \frac{3 \times 51}{4} = 38.25$$

这时，三个四分位数就应该分别为

$$Q_1 = 0.25 x_{12} + 0.75 x_{13} = x_{12} + 0.75 \times (x_{13} - x_{12})$$

$$Q_2 = 0.5 x_{25} + 0.5 x_{26} = x_{25} + 0.5(x_{26} - x_{25})$$

$$Q_3 = 0.75 x_{38} + 0.25 x_{39} = x_{38} + 0.25(x_{39} - x_{38})$$

以上方法适用于总体未分组的资料和单项式变量数列。对于组距式变量数列，计算四分位数的基本原理与中位数相类似，也需要分两步进行。

（1）从变量数列的累计频数栏中找出第 $\dfrac{\sum f}{4}$、$\dfrac{\sum f}{2}$ 和 $\dfrac{3\sum f}{4}$ 个单位所在的组，即三个四分位数所在的组，这些组的上、下限分别规定了三个四分位数的可能取值范围。

（2）假定在三个四分位数所在组中，有关单位是均匀分布的，则可以利用下面的公式计算四分位数的近似值

$$Q_1 = L_{Q_1} + \frac{\dfrac{\sum f}{4} - S_{Q_1-1}}{f_{Q_1}} d_{Q_1} \tag{4.17}$$

$$Q_2 = L_{Q_2} + \frac{\dfrac{\sum f}{2} - S_{Q_2-1}}{f_{Q_2}} d_{Q_2} \tag{4.18}$$

$$Q_3 = L_{Q_3} + \frac{\dfrac{3\sum f}{4} - S_{Q_3-1}}{f_{Q_3}} d_{Q_3} \tag{4.19}$$

式中，S_{Q_i-1}（$i = 1, 2, \cdots, n$）表示到第 i 个四分位数所在组的前面一组为止的向上累计频数；d_{Q_i} 表示第 i 个四分位数所在组的组距。

第二节　标志变异指标

一、标志变异指标概述

（一）标志变异指标的概念

标志变异指标是反映总体各单位标志值之间的差异程度的指标，它反映总体变量的分布特征、变动范围或离散程度。

标志变异指标和平均指标是一对相互联系的对应指标，是从两个不同的侧面反映同质

总体的共同特征。平均指标是将总体各单位标志值的差异抽象化，以反映这些标志值的一般水平。所以，平均指标说明总体各单位标志值的共性，反映总体变量分布的集中趋势。标志变异指标则表明总体中各单位标志值的差别大小程度和变异状况，说明总体变量分布的离散趋势。

（二）标志变异指标的作用

1. 标志变异指标是衡量平均指标代表性的尺度

平均指标反映总体各单位标志值的一般水平，其代表性大小取决于标志值之间的离散程度。两者之间的关系如下：标志变异指标越大，说明各标志值之间的差异程度越大，平均指标的代表性越小；标志变异指标越小，说明各标志值之间的差异程度越小，平均指标的代表性越大。

例如，假设有 3 个生产小组，各有 5 名工人，生产相同的零件，每人生产数量如下（单位：件）：

甲组：50，60，70，80，90

乙组：60，65，70，75，80

丙组：70，70，70，70，70

3 个组的平均日产量都是 70 件，但各组的变异程度不同。丙组的日产量平均数代表性最大，甲组的最小。

2. 标志变异指标反映社会经济现象变动的均匀性和稳定性

标志变异指标的这个作用，使之成为企业进行产品质量控制和说明经济管理工作质量的重要指标。例如，通过计算产品月销售量的标志变异指标，可以反映产品销售量的波动程度，分析市场需求状况及其特征；对产品的耐用时间计算其标志变异指标，如果标志变异指标的数值大，则说明产品质量不稳定，反之说明产品质量稳定。

二、极差与分位差

（一）极差（全距）

极差是总体各单位标志值中最大值与最小值之差，也称全距，用来表示标志值的变动范围。极差以 R 表示。极差的计算公式为

$$R = 最大值 - 最小值 \tag{4.20}$$

全距计算简便，容易理解，在实际中，常用于检查产品质量的稳定性，进行产品质量控制，使质量指标误差控制在一定的范围内。但是，由于计算全距只考虑最大值和最小值，容易受极端值的影响，不能反映各标志值之间的离散程度，因此，具有一定的局限性。

【例 4-16】 下面有甲、乙两个数列：

甲：10，20，30，40，50，60，70，80，90，100

乙：10，55，55，55，55，55，55，55，55，100

甲、乙两个数列的平均数都是 55，全距都是 90（100-10），但两个数列中的差异程度差别很大。因此，用全距不能真实反映出数列标志值的变动程度。

（二）分位差

分位差是对极差指标的一种改进，就是从变量数列中剔除一部分极端值后重新计算的类似于极差的指标。常用的分位差如四分位差、十分位差、百分位差等。本书仅以四分位差为例加以说明。

计算四分位差的目的是排除部分极端值对变异指标的影响，为此，需要首先从总体分布中剔除最大和最小各 1/4 的单位，再对中间剩余下来的总体半数单位计算全距。这个全距事实上就是"上四分位数"与"下四分位数"之差，通常称作"内四分位间距（$Q.R$）"，记为

$$Q.R = Q_3 - Q_1 \tag{4.21}$$

该指标与极差的区别在于计算范围缩小了，它反映了处于分布中间的半数单位的变异幅度。但在该指标的实际运用中，人们一般习惯于取四分位间距的一半进行分析，并称之为"四分位差（$Q.D$）"，记为

$$Q.D = \frac{Q_3 - Q_1}{2} \tag{4.22}$$

若将上、下四分位数之间的中点值记为

$$C = \frac{Q_1 + Q_3}{2} \tag{4.23}$$

则由四分位差可知：总体中有半数的单位分布在横轴上 $C \pm Q.D$ 的范围内。另一方面，四分位差也可以表示上、下两个四分位数与中位数的平均距离，即

$$Q.D = \frac{(Q_3 - M_e) + (M_e - Q_1)}{2} \tag{4.24}$$

其他分位差与四分位差的作用一样，都是要排除少数极端值对分布变异范围的异常影响。分位的程度越高，分位差所排除的极端值的比例就越小。在实际运用时，需要根据具体的情况和要求进行选择。

三、平均差

平均差是总体各单位标志值对其算术平均数的离差绝对值的算术平均数，平均差以 $A.D$ 表示。由于各个标志值对算术平均数的离差有正负号，其和为零，因此，必须采用离差的绝对值来计算。

平均差的作用主要是综合反映总体中各单位标志值的差异程度。平均差越大，标志变异程度越大，平均数的代表性越小；反之，平均差越小，标志变异程度越小，平均数的代表性越大。其计算公式为

$$A.D = \frac{\sum_{i=1}^{n}|x_i - \bar{x}|}{n} = \frac{\sum|x - \bar{x}|}{n} \quad \text{或} \quad A.D = \frac{\sum_{i=1}^{n}|x_i - \bar{x}|f_i}{\sum_{i=1}^{n}f_i} = \frac{\sum|x - \bar{x}|f}{\sum f} \tag{4.25}$$

【例 4-17】假定某车间两个小组工人的月工资资料如下（单位：元）：

甲：8 200，8 500，8 700，9 100，9 500

乙：8 000，8 100，8 600，9 400，9 900

甲小组与乙小组的工人平均工资均为 8 800 元，试计算甲、乙小组工人工资的平均差，并比较甲、乙两个小组平均工资的代表性。

解：

$$A.D_甲 = \frac{\sum|x - \overline{x}|}{n}$$

$$= \frac{|8\,200 - 8\,800| + |8\,500 - 8\,800| + |8\,700 - 8\,800| + |9\,100 - 8\,800| + |9\,500 - 8\,800|}{5}$$

$$= 400（元）$$

$$A.D_乙 = \frac{\sum|x - \overline{x}|}{n}$$

$$= \frac{|8\,000 - 8\,800| + |8\,100 - 8\,800| + |8\,600 - 8\,800| + |9\,400 - 8\,800| + |9\,900 - 8\,800|}{5}$$

$$= 680（元）$$

由此可知，甲、乙小组工人的平均工资虽然均为 8 800 元，但甲小组工人工资的平均差为 400 元，小于乙小组工人工资的平均差 680 元，即 $A.D_甲 < A.D_乙$，因此甲小组工人平均工资的代表性好于乙小组工人平均工资的代表性。

带有权数的平均差计算公式用于对资料进行分组的情况下，这里不再举例说明。

四、标准差与方差

（一）标准差

标准差是总体各单位标志值对其算术平均数的离差平方的算术平均数的平方根，又称均方差。标准差既能把变量所有数值的差异情况都包含进去，又避免了平均差采用绝对值人为地解决正负抵消的缺点，同时，标准差的计算应用了最小平方原理，使标准差成为反映标志变异的最理想的计算方法。标准差的计算公式为

$$\sigma = \sqrt{\frac{\sum_{i=1}^{n}(x_i - \overline{x})^2}{n}} = \sqrt{\frac{\sum(x - \overline{x})^2}{n}} = \sqrt{\frac{\sum x^2}{n} - (\overline{x})^2} \tag{4.26}$$

$$\sigma = \sqrt{\frac{\sum_{i=1}^{n}(x_i - \overline{x})^2 f_i}{\sum_{i=1}^{n} f_i}} = \sqrt{\frac{\sum(x - \overline{x})^2 f}{\sum f}} = \sqrt{\frac{\sum x^2 f}{\sum f} - (\overline{x})^2} \tag{4.27}$$

仍以例 4-17 为例，甲、乙小组工人工资的标准差为

$$\sigma_甲 = \sqrt{\frac{\sum(x - \overline{x})^2}{n}}$$

$$= \sqrt{\frac{(8\,200 - 8\,800)^2 + (8\,500 - 8\,800)^2 + (8\,700 - 8\,800)^2 + (9\,100 - 8\,800)^2 + (9\,500 - 8\,800)^2}{5}}$$

$$= 456.07（元）$$

$$\sigma_{乙} = \sqrt{\frac{\sum(x-\overline{x})^2}{n}}$$

$$= \sqrt{\frac{(8\,000-8\,800)^2+(8\,100-8\,800)^2+(8\,600-8\,800)^2+(9\,400-8\,800)^2+(9\,900-8\,800)^2}{5}}$$

$$= 740.27（元）$$

由此可知，甲、乙小组工人的平均工资虽然均为 8 800 元，但甲小组工人工资的标准差为 456.07 元，小于乙小组工人工资的标准差 740.27 元，即 $\sigma_{甲} < \sigma_{乙}$，因此甲小组工人平均工资的代表性好于乙小组工人平均工资的代表性。

（二）方差

标准差的平方即为方差，在抽样调查、相关分析以及质量控制中应用较多。

方差的计算公式为

$$\sigma^2 = \frac{\sum\limits_{i=1}^{n}(x_i-\overline{x})^2}{n} = \frac{\sum(x-\overline{x})^2}{n} \quad 或 \quad \sigma^2 = \frac{\sum\limits_{i=1}^{n}(x_i-\overline{x})^2 f_i}{\sum\limits_{i=1}^{n}f_i} = \frac{\sum(x-\overline{x})^2 f}{\sum f} \quad (4.28)$$

【例 4-18】根据表 4-9 计算学生的平均成绩及方差、标准差。

表 4-9 学生成绩的分组情况

按成绩分组/分	学生数 f	组中值 x	$(x-\overline{x})^2$	$(x-\overline{x})^2 f$
60 以下	7	55	400	2 800
60~70	21	65	100	2 100
70~80	25	75	0	0
80~90	19	85	100	1 900
90~100	8	95	400	3 200
合 计	80	—	—	10 000

解：学生平均成绩及方差、标准差分别为

$$\overline{x} = \frac{\sum xf}{\sum f} = \frac{6\,000}{80} = 75（分）$$

$$\sigma^2 = \frac{\sum(x-\overline{x})^2 f}{\sum f} = \frac{10\,000}{80} = 125$$

$$\sigma = \sqrt{\frac{\sum(x-\overline{x})^2 f}{\sum f}} = \sqrt{\frac{10\,000}{80}} = 11.18（分）$$

（三）标准差和方差的数学性质

（1）标准差和方差具有"平移不变"的特性。

若 a 为任意常数，则变量 $y = x \pm a$ 的标准差和方差与原变量 x 相同，有

$$\sigma_{x\pm a} = \sigma_x, \qquad \sigma_{x\pm a}^2 = \sigma_x^2$$

因此，标准差和方差又被称为"平移不变量"。

（2）将原变量 x 乘以一个任意常数 b，则新变量 $y = bx$ 的标准差和方差分别为原来的 $|b|$ 倍和 b^2 倍，有

$$\sigma_{bx} = |b|\sigma_x, \qquad \sigma_{bx}^2 = b^2\sigma_x^2$$

将上述两条性质结合起来，变量 x 的线性变换的标准差和方差分别为

$$\sigma_{bx\pm a} = |b|\sigma_x, \qquad \sigma_{bx\pm a}^2 = b^2\sigma_x^2$$

（3）如果两个变量 x 和 y 独立，它们的代数和的标准差就等于两个变量方差之和的方根，代数和方差就等于原变量的方差之和，有

$$\sigma_{x\pm y} = \sqrt{\sigma_x^2 + \sigma_y^2}, \qquad \sigma_{x\pm y}^2 = \sigma_x^2 + \sigma_y^2$$

（4）在总体分组的条件下，变量的总方差可以分解为组内方差平均数与组间方差两部分，有

$$\sigma^2 = \overline{\sigma^2} + \delta^2$$

其中，$\overline{\sigma^2}$ 为总体各组的"组内方差平均数"：

$$\overline{\sigma^2} = \frac{\sum\limits_{i=1}^{n} \sigma_i^2 f_i}{\sum\limits_{i=1}^{n} f_i}, \qquad \sigma_i^2 = \frac{\sum\limits_{j=1}^{f_i} (x_{ij} - \overline{x}_i)^2}{f_i}, \qquad \overline{x}_i = \frac{\sum\limits_{j=1}^{f_i} x_{ij}}{f_i}$$

δ^2 则为总体各组的"组间方差"：

$$\delta^2 = \frac{\sum\limits_{i=1}^{n} (\overline{x}_i - \overline{x})^2 f_i}{\sum\limits_{i=1}^{n} f_i}, \qquad \overline{x} = \frac{\sum\limits_{i=1}^{n} \overline{x}_i f_i}{\sum\limits_{i=1}^{n} f_i}$$

上述性质通常也称作分组情况下的"方差加法定理"。该性质的实践意义在于：对于一个给定的总体，其方差固然是一个不变的参数，但是，通过以不同的方式对总体进行分组，可以改变总方差在组间方差与组内方差平均数两者之间的分配，从而达到一定的分析目的。例如，在抽样调查中，就可以利用这一性质，通过适当的方式改善抽样推断效果。

【例 4-19】设某集团所属三个公司的职工人数和月平均劳动生产率资料如表 4-10 所示，试计算整个集团的职工平均月劳动生产率，以及劳动生产率的方差和标准差。

表 4-10　某集团三个公司职工人数和月平均劳动生产率情况

所属公司	职工人数 f_i/人	月平均劳动生产率 $\overline{x}_i$/（万元/人）	劳动生产率标准差 σ_i/（万元/人）
A 公司	350	9.5	1.0
B 公司	500	10.7	1.2
C 公司	470	11.0	1.1
合　计	1 320	—	—

解：

$$\text{集团职工平均} \atop \text{月劳动生产率} = \bar{x} = \frac{\sum_{i=1}^{3} \bar{x}_i f_i}{\sum_{i=1}^{3} f_i} = \frac{9.5 \times 350 + 10.7 \times 500 + 11 \times 470}{1\,320} = 10.49\ (\text{万元/人})$$

$$\overline{\sigma^2} = \frac{\sum_{i=1}^{3} \sigma_i^2 f_i}{\sum_{i=1}^{3} f_i} = \frac{1^2 \times 350 + 1.2^2 \times 500 + 1.1^2 \times 470}{1\,320} = 1.24$$

$$\delta^2 = \frac{\sum_{i=1}^{3} (\bar{x}_i - \bar{x})^2 f_i}{\sum_{i=1}^{3} f_i} = \frac{(9.5 - 10.49)^2 \times 350 + (10.7 - 10.49)^2 \times 500 + (11 - 10.49)^2 \times 470}{1\,320} = 0.37$$

集团劳动生产率的方差 $= \sigma^2 = \overline{\sigma^2} + \delta^2 = 1.24 + 0.37 = 1.61$

集团劳动生产率的标准差 $\sigma = \sqrt{\sigma^2} = \sqrt{1.61} = 1.27$（万元/人）

五、成数指标

设总体的 n 个单位中，具有某种特征的单位数是 n_1 个，不具有某种特征的单位数是 n_0 个，$n_1 + n_0 = n$，则具有某种特征的单位的成数 $p = \dfrac{n_1}{n}$，不具有某种特征的单位的成数 $q = \dfrac{n_0}{n} = 1 - p$。成数指标又被称为"是非"标志或交替标志，将总体分成具有某种性质和不具有某种性质两部分，具有我们所关心的标志的被称为"是"，另一部分被称为"非"。

【例 4-20】 设某批电子元件产品 100 件，经检验有 92 件合格，8 件不合格，则有合格产品的成数 $p = \dfrac{92}{100} = 92\%$；不合格产品的成数 $q = \dfrac{8}{100} = 8\% = 1 - p$。

我们可将上例中的成数指标数量化，如表 4-11 所示。

$$x = \begin{cases} 1\ (\text{当单位具有某种特征}) \\ 0\ (\text{当单位不具有某种特征}) \end{cases}$$

表 4-11　成数指标分组情况

标 志 表 现	标志值 x	次数 f
是	1	n_1
非	0	n_0
合　计	—	n

我们称这种分布为"0-1 分布"。

可计算出"0-1 分布"的平均值和方差：

$$\bar{x} = \frac{\sum xf}{\sum f} = \frac{1 \times n_1 + 0 \times n_0}{n} = \frac{n_1}{n} = p$$

$$\sigma^2 = \frac{\sum (x - \bar{x})^2 f}{\sum f} = \frac{(1-p)^2 n_1 + (0-p)^2 n_0}{n}$$

$$= q^2 p + p^2 q = pq(p+q) = pq = p(1-p)$$

$$\sigma = \sqrt{p(1-p)}$$

当 $p=q=0.5$ 时，"0-1 分布"的方差有最大值，即 0.25。

六、变异系数

当水平不同或计量单位不同的总体之间比较离散程度时，不能直接用极差、平均差、标准差变异指标，而要用变异系数，即极差系数、平均差系数、标准差系数，用 V 表示。其计算公式为

$$变异系数 = \frac{变异指标}{平均指标}$$

最常用的是标准差系数，其计算公式为

$$V_\sigma = \frac{\sigma}{\bar{x}} \times 100\% \tag{4.29}$$

【例 4-21】某高校统计学专业大学一年级本科生考试成绩资料如表 4-12 所示，试比较哪门课程平均分数更有代表性？

表 4-12　考试成绩平均分数

课　　程	平均分数/分	标准差/分
高等数学	71	11
大学英语	89	13

解：尽管大学英语平均分数的标准差大于高等数学，但这不能说明大学英语考试成绩的变异程度大于高等数学，因为高等数学、大学英语两门课程的平均分数不一样，这时应根据标准差系数来进行比较。

$$V_{高等数学} = \frac{\sigma}{\bar{x}} \times 100\% = \frac{11}{71} \times 100\% = 15.49\%$$

$$V_{大学英语} = \frac{\sigma}{\bar{x}} \times 100\% = \frac{13}{89} \times 100\% = 14.61\%$$

计算结果表明：$V_{大学英语} < V_{高等数学}$，因此大学英语的平均分数更具有代表性。

第三节　偏度与峰度

一、矩及测度

"矩"又称为"动差"，本是一个力学概念，表示作用力、力臂与其平衡点之间的数量关系。在统计学中，可以通过利用一系列的"矩"指标来描述分布的特征。前面所学的算

术平均数、方差以及平均差等，都可以看成矩的特例。

（一）矩的基本形式

在统计学中，定义变量 x 对常数 a 的"k 阶矩"为

$$\omega_k = \frac{\sum_{i=1}^{n}(x_i-a)^k}{n} \qquad 或 \qquad \omega_k = \frac{\sum_{i=1}^{n}(x_i-a)^k f_i}{\sum_{i=1}^{n} f_i} \qquad (4.30)$$

式中，k 为任意正整数。若将式（4.30）中的离差项取为绝对值，就得到变量 x 对常数 a 的"k 阶绝对矩"。对常数 a 按不同的赋值方式，可以得到两种具体的矩指标形式。

（二）原点矩

在矩的一般公式中，取 $a=0$，就得到变量 x 关于原点的 k 阶矩，即"k 阶原点矩"：

$$\mu_k = \frac{\sum_{i=1}^{n} x_i^k}{n} \qquad 或 \qquad \mu_k = \frac{\sum_{i=1}^{n} x_i^k f_i}{\sum_{i=1}^{n} f_i} \qquad (4.31)$$

显然，一阶原点矩就是变量的算术平均数，二阶原点矩就是变量平方的算术平均数。

（三）中心矩

在矩的一般公式中，取 $a=\bar{x}$，就得到变量 x 关于分布中心 $\bar{x}$ 的 k 阶矩，即"k 阶中心矩"：

$$\nu_k = \frac{\sum_{i=1}^{n}(x_i-\bar{x})^k}{n} \qquad 或 \qquad \nu_k = \frac{\sum_{i=1}^{n}(x_i-\bar{x})^k f_i}{\sum_{i=1}^{n} f_i} \qquad (4.32)$$

显然，任何分布的一阶中心矩永远等于零，二阶中心矩就是分布的方差。中心矩与原点矩之间存在一定的关系，彼此可以互相换算。

中心矩有以下两个重要的性质。

（1）当分布对称时，必有

$$\nu_1 = \nu_3 = \nu_5 = \cdots = \nu_{2k-1} = 0，\quad k \text{ 为任意正整数}$$

即对称分布的所有奇数阶中心矩恒为零。

（2）当分布为正态分布时，不仅所有奇数阶中心矩恒为零，而且还有下面的重要性质：

$$\nu_{2k} = 1\times3\times5\times\cdots\times(2k-1)\sigma^{2k} = (2k-1)!!\ \sigma^{2k}$$

这表明，正态分布的所有偶数阶中心矩都是由其方差决定的。利用这一性质可以很容易地得到以下结果：

$$\nu_2 = \sigma^2，\qquad \nu_4 = 3\sigma^4，\qquad \nu_6 = 15\sigma^6，\qquad \cdots$$

依据分布的中心矩与原点矩之间的关系，还可以得到正态分布的所有各阶原点矩。显然，对于正态分布，矩的计算非常方便。从理论上说，一个分布在各方面的特征可以由它的所有各阶矩给予完整的描述。但在实际中，只需用到分布的前四阶矩中心矩或原点矩，

就足以刻画分布的主要特征，因此，在统计中，常用三阶或四阶矩来刻画分布的形态特征。

二、偏度及测度

偏度是反映变量数列偏斜程度的指标，即指分布不对称的方向和程度。变量数列的单峰钟形分布有对称和非对称分布，非对称分布包括不同程度的左偏态分布和右偏态分布。这种分布形态的差异，表明现象的数量特征，往往具有重要的社会经济意义。

为了准确地测定分布的偏斜程度和进行比较分析，最常见的方法是计算偏度系数。它是以标准差为度量单位计量的众数与算术平均数的离差，用 SK 表示。其计算公式为

$$SK = \frac{\bar{x} - Mo}{\sigma} \tag{4.33}$$

式中，SK 为无量纲的系数，通常取值在-3～+3。其绝对值大，表明偏斜程度大；反之，则表明偏斜程度小。当分布呈右偏时，$\bar{x} > Mo$，$\bar{x} - Mo > 0$，$SK > 0$，故也称正偏态；当分布呈左偏态时，$\bar{x} < Mo$，$\bar{x} - Mo < 0$，$SK < 0$，故也称负偏态；当 $\bar{x} = Mo$，$SK = 0$ 时，分布为对称分布。

续例 4-10，根据某年某地区 100 个工业企业按利润的分组资料，已经计算得到利润的众数（Mo）为 12.75 千万元。根据表 4-6 的资料，可以计算得到加权算术平均数（$\bar{x}$）为 13.9 千万元，标准差（σ）为 7.18 千万元，因而偏度系数为

$$SK = \frac{\bar{x} - Mo}{\sigma} = \frac{13.9 - 12.75}{7.18} = 0.16$$

根据前面的介绍，当分布对称时，它的所有奇数阶中心矩均为零。所以，我们可以考虑运用奇数阶中心矩来判定分布是否对称，以及不对称的程度。测定分布的偏斜程度也可以用标准差的三次方除三阶中心矩的方法计算，把这种偏度系数记为 α。

$$\alpha = \frac{v_3}{\sigma^3} \quad （v_3 \text{ 为三阶中心矩}） \tag{4.34}$$

其中，σ^3 受计量单位影响的程度恰好与三阶中心矩相同，故用作除数能够有效地消除这种影响。

三、峰度及测度

在社会经济现象中，许多变量数列的曲线与正态分布的曲线相比，其顶部的形态会有所不同，即分布图形的尖峭程度或扁平程度有所不同。如果一个总体在众数周围集中的程度很高，其分布的图形就会比较陡峭；反之，如果总体在众数周围的集中程度较低，其分布的图形就会比较平坦。峰度指标就是反映这方面的分布情况的一个数值特征。

（一）矩法

在一般情况下，总体分布图形的陡峭程度与偶数阶中心矩的数值大小有关。偶数阶中心矩的数值越大，分布图形越平坦；数值越小，分布图形越尖峭。如果将分布的四阶中心矩与标准差的四次方对比，得到的数值大小与峰度的高低能够保持一致，同时又恰好消除了计量单位对计算结果的影响。由此形成了峰度指标的基本构造方式。但对于正态分布，

这样计算的结果恒为一个常数：

$$\frac{v_4}{\sigma^4} = \frac{3\sigma^4}{\sigma^4} \equiv 3$$

因此，可以将各种分布的峰凸程度与正态分布相比，得到峰度的标准测定公式：

$$\beta = \frac{v_4}{\sigma^4} - 3 = \frac{v_4}{(v_2)^2} - 3 \qquad (4.35)$$

按照式（4.35）计算出来的峰度指标，可以判定分布的形态特征。其判定标准为

$$\beta \begin{cases} > 0 & \text{分布为高峰度} \\ = 0 & \text{分布为正态分布} \\ < 0 & \text{分布为低峰度} \end{cases}$$

这里所说的峰度高、低，都是与具有相同标准差或方差的正态分布比较而言的。

（二）分位数法

为了排除极端值的干扰，分布的峰度也可以采用分位数的方法来测定。例如，人们常利用上、下两个四分位数和上、下两个十分位数之间的数量关系来衡量峰度：

$$\frac{Q_3 - Q_1}{D_9 - D_1}$$

观察表明，计算得到的数值越小，分布图形越陡峭；反之，数值越大，分布图形越平坦。理论上可以证明，对于正态分布，这样计算的结果总是 0.526，故可以定义相应的"分位数峰度"指标为

$$\beta = 0.526 - \frac{Q_3 - Q_1}{D_9 - D_1} \qquad (4.36)$$

该指标的判别标准与矩法给出的峰度指标基本相同。

本章小结

平均指标是反映同质总体各单位某一数量标志在一定地点、时间条件下所达到的一般水平，是总体内各单位参差不齐的标志值的代表值。

平均指标可以消除因总体不同而带来的总体数量上的差异，从而使不同的总体可以对比；利用平均指标可以对比同一现象在不同时间的一般水平，反映这类现象发展变化的规律性；也可以利用平均指标分析现象之间的依存关系；或利用平均指标估计、推算其他有关指标。平均指标有算术平均数、调和平均数、几何平均数、中位数和众数。

标志变异指标是反映总体各单位标志值之间差异程度的指标，它反映总体变量的分布特征、变动范围或离差程度。

标志变异指标是衡量平均指标代表性的尺度，标志变异指标反映社会经济现象变动的均匀性、节奏性或稳定性。标志变异指标的测定，常用的有全距、平均差、标准差、方差和变异系数。

标准差用来全面反映变量的变异和离散情况，在实际中应用非常广。可以用标准差测定总体分布的偏斜程度和分布曲线的陡峭程度，即偏度指标和峰度指标。

📚 **思考与练习**

1. 什么是平均数指标？它有什么特点和作用？如何分类？

2. 简述正确计算和运用平均指标的原则。

3. 调和平均数与算术平均数分别适用于什么样的资料条件？

4. 试证明变量对算术平均数的方差小于对任意常数的方差。

5. 什么是离散指标？常用的离散指标有哪几种？其作用是什么？

6. 试比较平均差和标准差的异同，并说明为什么标准差是最常用的变异指标？

7. 在实际应用中，为什么要把平均指标和变异指标结合运用？

8. 某地区某年个体工商户开业登记注册资本金分组资料如表4-13所示。

表4-13 某地区某年个体工商户开业登记注册资本金分组

注册资本金分组/万元	50以下	50～100	100～150	150～200	200以上
各组个体工商户比重/%	60	20	10	8	2

试计算该地区个体工商户注册资本金的平均数。

9. 分别用三种平均数的计算方法计算下列两组数的平均数，比较三种平均数的结果，并说明三种平均数的数量关系。

第一组：75，80，90，60，55，65，85

第二组：80，80，80，80，80，80，80

10. 对某地区120家企业按利润额进行分组，结果如表4-14所示。

表4-14 某地区120家企业按利润额分组

按利润额分组/万元	企业数/个
200～300	19
300～400	30
400～500	42
500～600	18
600以上	11
合　计	120

要求：

（1）计算120家企业利润额的众数、中位数、四分位数和均值。

（2）计算利润额的四分位差和标准差。

（3）计算分布的偏态系数和峰度系数。

11. 某班组10名工人平均每小时加工18个零件，标准差为3件。此外，工龄两年以下的4名工人平均每小时生产15个零件，工龄两年以上的6名工人平均每小时生产20个零件，则组内方差的平均数为多少？

第五章　时间序列分析

✒ *学习目的*
....

　　时间序列是对经济现象进行动态分析的主要方法。通过本章的学习，应掌握以时间序列为基础分析现象发展变化特点及规律的方法；掌握时间序列的一般概念、种类及编制的基本原则；掌握并能够应用时间序列的各种分析指标（水平指标和速度指标）；掌握时间序列的构成因素和分析模型；掌握长期趋势分析的各种方法；了解季节变动的分析方法和分析循环波动的常用方法。

第一节　时间序列编制

一、时间序列概述

（一）时间序列的概念

　　经济现象总是随着时间的推移而变化，因此，统计分析不仅要从静态角度分析现象的数量特征，而且要对社会现象的数量方面在不同时间上表现出来的各个具体值做对比分析，以探索社会经济现象发展变化的过程及其规律性，并预测它的未来。统计学对经济现象进行动态研究的基本方法是编制时间序列。

　　时间序列是将不同时间上的同类指标数值按时间先后顺序排列而形成的数列，也称为时间数列、动态数列。例如，某地区从 1 月 1 日到 1 月 31 日每天的用水量构成一个时间序列。又如，在某地区的同一个地点，从周一开始到周日，每天早晨 8:00 整记录天气温度，连续记录 7 天，这 7 天的温度数据也构成一个时间序列。

　　时间序列在统计分析和经济分析中具有重要的作用。它可以反映社会经济现象在不同时间发展的结果；研究社会经济现象的发展趋势和发展速度，用来对某些社会经济现象进行预测；利用不同性质指标的时间序列对比，可以分析现象之间发展变化的依存关系；利用不同国家或地区之间同一类指标的时间序列对比，可以分析现象在不同空间条件下的发展水平及速度的差异情况；利用时间序列还可以积累数据资料，并进行统计分析，研究其规律性，是各级政府部门制定各项政策和企业制定长远规划的重要依据。

（二）时间序列的种类

　　在社会经济统计中，从计算动态指标和预测方法选择来研究，时间序列可做以下两种分类。

1. 按指标形式分类

按指标形式不同，时间序列可以分为总量指标时间序列、相对指标时间序列和平均指标时间序列。其中，总量指标时间序列是基本数列，相对指标时间序列和平均指标时间序列是由总量指标时间序列派生出来的。

（1）总量指标时间序列是将同一总量指标在不同时间上的数值按时间先后顺序排列而形成的数列。它主要反映某现象在不同时间上的总规模、总水平等总量指标特征。

总量指标时间序列按其反映的现象性质不同，又可以分为时期数列和时点数列。

时期数列是指数列中每一个指标值都反映现象在一段时间内发展过程的总量，即由时期指标所构成的数列。时点数列是指数列中每一个指标值都反映现象在某一时点上达到的水平，即由时点指标所构成的数列。

时期数列与时点数列各有不同的特点，具体如下。

① 时期数列中各个指标值是通过连续不断的登记获得的；时点数列中各个指标值是间隔一定时期登记一次取得的。

② 时期数列中各个指标值可以相加，相加后的指标数值表示现象在更长时期内的发展总量；时点数列中各个指标值不能相加。

③ 时期数列中各个指标数值的大小与其时期长短有直接关系；时点数列中各个指标数值的大小与其间隔长短没有直接的联系。

（2）相对指标时间序列是将某一相对指标的一系列数值按时间先后顺序排列而成的，反映社会经济现象之间相互联系的变化过程。因为各指标值的计算基础不同，所以，相对指标时间序列中不同时间的指标值是不能直接相加的，相加后的结果没有实际意义。

（3）平均指标时间序列是将同一平均指标在不同时间上的数值按时间先后顺序排列而形成的数列，反映现象总体的一般水平和发展变化的过程。在平均指标时间序列中，各个指标值不能相加，相加后的结果毫无实际意义。

2. 按指标变量的性质和数列形态分类

按指标变量的性质和数列形态不同，时间序列可以分为随机性时间序列和非随机性时间序列。

随机性时间序列是指由随机变量组成的时间序列，各期数值的差异纯粹是偶然的随机因素影响的结果，其变动没有规则。例如，在某一段时期内，通过某一路口的汽车的数量是随机的，因为通过该路口的汽车大多数彼此之间没有关系，很多汽车只是偶然经过这个路口。在这个时间里统计经过该路口的汽车数量所构成的数列是随机性时间序列。

非随机性时间序列又可以分为平稳性时间序列、趋势性时间序列和季节性时间序列。

（1）平稳性时间序列是指由确定性变量构成的时间序列。其特点是影响数列各期数值的因素是确定的，而且各期数值总是保持在一定的水平上，上下相差不大。例如，在某一火车站的出口处，每天在固定的时间里，如下午 3 点到 5 点，统计旅客的出站人数。它所构成的时间序列就不是随机性时间序列，因为在这段时间内进入这个车站的火车班次是固定的，而且每班火车的座位个数一般也是不变的。在正常情况下，每天下午 3 点到 5 点出站的旅客人数不会变化很大，它构成的时间序列总是保持在一定的水平上，上下相差不大，因此称之为平稳性时间序列。

（2）趋势性时间序列是指各期数值逐期增加或逐期减少，呈现出一定的发展变化趋势的时间序列。如果逐期增加（减少）量大致相同，称为线性趋势的时间序列；如果逐期增加（减少）量是变化的，则称为非线性趋势时间序列。例如，我国工业生产在正常年份的产量，便呈线性增长的趋势；而某种新产品投放市场后销售量的数列则呈非线性的变化趋势。

（3）季节性时间序列是指各时期的数值在一年内随着季节的变化而呈周期性波动的时间序列。例如，按月统计每月到达某站的旅客人数，就会发现每年 2 月份，即春节期间的旅客人数大大高于其他月份。这种现象每年都出现一次，也就是每年 2 月份出现一次高峰，称为季节性时间序列。季节性时间序列在自然界或经济活动、社会活动中是相当普遍的，无论是气候还是商业活动等，往往都会受到季节因素的影响，因此，在预测时要充分考虑这个因素。

二、时间序列编制原则

在实际生活中，时间序列往往并不是只具有某一种形态，而是受多种因素影响的、具有多种特征的数列。编制时间序列的目的是通过某一系列指标数值的对比，反映社会经济现象的动态发展过程及其趋势和规律性。因此，保证时间序列中各期指标数值的可比性，就成为编制时间序列的基本原则。

（一）时间跨度尽可能一致

在时期数列中，由于各期指标数值的大小与时期的长短有直接关系，因此，各时期指标时间的跨度应当一致，以便于通过时期数列指标的数值大小对现象的发展做出正确的判断。但也不能绝对化，有时为了特殊的研究目的，也可以编制时期长度不等的时期数列。在时点数列中，各指标数值表明的是一定时点上的状态，为了便于分析，一般也要求编制时间间隔相等的时间序列。由总量指标时间序列派生出来的相对指标时间序列和平均指标时间序列也要注意其时间间隔问题。

（二）总体范围一致

在编制时间序列时，每一时期指标数值的地域范围、隶属关系范围等应该保持一致。如果总体范围有了变动，则各时期的指标数值就不能直接对比，必须对不同时期的指标数值做相应调整，然后再进行对比，才能正确表明所研究的问题；否则，对比分析将失去意义。例如，某一地区的行政区划发生变动后，该地区的人口数、土地面积、粮食产量等都要做相应调整，然后才能进行动态分析。

（三）指标的经济内容一致

对于同一个经济指标，在时间序列中，它所包含的内容应该是一致的。这样，不同历史时期的统计资料才具备可比性。例如，某地区的工业产值是否包含农村的乡办工业产值？如果包含，则同一个时间序列中该指标的每个指标数值都应包含；否则，都不应包含。

（四）计算方法、计量单位一致

一个统计指标往往有多种不同的计算方法。例如，国内生产总值有生产法、分配法和收入法三种计算方法；研究某企业劳动生产率的增长变动时，有的按生产工人计算，有的按全部职工计算；产值是按现价计算还是按不变价计算，前后应一致，这样可以保证指标经济内容的统一，便于对比分析。

第二节　时间序列分析指标

为了研究事物或现象发展的规模和速度，可以运用一系列动态分析指标。动态分析指标包括两大类：一类为水平指标，包括发展水平与平均发展水平、增长量与平均增长量，这类指标主要反映社会经济现象发展变化和增减变化的规模、水平的绝对程度；另一类为速度指标，包括发展速度与增长速度、平均发展速度与平均增长速度，主要反映社会经济现象变化快慢的相对程度。

一、时间序列水平指标

（一）发展水平

时间序列中每一个指标数值称为发展水平，它反映社会经济现象在各个不同时期发展的规模和所达到的水平。发展水平可以是总量指标、相对数指标和平均数指标，它是动态分析的基础。

在时间序列中的第一个指标数值叫作最初水平 a_0，最后一个指标数值叫作最末水平 a_n，其余各个指标数值叫作中间水平 a_i（$i=1,2,3,\cdots,n-1$）。

按统计研究的目的和要求不同，发展水平又可以分为报告期水平和基期水平。报告期水平是指所要研究的那个时间状况下的发展水平；基期水平是指要用来作为比较的那个时间状况下的发展水平。

（二）平均发展水平

1．平均发展水平的概念和作用

平均发展水平是指时间序列中不同时间发展水平的代表值，即将不同时间上的发展水平加以平均所得的平均数，也称序时平均数。它说明现象在一定时期内发展的一般水平或代表水平。

平均发展水平除对现象在一段时间内的发展状况做出一般的概括说明外，还可以消除现象在短时间内波动的影响，便于广泛进行不同时间和不同地区的比较。另外，它还剔除了长期趋势以外的其他因素的影响，以显示总体现象发展变化的基本趋势和规律性，因而有助于趋势修匀和预测。

序时平均数与静态平均数既有共同之处，也有区别。它们的相同之处是两者都是将现象的个别数量差异抽象化，反映现象在数量上达到的一般水平。两者的区别在于：静态平均数是根据变量数列计算的，所平均的是同一时间总体各单位标志值的数量表现，从静态上说明总体在某一时间条件下的一般水平；序时平均数是根据时间序列计算的，所平均的是现象在不同时间上的数量表现，从动态上说明现象在某一段时间内的一般水平。

2. 平均发展水平的计算方法

（1）总量指标时间序列计算序时平均数。总量指标时间序列又有时期数列和时点数列之分。时期数列的序时平均数可采用算术平均方法，其计算公式为

$$\overline{a} = \frac{\sum a_i}{n} \quad (i=1,2,3,\cdots,n) \tag{5.1}$$

式中，$\overline{a}$ 表示序时平均数；a_i 表示各期发展水平；n 表示数列项数。

对时点数列计算序时平均数，如果是间隔相等且连续的时点数列计算序时平均数（在社会经济统计中通常是按日连续登记的资料），可按上述时期数列序时平均公式计算。

如果是对间隔不相等且连续的时点数列计算序时平均数，则计算公式为

$$\overline{a} = \frac{\sum af}{\sum f} \tag{5.2}$$

【例 5-1】某小超市 2019 年 5 月某种商品库存量资料如表 5-1 所示，求 5 月份平均库存量。

表 5-1 某企业 2019 年 5 月某种工具库存量资料

时间/（月/日）	5/1	5/10	5/12	5/20	5/25	5/31
库存量/件	85	5	105	50	20	100

解：5 月份平均库存量为

$$\overline{a} = \frac{85 \times 9 + 5 \times 2 + 105 \times 8 + 50 \times 5 + 20 \times 6 + 100 \times 1}{31} = 67.3 \text{（件）}$$

如果是对间隔相等的不连续的时点数列计算序时平均数，则需要先计算各相邻两期发展水平的平均数，再对这些平均数用简单算术平均法求序时平均数，称为首末折半法。其计算公式为

$$\overline{a} = \frac{\dfrac{a_1 + a_2}{2} + \dfrac{a_2 + a_3}{2} + \cdots + \dfrac{a_{n-1} + a_n}{2}}{n-1} = \frac{\dfrac{1}{2}a_1 + a_2 + \cdots + \dfrac{1}{2}a_n}{n-1} \tag{5.3}$$

【例 5-2】某地区某年上半年各月初常住人口数资料如表 5-2 所示，求上半年各月平均常住人口数。

表 5-2 某地区某年上半年各月初常住人口数

时间/（月/日）	1/1	2/1	3/1	4/1	5/1	6/1	7/1
人数/万人	660	696	688	694	672	710	692

解：上半年各月的平均常住人口数为

$$\overline{a} = \frac{\dfrac{1}{2}a_1 + a_2 + \cdots + \dfrac{1}{2}a_n}{n-1}$$

$$= \frac{\dfrac{1}{2} \times 660 + 696 + 688 + 694 + 672 + 710 + \dfrac{1}{2} \times 692}{7-1} = 689.3 \text{（万人）}$$

如果是对间隔不相等的不连续的时点数列计算序时平均数，则采用时间间隔为权数的

加权算术平均法计算。其计算公式为

$$\bar{a} = \frac{\left(\dfrac{a_1+a_2}{2}\right)f_1 + \left(\dfrac{a_2+a_3}{2}\right)f_2 + \cdots + \left(\dfrac{a_{n-1}+a_n}{2}\right)f_{n-1}}{\sum f_{n-1}} \qquad (5.4)$$

【例 5-3】某企业某年库存原材料登记资料如表 5-3 所示，求该年月平均库存量。

表 5-3　某企业某年库存原材料

日期/（月/日）	1/1	3/1	7/1	10/1	12/31
原材料库存量/吨	396	418	596	672	800

解：该企业这一年各月原材料平均库存量为

$$\bar{a} = \frac{\left(\dfrac{a_1+a_2}{2}\right)f_1 + \left(\dfrac{a_2+a_3}{2}\right)f_2 + \cdots + \left(\dfrac{a_{n-1}+a_n}{2}\right)f_{n-1}}{\sum f_{n-1}}$$

$$= \frac{\dfrac{396+418}{2}\times 2 + \dfrac{418+596}{2}\times 4 + \dfrac{596+672}{2}\times 3 + \dfrac{672+800}{2}\times 3}{2+4+3+3}$$

$$= 579.3（吨）$$

（2）相对指标时间序列计算序时平均数。由于相对指标（质量指标的一种）是两个有联系的总量指标的对比，所以计算相对指标时间序列的序时平均数时，必须根据时间序列指标的分子和分母资料，分别计算子项和母项的序时平均数，然后将这两个序时平均数做对比。其计算公式为

$$\bar{c} = \frac{\bar{a}}{\bar{b}} \qquad (5.5)$$

式中，$\bar{c}$ 表示相对指标时间序列的序时平均数；$\bar{a}$ 表示分子数列的序时平均数；$\bar{b}$ 表示分母数列的序时平均数。

【例 5-4】某企业某年计划产值和产值计划完成程度的资料如表 5-4 所示，试计算平均计划完成程度。

表 5-4　某企业某年计划产值和产值计划完成程度

时间	第一季度	第二季度	第三季度	第四季度
计划产值 b/万元	810	817	825	828
计划完成 c/%	125	130	132	135

解：平均计划完成程度 $= \dfrac{\text{实际产值总数}}{\text{计划产值总数}} = \dfrac{\bar{a}}{\bar{b}} = \dfrac{\overline{bc}}{\bar{b}} = \dfrac{\dfrac{\sum bc}{n}}{\dfrac{\sum b}{n}} = \dfrac{\sum bc}{\sum b}$

$$= \frac{810\times 125\% + 817\times 130\% + 825\times 132\% + 828\times 135\%}{810+817+825+828} = 130.5\%$$

【例 5-5】某企业某年上半年各月劳动生产率资料如表 5-5 所示，又已知 6 月末的工人

数为 910 人，计算上半年平均月劳动生产率。

表 5-5　某企业某年下半年各月劳动生产率

时间	1 月	2 月	3 月	4 月	5 月	6 月
总产值 a/万元	700.0	738.0	760.0	840.0	905.0	1 080.0
月初工人数 b/人	790	810	810	830	850	880
劳动生产率 c/（元/人）	8 860.8	9 111.1	9 382.7	10 120.5	10 647.1	12 272.7

注：劳动生产率=总产值/工人数。

由式（5.5）得出，平均劳动生产率=平均总产值/平均工人数。

总产值是时期数列，采用算术平均方法；工人数是时点数列，在该例题中属于间隔相等的不连续的时点数列，采用首末折半法。

解：
$$\bar{c} = \frac{\bar{a}}{\bar{b}} = \frac{\dfrac{\sum a}{n}}{\dfrac{\frac{1}{2}b_1 + b_2 + \cdots + \frac{1}{2}b_n}{n-1}} = \frac{\dfrac{700.0 + 738.0 + 760.0 + 840.0 + 905.0 + 1\,080.0}{6}}{\dfrac{\frac{790}{2} + 810 + 810 + 830 + 850 + 880 + \frac{910}{2}}{7-1}}$$

$$= 9\,986.5（万/人）$$

【例 5-6】某公司第一季度各月流动资金周转次数如表 5-6 所示，计算该公司第一季度月平均流动资金周转次数。

表 5-6　某公司第一季度各月流动资金周转次数

时间	1 月	2 月	3 月	4 月
商品销售收入 a/万元	1 200	1 500	1 500	
月初流动资金占用额 b/万元	400	600	500	200
流动资金周转次数 c/次	3	2.5	3	

注：平均流动资金周转次数=平均商品销售收入/平均流动资金占用额。

解：产品销售收入是时期数列，而各月初流动资金占用额是时点数列，属于间隔相等的不连续的时点数列，该公司第一季度各月平均流动资金周转次数如下：

$$\bar{c} = \frac{\bar{a}}{\bar{b}} = \frac{(1\,200 + 1\,500 + 1\,500)/3}{\left(\frac{1}{2} \times 400 + 600 + 500 + \frac{1}{2} \times 200\right)/3} = 3（次）$$

（3）平均指标时间序列计算序时平均数。静态平均数时间序列计算序时平均数与相对指标时间序列计算序时平均数的方法完全相同。序时平均数时间序列计算序时平均数时，若时期或间隔相等，则采用简单算术平均数计算序时平均数；若时期或间隔不相等，则采用加权算术平均数计算序时平均数。

（三）增长量和平均增长量

1. 增长量

增长量是总量指标报告期水平与基期水平之差，表明该指标在一定时期内增加或减少的绝对数量。

按对比选择基期不同，增长量可分为逐期增长量和累计增长量两种。逐期增长量是各期水平与上一期水平之差，表明一段时期内逐期增减变动的绝对数量；累计增长量亦称定基增长量，是各期水平与某一固定基期水平之差，表明在较长一段时期内累计增减的绝对数值。用符号表示如下。

逐期增长量：$a_1 - a_0, a_2 - a_1, a_3 - a_2, \cdots, a_n - a_{n-1}$

累计增长量：$a_1 - a_0, a_2 - a_0, a_3 - a_0, \cdots, a_n - a_0$

可以看出，累计增长量等于相应各期逐期增长量之和，相邻两累计增长量之差等于相应的逐期增长量。此外，对于受季节因素影响较明显的社会经济指标，为了表明它们增长变化的绝对数量，还可以计算年距增长量。它是报告期某月水平与上年同月水平之差。

2. 平均增长量

平均增长量是时间序列中逐期增长量的序时平均数，它表明现象在一定时段内平均每期增加（减少）的数量。其计算公式为

$$平均增长量\ \bar{\Delta} = \frac{\sum(a_i - a_{i-1})}{n} \quad (i=1,2,\cdots,n) \tag{5.6}$$

式中，n 表示逐期增长量的个数。

根据逐期增长量与累计增长量之间的数量关系，平均增长量还可以用下式表示

$$\bar{\Delta} = \frac{a_n - a_0}{N - 1} \tag{5.7}$$

式中，N 表示时间序列项数。不难看出 $N=n+1$，数列是从 0 开始的，且可以计算出 n 个逐期增长量。

按照这种方法计算的平均增长量称为水平法平均增长量。它可以保证以基期水平 a_0 为基础，每期按平均增长量增长，N 期之后计算的理论水平同 N 期的实际水平完全相等。但该方法计算的平均增长量只与期末水平（a_n）和期初水平（a_0）有关，而同中间各期水平无关。因此，用这一方法计算的平均增长量推算各期水平，同实际水平可能有很大差别。

【例 5-7】表 5-7 列出了某地区 2013—2019 年常住人口中少年儿童（0～14 岁）人口数，试计算平均增长量。

表 5-7　某地区 2013—2019 年少年儿童（0～14 岁）常住人口数

单位：万人

年份		2013	2014	2015	2016	2017	2018	2019
学生人数		1 775.4	1 781.3	1 802.1	1 893.5	1 922.5	1 884.7	1 883.1
增长量	逐期	—	5.9	20.8	91.4	29	-37.8	-1.6
	累计	—	5.9	26.7	118.1	147.1	109.3	107.7

解：平均增长量

$$\bar{\Delta} = \frac{\sum(a_i - a_{i-1})}{n} = \frac{107.7}{6} = 17.95 \ （万人）$$

或

$$\bar{\Delta} = \frac{a_n - a_0}{N} = \frac{1883.1 - 1775.4}{7 - 1} = 17.95 \ （万人）$$

二、时间序列速度指标

时间序列动态分析的速度指标是指反映现象变动的相对程度或平均程度，常用的速度指标有发展速度、增长速度、平均发展速度和平均增长速度。

（一）发展速度

发展速度是报告期水平与基期水平之比，反映报告期水平是基期水平的百分之几或若干倍。其计算公式为

$$发展速度 = \frac{报告期水平}{基期水平} \times 100\% \tag{5.8}$$

由于基期选择的不同，分为环比发展速度和定基发展速度。

环比发展速度是报告期水平与前一期水平之比，表明现象逐期发展变化的程度。用公式表示为

$$\frac{a_1}{a_0}, \frac{a_2}{a_1}, \frac{a_3}{a_2}, \cdots, \frac{a_n}{a_{n-1}} \tag{5.9}$$

定基发展速度是报告期水平与某一固定时期水平（通常是最初水平）之比，表明现象在较长时期内发展变化的程度，即为一定时期内总的发展速度。用公式表示为

$$\frac{a_1}{a_0}, \frac{a_2}{a_0}, \frac{a_3}{a_0}, \cdots, \frac{a_n}{a_0} \tag{5.10}$$

环比发展速度与定基发展速度之间存在如下关系。

定基发展速度等于相应时期内各环比发展速度的连乘积，即

$$\frac{a_n}{a_0} = \frac{a_1}{a_0} \times \frac{a_2}{a_1} \times \cdots \times \frac{a_n}{a_{n-1}} \tag{5.11}$$

两个相邻时期定基发展速度之比等于相应时期的环比发展速度，即

$$\frac{a_n}{a_0} \bigg/ \frac{a_{n-1}}{a_0} = \frac{a_n}{a_{n-1}} \tag{5.12}$$

在实际工作中，为了消除季节变动的影响，还需要计算年距发展速度。年距发展速度是本期发展水平与上年同期发展水平之比，表明本期水平相对于上年同期水平发展变化的方向和程度。用公式表示为

$$年距发展速度 = \frac{本期发展水平}{上年同期发展水平} \times 100\% \tag{5.13}$$

（二）增长速度

增长速度是增长量与基期水平之比，反映报告期水平比基期水平增长了百分之几或若干倍，发展速度减 1（100%）等于增长速度。其计算公式为

$$增长速度 = \frac{报告期增长量}{基期发展水平} \times 100\% = 发展速度 - 1 \tag{5.14}$$

由于基期选择的不同，分为环比增长速度和定基增长速度。

环比增长速度是逐期增长量与前一期水平之比，表明现象逐期增长的程度，环比发展速度减1（100%）等于环比增长速度，表示为

$$\frac{a_1-a_0}{a_0}, \frac{a_2-a_1}{a_1}, \frac{a_3-a_2}{a_2}, \cdots, \frac{a_n-a_{n-1}}{a_{n-1}}$$

或

$$\frac{a_1}{a_0}-1, \frac{a_2}{a_1}-1, \frac{a_3}{a_2}-1, \cdots, \frac{a_n}{a_{n-1}}-1 \tag{5.15}$$

定基增长速度是累计增长量与某一固定时期水平（通常是最初水平）之比，表明现象在较长时期内总的增长程度，定基发展速度减1（100%）等于定基增长速度，表示为

$$\frac{a_1-a_0}{a_0}, \frac{a_2-a_0}{a_0}, \frac{a_3-a_0}{a_0}, \cdots, \frac{a_n-a_0}{a_0}$$

或

$$\frac{a_1}{a_0}-1, \frac{a_2}{a_0}-1, \frac{a_3}{a_0}-1, \cdots, \frac{a_n}{a_0}-1 \tag{5.16}$$

在实际工作中，为了消除季节变动的影响，还可计算年距增长速度。年距增长速度是年距增长量与上年同期发展水平之比，表明同期相对于上年同期水平增长的程度。用公式表示为

$$年距增长速度 = \frac{年距增长量}{上年同期发展水平} \times 100\% = 年距发展速度 - 1 \tag{5.17}$$

发展速度与增长速度是对社会经济现象进行动态分析的基本指标。如果发展速度大于1，增长速度为正值，表示某种现象增长的程度和上升的发展趋势；否则相反。要注意的问题是：定基增长速度与环比增长速度不能像定基发展速度与环比发展速度那样互相推算。因为定基增长速度不等于相应时期内各环比增长速度的连乘积；两个相邻时期定基增长速度的比率也不等于相应时期的环比增长速度。定基增长速度与环比增长速度之间的推算，必须通过定基发展速度和环比发展速度才能进行。

环比增长速度的时间序列中，各期对比的基期都不同，这样就会产生同样是增长1%，但所代表的绝对量不同，因此应该将增长速度指标与绝对增长量结合起来，计算增长1%的绝对值，说明增长速度相等时的不同的绝对增长量。其计算公式为

$$增长1\%的绝对值 = \frac{逐期增长量}{环比增长速度 \times 100} = \frac{上期水平}{100} \tag{5.18}$$

【例5-8】某企业生产某种产品，其2014—2019年的产量如表5-8所示，试计算发展速度、增长速度和增长1%的绝对值。

表5-8　某企业2014—2019年产品产量及速度计算表

年份		2014	2015	2016	2017	2018	2019
产品产量/万件		1 000	1 030	1 070	1 120	1 190	1 270
发展速度/%	环比	—	103.00	103.88	104.67	106.25	106.72
	定基		103.00	107.00	112.00	119.00	127.00
增长速度/%	环比	—	3.00	3.88	4.67	6.25	6.72
	定基		3.00	7.00	12.00	19.00	27.00
增长1%的绝对值/万件		—	10	10.3	10.7	11.2	11.9

（三）平均发展速度和平均增长速度

平均发展速度是各个时期环比发展速度的平均数，反映现象在一段时期内逐期发展变化的平均程度。平均发展速度通过对各个时期发展速度的平均，消除了差异，便于对不同时期社会经济现象的发展变化情况进行对比，以及用来对比不同国家或地区经济发展的不同情况。平均增长速度是反映现象在一段时期内逐期增长的平均程度。平均增长速度与平均发展速度的关系为

$$平均增长速度 = (平均发展速度-1)\times100\% \qquad （5.19）$$

平均发展速度的计算方法有几何平均法和高次方程法。

1. 几何平均法（水平法）

几何平均法通过对各期环比发展速度的几何平均来计算平均发展速度。一定时期内现象发展的总速度等于各期环比发展速度的连乘积，因此，计算各期环比发展速度的序时平均数，即平均发展速度，应根据几何平均法。其计算公式为

$$\bar{x} = \sqrt[n]{x_1 x_2 x_3 \cdots x_n} = \sqrt[n]{\prod_{i=1}^{n} x_i} \qquad （5.20）$$

式中，$\bar{x}$ 表示平均发展速度；x_i 表示各期环比发展速度（$i=1,2,\cdots,n$）；n 表示环比发展速度的时期数。

由于各期环比发展速度的连乘积等于定基发展速度，因此计算平均发展速度的公式还可以表示为

$$\bar{x} = \sqrt[n]{\frac{a_1}{a_0} \cdot \frac{a_2}{a_1} \cdot \frac{a_3}{a_2} \cdots \frac{a_n}{a_{n-1}}} = \sqrt[n]{\frac{a_n}{a_0}} \qquad （5.21）$$

采用式（5.20）、式（5.21）计算平均发展速度时，可以根据掌握资料的不同来选择运用，若掌握各期环比发展速度资料，运用式（5.20）计算；若掌握最初水平和最末水平，运用式（5.21）计算。

可以看出，平均发展速度的几何平均法隐含着一个假设，即从时间序列的最初水平出发，以序列的平均发展速度代替各期环比发展速度，计算出的期末理论值水平应与期末的实际水平相一致。这也就是几何平均法又称为水平法的缘故。

【例 5-9】我国 2014 年国内生产总值为 636 000 亿元，到 2019 年达到 990 865 亿元，试计算平均增长速度。

解：平均发展速度 $\bar{x} = \sqrt[5]{\dfrac{a_n}{a_0}} = \sqrt[5]{\dfrac{990\,865}{636\,000}} = 109.27\%$

平均增长速度 = 平均发展速度-100% = 109.27%-100% =9.27%

【例 5-10】某地区 2011－2012 年的平均发展速度为 112%，2013－2015 年的平均发展速度为 111%，2016－2019 年的平均发展速度为 109%，试计算 2011－2019 年总平均发展速度。

解：$\bar{x} = \sqrt[\sum f]{x_1^{f_1} x_2^{f_2} \cdots x_n^{f_n}} = \sqrt[9]{1.12^2 \times 1.11^3 \times 1.09^4} = 110.33\%$

2011－2019 年的总平均发展速度为 110.33%。

几何平均法计算的平均发展速度只与期末水平（a_n）和期初水平（a_0）有关，而中间

各期水平均在计算过程中被约去。因此，用这一方法计算波动较为剧烈的数列的平均发展速度推算各期水平时，同实际水平可能有很大差别。

2. 高次方程法（累计法）

高次方程法通过求解高次方程的正根计算平均发展速度。该方法的出发点是：从现象的最初水平 a_0 出发，要求按平均发展速度 $\bar{x}$ 计算的各期水平之和等于实际的各期水平之和，即

$$a_0\bar{x} + a_0\bar{x}^2 + a_0\bar{x}^3 + \cdots + a_0\bar{x}^n = a_1 + a_2 + a_3 + \cdots + a_n$$

整理得高次方程：

$$\bar{x} + \bar{x}^2 + \bar{x}^3 + \cdots + \bar{x}^n - \frac{\sum_{i=1}^{n} a_i}{a_0} = 0 \qquad (5.22)$$

解这个高次方程所得到 $\bar{x}$ 的正根就是平均发展速度。高次方程法考虑到了每一期的实际水平，因此计算结果会更加准确，如例 5-11 中两种计算方法的比较。

【例 5-11】某地区 2014—2019 年的某项经济发展数据如表 5-9 所示，分别用几何平均法和高次方程法计算其平均发展速度。

表 5-9　某地区 2014—2019 年某项经济发展数据

年份	实际资料		按几何平均法计算		按高次方程法计算	
	发展水平/亿元	环比发展速度/%	平均发展速度/%	推算的发展水平/亿元	平均发展速度/%	推算的发展水平/亿元
2014（基年）	1 074.37	—	—	1 074.37	—	1 074.37
2015	1 176.11	109.5	109.6	1 177.5	110.6	1 188.3
2016	1 343.10	114.2	109.6	1 290.6	110.6	1 314.2
2017	1 574.31	117.2	109.6	1 414.4	110.6	1 453.5
2018	1 551.74	98.6	109.6	1 550.2	110.6	1 607.6
2019	1 702.60	109.7	109.6	1 699.1	110.6	1 778.0
5 年合计	7 347.86	—	—	7 131.8	—	7 341.6

3. 计算与应用平均速度指标应注意的问题

（1）平均速度指标计算方法的选择要考虑研究目的和研究对象的性质特征两个方面。平均速度的计算问题实质上就是如何计算平均发展速度的问题。在平均发展速度的两种基本算法中，几何平均法侧重于考察现象最末期的发展水平，该方法计算的定基发展速度（$\bar{x}^n$）与实际资料最末期的定基发展速度相一致；而高次方程法侧重于考察现象的整个发展过程，该方法计算的各期定基发展速度的总和（$\bar{x} + \bar{x}^2 + \bar{x}^3 + \cdots + \bar{x}^n$）与实际资料各期定基发展速度的总和相一致。由于两种方法的计算原理不同，对于同一资料，计算结果会有所差异。另外，两种方法适用的数据特性也不同。高次方程法对现象各期发展水平之和进行研究，只适用于时期序列；几何平均法对现象的最末水平进行研究，既适用于时期序列也适用于时点序列。根据研究对象的性质特点和数据特点，对于要着重考察的各期总和的指标，如投资额、造林面积等，宜采用高次方程法计算；对于要考察最末期水平的指标，如人口、产量等，采用几何平均法较为合适。

（2）几何平均法的应用要与具体的环比速度分析相结合。几何平均法是计算平均发展速度的常用方法，但其计算过程只考虑现象的最末水平与最初水平，而忽略了中间各期水平的影响。如果最末水平与最初水平过高或过低，或者中间各期水平波动很大，都会影响平均速度的代表性，甚至使其失去意义。因此，运用几何平均法要注意各期水平的波动状况，用具体的环比发展速度补充总平均发展速度进行分析，这样才能对现象的发展变化过程得出正确而完整的认识。

（3）对平均速度指标的分析要充分利用原始时间序列的信息。平均速度指标是一个总括性指标，其计算过程中舍弃了现象随时间变化的大量信息。分析过程中如果不将这一部分信息挖掘出来加以利用，就不能具体深入地反映现象的变化过程及特点。利用原始时间序列信息的可能方法有：利用分段平均发展速度补充说明整个时期的总平均发展速度；利用原始时间序列的发展水平、增长量以及计算平均速度所依据的环比速度、定基速度等指标补充说明平均速度本身。

第三节　时间序列的解析

一、时间序列的构成因素与分析模型

时间序列中各项发展水平的变动是许多因素共同作用的结果。由于各种因素的作用方向和影响强弱不同，使具体的时间序列呈现出不同的变动形态。对于现象变动的趋势分析，就是要将现象受各类因素影响所呈现的变动测定出来，以掌握其变动原因和规律性，为经营管理、预测决策等提供依据。

（一）时间序列的因素

按照性质和作用，构成时间序列的因素可以分为长期趋势、季节变动、循环变动和不规则变动。

1. 长期趋势（T）

长期趋势是指时间序列变动的总的方向性趋势，即向上增长或向下降低的基本趋势或规律性。例如，中国的国内生产总值总的来说是呈逐年上升的趋势；全社会固定资产投资在近三十年中呈增长趋势等。这种长期趋势，通常可以认为是由各种固定的因素作用于同一方向而形成的。这些固定因素有的随时间推移呈线性变化，也有的呈非线性变化。

2. 季节变动（S）

季节变动是指时间序列受自然季节变换和社会因素影响而发生的周期性、规律性的重复变动。例如，铁路、航空等客运量一般在旅游旺季呈现高峰；由于气候条件的影响，棉衣在一年内存在冬季销售量大、夏季销售量小的变动规律；农产品有生产或上市季节；建筑业开工受冬季施工的限制等。虽然不同时间序列季节变动的幅度不同，但它们的周期性却是固定的，一般均为 1 年。所以，在按年记录的时间序列中，季节变动不会出现。

3. 循环变动（C）

循环变动是指社会经济发展过程中的一种近乎规律性的盛衰交替变动。这种变动与季节变动不同，循环的幅度和周期可以很不规则。例如，某些经济活动序列表现出的以 8 年或 9 年为一个周期的循环，这种循环通常称为商业循环。资本主义市场经济中所存在的周期性经济危机就是典型的循环变动，每个周期都要经历危机、萧条、复苏、繁荣的过程。社会主义市场经济同样也存在循环变动。

4．不规则变动（I）

不规则变动是指没有规律性的变动。这种变动可以分为两种类型：一是通过随机方式使现象产生的波动；二是偶然性因素引起的变动，它是不经常的、不规则的，但却是强有力的突发性变动，如政策动荡、战争爆发、重大自然灾害等产生的影响。

（二）时间序列的模型

上述四种变动的综合构成了时间序列的总变动，或者说时间序列（Y）是长期趋势、季节变动、循环变动和不规则变动的函数。为了进行统计测定分析，一般有以下两种模型。

1．加法模型

加法模型是指时间序列的各个观察值是上述四种因素之和，即

$$Y = T + S + C + I \tag{5.23}$$

加法模型的假设是四种因素变动的原因各不相关，Y、T、S、C、I 均为绝对指标，因此对时间序列（Y）所起的影响是相互独立的。在式（5.23）中，长期趋势（T）有上升或下降的趋势；循环变动（C）随着周期性阶段的变化会围绕长期趋势呈现出正值或负值，按照周期波动的概念，整个周期中正负值互相抵消，总和等于 0；季节变动（S）在一年之内也按旺季和淡季而有正负值，全年总和也等于 0；不规则变动（I）的点和只能在长期内才能互相抵消，在一定时间内如果出现重大偶然事故，应做特殊处理。按照加法模型，长期趋势因素本身的变化对其他因素并无影响。

2．乘法模型

假设四种因素是相互交错影响的关系，时间序列（Y）为

$$Y = T \times S \times C \times I \tag{5.24}$$

式中，Y、T 均为绝对指标；S、C、I 则是比率，或称为指数，是在 100%上下波动，对原数列指标增加或减少的百分比。在实际运用中，更多的是使用乘法模型。

（三）时间序列的分解分析

时间序列的分解分析就是按照时间序列的分析模型，测定出各种变动形态的具体数值。分解分析的具体步骤取决于时间序列的构成因素。下面以时间序列的两种常态现象为例予以说明。

1．仅包含趋势变动和随机变动

这是不包含循环变动的年份资料时间序列所具有的特征，其

乘法模型： $$Y = T \times I \tag{5.25}$$

加法模型： $$Y = T + I \tag{5.26}$$

此时，分解分析的主要任务是消除随机变动，或者说是对时间序列进行修匀，以显示现象在较长时间内发展变动的基本形态和各期数值表现。

2. 包含趋势变动、季节变动和随机变动

大量按月（季）编制的时间序列具有这种形态，分解分析的步骤包括以下几个方面。

（1）分析和测定现象变动的长期趋势，求趋势值 T。

（2）对时间序列进行调整，即减去或除以 T，得出不包含趋势变动的时间序列资料。即

用乘法模型时：
$$\frac{Y}{T} = \frac{T \times S \times I}{T} = S \times I \qquad (5.27)$$

用加法模型时：
$$Y - T = (T + S + I) - T = S + I \qquad (5.28)$$

（3）对步骤（2）的结果进行进一步分析，消除随机变动的影响，得出季节变动测定值 S。

任何一个时间序列的分解分析都遵循上述思路，即使是包含四种变动形态的时间序列也不例外，只不过是分析过程复杂一些而已。

（四）时间序列分解分析的作用

（1）分析和测定有关构成因素的数量表现，可以更好地认识和掌握现象变化发展的规律性。这是进行国民经济管理和企业生产、经营管理必不可少的工作。

（2）将测定出的某一构成因素数值从时间序列中分离出去，便于分析序列中其他因素的变动规律。例如，测定季节变动，往往是为了消除它对时间序列的影响，更好地测定长期趋势或循环变动。其他变动形态的测定也有类似作用，可以类推。

（3）为时间序列的预测奠定基础。在分解分析的基础上能够直接进行时间序列的预测，预测程序与分解程序恰好相反，分解分析的正确性直接关系预测的准确性。

应当指出的是，作为时间序列构成因素之一的随机变动也不是毫无规律可循的，它也可以分离出来并采用随机时间序列的方法进一步研究。但本章是在确定性时间序列的框架下讨论问题，随机变动只作为背景存在，既不涉及时间序列随机变动的来源，也不计算其数值。分解分析的目的就是消除其影响，揭示主要构成因素随时间变动的规律性并用于预测。

二、长期趋势测定

长期趋势的测定就是要用一定的方法对时间序列进行修匀，使修匀后的时间序列能排除其他因素的影响，如季节变动、不规则变动等，从而显示出现象变动的基本趋势，作为预测的依据。测定和预测长期趋势的方法，可以分为修匀法和数学模型法两大类。

（一）修匀法

1. 画线法

画线法是在图纸上按照原数列的趋势走向，用绘图工具画上一条趋势线。采用这种方法时，首先根据时间序列的散点图，把各点连接起来，形成一条折线图；然后根据折线图观察其变化趋势，并画出大致的趋势线。

画线法比较简单、灵活，应用也很普遍。例如，参与股票、期货等交易时，人们常用此法分析大致行市。但它有一定的随意性，容易受分析者的主观影响，对同一时间序列可能画出多条趋势线，如果没有一定的理论知识和经验，就很难保证其准确性。

2．时距扩大法

时距扩大法是把时间序列中各个时期（时点）指标加以归并，形成一个时距较长的新的时间序列，以消除由于时距较短现象受偶然因素影响所引起的波动，显示出现象发展变化的基本趋势。

$$
\left.\begin{array}{l} y_1 \\ y_2 \\ y_3 \end{array}\right\} y_1 + y_2 + y_3
$$

$$
\left.\begin{array}{l} y_4 \\ y_5 \\ y_6 \end{array}\right\} y_4 + y_5 + y_6
$$

$$
\left.\begin{array}{l} y_7 \\ \vdots \\ y_n \end{array}\right\} y_{n-2} + y_{n-1} + y_n
$$

应用时距扩大法需要注意以下几个方面的问题。

（1）这个方法只适用于时期序列，因为只有时期序列的发展水平才具有可加性。

（2）扩大的时距多大为宜取决于现象自身的特点。对于呈现周期波动的序列，扩大的时距应与波动周期相吻合；对于一般的时间序列，则要逐步扩大时距，以能够显示趋势变动的方向为宜。时距扩大太多，将造成信息的损失。

（3）扩大后的时距要一致，相应的发展水平才具有可比性。

3．移动平均法

移动平均法是测定时间序列趋势变动的基本方法。它在时间序列中按一定项数逐项移动计算平均数，达到对原始序列进行修匀的目的。修匀的目的与时距扩大法一样，即从较长时期看，短期数据由于偶然因素影响而形成的差异，在加总过程中会相互抵消，故移动平均序列能够显示原时间序列的基本趋势。移动平均法有多种形势，这里介绍简单移动平均法和加权移动平均法。

（1）简单移动平均法。用于测定时间序列长期趋势的移动平均法也称中心移动平均法，指的是计算出的移动平均数必须代表移动平均中项的趋势测定值。当移动平均的项数取奇数和偶数的不同形式时，中心化的处理方式是不同的，所以移动平均法有奇数项和偶数项移动平均法之分。

① 奇数项移动平均法。设时间序列的指标值依次为 $y_1, y_2, \cdots, y_n$，奇数项的中心化简单移动平均数经一次移动计算就可得出，公式为

$$
M_t^{(1)} = \frac{1}{N}\left(y_{t-\frac{N-1}{2}} + \cdots + y_{t-1} + y_t + y_{t+1} + \cdots + y_{t+\frac{N+1}{2}} \right) \tag{5.29}
$$

式中，N 表示移动平均项数；t 表示每个移动平均数中项的时期数，$\left(t = \frac{N+1}{2}, \frac{N+1}{2}+1, \cdots \right)$；$M_t^{(1)}$ 表示中项为第 t 期的一次移动平均数。

② 偶数项移动平均法。类似于式（5.29），偶数项简单移动平均数的计算公式为

$$M_t^{(1)} = \frac{1}{N}\left(y_{t-\frac{N-1}{2}} + \cdots + y_{t-\frac{1}{2}} + y_{t+\frac{1}{2}} + y_{t+1} + \cdots + y_{t+\frac{N+1}{2}} \right) \tag{5.30}$$

其中，N、t、$M_t^{(1)}$ 的含义与上相同。

以上计算的偶数项移动平均数尚不能作为趋势值，因为它们代表的时期不明确。如果把 $M_{2.5}^{(1)}$ 放在第 2 期则落后半期，放在第 3 期则超前半期。解决的办法是对这两个移动平均数 $M_{2.5}^{(1)}$ 和 $M_{3.5}^{(1)}$ 再做一次移动平均计算，即以二次移动平均值来代表第 3 期的长期趋势。

应用简单移动平均法测定趋势变动要注意以下几个问题。

第一，移动平均项数 N 的确定。利用移动平均法测定趋势变动的基本原理就是修匀序列、消除随机变动。如果 N 取得大，则修匀作用较强，但对趋势变化的反应能力较差；反之，N 取得小，移动平均数的敏感度高，适应新水平的时间短，但修匀作用相应减弱。N 的大小应根据时间序列的特点来定。对于包含季节变动和循环变动的时间序列，则取 N 等于波动周期长度，这样可消除周期性波动的影响。

第二，时间序列经过移动平均后会造成信息量的损失。奇数项移动平均所形成的新序列，头尾各减少 $\frac{1}{2}(N-1)$ 项；偶数项移动平均所形成的新序列，头尾各减少 $\frac{N}{2}$ 项。

第三，简单移动平均法适用于线性趋势的测定。如果社会经济现象的发展呈非线性趋势变动，就要考虑用加权移动平均法进行修匀。

（2）加权移动平均法。加权移动平均法是对各期指标值进行加权后计算移动平均数。在中心化移动平均中，移动平均数代表移动平均中项时期的长期趋势值。因此，加权移动平均法中，一般计算奇数项加权移动数，各期权数以二项展开式为计算基础，使得中项指标值的权数最大，两边对称，逐期减小。

设奇数项加权移动平均的项数为 N，则取 $(N-1)$ 次二项展开式的系数作为权数，计算时间序列中对应指标值的加权平均数。例如，对于 $N=3$，应以 $(a+b)^2 = a^2 + 2ab + b^2$ 的系数 1、2、1 进行加权，可得

$$M_{wt}^{(1)} = \frac{y_{t-1} + 2y_t + y_{t+1}}{4} \tag{5.31}$$

式中，$M_{wt}^{(1)}$ 代表中项时期的加权移动平均数；$t=2,3,\cdots,N-1$。

例如，$M_{w2}^{(1)} = \frac{y_1 + 2y_2 + y_3}{4}$、$M_{w3}^{(1)} = \frac{y_2 + 2y_3 + y_4}{4}$ 分别是时间序列中第 2 期和第 3 期的 3 项加权移动平均数，代表相应时期的长期趋势值等。

又如，对于 $N=5$，应以 $(a+b)^4 = a^4 + 4a^3b + 6a^2b^2 + 4ab^3 + b^4$ 的系数 1、4、6、4、1 进行加权，可得

$$M_{wt}^{(1)} = \frac{y_{t-2} + 4y_{t-1} + 6y_t + 4y_{t+1} + y_{t+2}}{16} \tag{5.32}$$

其中，$M_{wt}^{(1)}$ 的含义同前，$t = 3,4,\cdots,N-2$。

对于其他奇数项加权平均数，可类推计算。

（二）数学模型法

数学模型法也称趋势模型法或曲线配合法，它根据时间序列的数据特征，建立一个合

适的趋势方程来描述时间序列的趋势变动，推算各时期的趋势值。其中，最小二乘法是比较常用的方法，其原理是时间序列的实际水平与数列的趋势值（亦称拟合值或回归值）的残差平方和达到最小值，即 $\sum(y-\hat{y}_t)^2$ 为最小。

利用最小二乘法可以拟合直线趋势，也可以拟合曲线趋势，需要根据研究现象发展变化的情况及特点来确定。下面分别说明拟合直线趋势和曲线趋势的方法。

1. 直线趋势

直线趋势方程为

$$\hat{y}_t = a + bt \tag{5.33}$$

式中，$\hat{y}_t$ 表示时间序列 y_t 的趋势值；t 表示时间标号；a 表示趋势线在 y 轴上的截距；b 表示趋势线的斜率，即时间 t 每变动一个单位时，趋势值 $\hat{y}_t$ 平均变动的数量。当现象的时间序列中各期的增长量大体相同时，可拟合直线趋势。

根据最小二乘法的要求，并利用微积分中求极值的方法，可得到求 a,b 的正规方程组

$$\begin{cases} \sum y = na + b\sum t \\ \sum ty = a\sum t + b\sum t^2 \end{cases} \tag{5.34}$$

方程组的解是 a,b 的最小二乘解

$$b = \frac{n\sum ty - \sum t\sum y}{n\sum t^2 - \left(\sum t\right)^2}, \quad a = \frac{\sum y}{n} - b\frac{\sum t}{n} = \bar{y} - b\bar{t} \tag{5.35}$$

对时间 t 做出的编码也可以采用简捷法，使得 $\sum t = 0$，这样可以简化计算过程。若项数 n 为奇数，则取中间时间为0；若项数 n 为整数，则取中间位置为0，中间两项分别取-1、1。这时方程组的解即 a,b 的最小二乘解为

$$b = \frac{\sum ty}{\sum t^2}, \quad a = \frac{\sum y}{n} = \bar{y} \tag{5.36}$$

【例 5-12】某省 2013—2019 年的财政收入如表 5-10 所示，试用最小二乘法估计该省财政收入直线趋势方程中 a,b 的值，并预测 2020 年该省的财政收入。

表 5-10　某省财政收入直线趋势计算表

年　份	时间标号 t	财政收入 y/亿元	ty	t^2
2013	1	2 821.86	2 821.86	1
2014	2	2 990.17	5 980.34	4
2015	3	3 296.91	9 890.73	9
2016	4	4 255.30	17 021.20	16
2017	5	5 126.88	25 634.40	25
2018	6	5 126.88	30 761.28	36
2019	7	6 038.04	42 266.28	49
合　计	28	29 656.04	134 376.09	140

解：直线趋势方程中 a,b 的值为

$$b = \frac{n\sum ty - \sum t\sum y}{n\sum t^2 - (\sum t)^2} = \frac{134\,376.09 - \frac{1}{7} \times 28 \times 29\,656.04}{140 - \frac{1}{7} \times 28^2} = 562.57$$

$$a = \frac{\sum y}{n} - b\frac{\sum t}{n} = \bar{y} - b\bar{t} = \frac{29\,656.04}{7} - 562.57 \times \frac{28}{7} = 1986.30$$

某省财政收入的直线趋势方程为：$\hat{y} = 1986.30 + 562.57t$

2020 年该省的财政收入预测值为：$\hat{y}_8 = 1986.30 + 562.57 \times 8 = 6486.86$（亿元）

对于例 5-12，用简捷法估计该省财政收入直线趋势方程，并预测 2020 年的财政收入，如表 5-11 所示。

表 5-11　某省财政收入直线趋势简捷法计算表

年　份	时间标号 t	财政收入 y/亿元	ty	t^2
2013	−3	2 821.86	−8 465.58	9
2014	−2	2 990.17	−5 980.34	4
2015	−1	3 296.91	−3 296.91	1
2016	0	4 255.30	0	0
2017	1	5 126.88	5 126.88	1
2018	2	5 126.88	10 253.76	4
2019	3	6 038.04	18 114.12	9
合　计	0	29 656.04	15 751.93	28

$$b = \frac{\sum ty}{\sum t^2} = \frac{15\,751.93}{28} = 562.57$$

$$a = \frac{\sum y}{n} = \bar{y} = \frac{29\,656.04}{7} = 4\,236.58$$

某省财政收入的直线趋势方程为：$\hat{y}_t = 4\,236.58 + 562.57t$

2020 年该省的财政收入预测值为：$\hat{y}_4 = 4\,236.58 + 562.57 \times 4 = 6\,486.86$（亿元）

两种编码方法计算出的预测结果一致。

2. 曲线趋势

在实际中，很多自然现象和社会经济现象呈曲线发展趋势，因此，有必要研究长期趋势中的曲线变动。曲线的形式多种多样，如二次曲线、指数曲线等。这里介绍的曲线主要有二次曲线和可直线化的曲线。

（1）二次曲线。当时间序列的二级增长量大致相同、其发展趋势为抛物线形态时，可拟合二次曲线，二次曲线的趋势方程为

$$\hat{y}_t = a + bt + ct^2 \tag{5.37}$$

按最小二乘法，得到标准方程组，即

$$\begin{cases} \sum y = na + b\sum t + c\sum t^2 \\ \sum ty = a\sum t + b\sum t^2 + c\sum t^3 \\ \sum t^2 y = a\sum t^2 + b\sum t^3 + c\sum t^4 \end{cases} \tag{5.38}$$

采用简捷法使得 $\sum t = 0$，$\sum t^3 = 0$，解方程组，可得

$$
\begin{cases}
a = \dfrac{\sum y \sum t^4 - \sum t^2 \sum t^2 y}{n \sum t^4 - \left(\sum t^2\right)^2} \\[4mm]
b = \dfrac{\sum ty}{\sum t^2} \\[4mm]
c = \dfrac{n \sum t^2 y - \sum y \sum t^2}{n \sum t^4 - \left(\sum t^2\right)^2}
\end{cases}
\tag{5.39}
$$

【例 5-13】 某企业 2013—2019 年的产品产量数据如表 5-12 所示，试用最小二乘法拟合二次曲线方程，并预测 2020 年的产量。

表 5-12　某企业产品产量表

年　　份	产量/万件
2013	75
2014	93
2015	114
2016	135
2017	160
2018	187
2019	209
合　计	973

解： 使用简捷编码法计算（见表 5-13）。

表 5-13　产品产量二次曲线方程简捷法计算表

年　　份	时间标号 t	产量 y/万件	t^2	t^4	$t^2 y$	ty
2013	−3	75	9	81	675	−225
2014	−2	93	4	16	372	−186
2015	−1	114	1	1	114	−114
2016	0	135	0	0	0	0
2017	1	160	1	1	160	160
2018	2	187	4	16	748	374
2019	3	209	9	81	1 881	627
合　计	0	973	28	196	3 950	636

$$
a = \frac{\sum y \sum t^4 - \sum t^2 \sum t^2 y}{n \sum t^4 - \left(\sum t^2\right)^2} = \frac{973 \times 196 - 28 \times 3\,950}{7 \times 196 - 28^2} = 136.24
$$

$$
b = \frac{\sum ty}{\sum t^2} = \frac{636}{28} = 22.71
$$

$$
c = \frac{n \sum t^2 y - \sum y \sum t^2}{n \sum t^4 - \left(\sum t^2\right)^2} = \frac{7 \times 3\,950 - 973 \times 28}{7 \times 196 - 28^2} = 0.69
$$

二次曲线方程为 $\quad \hat{y}_t = 136.24 + 22.71t + 0.69t^2$

2020 年的产量为 $\quad \hat{y}_5 = 136.24 + 22.71 \times 4 + 0.69 \times 4^2 = 238.12$ （万件）

（2）可直线化的曲线。在研究曲线趋势时，可通过一些变换将曲线趋势转换为直线趋势处理，这种方法称为线性化方法。下面以指数曲线趋势为例，介绍线性化的方法。

设指数曲线趋势方程为

$$\hat{y}_t = ab^t \tag{5.40}$$

式中，a 表示数列的初期水平；b 表示趋势值的平均发展速度。当现象的长期趋势为每期的增长速度即环比增长速度大体相同时，可拟合指数曲线。

在式（5.40）等号两边取对数，得

$$\lg \hat{y}_t = \lg a + t \lg b \tag{5.41}$$

令 $Y = \lg \hat{y}_t$，$A = \lg a$，$B = \lg b$ 则指数曲线方程可表示为直线形式

$$Y = A + Bt \tag{5.42}$$

用最小二乘法求出 A, B，进而求出 a, b，从而确定所求的指数趋势曲线。

三、季节变动测定

有许多自然现象和社会现象往往由于"季节"变化的影响而发生周期性的变动。这里，"季节"可以是一年的四季，也可以是月、周或旬。"季节"是每一个循环所需的时间，称作季节周期。季节周期通常不大于一年，这种周期通常反映经济现象在一年内的变化，而在若干年却呈现出每一年重复的有规律的变动。季节变动是时间序列构成的一种主要成分，其产生的原因可分为两类：一是自然的，如自然界季节变动的影响而使现象产生季节性周期变动；二是人为的，如风俗习惯、制度等因素造成的变动。

季节变动有时的确存在，但往往由于其他成分的干扰而不能明显地表现出来，因此，有必要将其分解出来。分析季节变动的目的：一是分解时间序列，以测定季节变动成分和反映现象的基本变化规律与趋势性；二是调整季节因素，即从原数列中剔除季节因素的影响，以便更清楚地呈现长期趋势，进而建立适当的预测模型，对现象进行预测。

分析季节变动的主要方法是计算季节比率。季节比率是反映时间序列季节变动程度的一种相对数，通常用百分数表示，也称为季节指数。季节比率高，说明是"旺季"；反之，说明是"淡季"。常用的计算季节比率的方法主要有同期平均法和移动平均趋势剔除法两种。本书只侧重介绍同期平均法。

（一）同期平均法

同期平均法亦称按月平均法，是用时间序列各年同一时期的平均数与各年的总平均数的对比来求季节比率的方法。这种方法主要适用于没有明显的趋势变动，主要受季节变动和不规则变动影响的时间序列，它一般需要 3～5 年的月资料。

季节变动的特点是反映季节周期不大于 1 年的现象的变动，为了便于季节分析，可以把时间序列表示为表 5-14 所示的形式，其中 x_{ij}（$i=1,2,3,\cdots,N$；$j=1,2,3,\cdots,n$）的下标 i 表示第 i 个季节周期或年度，下标 j 表示月份或季度。

表 5-14   季节变动分析表

年　份	月（季）			
	1	2	…	n
1	x_{11}	x_{12}	…	x_{1n}
2	x_{21}	x_{22}	…	x_{2n}
…	…	…		…
N	x_{N1}	x_{N2}	…	x_{Nn}
同期平均数 x_j	$\bar{x}_1$	$\bar{x}_2$	…	$\bar{x}_n$
季节比率 s_j	s_1	s_2	…	s_n

设 s_j 为第 j 季的季节比率，则

$$s_j = \frac{\bar{x}_j}{\bar{x}} \tag{5.43}$$

其中，$\bar{x}_j$ 为各年同期的平均数：

$$\bar{x}_j = \frac{1}{N}\sum_{i=1}^{N} x_{ij} \tag{5.44}$$

而 $\bar{x}$ 为总平均数，它等于各年同期平均数的平均数，即

$$\bar{x} = \frac{1}{n}\sum_{j=1}^{n}\bar{x}_j = \frac{1}{nN}\sum_{j=1}^{n}\sum_{i=1}^{N} x_{ij} \tag{5.45}$$

【例 5-14】设某公司连续 4 年各季度的销售利润资料如表 5-15 所示，用同期平均法计算各季度销售利润的季节比率。

表 5-15   某公司连续 4 年各季度的销售利润资料

单位：亿元

年　份	季　　度			
	第 一 季 度	第 二 季 度	第 三 季 度	第 四 季 度
1	5.8	5.1	7.0	7.5
2	6.5	6.2	7.8	8.4
3	7.0	7.6	8.5	8.8
4	7.8	8.0	9.0	9.4

解：有关的计算过程如表 5-16 所示。

表 5-16   销售利润季节比率的计算表

年　份	季　　度				
	第 一 季 度	第 二 季 度	第 三 季 度	第 四 季 度	全 年 合 计
1	5.8	5.1	7.0	7.5	25.4
2	6.5	6.2	7.8	8.4	28.9
3	7.0	7.6	8.5	8.8	31.9
4	7.8	8.0	9.0	9.4	34.2
同季平均数 $\bar{x}_j$	6.775	6.725	8.075	8.525	7.525
季节比率 s_j	0.900 3	0.893 7	1.073 1	1.132 9	1

根据表 5-15 中的资料，有

$$\bar{x} = \frac{1}{4}\sum_{j=1}^{4}\bar{x}_j = 7.525$$

显然，它是时间序列全部（16 个）数据的总平均数。然后，根据式（5.43）计算出各季度的季节比率，填入表中最后一行。

季节比率可以直观地反映该公司销售利润的季节变化情况。该公司的销售利润具有明显的季节性：二季度的季节比率最低，是销售的低谷，比全年平均低 10.63%；四季度的季节比率最高，是销售的高峰，比全年平均高 13.29%。

同期平均法计算简便，容易掌握。但由于它没有考虑长期趋势的影响，故其对季节比率的计算不够准确。

（二）移动平均趋势剔除法

移动平均趋势剔除法的步骤：首先，用移动平均法（对季节数据用 4 项移动平均，对月度数据用 12 项移动平均）测定出长期趋势值；其次，用时间序列数据（原始数据）除以长期趋势值，从而剔除长期趋势，计算出季节比率；再次，对剔除趋势变动的季节比率数列计算各年同季（同月）平均数，得出季节指数；最后，计算调整系数对季节指数进行调整。

四、循环变动测定

循环变动由于时间长短和波动大小不一，且常与不规则波动交织在一起，因而很难单独加以描述和分析。同时，同一经济现象在各个时期的循环变动具有其自身的特点，各个周期往往很不相同，如 4 年长度的周期，或是 7 年长度的周期，因此，最终还需要计算平均周期。循环变动测定的方法多种多样，通常是从时间序列中依次剔除季节性因素、趋势因素和随机因素，所剩结果即为循环变动因素。因此，分析循环波动的常用方法是剩余法。

剩余法的基本思想和原理是：从时间序列中一次或陆续剔除趋势变动、季节变动，然后再将结果进行平滑，尽可能剔除随机成分，其剩余结果即为循环波动值。

根据长期趋势和季节变动被剔除的先后顺序不同，剩余法有以下三种基本形式。

第一种，先求季节指数，剔除季节变动

$$\frac{Y}{S} = \frac{T \times S \times C \times I}{S} = T \times C \times I \tag{5.46}$$

再剔除趋势变动

$$\frac{T \times C \times I}{T} = C \times I \tag{5.47}$$

第二种，先求趋势变动值，并从原始序列中剔除

$$\frac{Y}{T} = \frac{T \times S \times C \times I}{T} = S \times C \times I \tag{5.48}$$

再剔除季节变动

$$\frac{S \times C \times I}{S} = C \times I \tag{5.49}$$

第三种，分别从原始序列中求季节指数和趋势变动值，同时将它们剔除

$$\frac{Y}{T \times S} = C \times I \qquad\qquad (5.50)$$

剩余法的最大优点是能够识别时间序列的各个构成因素，而且，如果识别同一种构成因素所用的方法相同，则上述三种形式下计算的循环指数相同。例如，求季节指数时都用同期平均法或者都用移动平均趋势剔除法；求线性趋势值时都采用线性趋势方程等。实际应用中可根据资料特点决定所要采用的形式，但以第一种形式较为多见。因为，季节变动的周期性明显，用季节周期长度进行移动平均能够方便地消除季节变动；而从原始序列中直接求趋势变动值有时会有一定的困难，原因是原始序列中循环变动、季节变动交织在一起，各期数据起伏跌宕，趋势变动的形态可能被掩盖。

 **本章小结**

时间序列是将不同时间上的同类指标数值按时间先后顺序排列而形成的数列，也叫时间数列、动态数列。时间序列按指标形式可以分为总量指标时间序列、相对指标时间序列和平均指标时间序列。

时间序列的动态分析指标包括两大类：一类为水平指标，包括发展水平与平均发展水平、增长量与平均增长量；另一类为速度指标，包括发展速度与增长速度、平均发展速度与平均增长速度。

构成时间序列的因素按它们的性质和作用，可以分为长期趋势、季节变动、循环变动和不规则变动。这四种变动的综合构成了时间序列的总变动，或者说时间序列是这四种变动的函数。时间序列的统计分析测定模型有加法模型和乘法模型两种。

测定和预测长期趋势的方法，可以分为修匀法和数学模型法两大类。其中，修匀法包括画线法、时距扩大法和移动平均法；数学模型法包括直线模型和曲线模型。计算季节比率的方法本书主要介绍了同期平均法。分析循环波动的常用方法为剩余法。

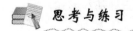 **思考与练习**

1．何谓时间序列？它包括哪些构成因素？

2．比较时期数列与时点数列的不同。

3．为什么计算平均发展速度不用算术平均而用几何平均？

4．时间序列结构分析的两个基本模型是什么？它们的假设条件是什么？

5．已知某商店某年各月库存额资料如表 5-17 所示。

表5-17　某商店某年各月库存额

月份	1月1日	1月31日	2月28日	3月31日	4月30日	5月31日	6月30日	7月31日	8月31日	9月30日	10月31日	11月30日	12月31日
库存额/万元	3.8	4.1	4.4	4.6	3.7	5.0	4.0	3.6	3.4	4.2	4.6	5.0	6.1

试计算该商店每个季度月平均库存额以及全年月平均库存额。

6. 某地区 2020 年年底人口数为 940 万人，假定以后每年以 3‰的增长率增长；该地区 2020 年粮食产量为 340 万吨，预计到 2025 年平均每人粮食产量达到 0.42 吨，试计算到 2025 年粮食产量应该达到多少万吨？2020—2025 年粮食产量年平均增长速度是多少？

7. 某企业 2014—2019 年某产品产量资料如表 5-18 所示。

表 5-18　某企业 2014—2019 年某产品产量

年份	2014	2015	2016	2017	2018	2019
产量/万台	72	78	80	85	89	93
逐期增长量/万台						
累计增长量/万台						
环比发展速度/%						
定基增长速度/%						
增长 1%的绝对值/万台						

要求：

（1）将表中空格数据填齐。

（2）计算 2014—2019 年该企业的年平均产量、年平均增长量和年平均增长速度。

（3）分别用最小二乘法的普通法和简捷法预测 2020 年的产量，并分析 a 与 b 的差别原因。

8. 某企业 2009—2019 年产品产量资料如表 5-19 所示。

表 5-19　某企业 2009—2019 年产品产量

单位：万件

年　份	产　量	年　份	产　量
2009	29.50	2015	53.78
2010	32.60	2016	59.37
2011	36.03	2017	65.60
2012	39.82	2018	72.49
2013	44.00	2019	80.10
2014	48.62		

要求：建立指数增长曲线趋势的方程，并预测 2021 年的产品产量。

9. 某地区 2016—2020 年某农作物收购量如表 5-20 所示。

表 5-20　某地区 2016—2020 年某农作物收购量

单位：吨

季　度	2015 年	2017 年	2018 年	2019 年	2020 年
第一季度	10	11	10	9	11
第二季度	14	13	12	14	13
第三季度	27	25	26	28	27
第四季度	17	17	18	19	20

要求：用同期平均法测定季节比率。

10. 某电器商店某种家用电器连续四年各季度销售量资料如表 5-21 所示。

表 5-21   某电器商店某种家用电器连续四年各季度销售量

单位：台

季　　度	第　一　年	第　二　年	第　三　年	第　四　年
第一季度	51	55	57	58
第二季度	75	74	77	79
第三季度	88	85	89	90
第四季度	58	62	63	64

要求：试用移动平均趋势剔除法计算季节比率。

第六章 统 计 指 数

✒ 学习目的

本章阐述统计指数的理论与方法。通过学习，要求掌握统计指数的基本概念、统计指数的两大类编制原理；熟练运用综合指数方法和平均数指数方法；熟练掌握指数体系在因素分析中的运用；掌握测定平均指标相对变动的总平均指数方法；熟悉指数方法的各种应用，了解常用的价格指数编制方法。

第一节 统计指数概述

一、统计指数的概念

在日常生活中，我们经常听到或看到各种价格指数的报道。例如，我国 2019 年国民经济和社会发展统计公报提供的数字表明：与 2018 年相比，2019 年居民消费价格指数为 102.9%，工业生产者出厂价格指数为 99.7%，工业生产者购进价格指数为 99.3%，固定资产投资价格指数为 102.6%，农产品生产者价格指数为 114.5%。指数是综合反映一个国家或地区经济活动价格总水平变动程度和变动趋势的相对数，是衡量和分析某一时期各个领域价格变动情况的重要经济指标。

统计指数有广义和狭义之分。从广义来讲，凡是能说明现象总体在时间或空间数量变动程度的相对数都可称为指数，如动态相对数、比较相对数、计划完成程度等；从狭义来讲，指数是用来反映由许多不能直接相加和不能直接对比的要素所组成的复杂现象在不同时间或空间的数量综合变动程度的特殊相对数。例如，零售物价指数，是说明全部零售商品价格（各商品价格不能直接相加）总变动的相对数；工业产品产量指数，是说明一定范围内全部工业产品产量（各商品的产量不能直接相加）总变动的相对数。

从指数理论和方法上看，指数所研究的主要是狭义的指数。因此，本章所讨论的主要是狭义的指数。

二、统计指数的性质与作用

（一）统计指数的性质

（1）综合性。同一现象总体在各项目间变化的状况往往相差悬殊，如果要反映所研究现象（如物价）综合变化的程度，就必须综合概括每个商品中这一现象变化的大小和方向，而不能只简单地反映个别商品这一现象的变化，故指数实质上是一种综合性的数值。

（2）代表性。指数既然是所研究现象每个项目变动的综合反映，按理就应包含所有项目。然而，同一现象所包含的项目品种繁多，例如全社会的消费品数以千万计，不可能将所有项目一一列入计算范围。所以，指数是以代表性身份出现的数值。

（3）相对性。指数是某一现象在不同时期的两个数值进行对比的结果，常以相对数或比率形式表示，用来表明现象发展变化的程度。所以，指数是一种相对性的数值。

（4）平均性。指数所表示的综合变动是所研究现象每个项目共同变动的一般水平，也可以说是平均的变动。例如，商品零售价格指数为105.9%，则说明虽然就各项商品来说，价格有涨有跌，但平均来说上涨了5.9%，所以，指数也是一种平均性的数值。

（二）统计指数的作用

（1）综合反映复杂现象总体数量的变动方向、变动程度及绝对变动值。这些组成现象总体的个别事物不能直接相加或直接对比，通过编制统计指数可使它们过渡到可以相加或可以对比，从而综合反映现象总体的变动方向、变动程度及绝对变动值。

（2）分析复杂现象总体变动中的各个因素的影响方向、影响程度及绝对影响值。许多社会经济现象都是复杂现象，其变动要受多种因素影响。通过编制各种因素指数，可以分析各因素影响的方向和影响程度。如分别编制销售量指数和价格指数，分析它们对销售额的影响方向和影响程度；分别编制产量指数和单位产品成本指数，分析它们对总成本的影响方向和影响程度。另外，还可以利用指数法，分析总平均指标变动中的各个因素的影响作用。例如，全体职工平均工资水平的变动，不仅取决于各组职工工资水平的变动，还取决于各组人数占总人数比重变动的影响。

（3）分析研究社会经济现象在长时间内的发展变化趋势。利用连续编制的动态指数数列，可以进行长时间的发展趋势分析和比较分析。

（4）对社会经济现象进行综合评价和测定。许多经济现象都可以运用统计指数进行综合评定，以便对某种经济现象的水平做出综合的数量判断。例如，用综合经济指数法评价一个地区或单位经济效益的高低；用平均数指数法评价和测定技术进步的程度，及其在经济增长中的作用。

三、统计指数的种类

从不同角度出发，统计指数可以分为以下几种主要类型。

（1）按指数研究对象的范围不同，可分为个体指数和总指数。个体指数是反映单一要素构成的简单现象总体在不同时期的变动程度的相对数，如一种商品的价格或销售量的相对变动水平。

总指数是反映多要素构成的复杂现象总体在不同时期的综合变动程度的相对数，如多种商品的价格或销售量的综合变动水平。

（2）按指数反映的内容不同，可分为数量指标指数和质量指标指数。数量指标指数是反映数量指标综合变动程度的相对数，如产品产量指数、商品销售量指数、职工人数指数等。

质量指标指数是反映质量指标综合变动程度的相对数，如价格指数、单位成本指数、劳动生产率指数等。

（3）按指数反映现象时期的不同，可分为动态指数和静态指数。动态指数又称时间指数，是反映同类现象在不同时间（时期或时点）的变动程度的相对数。

静态指数包括空间指数和计划完成情况指数。空间指数是反映同一时期同类现象在不同空间的差异程度的相对数；计划完成情况指数是反映同一空间实际水平与计划水平的差异程度的相对数。

（4）按指数计算方法及特点不同，可分为简单指数和加权指数。简单指数又称不加权指数，是指计入指数的各个因素的重要性相同。

加权指数是对计入指数的因素依据重要程度赋予不同的权数，综合指数是将同度量因素作为权数的加权指数，平均数指数是以综合指数的分子或分母资料为权数，对个体指数进行加权计算总指数的加权指数。

（5）按指数所采用的基期不同，可分为定基指数和环比指数。定基指数是指在指数数列中，各期指数都以某一固定时期为基期的指数。

环比指数是指在指数数列中，各期指数都以其前一期为基期的指数。

四、统计指数编制的基本方法及问题

由于统计研究的对象是总体，而且个体指数编制比较简单，可以视为总体指数的特例，因此，本章所介绍的统计指数编制方法都是针对总指数而言的。总指数编制的基本方法大致可分为两类：一是简单指数法；二是加权指数法，而加权指数法又包括加权综合指数法和加权平均指数法。

在工业企业中，某些产品产量增加了，某些产量减少了；有的产量增加快，有的产量增加慢，而这些产品的使用价值不同，不能直接相加，但我们又必须了解多种工业品种的发展变化情况，以认识工业生产的进展状况，这就需要编制工业产品产量指数。又如在市场消费中，消费品的价格表现为有的上涨、有的下降，且消费品价格上涨和下跌的幅度各不相同，而我们又必须了解整个消费品市场上价格变化的一般水平，这就是价格指数所需要解决的问题。本节在介绍这些基本方法时，以商品价格和数量为例说明了总指数的编制。

【例 6-1】假定某超市五种商品的销售价格与销售量的情况如表 6-1 所示。

表 6-1　某超市五种商品的销售价格与销售量

商品类别	计量单位	销售价格/元		销售量		个体指数/%	
		基期 p_0	报告期 p_1	基期 q_0	报告期 q_1	价格 $\frac{p_1}{p_0}$	销售量 $\frac{q_1}{q_0}$
A	100 千克	120	150	200	250	125	125
B	千克	10	12	8 000	9 600	120	120
C	500 克	1	2	10 000	15 000	200	150
D	件	120	102	2 400	2 100	85	87.5
E	台	2 500	2 000	500	600	80	120

如果要考察的是个别商品的价格和销售量的变动情况，只需将报告期与基期的价格或销售量直接对比，即可得到反映个别商品价格或销售量变动程度的个体指数。其计算公式为

$$I_p = \frac{p_1}{p_0}, \quad I_q = \frac{q_1}{q_0} \tag{6.1}$$

例如，C 的个体价格指数为 200%，表示其价格上涨了 100%，E 的个体价格指数为 80%，表示其价格下跌了 20%；C 的个体销售量指数为 150%，表示其销售量增长了 50%，而 D 的个体销售量指数为 87.5%，表示其销售量减少了 12.5%。

如果所要考察的不是单个商品，而是全部商品的价格和销售量的综合变动情况，问题就没那么简单了。这时，一般的相对数已经难以解决问题，需要制定和运用专门的指数方法。在此，所要编制的指数是五种商品全部的"价格总指数"和"销售量总指数"。为了编制这些总指数，就必须考虑如何适当地对各种商品的价格或销售量进行综合比较的问题。编制总指数通常可以考虑以下两种方式。

（一）先综合、后对比的方式（综合指数法）

首先将各种商品的价格或销售量加总起来，然后通过对比得到相应的总指数。这种方法通常称为"综合（总和）指数法"。

对例 6-1 运用综合指数法，可计算出五种商品的价格总指数和销售量总指数分别为

$$I_p = \frac{\sum_{i=1}^{n} p_{1i}}{\sum_{i=1}^{n} p_{0i}} = \frac{2\,266}{2\,751} = 82.37\%, \quad I_q = \frac{\sum_{i=1}^{n} q_{1i}}{\sum_{i=1}^{n} q_{0i}} = \frac{27\,550}{21\,100} = 130.57\%$$

这样得到的指数称为"简单综合（总和）指数"。计算表明，5 种商品的价格平均下跌了 17.63%，而销售量平均增长了 30.57%。

但是，这样计算的总指数是没有意义的，因为不同商品的数量和价格因其计量单位不同不能直接加总。

（二）先对比、后平均的方式（平均数指数法）

首先将各种商品的价格或销售量进行对比（计算个体指数），然后通过个体指数的平均得到相应的总指数。这种方法通常称为"平均数指数法"。

对例 6-1 运用平均数指数法，可计算出五种商品的价格总指数和销售量总指数分别为

$$I_p = \frac{\sum_{i=1}^{n} \frac{p_{1i}}{p_{0i}}}{n} = \frac{610\%}{5} = 122\%, \quad I_q = \frac{\sum_{i=1}^{n} \frac{q_{1i}}{q_{0i}}}{n} = \frac{602.5\%}{5} = 120.5\%$$

这样得到的指数称为"简单平均指数"。计算表明，五种商品的价格平均上涨了 22%，而销售量平均增长了 20.5%。

容易看出，这里得到的结果与综合指数法有差异，甚至有可能截然相反。究其原因，一方面固然是由于简单综合指数法存在问题，但另一方面，简单平均法本身也存在不足之处，即当我们将各种商品的个体指数做简单平均时，没有适当地考虑不同商品的重要性程度。也就是说，如果有两种商品的价格都上涨 20%，那么就认为它们各自对价格总指数的影响是相同的；而如果一种商品的价格上涨 20%，而另一种商品的价格下跌 20%，则认为它们对价格总指数的影响会恰好相互抵消，这显然是不当的。人们编制价格指数的主要目

的在于考察价格变化对货币支出的影响。当有两种商品的价格分别上涨 20%时，它们各自对购买者的货币支出的影响不会相同；而如果一种商品的价格上涨 20%，而另一种商品的价格下跌 20%，它们对货币支出的影响也不会恰好相互抵消。从经济分析的角度看，各种商品的重要性程度通常是有差异的，简单平均指数不能反映这种差异，因而难以满足分析的要求。

归纳起来，简单综合指数法与简单平均数指数法都存在方法上的缺陷。为了运用综合法编制总指数，必须首先考虑被比较的诸现象是否同度量、如何同度量的问题，因此编制综合指数的基本问题是"同度量"的问题，解决这一问题的方法就是编制加权综合指数。而为了运用平均法编制总指数，又必须首先考虑被比较诸现象的重要性程度是否相同、如何衡量的问题（此外，还有选择何种平均数形式的问题），因此编制平均数指数的基本问题之一是"合理加权"，解决这一问题的方法就是编制加权平均数指数。

第二节　综　合　指　数

一、综合指数的编制原理

综合指数是通过"先综合、后对比"的方式编制的总指数，它是由两个总量指标对比而形成的指数。其编制的基本方法是：根据客观现象之间的内在联系，先确定与研究现象有关的同度量因素（权数），把不能直接相加的现象数值转化为可以直接加总的价值形态总量，再将两个不同时期的总量指标进行综合对比得到相对指标，以测定所研究现象数量的变动程度。

例如，各种商品的实物形态不同，其销售量不能直接相加，但抛开商品的使用价值，各种商品都是社会劳动成果，都有一定的价值及货币表现形式。借助于商品的价格可以将商品的销售量转化为销售额，而销售额是可以加总的，因此商品价格就起到了同度量因素的作用。

如从下面的经济关系式出发，计算商品销售价格指数时以商品销售量为同度量因素；计算商品销售量指数时以商品销售价格为同度量因素。

商品销售额（pq）=商品销售量（q）×商品销售价格（p）

以数量指标编制的综合指数（称为数量指标综合指数）为例，在包含两个因素的综合指数中，固定质量指标因素，只观察数量指标因素的变化情况。

现以工业产品产量指数为例，说明数量综合指数的编制方法。

【例 6-2】设某工业企业三种产品的产量及价格资料如表 6-2 所示。

表 6-2　某企业三种产品的产量与价格资料

产 品 名 称	计 量 单 位	产　　量		价格/元	
		q_0	q_1	p_0	p_1
甲	台	1 000	1 150	100	100
乙	件	2 000	2 100	55	50
丙	千克	400	500	200	250

分析表 6-2 中的数据，计算结果表明：甲产品的产量增长 15%，乙产品的产量增长 5%，丙产品的产量增长 25%。三种产品产量的增长程度是不同的，不能反映三种产品产量总的变动程度。为综合说明三种产品产量总的变动程度，应计算产量总指数。

在计算三种产品产量总指数时，由于产品的实物形态不同，不能直接相加综合计算，必须根据经济现象之间的联系，借助于同度量因素把产量的实物形态过渡为以货币表现的价值形态，即

$$产品产量（q）\times 产品价格（p）=产值（pq）$$

通过产值这个价值总量指标来综合不同形态的产品产量，然后就两个时期的产值对比反映产品产量的综合变动。但为了单纯考察产量的变动，在计算产值指标时，还必须把作为同度量因素的价格固定在同一个时期，以消除价格因素变动的影响，即基期和报告期的产值都以同一价格来计算。现依据表 6-2 所示的资料分别计算如下。

若以基期价格（p_0）为同度量因素计算数量指标综合指数，则

$$I_q = \frac{\sum q_1 p_0}{\sum q_0 p_0} \tag{6.2}$$

式中，$\sum q_1 p_0$ 表示以基期价格计算的报告期产值；$\sum q_0 p_0$ 表示基期实际产值。

将表 6-2 中有关数据代入式（6.2），则以基期价格为同度量因素的产品产量综合指数为

$$I_q = \frac{\sum q_1 p_0}{\sum q_0 p_0} = \frac{1150\times100 + 2\,100\times55 + 500\times200}{1\,000\times100 + 2\,000\times55 + 400\times200} = \frac{330\,500}{290\,000} = 113.97\%$$

计算结果表明，综合地看三种产品产量，其报告期比基期增长了 13.97%。

二、同度量因素问题

在例 6-2 中，如果以报告期价格 p_1 为同度量因素计算物量总指数，则

$$I_q = \frac{\sum q_1 p_1}{\sum q_0 p_1} \tag{6.3}$$

式中，$\sum q_1 p_1$ 表示报告期实际产值；$\sum q_0 p_1$ 表示以报告期价格计算的基期产值。

再将表 6-2 所示的有关资料代入式（6.3），则以报告期价格为同度量因素的产品产量综合指数为

$$I_q = \frac{\sum q_1 p_1}{\sum q_0 p_1} = \frac{1150\times100 + 2\,100\times50 + 500\times250}{1\,000\times100 + 2\,000\times50 + 400\times250} = \frac{345\,000}{300\,000} = 115\%$$

计算结果表明，综合地看三种产品产量，其报告期比基期增长了 15%。

由以上的计算结果可以看出，使用不同时期的价格作为同度量因素所计算的产品产量指数是不同的。同度量因素的选择归纳起来要解决以下两个问题。

（一）用什么因素作为同度量因素

同度量因素应从各种经济关系式出发，选择与指数化因素有经济关系，并且能将不能同度量的现象过渡为可以同度量的现象的因素作为同度量因素。

例如，不同产品单位成本的综合变动，可以通过如下经济关系，将产品数量作为其综

合测定的同度量因素：

$$总成本（pq）=单位成本（p）×产品数量（q）$$

再如，不同股票成交价格的综合变动，可以通过如下经济关系，将股票成交数量作为其综合测定的同度量因素：

$$成交额（pq）=股票成交价格（p）×股票成交数量（q）$$

在编制数量指标综合指数时，一般以质量指标作为同度量因素；在编制质量指标综合指数时，一般以数量指标作为同度量因素。

（二）把同度量因素固定在哪个时期

式（6.2）表明，以基期价格作为同度量因素，是假定在价格没有发生变动的情况下，表明产品产量总的变动程度。其优点是只反映产品数量的变动，而不包括产品价格变动的影响。局限性是在计算分子分母差额时，容易偏离实际。而 $\sum q_1 p_0$ 是报告期产量按基期价格计算的产值，这就有可能偏离报告期价格的实际情况，或者说，在 $\left(\sum q_1 p_0 - \sum q_0 p_0\right)$ 中，缺少了基期与报告期价格不一致的产品价值的份额。

而式（6.3）以报告期价格为权数，避免了用基期价格偏离报告期实际的缺陷。但此式存在的问题是，由于采用了报告期价格为权数，把价格从 p_0 到 p_1 的这种变动影响带到指数中去了，因而它不但反映了产量变动，而且通过 p_1 对产量的权数作用，使得式中包含了价格变动的影响。

从理论上看，上述分析的两个公式都是成立的，它们都是在一定假定条件下来反映产量变动程度的。但联系实际应用，就编制产品产量指数的目的而言，应只反映产品产量的变化，不应同时反映价格的变动，因而编制产品产量指数时，应将作为同度量因素的价格固定在基期。

由此可以得出编制数量综合指数的一般原则，即在不否定各类指数的合理性的前提下，在编制数量指标综合指数时，一般以质量指标作为同度量因素并固定在基期；在编制质量指标综合指数时，一般以数量指标作为同度量因素并固定在报告期。

在实际工作中，工业产品产量指数以不变价格（p_n）为同度量因素。其计算公式为

$$工业产品产量指数 = \frac{\sum q_1 p_n}{\sum q_0 p_n} \tag{6.4}$$

以某一固定时期作为不同时期指数编制的同度量因素也是实际指数编制工作中的惯例。

三、拉氏指数与帕氏指数

由于权数可以固定在不同时期，因而加权综合指数有不同的计算公式。较为常用的是拉氏指数和帕氏指数两种形式。

（一）拉氏指数

拉氏指数是 1864 年德国学者拉斯贝尔斯（Laspeyres）提出的一种指数计算方法。最初拉氏指数是就价格指数的计算而提出的，拉斯贝尔斯提出用基期消费量作为同度量因素来

计算价格指数，拉氏指数的特点就是将同度量因素固定在基期。其后该方法被推广到各种数量指标指数和质量指标指数的计算中。其计算公式为

$$L_q = \frac{\sum q_1 p_0}{\sum q_0 p_0} , \quad L_p = \frac{\sum q_0 p_1}{\sum q_0 p_0} \quad (6.5)$$

式中，L_q 表示拉氏数量指标指数；L_p 表示拉氏质量指标指数；q_0 和 q_1 分别表示基期和报告期的数量指标数值；p_0 和 p_1 分别表示基期和报告期的质量指标数值。

【例 6-3】 以表 6-1 的数据为例，计算其数量指标指数和质量指标指数。

解： 某超市销售商品数量与价格综合变动情况如表 6-3 所示。

表 6-3　某超市销售商品数量与价格综合变动指数计算表

商品类别	计量单位	销售价格/元		销售量		销售额/元			
		基　期	报告期	基　期	报告期	基　期	报告期	基期数量与报告期价格	基期价格与报告期数量
		p_0	p_1	q_0	q_1	$q_0 p_0$	$q_1 p_1$	$q_0 p_1$	$q_1 p_0$
A	百千克	120	150	200	250	24 000	37 500	30 000	30 000
B	千克	10	12	8 000	9 600	80 000	115 200	96 000	96 000
C	500克	1	2	10 000	15 000	10 000	30 000	20 000	15 000
D	件	120	102	2 400	2 100	288 000	214 200	244 800	252 000
E	台	2 500	2 000	500	600	1 250 000	1 200 000	1 000 000	1 500 000
合计	—	—	—	—	—	1 652 000	1 596 900	1 390 800	1 893 000

根据拉氏数量指标指数计算公式计算销售量指数：

$$L_q = \frac{\sum q_1 p_0}{\sum q_0 p_0} = \frac{1\,893\,000}{1\,652\,000} = 114.59\%$$

其中，分子与分母之差：$\sum q_1 p_0 - \sum q_0 p_0 = 1\,893\,000 - 1\,652\,000 = 241\,000$（元）

计算结果说明，综合地看五种商品的销售量，其报告期比基期增长了 14.59%，由于销售量的增长，使销售额增加了 241 000 元。

根据拉氏质量指标指数计算公式计算销售价格指数：

$$L_p = \frac{\sum q_0 p_1}{\sum q_0 p_0} = \frac{1\,390\,800}{1\,652\,000} = 84.19\%$$

其中，分子与分母之差：$\sum q_0 p_1 - \sum q_0 p_0 = 1\,390\,800 - 1\,652\,000 = -261\,200$（元）

计算结果说明，综合地看 5 种商品的销售价格，其报告期比基期下降了 15.81%，由于销售价格的下降，使销售额减少了 261 200 元。

（二）帕氏指数

帕氏指数是 1874 年德国学者帕煦（Paasche）所提出的一种指数计算方法。帕煦提出用报告期物量作为同度量因素计算物价指数，帕氏指数的特点就是将同度量因素固定在报告期。其后该方法被推广到各种数量指标指数和质量指标指数的计算中。其计算公式为

$$P_q = \frac{\sum q_1 p_1}{\sum q_0 p_1}, \quad P_p = \frac{\sum q_1 p_1}{\sum q_1 p_0} \tag{6.6}$$

式中，P_q 表示帕氏数量指标指数；P_p 表示帕氏质量指标指数；q_0 和 q_1 分别表示基期和报告期的数量指标数值；p_0 和 p_1 分别表示基期和报告期的质量指标数值。

再以表 6-3 的数据为例，计算其数量指标指数和质量指标指数。

根据帕氏数量指标指数计算公式计算销售量指数：

$$P_q = \frac{\sum q_1 p_1}{\sum q_0 p_1} = \frac{1\,596\,900}{1\,390\,800} = 114.82\%$$

其中，分子与分母之差：$\sum q_1 p_1 - \sum q_0 p_1 = 1\,596\,900 - 1\,390\,800 = 206\,100$（元）

计算结果说明，综合地看五种商品的销售量，其报告期比基期增长了 14.82%，由于销售量的增长，使销售额增加了 206 100 元。

根据帕氏质量指标指数计算公式计算销售价格指数：

$$P_p = \frac{\sum q_1 p_1}{\sum q_1 p_0} = \frac{1\,596\,900}{1\,893\,000} = 84.36\%$$

其中，分子与分母之差：$\sum q_1 p_1 - \sum q_1 p_0 = 1\,596\,900 - 1\,893\,000 = -296\,100$（元）

计算结果说明，综合地看五种商品的销售价格，其报告期比基期下降了 15.64%。由于销售价格的下降，使销售额减少了 296 100 元。

（三）拉氏指数与帕氏指数的比较

从上面的计算和分析中可以看到，采用不同时期的权数所得到的计算结果是有一定差别的。但从实际应用的角度看，计算数量指标指数时大多采用拉氏公式，而计算质量指标指数时大多采用帕氏公式。

通过上述例子的分析，来比较一下拉氏指数与帕氏指数。

观察拉氏指数和帕氏指数的计算结果，不难看出两者之间仍然存在明显的差异。那么，这种差异应该怎样解释？它们在经济分析上又有什么实际意义呢？这是指数理论中长期存在争议的一个基本问题。为了便于深入理解，在此做一些扼要的讨论。

（1）由于拉氏指数和帕氏指数各自选取的同度量因素不同，即使利用同样的资料编制指数，两者所得的计算结果一般也会存在差异。只有在以下两种特殊情形下，两者才会恰巧一致。

① 总体中所有指数化指标都按相同比例变化（即所有个体指数都相等）。

② 总体中所有同度量因素都按相同比例变化。

（2）拉氏指数与帕氏指数的同度量因素水平和计算结果的不同，表明它们具有不完全相同的经济分析意义。

拉氏指数由于以基期变量值为权数，可以消除权数变动对指数的影响，从而使不同时期的指数具有可比性。但拉氏指数也存在一定的缺陷。如物价指数，是在假定销售量不变的情况下报告期价格的变动水平，这一指数尽管可以单纯反映价格的变动水平，但不能反映出消费量的变化。从实际生活角度看，人们更关心在报告期销售量条件下价格变动对实际生活的影响。因此，拉氏价格指数在实际中应用得较少。而拉氏数量指数是假定价格不变的条件下报告期销售量的综合变动。它不仅可以单纯地反映出销售量的综合变动水平，也符合计算销售量指数的实际要求。由此，拉氏数量指数在实际中应用得较多。

帕氏指数因以报告期变量值为权数，不能消除权数变动对指数的影响，因而不同时期的指数缺乏可比性。但帕氏指数可以同时反映出价格和消费结构的变化，具有比较明确的经济意义。在实际应用中，常采用帕氏公式计算价格、成本等质量指数。而帕氏数量指标指数由于包含了价格的变动，意味着是按调整后的价格来测定物量的综合变动，这本身不符合计算物量指数的目的，因此帕氏数量指标指数在实际中应用得较少。

以价格指数为例，拉氏价格指数以基期商品销售量作为同度量因素，这说明它是在基期的销售数量和销售结构的基础上来考察各种商品价格的综合变动程度的；而帕氏价格指数以报告期商品销售量作为同度量因素，则说明它是在报告期的销售数量和销售结构的基础上来考察各种商品价格的综合变动程度的。尽管两者的基本作用都是反映价格水平的综合变动，但如何反映、在什么基础上反映，两者又是存在差别的。

人们通常认为，帕氏价格指数的分子与分母之差，即

$$\sum p_1 q_1 - \sum p_0 q_1 = \sum (p_1 - p_0) q_1 \qquad (6.7)$$

能够表明报告期实际销售的商品由于价格变化而增减了多少销售额，因而较之拉氏价格指数具有更强的现实经济意义。据此，有人进而认为，帕氏指数公式是编制所有质量指标指数的一般形式或唯一合理的形式。

不过，从另一角度看，拉氏价格指数的分子与分母之差，即

$$\sum p_1 q_0 - \sum p_0 q_0 = \sum (p_1 - p_0) q_0 \qquad (6.8)$$

仍然是有意义的。它至少能够说明，消费者为了维持基期的消费水平或购买同基期一样多的商品，由于价格的变化将会增减多少实际开支。这种分析的意义显然也是很现实的，甚至通常就是人们编制消费者价格指数的主要目的。由此可见，从经济分析意义的角度看，拉氏指数与帕氏指数孰优孰劣，其实并无绝对的判别标准，关键在于能够辨别两者的细微差异，并明确我们利用有关指数具体是要说明什么样的问题。

（3）拉氏指数与帕氏指数之间的数量差异是有一定规律的。在现实经济生活中，依据相同资料计算的拉氏指数一般大于帕氏指数，如从例 6-3 中的计算结果就可以看出。当然这是由于现实经济生活中，质量指标与数量指标（如商品的价格与销售量、产品的单位成本与产量等）的变化之间通常存在负相关关系，我们可以从理论上证明拉氏指数一般总是大于帕氏指数。当然，这也不排除在特殊情况下可能出现帕氏指数大于拉氏指数的结果。

（4）还应该注意到，由于在综合指数编制中以不同方式引入了同度量因素，使得各种指数每变动（增加或减少）1%所引起的销售额增减变动的绝对数不完全相同。之所以会如此，就是因为帕氏指数的同度量因素是在由原拉氏指数的基期水平变化为报告期水平之后来加以固定的。由此决定了上述各种指数的对比基数（即分母项）是不完全相同的：拉氏价格指数和销售量指数的分母都是基期总值 $\sum q_0 p_0$，帕氏价格指数的分母是按基期价格和报告期销售量交叉计算的总值 $\sum q_1 p_0$，而帕氏销售量指数的分母则是按报告期价格和基期

销售量交叉计算的总值 $\sum q_0 p_1$。针对不同的基数来计算每 1%的绝对变动额，得到的结果自然也不会相同。由此应该了解到，综合指数的绝对数分析是受指数形式限制的，它只是相对数分析的一个副产品。归根到底，指数分析的重点还是相对变动，而不是绝对影响。

总之，基期加权综合指数与报告期加权综合指数由于出发点不同，计算结果也不尽相同，甚至有时会得出截然相反的结论。因此，在实际应用中，必须依据统计研究的目的任务选择适当时期的水平作为同度量因素。

四、其他综合指数简介

19 世纪后期，特别是帕氏指数产生之后，从同一资料出发，分别采用拉氏和帕氏指数公式来计算同类指数时，会得到不同的结果。为了消除"偏误"，人们做了许多尝试，并不断提出新的指数计算公式。现就影响较大并延续至今的几种指数介绍如下。

（一）交叉加权综合法（马艾指数）

1887 年，交叉加权综合法由英国经济学家马歇尔（Alfred Marshall，1842－1924 年）提出，并被英国统计学家艾奇沃斯（Francis Ysydro Edgewcrth，1845－1926 年）所推广，故被称为马歇尔-艾奇沃斯公式。该公式所采用的同度量因素是拉氏权数和帕氏权数的平均值。其计算公式为

数量指标指数：
$$I_{M_q} = \frac{\sum q_1\left(\dfrac{p_1+p_0}{2}\right)}{\sum q_0\left(\dfrac{p_1+p_0}{2}\right)} = \frac{\sum p_0 q_1 + \sum p_1 q_1}{\sum p_0 q_0 + \sum p_1 q_0} \tag{6.9}$$

质量指标指数：
$$I_{M_p} = \frac{\sum p_1\left(\dfrac{q_1+q_0}{2}\right)}{\sum p_0\left(\dfrac{q_1+q_0}{2}\right)} = \frac{\sum p_1 q_0 + \sum p_1 q_1}{\sum p_0 q_0 + \sum p_0 q_1} \tag{6.10}$$

马艾指数公式的分子是拉氏指数和帕氏指数的分子之和，其分母则是拉氏和帕氏两种指数的分母之和。马艾指数是对拉氏和帕氏指数折中的办法之一，但却失去了拉氏和帕氏指数的经济意义。

（二）几何平均综合法（理想指数）

几何平均综合法是美国统计学家费暄（Irving Fisher，1867－1947 年）于 1911 年提出的交叉计算公式，即拉氏与帕氏公式的几何平均公式。其计算公式为

数量指标指数：
$$I_{F_q} = \sqrt{\frac{\sum q_1 p_0}{\sum q_0 p_0} \times \frac{\sum q_1 p_1}{\sum q_0 p_1}} \tag{6.11}$$

质量指标指数：
$$I_{F_p} = \sqrt{\frac{\sum p_1 q_0}{\sum p_0 q_0} \times \frac{\sum p_1 q_1}{\sum p_0 q_1}} \tag{6.12}$$

费氏指数（理想指数）同样是对拉氏和帕氏指数的一种折中方法，同样缺乏明确的经

济意义。而利用费氏指数得到的计算结果比较适中，能够调和不同权数所引起的偏差。在处理静态数据的指数计算中，较好地实现了因素互换的要求。

（三）固定加权综合法（杨格指数）

在固定加权综合指数中，所加入的同度量因素既不固定在基期，也不固定在报告期，而是固定在一个特定的时间上。这实际上是一种折中的办法，目的在于避免拉氏公式和帕氏公式所产生的偏误。固定加权综合指数公式又叫作杨格公式，因该公式为英国经济学家杨格（A.Young）提出而命名。其计算公式为

数量指标指数：
$$I_{Y_q} = \frac{\sum q_1 p_n}{\sum q_0 p_n} \tag{6.13}$$

质量指标指数：
$$I_{Y_p} = \frac{\sum q_n p_1}{\sum q_n p_0} \tag{6.14}$$

其中，p_n 和 q_n 分别表示正常年份的物量构成和价格水平，一般来说，固定权数 p_n 和 q_n 一经选取，可以连续使用若干时期，便于保持指数数列的衔接。在指数数列中，由于采用固定权数，环比指数的连乘积等于定基指数，因此，不同年份的指数相互换算也非常方便。

在利用杨格公式计算指数时，应注意一个问题，就是所用权数的时期每隔一段时间必须加以调整。因为随着时间的推移，旧的权数可能背离客观实际，如不及时更换，会使指数产生偏误。通常以 5 年更换一次权数为宜。

在指数理论的发展中，上述的指数"调整"主要是通过对不同权数内容的再平均和不同指数公式的再平均方法进行的。这些调整公式还有很多种，目的都是在于提出解决指数偏误的种种折中方案，而其经济含义则不甚明了。

第三节　平均数指数

一、平均数指数的编制原理

平均数指数是通过"先对比，后平均"的方式编制的总指数。其编制的基本方法是：先计算个别现象的个体指数，然后对个体指数进行加权，采用加权平均的方法得到总指数，以测定所研究现象数量的变动程度。

平均数指数编制要解决的问题具体包括以下三个方面。

（一）平均方法的选择

在对个体指数进行平均时，又可以考虑各种不同的平均数形式，这是平均数指数的"型"的问题。从理论上讲，应根据指数的特性来选择平均方法，平均数指数的计算一般有三种，即算术平均数指数、调和平均数指数以及几何平均数指数。

平均数指数的各种计算公式在分析上没有绝对的优劣之分。但从实用的角度看，算术平均数指数计算较为简便，含义比较直观，故应用最为普遍；其次，就是调和平均数指数；

几何平均数指数计算较复杂，故应用较少。不过，在缺乏必要的指数权数资料时，人们常常不得不编制简单平均数指数。依据幂平均数的性质，如果是对同样一些个体指数资料进行平均，则算术平均数指数会偏大，而调和平均数指数会偏小，这些偏差不能由指数的经济分析意义来加以解释；相对而言，几何平均数指数则比较适中。因此，在这种情形下，为了避免不加权而引起的指数偏差，人们也乐于采用简单几何平均数指数的形式。

现实中较普遍的方法有加权算术平均法和加权调和平均法。加权平均数指数就是以某一时期的总量为权数对个体指数加权（算术或调和）平均计算出来的。

（二）权数标志的选择

选择能代表被研究事物重要程度的标志为权数。

在物量指数和物价指数编制中，都以商品的价值量为权数，如商品销售额、产品产值、生产成本等。这些价值量指标都是两个构成因子的乘积，即质量因子 p 和数量因子 q 的乘积 pq。在指数的编制中，把数量指标指数中的数量因子和质量指标指数中的质量因子称为指数化因素，如价格指数中的价格因素、成本指数中的单位成本、物量指数中的销售量和生产指数中的产量等都是指数化因素。而权数都是两因子的乘积 pq，它是包括指数化因子在内的价值量指标，是可以相加汇总的标志值。

其中，作为权数的总量通常是两个变量的乘积，它可以是价值总量，如商品销售额（销售价格与销售量的乘积）、工业总产值（出厂价格与生产量的乘积），也可以是其他总量，如农产品总产量（单位面积产量与收获面积的乘积）等。而其中的个体指数可以是个体质量指数，也可以是个体数量指数。

根据经济分析的一般要求，平均数指数的权数应该是与所要编制的指数密切关联的价值总量，即 pq。但权数的水平却可以考虑不同的情况，分别有以下四种。

对于质量指标指数 I_p	对于数量指标指数 I_q
权数 1：$p_0 q_0$	权数 1：$q_0 p_0$
权数 2：$p_0 q_1$	权数 2：$q_0 p_1$
权数 3：$p_1 q_0$	权数 3：$q_1 p_0$
权数 4：$p_1 q_1$	权数 4：$q_1 p_1$

但从实用的角度看，权数 2 和权数 3 的资料一般既无明确的经济含义又不易取得，故通常应用权数 1 和权数 4，即基期的总值资料（$p_0 q_0$）和报告期的总值资料（$p_1 q_1$）。

（三）权数的时间或代表单位的空间选择

不论是数量因子、质量因子还是两者乘积构成的价值量，都存在基期和报告期的数值，不同时期的两因子组合所构成的价值量数值都可以作为权数使用。选择哪个时期更好呢？在理论上并没有一个好坏的判断标准，但现实运用中除使用基期和报告期的数值作为衡量平均数指数的权数外，也使用某一固定时期来衡量未来各时期平均数指数的权数。

指数的基期与报告期相距越远，商品的相对重要性在两时期间的差异往往会越大，从而指数计算中的假定性（即商品在不同时期的特性保持不变的要求）便也就越大。当使用固定时期的资料做权数时，随着时间的推移，权数所表明的商品相对重要性与商品在基期或在报告期的相对重要性差距会越来越大，从而指数计算中的假定性也就会越来越大。

指数计算中如果很难取得总体全面资料，就根据具体情况选择代表规格品，如物量或质量指数中的代表规格品、股市价格指数中代表公司的选择等，都需要根据事物的具体情况来定。

对于划类选代表品计算平均指数的要求如下。

（1）对所有商品项目进行类别划分，并从中选出每一类的代表品。

（2）计算代表品的个体指数。

（3）以每类商品的 pq 值为权数，对算出的个体指数进行加权，即得到对个体指数以"类"的附加权数加权的加权平均指数。

（4）如果以选出的代表品的 pq 值为权数，对算出的个体指数进行加权，那么，得到以代表品的权数对个体指数加权的加权平均指数。

归纳起来，加权平均指数的基本编制原理如下。

（1）为了对复杂现象总体进行对比分析，首先对构成总体的个别元素计算个体指数，所得到的无量纲化的相对数是编制总指数的基础。

（2）为了反映个别元素在总体中的重要性差异，必须以相应的总值指标作为权数对个体指数进行加权平均，从而得到说明总体现象数量对比关系的总指数。

显然，加权平均数指数比简单平均指数更能反映现象的实际数量对比关系，在经济分析上更有现实意义。因而，在可能的条件下，我们总是尽可能地采用加权的平均指数方法。

由上可知，围绕平均数指数的"形式"和"权数"的选择可以有各种不同的方案，而不同的权数与形式结合起来，就形成了各种各样的平均数指数编制公式。下面介绍几种常用的加权平均数指数公式。

二、平均数指数的计算

（一）加权算术平均数指数

加权算术平均数指数是以综合指数的分母资料为权数对个体指数进行加权，运用加权算术平均数法计算的总指数。其计算公式为

数量指标算术平均数指数：
$$I_q = \frac{\sum \frac{q_1}{q_0} q_0 p_0}{\sum q_0 p_0} = \frac{\sum k_q q_0 p_0}{\sum q_0 p_0} = \frac{\sum q_1 p_0}{\sum q_0 p_0} \qquad (6.15)$$

式中，$k_q = \dfrac{q_1}{q_0}$ 表示数量指标的个体指数。

质量指标算术平均数指数：
$$I_p = \frac{\sum \frac{p_1}{p_0} p_0 q_1}{\sum p_0 q_1} = \frac{\sum k_p p_0 q_1}{\sum p_0 q_1} = \frac{\sum p_1 q_1}{\sum p_0 q_1} \qquad (6.16)$$

式中，$k_p = \dfrac{p_1}{p_0}$ 表示质量指标的个体指数。

【例 6-4】某超市三种商品的报告期及基期销售量与基期销售额数据如表 6-4 所示，试计算销售量指数。

表 6-4 某超市三种商品的销售数据

商品名称	计量单位	销 售 量		销售量个体指数	基期销售额
		q_0	q_1	$k_q = \dfrac{q_1}{q_0}$ /%	$q_0 p_0$ /元
甲	部	250	310	124	80 000
乙	件	800	760	95	76 300
丙	个	1 000	1 200	120	105 000
合 计	—	—	—	—	261 300

解：销售量指数为

$$I_q = \frac{\sum k_q q_0 p_0}{\sum q_0 p_0}$$

$$= \frac{1.24 \times 80\,000 + 0.95 \times 76\,300 + 1.2 \times 105\,000}{80\,000 + 76\,300 + 105\,000} = \frac{297\,685}{261\,300} = 113.92\%$$

$$\sum k_q q_0 p_0 - \sum q_0 p_0 = 297\,685 - 261\,300 = 36\,385 \text{（元）}$$

计算结果表明，三种商品的销售量报告期比基期增长了 13.92%，由于销售量的增长，使销售额增加了 36 385 元。

（二）加权调和平均数指数

加权调和平均数指数是以综合指数的分子资料为权数对个体指数进行加权，运用加权调和平均数法计算的总指数。其计算公式为

数量指标调和平均数指数：
$$I_q = \frac{\sum q_1 p_0}{\sum \dfrac{q_1 p_0}{\dfrac{q_1}{q_0}}} = \frac{\sum q_1 p_0}{\sum \dfrac{q_1 p_0}{k_q}} = \frac{\sum q_1 p_0}{\sum q_0 p_0} \qquad (6.17)$$

式中，$k_q = \dfrac{q_1}{q_0}$ 表示数量指标的个体指数。

质量指标调和平均数指数：
$$I_p = \frac{\sum p_1 q_1}{\sum \dfrac{p_1 q_1}{\dfrac{p_1}{p_0}}} = \frac{\sum p_1 q_1}{\sum \dfrac{p_1 q_1}{k_p}} = \frac{\sum p_1 q_1}{\sum p_0 q_1} \qquad (6.18)$$

式中，$k_p = \dfrac{p_1}{p_0}$ 表示质量指标的个体指数。

【例 6-5】已知某企业四种主要产品报告期及基期的价格与报告期产值数据如表 6-5 所示，试计算产品的价格指数。

表 6-5　某企业四种主要产品的数据

产品名称	计量单位	价 格		价格个体指数 $k_p = \dfrac{p_1}{p_0}/\%$	报告期产值 $q_1p_1/万元$
		p_0	p_1		
甲	件	80	88	110	2 640
乙	台	120	108	90	3 420
丙	箱	300	345	115	1 495
丁	打	400	420	105	8 400
合　计	—	—	—	—	15 955

解：产品的价格指数为

$$I_p = \frac{\sum p_1q_1}{\sum \dfrac{p_1q_1}{k_p}}$$

$$= \frac{2\,640 + 3\,420 + 1\,495 + 8\,400}{\dfrac{2\,640}{1.10} + \dfrac{3\,420}{0.90} + \dfrac{1\,495}{1.15} + \dfrac{8\,400}{1.05}} = \frac{15\,955}{15\,500} = 102.94\%$$

$$\sum p_1q_1 - \sum \frac{1}{k_p}p_1q_1 = 15\,955 - 15\,500 = 455 \ （万元）$$

计算结果表明，四种主要产品的价格报告期比基期增长了 2.94%，由于价格的上涨，产值增加了 455 万元。

（三）固定权数平均数指数

在国内外统计工作中，往往采用经济发展比较稳定的某一时期的代表规格品的价值总量作为固定权数（w）。该权数一经确定就可以在相对较长的时间（1～5 年）内使用，这就大大减少了工作量。

固定权数资料可以根据有关的普查资料或抽样调查资料调整计算确定。其形式有固定权数算术平均数指数与固定权数调和平均数指数。

固定权数算术平均数指数计算公式为

数量指标算术平均数指数：
$$I_q = \frac{\sum \dfrac{q_1}{q_0}w}{\sum w} = \frac{\sum k_q w}{\sum w} \tag{6.19}$$

质量指标算术平均数指数：
$$I_p = \frac{\sum \dfrac{p_1}{p_0}w}{\sum w} = \frac{\sum k_p w}{\sum w} \tag{6.20}$$

固定权数调和平均数指数计算公式为

数量指标调和平均数指数：
$$I_q = \frac{\sum w}{\sum \dfrac{w}{\dfrac{q_1}{q_0}}} = \frac{\sum w}{\sum \dfrac{w}{k_q}} \tag{6.21}$$

质量指标调和平均数指数：$$I_p = \frac{\sum w}{\sum \dfrac{w}{p_1} p_0} = \frac{\sum w}{\sum \dfrac{w}{k_p}} \qquad (6.22)$$

采用固定权数的平均数指数优点是：可以避免每次编制指数权数资料来源的困难，也便于前后不同时期的比较。

【例 6-6】 某地区家庭食品消费中细粮的价格变动资料以及支出比重如表 6-6 所示。试计算居民细粮消费物价指数。

表 6-6　某地区家庭食品（细粮）消费数据

细粮项目	规　格	计量单位	平均价格		价格变动 $k_p = \dfrac{p_1}{p_0}$	权数 w	计算栏 $k_p w$
			p_0	p_1			
面粉	普通粉	千克	4.20	4.80	1.14	48	54.72
稻米	标二	千克	3.25	3.68	1.13	36	40.68
江米	标二	千克	3.60	4.50	1.25	3	3.75
挂面	富强粉	千克	4.80	5.20	1.08	13	14.04
合　计	—	—	—	—	—	100	113.19

解： 该地区居民细粮消费物价指数为

$$I_p = \frac{\sum k_p w}{\sum w} = \frac{113.19}{100} = 113.19\%$$

计算结果表明，该地区家庭食品（细粮）消费物价报告期比基期上涨了 13.19%。

三、权数的确定

确定权数时，需要考虑以下几个方面的问题。

（1）要根据现象之间的内在联系确定权数。例如，为了反映多种产品数量的综合变动状况，需要把它们综合后进行对比。但由于不同产品具有不同的使用价值和计量单位，无法直接进行加总，这就首先需要找到一种共同的尺度将各种不同产品综合到一起。我们知道，不同使用价值的产品可以通过产品价格或生产成本等转化成可比的价值量。这里的产品价格或生产成本就成了不同产品的共同计量尺度。它一方面使不能直接加总的产品转化成可以加总的量，同时也对所计算的产品项目起到一种加权作用。在此，产品价格或产品成本也就是我们所寻找的计算物量指数的权数。同样，为了反映多种产品价格或生产成本的综合变动状况，也需要首先解决加总的问题。表面上看，不同产品的价格或成本都是货币量，似乎可以直接相加，它们只是产品价值的一种货币表现，不同产品之间往往有着较大差异，相加后通常没有实际意义，因为计入指数的并不是一个数量单位的产品，这就需要把它们转化成可比的价值量。为此，我们需要以不同产品的物量为尺度，一方面使不同产品的价格或成本转化成可比的价值量，同时也起到一种加权作用。由此可见，在计算数量指标指数时，应以相应的质量指标（反映事物内含的数量）为权数，如商品零售量指数应以零售价格为权数，产品产量指数应以生产价格或生产成本为权数等；而计算质量指标指数时，应以相应的物量为权数，如零售价格指数应以销售量为权数，生产价格或生产成本指数应以生产量为权数等。

（2）确定权数的所属时期。无论是计算数量指标指数，还是计算质量指标指数，都要求指数中分子和分母的权数必须是同一时期的。这里的同一时期，既可以都是基期，也可以都是报告期或某一个固定时期等。但使用不同时期的权数，会产生不同的计算结果，而且指数的实际意义也会不同。权数应确定在哪一个时期，通常取决于计算指数的预期目的和所研究现象的特点。

（3）确定权数的具体形式。权数可以是一组不同产品的价格、成本、生产量或销售量等形式，也可以是一组产品的价值量或其他总量形式。此外，权数也可以采取比重形式，如用某一类商品销售额占总销售额的比重对各类商品价格进行加权计算物价指数。采用哪种形式的权数，主要取决于计算指数时所依据的数据形式和所选择的计算方法。

四、平均数指数与综合指数的关系

加权算术平均数指数和加权调和平均数指数与综合指数有下列变形关系。

（1）以基期价值量为权数的加权算术平均数指数和拉氏综合指数互为变形。

数量指标指数：

$$\frac{\sum k_q q_0 p_0}{\sum q_0 p_0} = \frac{\sum q_1 p_0}{\sum q_0 p_0} \tag{6.23}$$

质量指标指数：

$$\frac{\sum k_p q_0 p_0}{\sum q_0 p_0} = \frac{\sum q_0 p_1}{\sum q_0 p_0} \tag{6.24}$$

（2）以报告期价值量为权数的加权调和平均数指数和帕氏综合指数互为变形。

数量指标指数：

$$\frac{\sum q_1 p_1}{\sum \frac{1}{k_q} q_1 p_1} = \frac{\sum q_1 p_1}{\sum q_0 p_1} \tag{6.25}$$

质量指标指数：

$$\frac{\sum q_1 p_1}{\sum \frac{1}{k_p} q_1 p_1} = \frac{\sum q_1 p_1}{\sum q_1 p_0} \tag{6.26}$$

式中，k_p 表示个体价格指数 p_1/p_0；k_q 表示个体销售量指数 q_1/q_0。

拉氏、帕氏质量综合指数都是有假定性的。这两个质量综合指数之所以不相等，无非是因为两个综合指数中采用了不同时期的成交商品总量作为权数。

另一方面，我们也容易看出，采用上述总量加权的指数公式可以演化成综合指数。因此，当采用 $p_0 q_0$ 和 $p_1 q_1$ 加权时，加权平均数指数实际上是加权综合指数的一种变形。但两者所依据的计算资料是不同的。加权综合指数的计算通常需要掌握全面的资料，实际编制中往往具有一定的困难，而加权平均数指数则既可以依据全面的资料来编制，也可以依据非全面的资料来编制，也更符合实际工作的需要，因此加权平均数指数在实际中应用得更为广泛。此外，加权平均数指数中的权数也可以采取比重形式，其权数（w）可以在一定时期内相对固定下来，连续使用几年，这就是所谓的固定权数加权的平均数指数。例如，我国的商品零售价格指数就是采用固定权数加权的算术平均形式计算的，其权数每年根据住户调查资料做相应调整。

$$I_p = \frac{\sum k_p q_0 p_0}{\sum q_0 p_0} = \frac{\sum \dfrac{p_1}{p_0} q_0 p_0}{\sum q_0 p_0} = \frac{\sum q_0 p_1}{\sum q_0 p_0} \tag{6.27}$$

$$I_q = \frac{\sum k_q q_0 p_0}{\sum q_0 p_0} = \frac{\sum \dfrac{q_1}{q_0} q_0 p_0}{\sum q_0 p_0} = \frac{\sum q_1 p_0}{\sum q_0 p_0} \tag{6.28}$$

加权算术平均数指数使用 $p_0 q_0$ 为权数，实质上相当于拉氏综合指数。

$$I_p = \frac{\sum q_1 p_1}{\sum \dfrac{1}{k_p} q_1 p_1} = \frac{\sum q_1 p_1}{\sum q_1 p_0} \tag{6.29}$$

$$I_q = \frac{\sum q_1 p_1}{\sum \dfrac{1}{k_q} q_1 p_1} = \frac{\sum q_1 p_1}{\sum q_0 p_1} \tag{6.30}$$

加权调和平均数指数使用 $p_1 q_1$ 为权数，实质上相当于帕氏综合指数。

加权平均数指数由于所用总量权数所属时期的不同，也可以形成不同的指数体系。但实际分析中比较常用的是基期总量加权的算术平均数量指标指数和报告期总量加权的调和平均质量指标指数形成的指数体系。

第四节　指数体系与因素分析

本章第三节介绍了指数编制的一般方法。在实际应用中，我们不仅要确定单个指数的计算方法，更重要的是确定由几个指数组成的指数体系，以便对相互联系的社会经济现象做更深入的分析。

一、指数因素分析法的概念和作用

复杂现象的状况和变动，往往受两个或多个因素的影响。指数因素分析法就是依据指数体系分析各影响因素的变动对现象总变动的影响方向和影响程度。

（一）指数体系的概念

指数体系可以有广义与狭义两种不同的含义。

广义的指数体系类似指标体系的概念，泛指由若干个相互关联的统计指数所结成的体系。根据考察问题的需要，构成这种体系的指数可多可少。例如，工业品批发价格（或出厂价格）指数、农产品收购价格指数、消费品零售价格指数等构成了"市场物价指数体系"；而国民经济运行的生产、流通和使用各环节以及国民经济各部门的多种经济指数则构成了"国民经济核算指数体系"。其中，除上面列举的有关价格指数外，还包括诸如国内总产出价格指数和物量指数、国内生产总值（GDP）价格指数和物量指数、投资价格指数和物量指数，以及资产负债存量价格指数等，其内容及构成十分庞大复杂。

狭义的指数体系仅指几个指数之间在一定的经济联系基础上所结成的严密的数量关系式。复杂现象及其构成在静态上的数量关系往往可以用指标体系来表现。一般可以分解为数量指标因素和质量指标因素，同样，社会经济现象反映总体变动所形成的指数也可分解为数量指标指数和质量指标指数，其相乘关系的等式仍然成立，如图 6-1 所示。

图 6-1　指标体系与指数体系

例如，静态数量关系为　　　商品销售额=商品销售量×商品销售价格
其动态数量关系为　　　　　商品销售额指数=商品销售量指数×商品销售价格指数
静态数量关系为　　　　　　产品总成本=产品产量×单位产品成本
其动态数量关系为　　　　　产品总成本指数=产品产量指数×单位产品成本指数
常用的指数体系还有

总产值指数=产量指数×产品价格指数
总产量（值）指数=职工人数指数×劳动生产率指数
增加值指数=职工人数指数×劳动生产率指数×增加值率指数
销售利润指数=销售量指数×销售价格指数×销售利润率指数

这些指数体系都是建立在有关指数化指标之间的经济联系基础之上的，因而它们具有非常实际的经济分析意义。指标体系为因素分析提供了确定影响因素的依据。

（二）指数体系的作用及其分析

指数体系的作用有以下三个方面。

（1）指数体系对编制综合指数具有指导意义。

（2）利用指数体系可以进行现象间数量的相互推算。

（3）利用指数体系可以分析复杂现象总变动中各个因素变动对其影响的程度。

指数体系的分析主要有以下两个方面。

（1）进行"因素分析"，即从数量方面分析研究社会经济现象的总变动中各有关因素变动的影响程度和绝对效果。

（2）进行"指数推算"，即根据已知的指数之间的联系，推算未知的指数。

二、总量指标的因素分析

社会经济现象的总量通常可以分解为若干个构成因素，如商品销售额是销售量（q）与销售价格（p）的乘积，粮食总产量可以看作是播种面积（q）与单位面积产量（p）的乘积等。因此，就单项事物而言，个体总量指数的一般形式可以写为

价值指数 (p_1q_1/p_0q_0)=个体数量指数 (q_1/q_0)×个体质量指数 (p_1/p_0)

为分析总量指数变动中各因素的影响方向和程度，可以对总量指数进行分解，得到各个因素指数，如商品销售额指数可分解为销售量与价格两个因素指数。我们把由总量指数及其若干个因素指数构成的数量关系式称为指数体系。对于指数体系的理解，需要把握以下两个问题。

第一，在指数体系中，总量指数与各因素指数之间的数量关系表现为两个方面：一是从相对量来看，总量指数等于各因素指数的乘积，如商品销售额指数=价格指数×销售量指数；二是从绝对量来看，总量的变动差额等于各因素指数变动差额之和。

第二，在加权指数体系中，为使总量指数等于各因素指数的乘积，两个因素指数中通常一个为数量指标指数，另一个为质量指标指数，而且各因素指数中权数必须是不同时期的。如数量指标指数用基期权数加权，质量指标指数则必须用报告期权数加权。

（一）两因素分析

在指数体系中，两个因素乘积的变动程度（总量指标指数）等于某因素单独变动的指数乘以在该因素已变动的前提下另一个因素的变动指数。其中，两因素指数需要一个采用拉氏指数，另一个采用帕氏指数，其相对与绝对变动的公式为

$$\frac{\sum q_1p_1}{\sum q_0p_0} = \frac{\sum q_1p_0}{\sum q_0p_0} \times \frac{\sum q_1p_1}{\sum q_1p_0} \tag{6.31}$$

$$\sum q_1p_1 - \sum q_0p_0 = \left(\sum q_1p_0 - \sum q_0p_0\right) + \left(\sum q_1p_1 - \sum q_1p_0\right) \tag{6.32}$$

式（6.31）中，$\dfrac{\sum q_1p_1}{\sum q_0p_0}$ 表示总量指标的相对变动程度；$\dfrac{\sum q_1p_0}{\sum q_0p_0}$ 表示数量指标的相对变动程度；$\dfrac{\sum q_1p_1}{\sum q_1p_0}$ 表示质量指标的相对变动程度。

式（6.32）中，$\sum q_1p_1 - \sum q_0p_0$ 表示总量指标的绝对变动值；$\sum q_1p_0 - \sum q_0p_0 = \sum(q_1-q_0)p_0$ 表示在质量指标固定在基期的条件下，数量指标变动所引起的总量指标的绝对变动值；$\sum q_1p_1 - \sum q_1p_0 = \sum(p_1-p_0)q_1$ 表示在数量指标固定在报告期的条件下，质量指标变动所引起的总量指标的绝对变动值。

【例6-7】某企业产品产量和成本数据如表6-7所示，试分析：该厂总成本的变动情况；总成本变动受哪些因素的影响；各因素变动对总成本变动的影响。

表6-7　某企业产品产量和成本数据

产品名称	单位	产量/万		单位成本/元		总成本/万元		
		q_0	q_1	z_0	z_1	q_0z_0	q_1z_1	q_1z_0
甲	件	650	400	8	9.5	5 200	3 800	3 200
乙	米	12 050	14 000	0.8	0.75	9 640	10 500	11 200
丙	台	50	75	65	42	3 250	3 150	4 875
合计	—	—	—	—	—	18 090	17 450	19 275

解：从表 6-7 中可知，报告期总成本为 17 450 万元，基期总成本为 18 090 万元。

$$总成本指数 = \frac{\sum q_1 z_1}{\sum q_0 z_0} = \frac{17\,450}{18\,090} = 96.46\%$$

$$总成本变动额 = \sum q_1 z_1 - \sum q_0 z_0 = 17\,450 - 18\,090 = -640（万元）$$

说明报告期总成本比基期降低了 3.54%，减少了 640 万元。

总成本变动受产量和单位成本两个因素的影响，指数体系为

$$总成本指数 = 产量指数 \times 产品单位成本指数$$

$$产量指数 = \frac{\sum q_1 z_0}{\sum q_0 z_0} = \frac{19\,275}{18\,090} = 106.55\%$$

$$\sum q_1 z_0 - \sum q_0 z_0 = 19\,275 - 18\,090 = 1185（万元）$$

说明报告期产量比基期增长了 6.55%，由于产量的增长使总成本增加了 1 185 万元。

$$产品单位成本指数 = \frac{\sum q_1 z_1}{\sum q_1 z_0} = \frac{17\,450}{19\,275} = 90.53\%$$

$$\sum q_1 z_1 - \sum q_1 z_0 = 17\,450 - 19\,275 = -1825（万元）$$

说明报告期产品单位成本比基期降低了 9.47%，由于产品单位成本的降低使总成本减少了 1 825 万元。

计算得

$$96.46\% = 106.55\% \times 90.53\%$$

$$-640 = 1\,185 + (-1\,825)$$

计算结果表明，从相对量角度看，该企业报告期总成本比基期降低了 3.54%，是产量增加 6.55% 和单位成本降低 9.47% 两者共同影响的结果。从绝对量角度看，总成本报告期比基期减少 640 万元，是由于产量增加使总成本增加 1 185 万元和产品单位成本降低使总成本减少 1 825 万元两者共同影响的结果。

（二）多因素分析

在实际分析中，有些现象总量不仅可以分解为两个因素，而且也可以分解为多个（3个以上）因素。当现象由 3 个或 3 个以上因素构成时，测定这些因素对该现象影响的相对程度和影响的绝对额，即为多因素分析。

多因素构成的指标体系，是由两个因素的体系扩展而成的。

例如：总产值=总产量×产品价格

各因素指标还可以细分，例如：总产量=工人数×工人劳动生产率

三因素体系为：总产值=工人数×工人劳动生产率×产品价格

多因素分析的方法，就是对多因素构成的体系进行分析时，运用连环替代法逐步分析（简称连锁替换法），以求得各因素的影响方向和程度。即分析第一个因素时，把其余因素都固定在基期；分析第二个因素时，将已分析过的第一个因素固定在报告期，其余未分析过的因素都固定在基期，以此类推。这样利用指数体系分析的方法，就需要确定各因素指数的子项和母项资料，具体步骤如下。

第一，明确总指标和各因子，并检查它们之间是否具有乘积关系。

第二，确定各因子的排列顺序，按照数量指标在前、质量指标在后的顺序排列。在多因子分析中，相邻排列的两因子的乘积应具有经济意义。

第三，按照排列好的顺序对乘式中的各因子逐一连环替代，在连环替代中分析各因子变动对总指标的影响效应。

以三因素为例，假如要对某企业生产活动的增加值进行因素分析，则可将增加值按下述方式分解：

$$增加值=职工人数（a）×劳动生产率（b）×增加值率（c）$$

可见，增加值受到三个因素的影响：一是职工人数的多少；二是按人均总产值计算的劳动生产率的高低；三是增加值率的高低（它取决于中间消耗率的高低）。

针对个体指标的因素分析，依据连环替换法，对增加值进行分析的程序是

$$a_0b_0c_0 － a_1b_0c_0 － a_1b_1c_0 － a_1b_1c_1$$

据此得到的个体指数体系为

$$\frac{a_1b_1c_1}{a_0b_0c_0} = \frac{a_1b_0c_0}{a_0b_0c_0} \times \frac{a_1b_1c_0}{a_1b_0c_0} \times \frac{a_1b_1c_1}{a_1b_1c_0} \tag{6.33}$$

$$a_1b_1c_1 - a_0b_0c_0 = (a_1b_0c_0 - a_0b_0c_0) + (a_1b_1c_0 - a_1b_0c_0) + (a_1b_1c_1 - a_1b_1c_0) \tag{6.34}$$

针对总量指标的指数体系可以写为

$$\frac{\sum a_1b_1c_1}{\sum a_0b_0c_0} = \frac{\sum a_1b_0c_0}{\sum a_0b_0c_0} \times \frac{\sum a_1b_1c_0}{\sum a_1b_0c_0} \times \frac{\sum a_1b_1c_1}{\sum a_1b_1c_0} \tag{6.35}$$

$$\sum a_1b_1c_1 - \sum a_0b_0c_0 = (\sum a_1b_0c_0 - \sum a_0b_0c_0) + (\sum a_1b_1c_0 - \sum a_1b_0c_0) + (\sum a_1b_1c_1 - \sum a_1b_1c_0) \tag{6.36}$$

多因素分析中，确定多因素排列顺序时，应以排列之后具有独立意义为依据。即各相邻因素合并后成为更高层意义上的影响因素，且能在不改变排列顺序的情况下，通过各种组合方式使多因素返回到两因素体系的形式。

多因素分析中，各因素的排列顺序不能随意确定，更不能随意改变其排列顺序。一般遵循数量指标在前、质量指标在后，中间指标与左右指标结合形成有经济意义的各类指标以后，仍然是数量指标在前、质量指标在后的形式。

【例 6-8】 某企业产品产量及原材料消耗的数据如表 6-8 所示，试对原材料消耗总额进行多因素分析。

表 6-8　某企业产品产量及原材料消耗资料

品　名	产量/万件		单耗/（kg/件）		原材料单价/元		原材料消耗额/万元			
	q_0	q_1	m_0	m_1	p_0	p_1	$q_0m_0p_0$	$q_1m_1p_1$	$q_1m_0p_0$	$q_1m_1p_0$
甲	0.6	0.7	3.6	3.2	22	24	47.52	53.76	55.44	49.28
乙	3	4	0.6	0.5	4	3	7.2	6	9.6	8
丙	1	1.5	2	2.1	18	19	36	59.85	54	56.7
合　计	—	—	—	—	—	—	90.72	119.61	119.04	113.98

解： 原材料消耗总额变动的因素分析指标体系为

$$原材料消耗额=产量（q）×原材料单耗（m）×原材料单价（p）$$

原材料消耗总额的指数体系为

$$\frac{\sum q_1 m_1 p_1}{\sum q_0 m_0 p_0} = \frac{\sum q_1 m_0 p_0}{\sum q_0 m_0 p_0} \times \frac{\sum q_1 m_1 p_0}{\sum q_1 m_0 p_0} \times \frac{\sum q_1 m_1 p_1}{\sum q_1 m_1 p_0}$$

指数体系中各指数的分子与分母之差，构成各因素影响额的分析体系：

$$\sum q_1 m_1 p_1 - \sum q_0 m_0 p_0 = (\sum q_1 m_0 p_0 - \sum q_0 m_0 p_0) + (\sum q_1 m_1 p_0 - \sum q_1 m_0 p_0)$$
$$+ (\sum q_1 m_1 p_1 - \sum q_1 m_1 p_0)$$

原材料消耗额指数：

$$\frac{\sum q_1 m_1 p_1}{\sum q_0 m_0 p_0} = \frac{119.61}{90.72} = 131.85\%$$

$$\sum q_1 m_1 p_1 - \sum q_0 m_0 p_0 = 119.61 - 90.72 = 28.89 \text{（万元）}$$

产品产量总指数：

$$\frac{\sum q_1 m_0 p_0}{\sum q_0 m_0 p_0} = \frac{119.04}{90.72} = 131.22\%$$

$$\sum q_1 m_0 p_0 - \sum q_0 m_0 p_0 = 119.04 - 90.72 = 28.32 \text{（万元）}$$

原材料单耗总指数：

$$\frac{\sum q_1 m_1 p_0}{\sum q_1 m_0 p_0} = \frac{113.98}{119.04} = 95.75\%$$

$$\sum q_1 m_1 p_0 - \sum q_1 m_0 p_0 = 113.98 - 119.04 = -5.06 \text{（万元）}$$

原材料价格总指数：

$$\frac{\sum q_1 m_1 p_1}{\sum q_1 m_1 p_0} = \frac{119.61}{113.98} = 104.94\%$$

$$\sum q_1 m_1 p_1 - \sum q_1 m_1 p_0 = 119.61 - 113.98 = 5.63 \text{（万元）}$$

上列计算结果可构成指数体系的相对因素关系式：

$$131.85\% = 131.22\% \times 95.75\% \times 104.94\%$$

上列计算结果还可构成指数体系的绝对关系式：

$$28.89 = 28.32 + (-5.06) + 5.63$$

计算结果表明，报告期原材料消耗额比基期增长31.85%，多消耗28.89万元，是由于产量增长31.22%而增加原材料消耗28.32万元，原材料单耗下降4.25%而减少原材料消耗5.06万元，以及原材料单价上升4.94%而增加原材料消耗5.63万元三个因素共同影响的结果。

三、平均指标的因素分析

（一）平均指标变动因素分析的意义

平均指标是表明社会经济总体一般水平的指标。总体一般水平决定于两个因素：一个是总体内部各部分（组）的水平；另一个是总体的结构，即各部分（组）在总体中所占的比重。总体平均指标的变动是这两个因素变动的综合结果。平均指标变动的因素分析，就是利用指数因素分析方法，从数量上分析总体各部分水平与总体结构这两个因素变动对总体平均指标变动的影响。

例如，一个部门的劳动生产率水平决定于部门内各单位（组）的劳动生产率水平和不同劳动生产率水平的单位（组）在部门内的比重两个因素。通过因素分析，可以弄清这两个因素各自影响的方向和程度，从而对部门劳动生产率的变动能有深入的认识。

平均指标变动的因素分析是一种重要的统计分析方法，对经济管理与研究有重要的意义。影响总体平均指标变动的上述两类因素具有不同的性质。总体各部分的水平，主要取决于各部分内部的状况，反映各部分内部各种因素的作用。而总体结构则是一种与总体全局完全有关的因素，总体结构状况决定了总体的一些基本特征。经济管理与研究的一项重要任务就是优化结构，使结构合理化。平均指标的因素分析，为这方面的深入研究提供了重要依据。

（二）平均指标变动因素分析的方法

为了分析各组水平数（x）与总体的单位结构值（$f/\sum f$）的变动对平均指标（$\bar{x}$）产生的影响的方法，即分析报告期和基期平均指标的变动，设 $\bar{x}_1 = \dfrac{\sum x_1 f_1}{\sum f_1}$ 为报告期各组的平均指标，$\bar{x}_0 = \dfrac{\sum x_0 f_0}{\sum f_0}$ 为基期各组的平均指标。依据指数因素分析法的一般原理，规定各组水平值（x）为与质量指标相似的数值，以总体的单位结构值（$f/\sum f$）为数量指标相似的数值，便可列出平均指标变动因素分析的指数体系。其指数体系为

相对数：

$$\frac{\bar{x}_1}{\bar{x}_0} = \frac{\dfrac{\sum x_1 f_1}{\sum f_1}}{\dfrac{\sum x_0 f_0}{\sum f_0}} = \frac{\dfrac{\sum x_0 f_1}{\sum f_1}}{\dfrac{\sum x_0 f_0}{\sum f_0}} \times \frac{\dfrac{\sum x_1 f}{\sum f}}{\dfrac{\sum x_0 f_1}{\sum f_1}} \tag{6.37}$$

绝对数：

$$\frac{\sum x_1 f_1}{\sum f_1} - \frac{\sum x_0 f_0}{\sum f_0} = \left(\frac{\sum x_0 f_1}{\sum f_1} - \frac{\sum x_0 f_0}{\sum f_0} \right) + \left(\frac{\sum x_1 f_1}{\sum f_1} - \frac{\sum x_0 f_1}{\sum f_1} \right) \tag{6.38}$$

令 $\bar{x}_n = \dfrac{\sum x_0 f_1}{\sum f_1}$，则平均指标变动因素分析的指数体系可用如下简明形式表明：

$$\frac{\bar{x}_1}{\bar{x}_0} = \frac{\bar{x}_n}{\bar{x}_0} \times \frac{\bar{x}_1}{\bar{x}_0} \tag{6.39}$$

$$\bar{x}_1 - \bar{x}_0 = (\bar{x}_n - \bar{x}_0) + (\bar{x}_1 - \bar{x}_n) \tag{6.40}$$

上述列出的指数体系包括三个指数，依次被称为可变构成指数、结构影响指数和固定构成指数。

1. 可变构成指数

$$\frac{\bar{x}_1}{\bar{x}_0} = \frac{\dfrac{\sum x_1 f_1}{\sum f_1}}{\dfrac{\sum x_0 f_0}{\sum f_0}} \tag{6.41}$$

可变构成指数简称可变指数，是根据报告期和基期总体平均指标的实际水平对比计算的，包括总体各部分（组）水平和总体结构两个因素变动的综合影响。它全面地反映了总体平均水平的实际变动状况。

2．结构影响指数

$$\frac{\overline{x}_n}{\overline{x}_0} = \frac{\dfrac{\sum x_0 f_1}{\sum f_1}}{\dfrac{\sum x_0 f_0}{\sum f_0}} \qquad (6.42)$$

结构影响指数是将各部分（组）水平固定在基期条件下计算的总平均指标指数，用以反映总体结构变动对总体平均指标变动的影响。由于分子分母的平均指标将变量值固定在同一个时期（基期），而各部分（组）的结构分别选择在报告期和基期，针对结构的变动来反映平均指标的变动情况，故被称为结构（变动）影响指数。

3．固定构成指数

$$\frac{\overline{x}_1}{\overline{x}_n} = \frac{\dfrac{\sum x_1 f_1}{\sum f_1}}{\dfrac{\sum x_0 f_1}{\sum f_1}} \qquad (6.43)$$

固定构成指数是将总体构成（即各部分比重）固定在报告期计算的总平均指标指数。由于分子分母的平均指标选择了同一个时期（报告期）的权数，消除了总体结构变动的影响，专门用以综合反映各部分（组）水平变动对总体平均指标变动的影响，故被称为固定构成指数。

（三）应用举例

【例6-9】某企业有生产同种产品的甲、乙、丙、丁四个生产车间，各车间的平均劳动生产率资料如表6-9所示。试对该企业平均劳动生产率进行因素分析。

表6-9 某企业各车间劳动生产率情况

车　间	平均劳动生产率/(t/人)		生产工人数/人		产量/t		
	基期 x_0	报告期 x_1	基期 f_0	报告期 f_1	基期 $x_0 f_0$	报告期 $x_1 f_1$	假定 $x_0 f_1$
甲	1.2	1.3	140	160	168	208	192
乙	0.8	0.1	85	90	68	90	72
丙	1.1	1.2	100	130	110	156	143
丁	0.9	0.8	50	40	45	32	36
合　计	—	—	375	420	391	486	443

解：根据公式分析：

（1）劳动生产率（可变构成）指数

$$\frac{\overline{x}_1}{\overline{x}_0} = \frac{\dfrac{\sum x_1 f_1}{\sum f_1}}{\dfrac{\sum x_0 f_0}{\sum f_0}} = \frac{\dfrac{486}{420}}{\dfrac{391}{375}} = \frac{1.157}{1.043} = 110.93\%$$

$$\overline{x}_1 - \overline{x}_0 = 1.157 - 1.043 = 0.114 \text{ (t)}$$

（2）结构变动影响指数

$$\frac{\overline{x}_n}{\overline{x}_0} = \frac{\dfrac{\sum x_0 f_1}{\sum f_1}}{\dfrac{\sum x_0 f_0}{\sum f_0}} = \frac{\dfrac{443}{420}}{\dfrac{391}{375}} = \frac{1.055}{1.043} = 101.15\%$$

$$\overline{x}_n - \overline{x}_0 = 1.055 - 1.043 = 0.012 \text{ (t)}$$

（3）固定结构指数

$$\frac{\overline{x}_1}{\overline{x}_n} = \frac{\dfrac{\sum x_1 f_1}{\sum f_1}}{\dfrac{\sum x_0 f_1}{\sum f_1}} = \frac{\dfrac{486}{420}}{\dfrac{443}{420}} = \frac{1.157}{1.055} = 109.67\%$$

$$\overline{x}_1 - \overline{x}_n = 1.157 - 1.055 = 0.102 \text{ (t)}$$

（4）指数体系

相对数变动的关系是　　　　$110.93\% = 101.15\% \times 109.67\%$

绝对数变动的关系是　　　　$0.114 = 0.012 + 0.102$

（5）说明

由于该企业各车间工人结构的变化，使平均劳动生产率提高了 1.15%，各车间劳动生产率提高，使平均劳动生产率提高了 9.67%，这两个因素共同作用使该企业平均劳动生产率提高了 10.93%。而且，从绝对数上看，分别使每个工人平均多生产 0.012t 和 0.102t，进而使企业每个工人平均增产 0.114t。

四、指数体系的分析与应用

利用指数体系既可以对现象发展的相对变化程度及各因素的影响程度进行分析，也可以对现象发展变化的绝对数量及各因素的影响数额进行分析，并且可以将该方法应用到其他综合或平均指标场合。

（一）相对指标的因素分析

相对指标是两个总量指标或平均指标的比值，指标数值受分子、分母两因素变化的影响。针对相对指标的指数因素分析，也可利用上述指标体系分析方法。

例如：商品周转次数（T）=商品销售额（C）/月平均库存额（X）

针对个体的相对指标 $T = C/X$

也有如下指数体系：
$$\frac{c_1/x_1}{c_0/x_0} = \frac{c_1/x_1}{c_1/x_0} \times \frac{c_1/x_0}{c_0/x_0} \tag{6.44}$$

$$c_1/x_1 - c_0/x_0 = (c_1/x_1 - c_1/x_0) + (c_1/x_0 - c_0/x_0) \tag{6.45}$$

即　　　　　　商品周转次数指数=月平均库存额指数×商品销售额指数

商品周转次数增减总额=因月库存变动而增减的次数+因销售额变动而增减的次数

【例6-10】某市场销售与库存资料如表6-10所示，试分析各因素之间的关系。

表6-10   某市场销售与库存资料

项　　目	计量单位	基　　期	报告期	相对变化/%
商品销售额/C	万元	220	286	130.00
月平均库存额/X	万元	160	180	112.50
商品周转次数/T	次	1.38	1.59	115.56

解：将上述资料带入指数体系公式

$$\frac{286/180}{220/160}=\frac{286/180}{286/160}\times\frac{286/160}{220/160}$$

即

$$\frac{1.59}{1.38}=\frac{1.59}{1.79}\times\frac{1.79}{1.38}$$

或

$$115.56\%=88.89\%\times130\%$$

$$1.59-1.38=(1.59-1.79)+(1.79-1.38)，\quad 即\quad 0.21=-0.2+0.41$$

计算结果表明，报告期与基期相比，该市场的商品周转次数，由于月平均库存的减少使周转次数下降 11.11%，减少 0.2 次，又由于商品销售额的增加使周转次数增长 30%，即增加 0.41 次。两因素共同作用，使周转次数加快 0.21 次，增长速度为 15.56%。

（二）两种指数体系的结合运用

在分析现象总量的变动情况时，有时仅使用总指数体系或平均指标指数体系进行分析是不够的，还要把两种指数体系结合起来应用，现以工资总额的因素分析为例来加以说明。

因素关系：　　　　　　工资总额=职工人数×平均工资

指数关系：　　　　　工资总额指数=职工人数指数×平均工资指数

结合前文介绍的平均指标指数关系：

平均工资总额指数=结构影响指数×固定构成指数

可以形成如下两种指数体系相结合的指数关系：

平均工资总额指数=职工人数指数×结构影响指数×固定构成指数

用公式表示如下。

设 $\sum x_0 f_0$ 和 $\sum x_1 f_1$ 分别为基期和报告期的工资总额，则

$$\frac{\sum x_1 f_1}{\sum x_0 f_0}=\frac{\sum f_1}{\sum f_0}\times\frac{\dfrac{\sum x_1 f_1}{\sum f_1}}{\dfrac{\sum x_0 f_0}{\sum f_0}}=\frac{\sum f_1}{\sum f_0}\times\left(\frac{\dfrac{\sum x_0 f_1}{\sum f_1}}{\dfrac{\sum x_0 f_0}{\sum f_0}}\times\frac{\dfrac{\sum x_1 f_1}{\sum f_1}}{\dfrac{\sum x_0 f_1}{\sum f_1}}\right) \tag{6.46}$$

$$\sum x_1 f_1-\sum x_0 f_0=\left(\sum f_1-\sum f_0\right)\frac{\sum x_0 f_0}{\sum f_0}$$
$$+\left[\left(\frac{\sum x_0 f_1}{\sum f_1}-\frac{\sum x_0 f_0}{\sum f_0}\right)+\left(\frac{\sum x_1 f_1}{\sum f_1}-\frac{\sum x_0 f_1}{\sum f_1}\right)\right]\sum f_1 \tag{6.47}$$

式中，$\dfrac{\sum f_1}{\sum f_0}$ 表示职工人数变动的职工人数指数；$\dfrac{\dfrac{\sum x_0 f_1}{\sum f_1}}{\dfrac{\sum x_0 f_0}{\sum f_0}}$ 表示各组职工构成变动的结

构影响指数；$\dfrac{\dfrac{\sum x_1 f_1}{\sum f_1}}{\dfrac{\sum x_0 f_1}{\sum f_1}}$ 表示各组平均工资变动的固定构成指数。

设 $\overline{x}_n = \dfrac{\sum x_0 f_1}{\sum f_1}$，则更简洁的表述如下。

相对数关系：$\dfrac{\sum x_1 f_1}{\sum x_0 f_0} = \dfrac{\sum f_1}{\sum f_0} \times \dfrac{\overline{x}_n}{\overline{x}_0} \times \dfrac{\overline{x}_1}{\overline{x}_n}$

绝对数关系：$\sum x_1 f_1 - \sum x_0 f_0 = \left(\sum f_1 - \sum f_0 \right) \cdot \overline{x}_0 + \left[(\overline{x}_n - \overline{x}_0) \cdot \sum f_1 \right]$
$+ \left[\sum x_1 f_1 - \sum x_0 f_1 \right]$

【例 6-11】 某集团下属有甲、乙、丙三个公司，各公司职工数据如表 6-11 所示。试分析：该集团工资总额的综合变动情况；总平均工资的变动是由哪些原因引起的；各因素的影响程度有多大。

表 6-11　某集团职工工资因素分析表

公　　司	职工人数/人		月平均工资/元		工资总额/元		
	基期 f_0	报告期 f_1	基期 x_0	报告期 x_1	基期 $x_0 f_0$	报告期 $x_1 f_1$	假定 $x_0 f_1$
甲	50	70	6 000	6 800	300 000	476 000	420 000
乙	120	140	7 800	8 600	936 000	1 204 000	1 092 000
丙	100	90	7 000	7 500	700 000	675 000	630 000
合　计	270	300	—	—	1 936 000	2 355 000	2 142 000

解：工资总额变动总指数为

$$\frac{\sum x_1 f_1}{\sum x_0 f_0} = \frac{2\,355\,000}{1\,936\,000} = 121.64\%$$

工资总额绝对变化额为

$$\sum x_1 f_1 - \sum x_0 f_0 = 2\,355\,000 - 1\,936\,000 = 419\,000 \text{（元）}$$

职工人数指数为

$$\frac{\sum f_1}{\sum f_0} = \frac{300}{270} = 111.11\%$$

职工人数变化导致的工资总额绝对变化额为

$$\left(\sum f_1 - \sum f_0 \right) \frac{\sum x_0 f_0}{\sum f_0} = (300 - 270) \times \frac{1\,936\,000}{270} = 215\,111.11 \text{（元）}$$

各公司职工构成变动的结构影响指数为

$$\frac{\dfrac{\sum x_0 f_1}{\sum f_1}}{\dfrac{\sum x_0 f_0}{\sum f_0}} = \frac{\dfrac{2\,142\,000}{300}}{\dfrac{1\,936\,000}{270}} = 99.58\%$$

各公司职工构成变动导致的工资总额绝对变化额为

$$\left(\frac{\sum x_0 f_1}{\sum f_1} - \frac{\sum x_0 f_0}{\sum f_0}\right)\sum f_1 = \left(\frac{2\,142\,000}{300} - \frac{1\,936\,000}{270}\right)\times 300 = -9\,111.11 \text{（元）}$$

各公司平均工资变动的固定构成指数为

$$\frac{\dfrac{\sum x_1 f_1}{\sum f_1}}{\dfrac{\sum x_0 f_1}{\sum f_1}} = \frac{\dfrac{2\,355\,000}{300}}{\dfrac{2\,142\,000}{300}} = 109.94\%$$

各公司平均工资变动导致的工资总额绝对变化额为

$$\left(\frac{\sum x_1 f_1}{\sum f_1} - \frac{\sum x_0 f_1}{\sum f_1}\right)\sum f_1 = \sum x_1 f_1 - \sum x_0 f_1 = 2\,355\,000 - 2\,142\,000 = 213\,000 \text{（元）}$$

综合以上计算结果得工资总额指数体系为

$$121.64\% = 111.11\% \times 99.58\% \times 109.94\%$$

$$419\,000 = 215\,111.11 + (-9\,111.11) + 213\,000$$

计算结果表明，由于各公司职工人数变动，使工资总额提高了 11.11%，工资总额增加了 215 111.11 元；由于各公司职工构成变动，使工资总额降低了 0.42%，工资总额减少了 9 111.11 元；由于各公司平均工资的变动，使工资总额提高了 9.94%，工资总额增加了 213 000 元。这三个因素共同作用，使集团的工资总额报告期比基期上升了 21.64%，工资总额增加了 419 000 元。

（三）各种指数的计算与换算

总量指数是由两个不同时期的总量对比形成的相对数。它可以由不同时期的实物总量对比形成，如不同时期的粮食总产量或工业产品总量对比形成的总产量指数；也可以由不同时期的价值总量对比形成，通常称为价值指数，如不同时期的工业总产值、产品总成本、商品销售额等对比形成的价值指数。

利用上述指数体系可推广到对产品成本、收购价格等各种综合指数以及劳动效率、资金成本率等各种平均指标指数的变动进行因素分析。

【例 6-12】某产品总成本指数为 107.5%，单位成本指数比上年降低了 3%，据此推算该产品物量指数是多少？

解：因为有下面的指数体系

$$\text{总成本指数} = \text{产品物量指数} \times \text{单位成本指数}$$

所以有

$$\text{产品物量指数} = \frac{\text{总成本指数}}{\text{单位成本指数}} = \frac{107.5\%}{97\%} = 110.82\%$$

【例 6-13】 试把某种商品 2014 年的销售收入换算成按 2010 年价格计算的销售收入。

解:

$$按 2010 年价格计算 2014 年的销售收入 = \frac{2014 年的销售收入}{2014 年与 2010 年相比的价格指数}$$

这里的价格指数称为平缩指数,它的口径范围应与价值量指标的口径范围一致。

五、指数数列

(一)指数数列的概念

为了反映现象在长时间内不断变动的情况,将某种社会经济现象的各个不同时期的一系列指数按时间先后顺序排列起来,就形成了指数数列。

例如,我国每年都计算工农业产品物量指数、国民经济发展状况的国内生产总值指数,通常是每间隔一段时间(1 年或 1 个月)就编制一次指数,这样就形成了在时间上前后衔接的指数数列。

指数数列是一类特殊的时间数列。正如第五章所介绍的,当构成数列的指数是个体指数时,这样的数列是相对指标时间数列。

包括如下两种形式。

定基数列: $\dfrac{p_1}{p_0}, \dfrac{p_2}{p_0}, \dfrac{p_3}{p_0}, \cdots, \dfrac{p_n}{p_0}, \cdots$

环比数列: $\dfrac{p_1}{p_0}, \dfrac{p_2}{p_1}, \dfrac{p_3}{p_2}, \cdots, \dfrac{p_n}{p_{n-1}}, \cdots$

两者的关系如下。

环比指数的连乘积等于对应的定基指数: $\dfrac{p_1}{p_0} \times \dfrac{p_2}{p_1} \times \dfrac{p_3}{p_2} \times \cdots \times \dfrac{p_n}{p_{n-1}} = \dfrac{p_n}{p_0}$

相邻两期定基指数之比等于对应的环比指数: $\dfrac{p_n}{p_0} \div \dfrac{p_{n-1}}{p_0} = \dfrac{p_n}{p_{n-1}}$

通常,实践中的指数数列是指总指数构成的时间数列。由于总指数本身是加权综合或加权平均计算出来的,因此存在权数(或同度量因素)的选择问题,使得构成数列的指数不同,形成了不同的指数数列。

(二)定基与环比指数数列

若各个时期指数所采用的权数(或同度量因素)不尽相同,这样的指数数列称为可变权数指数数列。如质量指标定基指数数列、数量指标的环比指数数列、质量指标的环比指数数列均属于可变权数指数数列。

若各个时期指数所采用的权数(或同度量因素)均相同,这样的指数数列称为不变权数指数数列,如数量指标定基指数数列。

实践中,人们采用以下各种形式的指数数列。

1．定基指数数列

（1）数量指标定基指数数列（如产品产量定基指数数列）。

一般形式：$\dfrac{\sum p_0 q_i}{\sum p_0 q_0}$ （$i=1,2,\cdots,n$）（属于不变权数指数数列）

同度量因素 p 不随时间（报告期）的变化而变化，即各个时期使用的指数权数都相同。

实践中常选择一个固定时期的同度量因素 p_n，形成如下指数数列：$\dfrac{\sum p_n q_i}{\sum p_n q_0}$ （属于不变权数指数数列）。各个时期所使用的指数权数被称作是不变价格。

（2）质量指标定基指数数列（如商品价格定基指数数列）。

一般形式：$\dfrac{\sum p_i q_i}{\sum p_0 q_i}$ （$i=1,2,\cdots,n$）（属于可变权数指数数列）

同度量因素 q 随时间（报告期）的变化而变化，即各个时期使用的指数权数都不相同。

实践中常选择一个固定时期的同度量因素 q_n，形成如下指数数列：$\dfrac{\sum p_i q_n}{\sum p_0 q_n}$ （此时属于不变权数指数数列）。

2．环比指数数列

（1）数量指标（如产品产量）的环比指数数列。

一般形式：$\dfrac{\sum p_{i-1} q_i}{\sum p_{i-1} q_{i-1}}$ （$i=1,2,\cdots,n$）（属于可变权数指数数列）

实践中常选择如下形式：$\dfrac{\sum p_n q_i}{\sum p_n q_{i-1}}$ （$i=1,2,\cdots,n$）（属于不变权数指数数列）

（2）质量指标环比指数数列。

一般形式：$\dfrac{\sum p_i q_i}{\sum p_{i-1} q_i}$ （$i=1,2,\cdots,n$）（属于可变权数指数数列）

实践中常选择如下形式：$\dfrac{\sum p_i q_n}{\sum p_{i-1} q_n}$ （$i=1,2,\cdots,n$）（属于不变权数指数数列）

3．指数数列中定基指数和环比指数的关系

在总指数数列中，类似个体指数数列中环比和定基指数数列之间的关系也是存在的，而且这种关系的存在为指数之间的换算和指数分析奠定了理论基础。

（1）各个时期环比指数的连乘积等于定基指数。

例如：$\dfrac{\sum p_1 q_0}{\sum p_0 q_0} \times \dfrac{\sum p_2 q_0}{\sum p_1 q_0} \times \dfrac{\sum p_3 q_0}{\sum p_2 q_0} = \dfrac{\sum p_3 q_0}{\sum p_0 q_0}$

此处各期环比指数的同度量因素均使用不变权数，若各期环比指数的同度量因素使用可变权数，则上述关系不存在。

$$\dfrac{\sum p_1 q_1}{\sum p_0 q_1} \times \dfrac{\sum p_2 q_2}{\sum p_1 q_2} \times \dfrac{\sum p_3 q_3}{\sum p_2 q_3} \neq \dfrac{\sum p_3 q_3}{\sum p_0 q_3}$$

（2）存在连乘关系的指数数列中，前后两个时期定基指数的对比等于环比指数。

例如：

$$\frac{\sum p_3 q_0}{\sum p_0 q_0} \div \frac{\sum p_2 q_0}{\sum p_0 q_0} = \frac{\sum p_3 q_0}{\sum p_2 q_0}$$

此处各期定基指数的同度量因素均使用不变权数，若各期定基指数的同度量因素均使用可变权数，则上述关系不存在。

$$\frac{\sum p_3 q_3}{\sum p_0 q_3} \div \frac{\sum p_2 q_2}{\sum p_0 q_2} \neq \frac{\sum p_3 q_3}{\sum p_2 q_3}$$

（三）指数数列的编制

实践中，我国编制工业生产指数采用的是按照不变价格加权的综合产量指数，这种形式的定基指数数列和环比指数数列之间能够很好地衔接。

然而，不变价格也绝非长期不变。由于反映一定时期的各种产品价格结构或比价关系，随着时间的推移会越来越背离实际，因此，需要对不变价格进行调整。在我国，不变价格曾经过多次修订，先后采用过 1952 年、1957 年、1970 年……2000 年、2005 年、2010 年、2015 年的不变价格标准。通常，每种不变价格标准使用的时间范围是：从该项标准制定颁布后的第一年起，到新不变价格标准开始启用的当年为止。例如，2005 年的不变价格从2005 年使用到 2010 年，2010 年的不变价格则从 2010 年使用到 2015 年，其他以此类推。在新不变价格开始启用的第一年，新、旧两种不变价格同时用于计算该年的产值，这一年被称作不变价格的"交替年"。

同一种经济内容的指数，可能因为中间更换基期而得出前后时期不同的两个指数数列。例如，由于指数编制的时间过久而需要更换基期，或者因为调整代表规格品、改变权数等，也需要按新的基期重新计算指数。这时，基期更换前的指数是旧指数，基期更换后的指数是新指数。这样就将同一经济内容的指数，因计算基期更换而分成两个数列。为了便于比较，需要把这两个数列连接起来，形成统一的数列，这项工作称为指数的连接，具体方法是通过计算新、旧指数比值的换算系数去调整指数数列，以得到可比的指数数列。换算系数的公式为

$$\text{换算系数} = \frac{\text{重叠年份的新指数}}{\text{重叠年份的旧指数}} \tag{6.48}$$

用上面的方法虽然使两个指数数列在形式上连接了起来，使前后可以比较，但这种可比性是很有限的。这是因为前后两部分指数在所选项目的组成上和在权数的使用上都是不同的。指数数列的编接实际上并不能把这种差异调和起来。不过，通过扩展编接后的指数数列，毕竟还是可以观察现象长期变化的大致趋势的，因而这种方法仍有其应用价值。

【例 6-14】表 6-12 是某地区 2011－2020 年商品零售价格指数，因计算基期不同分为 *A*、*B* 两个数列，表内第 3 行是按换算系数计算得到的以 2015 年为基期的统一指数数列。

表 6-12 某地区 2011—2020 年商品零售价格指数

年度	2011	2012	2013	2014	2015	2016	2017	2018	2019	2020
A（旧指数）	100.0	104.9	107.8	110.9	116.4	—	—	—	—	—
B（新指数）	—	—	—	—	100.0	103.1	105.0	107.1	109.2	111.9
连接后的指数数列	85.9	90.1	92.6	95.3	100.0	103.1	105.0	107.1	109.2	111.9

解：2015 年是新旧指数交替年份，换算系数为

$$换算系数=100.0/116.4=0.859\ 1$$

以换算系数遍乘第 1 行各项指数值，得第 3 行中以 2015 年为基期的 2015—2020 年的指数数列。

将以不同时期的不变价格计算的工业总产出（值）进行对比时，必须通过计算换算系数消除不变价格变动的影响，才能得到可比的指数。换算系数的公式为

$$换算系数 = \frac{按新不变价格计算的重叠年份产值}{按旧不变价格计算的重叠年份产值} \qquad (6.49)$$

【**例 6-15**】某地区按 2010 年不变价格与 2015 年不变价格计算的地区生产总值数据如表 6-13 所示，试计算该地区 2019 年、2015 年与 2013 年的地区生产总值指数。

表 6-13 某地区不变价格工业总产值

单位：亿元

年　度	按 2010 年不变价格计算的地区生产总值	按 2015 年不变价格计算的地区生产总值
2013	1 200	—
2015	1 400	1 554
2019	—	1 900

解：不变价格换算系数为

$$1\ 554 \div 1\ 400 = 111\%$$

利用换算系数调整按 2015 年价格计算的 2013 年地区生产总值为

$$1\ 200 \times 111\% = 1\ 332（亿元）$$

2015 年与 2013 年对比的地区生产总值指数为

$$1\ 554 \div 1\ 332 = 116.67\%$$

2019 年与 2013 年对比的地区生产总值指数为

$$1\ 900 \div 1\ 332 = 142.64\%$$

如果在对比的两个时期之间，不变价格变更了多次，则需要计算多个不变价格换算系数，连续地进行价格调整，直到两个时期的不变价格标准取得一致，才能编制出生产指数。其方法原理与上面相同，只是计算过程较繁而已。

应该说明的是，在上述变换中，若商品结构与权数数值不变，指数连接成立；若商品结构与权数数值变化，则指数连接是近似的，只能反映发展趋势。不变价格系数换算方法所暗含的一个条件就是：假定被调整年份的工业品产量结构与交替年基本相同。如果被调整年份与交替年相距较近，这个假定也许能够得到较好的满足；但如果两个年份相距较远，

则经过换算调整所得到的结果就有可能与实际情况产生较大误差。

指数的连接与基期的转换不同。基期转换是将已知的整个期间内的指数数列改变为以新基期为比较基期的指数数列；指数的连接则是将内容相同但计算基期不同而形成的两个数列连接在一起，成为一个统一的指数数列。在实际工作中，可依据不同情况采用不同的方法。

第五节　几种常用的经济指数

一、居民消费价格指数

消费价格指数（Consumer Price Index）是世界各国普遍编制的一种指数，但不同国家对这一指数赋予的名称很不一致。我国称为居民消费价格指数。

我国目前编制的价格指数主要有商品零售价格指数、居民消费价格指数、农产品收购价格指数、农村工业品零售价格指数、工农业商品综合比价指数、工业品出厂价格指数、固定资产投资价格指数等。其中，与人民生活关系最为密切的是商品零售价格指数和居民消费价格指数。

（一）居民消费价格指数的编制

居民消费价格指数是反映一定时期内城乡居民所购买的生活消费品价格和服务项目价格的变动趋势和程度的一种相对数。通过这一指数，可以观察消费价格的变动水平及对消费者货币支出的影响，研究实际收入和实际消费水平的变动状况。通过城镇居民消费价格指数，可以分析生活消费品和服务项目价格变动对职工货币工资的影响，作为研究职工生活和制定工资政策的依据。

居民消费价格指数可就城乡分别编制城市居民消费价格指数和农村居民消费价格指数，也可编制全国居民消费价格总指数。城市居民消费价格指数是反映城市居民所购买的生活消费品价格和服务项目价格变化趋势和程度的相对数；农村居民消费价格指数是反映农村居民所购买的生活消费品价格和服务项目价格变化趋势和程度的相对数。

我国居民消费价格指数的构成是由居民用于日常生活消费的全部商品和服务项目所构成的，具体包括食品、衣着、家庭设备及用品、医疗保健、交通和通信、娱乐教育和文化用品、居住、服务项目等八大类商品及服务项目。每个大类可分为若干中类，每个中类又分为若干小类，每个小类又进一步分为具体商品。目前，国家统计局规定的统计调查消费品和服务项目有 325 种，各地可以根据实际情况适当增加调查品种，但增选商品不得超过45 种。

居民消费价格指数的编制过程与零售价格指数类似，不同的是它包括消费品价格和服务项目价格两个部分，其权数的确定是根据 9 万多户城乡居民家庭消费支出构成确定的。

【例 6-16】根据表 6-14 中假设的数据计算居民消费价格指数。

表 6-14　某地区 2019 年各类消费价格指数和权数

类　　别	价格指数 k_p/%	权数 w
一、食品	105	34
二、烟酒及用品	103	5
三、衣着	101	9
四、家庭设备用品及服务	99	8
五、医疗保健和个人用品	101	11
六、交通和通信	98	9
七、娱乐教育文化用品及服务	102	10
八、居住	105	14
合　　计	—	100

解：居民消费价格指数为

$$I_p = \frac{\sum k_p w}{\sum w}$$

$$= \frac{105\% \times 34 + 103\% \times 5 + 101\% \times 9 + 99\% \times 8 + 101\% \times 11 + 98\% \times 9 + 102\% \times 10 + 105\% \times 14}{34 + 5 + 9 + 8 + 11 + 9 + 10 + 14}$$

$$= 102.69\%$$

（二）居民消费价格指数的应用

居民消费价格指数的编制目的：观察居民生活消费品及服务项目价格的变动对城乡居民生活的影响，对于各级部门掌握居民消费价格状况和研究并制定居民消费价格政策、工资政策以及测定通货膨胀等，具有重要的现实意义。

居民消费价格指数除能反映城乡居民所购买的生活消费品价格和服务项目价格的变动趋势和程度外，还具有以下几个方面的作用。

（1）用于反映通货膨胀状况。通货膨胀的严重程度是用通货膨胀率来反映的，它说明了一定时期内商品价格持续上升的幅度。通货膨胀率一般以居民消费价格指数来表示，即

$$通货膨胀率 = \frac{\left(\begin{array}{c}报告期居民消\\费价格指数\end{array}\right) - \left(\begin{array}{c}基期居民消\\费价格指数\end{array}\right)}{基期居民消费价格指数} \times 100\% \qquad (6.50)$$

如果通货膨胀率大于 0，则说明通货膨胀；如果通货膨胀率小于 0，则说明通货紧缩。

（2）用于反映货币购买力变动。货币购买力是指单位货币能够购买到的消费品和服务的数量。居民消费价格指数上涨，则货币购买力下降，反之则上升，即

$$货币购买力指数 = \frac{100\%}{居民消费价格指数} \times 100\% \qquad (6.51)$$

因为货币购买力的变动与消费品和劳务价格的变动呈反比例关系，所以，居民消费价格指数的倒数就是货币购买力指数。

（3）用于反映消费品和服务项目的价格变动对职工实际工资的影响。消费价格指数的提高意味着实际工资的减少，消费价格指数下降则意味着实际工资的提高。因此，利用消费价格指数可以将名义工资转化为实际工资。具体做法是

$$职工实际工资指数 = \frac{职工平均工资指数}{居民消费价格指数} \times 100\% \qquad (6.52)$$

式（6.52）说明了职工在不同时期得到的货币工资额实际能够买到的消费品和服务项目在数量上的增减变化。

（4）用于其他经济时间序列的缩减因子。通过缩减经济序列可以消除价格变动的影响，其方法是将经济序列除以价格指数。

如果将居民消费价格指数对工资、个人消费支出、零售额以及投资额等进行调整，这些经济时间序列值就不再受通货膨胀因素的影响。

【例6-17】某地区某公司在 2013 年 1 月 1 日以 10%的利息投资了 8 000 000 元，其计算结果如表 6-15 所示。其中，投资额被消费价格指数除，从中可以发现，其投资的名义价值虽然增长了 10%，但是其购买力的增长却大大地减少了。表 6-15 中第（4）栏的时间序列值消除了通货膨胀因素对其的影响。

表 6-15　投资额的时间序列

年　份	城市居民消费价格指数 （2010 年为 100）	每年底的投资值/元 （按现行价格计算）	每年底的投资值/元 （按 2010 年不变价格计算）
（1）	（2）	（3）	（4）=（3）/（2）
2013	106.7	8 800 000	8 247 423
2014	108.5	9 680 000	8 921 659
2015	111.9	10 648 000	9 515 639
2016	116.5	11 712 800	10 053 906
2017	119.9	12 884 080	10 745 688
2018	124.8	14 172 488	11 356 160

二、商品零售价格指数

零售价格指数是反映城乡商品零售价格变动趋势的一种经济指数。它的变动直接影响城乡居民的生活支出和国家财政收入，影响居民购买力和市场供需平衡以及消费和积累的比例，是观察和分析经济活动的重要工具之一。

零售物价指数的编制与居民消费价格指数的计算公式相同。但两者也有区别，主要表现在如下几方面。

（1）编制的角度不同。零售物价指数是从商品卖方的角度出发，着眼于零售市场，观察零售商品的平均价格水平及其对社会经济的影响；居民消费价格指数是从商品买方的角度出发，着眼于人民生活，观察居民生活消费品及服务项目价格的变动对城乡居民生活的影响。

（2）包括范围不同。它主要体现在两者所包括的项目和具体商品的不同上。我国零售物价指数分十四大类，既包括生活消费品，又包括建筑装潢材料和机电产品等，但不包括非商品形态的服务项目。居民消费品价格指数分为八大类，既包括生活消费品，又包括服务项目。

（3）权数的确定不同。编制居民消费价格指数的类权数和大部分商品与服务项目的权数，是根据住户调查中居民的实际消费构成计算的。

零售价格指数资料是采用分层抽样的方法取得的，即在全国选择不同的经济区域和分布合理的地区以及有代表性的商品作为样本，对市场价格进行经常性调查，以样本推断总体。目前，国家一级抽选出的调查市、县有 226 个。指数的编制过程按下列步骤进行。

（一）调查地区和调查点的选择

调查地区按经济区域和地区分布合理等原则，选出具有代表性的大、中、小城市和县作为国家的调查地区，在此基础上选择经营规模大、商品种类多的商场（包括集市）作为调查点。

（二）代表商品和代表规格品的选择

代表商品选择那些消费量大、价格变动有代表性的商品。代表规格品的确定是根据商品零售资料和 3.6 万户城市居民、6.7 万户农村居民的消费支出记账资料，按有关规定筛选的。筛选原则如下。

（1）与社会生产和人民生活密切相关。

（2）销售数量（金额）大。

（3）市场供应保持稳定。

（4）价格变动趋势有代表性。

（5）所选的代表规格品之间差异大。

（三）价格调查方式

采用派员直接到调查点登记调查，同时全国聘请近万名辅助调查员协助登记调查。

（四）权数的确定

零售商品价格指数的计算权数是根据社会商品零售额统计确定的。商品零售物价指数是反映城乡商品零售价格变动趋势的一种经济指数，它从一个侧面对上述经济活动进行观察和分析。

商品零售物价指数与居民消费价格指数类似，采用加权算术平均公式计算。每年根据住户调查资料调整一次权数。每种商品的个体指数采用代表规格品的平均价格计算，其加权算术平均法指数公式为

$$\overline{I_p} = \sum k_p \frac{w}{\sum w}$$

式中，$k_p = \dfrac{p_1}{p_0}$，表示各种代表规格品个体物价指数；$\dfrac{w}{\sum w}$ 表示各种代表规格品所代表的商品零售额的比重（固定权数）。

我国编制商品零售物价指数时，全国统一规定了商品分类。全部商品分为十四大类，分别是食品类、饮料烟酒类、服装鞋帽类、纺织品类、中西药品类、化妆品类、书报杂志类、文体用品类、日用品类、家用电器类、首饰类、燃料类、建材类、机电类等。每个大类又分若干中类，中类内再分为小类，每个小类又包括若干商品。各大类、中类、小类中各部分零售额比重之和均等于 100%。这样，各小类的加权平均法指数便是中类的指数，各中类的加权平均法指数便是大类的指数，各大类的加权平均法指数就是总指数，即商品零售物价指数。

【例 6-18】现以表 6-16 所示资料为例介绍商品零售物价指数的编制与计算过程。具体计算步骤如下。

表 6-16 某市某年商品零售物价指数计算表

类别及品名	规格/等级/牌号	计 量 单 位	平均价/元		权数/%	基数为 100	
			基 期	报 告		指 数	加 权 数
甲	乙	丙	(1)	(2)	(3)	(4) = (2) / (1)	(5) = (4) × (3)
总指数					100	101.01	
食品类					25	105.02	26.26
粮食					14	108.04	15.13
油脂					4	103.4	4.14
肉禽蛋					25	97.6	24.4
水产品					15	92.4	13.86
鲜菜					10	154	15.4
干菜					1	100.7	1.01
鲜果					5	94	4.7
干果					1	103.2	1.03
其他食品					6	101.6	6.1
饮食业					19	101.3	19.25
饮料烟酒类					15	100.5	15.07
服装鞋帽类					10	102	1.2
纺织品类					3	100.4	3.01
中西药品类					5	104.2	5.21
化妆品类					5	102.2	5.11
书报杂志类					1	112	1.12
文体用品类					3	99.3	2.98
日用品类					12	100.7	12.08
家用电器类					10	94.6	9.46
首饰类					2	93.3	1.87
燃料类					1	103.5	1.06
建材类					3	98.7	2.91
机电类					5	92.8	4.64

第一，计算各代表规格品的个体指数。

假如粳米的个体物价指数为

$$k_p = \frac{p_1}{p_0} = \frac{2.80}{2.60} = 107.69\%$$

第二，各个体指数乘以权数，加总计算得到各小类指数。

假如细粮的小类指数为

$$\overline{k_p} = \sum k_p \frac{w}{\sum w} = 107.69\% \times 0.8 + 110\% \times 0.2 = 108.15\%$$

第三，各小类指数乘以相应的权数，加总计算得到各中类指数。

粮食中类指数为

$$\overline{k_p} = \sum k_p \frac{w}{\sum w} = 108.15\% \times 0.96 + 105.31\% \times 0.04 = 108.04\%$$

第四，各中类指数乘以相应的权数，加总计算得到各大类指数，表 6-16 中食品大类指数为

108.04%×0.14+103.4%×0.04+97.6%×0.25+92.4%×0.15+154%×0.1+100.7%×0.01+94%× 0.05+103.2%×0.01+101.6%×0.06+101.3%×0.19=105.02%

第五，各大类指数乘相应的权数，加总计算总指数，即该市商品零售物价指数为 101.01%。

三、工业品价格指数

我国工业品价格指数包括两方面内容：一是工业品出厂价格指数，它是衡量工业企业产品出厂价格变动趋势和变动程度的相对数；二是原材料、燃料、动力购进价格指数，它是反映工业中间产品消耗购进价格变动趋势和变动程度的相对数。工业品价格指数是可反映某地区某一时期生产领域价格变动情况的重要经济指标，也是国民经济核算、测算工业增长水平、进行宏观经济管理和制定有关经济政策的重要依据。

目前，工业品出厂价格指数的计算方法分为以下三个步骤。

第一步：用几何平均数法计算第 i 个代表规格品的价格指数 k_i。其计算公式为

$$k_i = \sqrt[n]{k_1 k_2 \cdots k_n} \tag{6.53}$$

式中，$k_1, k_2, \cdots, k_n$ 分别表示各个企业的规格品价格指数，是用报告期单价除以基期单价而得出的。

第二步：用简单算术平均数法计算第 j 个代表产品的价格指数 K_j。其计算公式为

$$K_j = \frac{\sum_{i=1}^{m} k_i}{m} \tag{6.54}$$

式中，m 表示代表规格品数。

第三步：计算工业品出厂价格指数 K。其计算公式为

$$K = \frac{\sum K_j W_j}{\sum W_j} \tag{6.55}$$

式中，W_j 表示第 j 个代表产品的权数。

用上述方法可计算出工业的小类行业、中类行业、大类行业及某些特定行业的工业品出厂价格指数。

四、股票价格指数

（一）股票价格及其指数编制的意义

股票价格指数是由证券交易所或金融服务机构编制的表明股票行市变动的一种供参考

的指示数字，是反映某一股票市场上多种股票价格变动趋势的一种相对数，简称股价指数，其单位一般用"点"表示，即将基期指数作为100，每上升或下降一个单位称为"1点"。

目前，世界各国和地区的主要证券交易所都有自己的股票价格指数，例如，美国的道琼斯股票价格指数和标准普尔股票价格指数、伦敦金融时报指数、法兰克福 DAX 指数、巴黎 CAC 指数、瑞士的苏黎世 SMI 指数、日本的日经指数、中国香港的恒生指数等。我国的上海和深圳两个证券交易所也编制了自己的股票价格指数，如上交所的综合指数和30指数，深交所的成分股指数和综合指数等。

股票指数即股价平均数。但从两者对股市的实际作用而言，股价平均数是反映多种股票价格变动的一般水平，通常以算术平均数表示。人们通过对不同时期股价平均数的比较，可以认识多种股票价格变动水平。而股票指数是反映不同时期的股价变动情况的相对指标，也就是将一个时期的股价平均数作为另一个时期股价平均数的基准。通过股票指数，人们可以了解报告期的股价比基期的股价上升或下降的百分比率。由于股票指数是一个相对指标，因此就一个较长的时期来说，股票指数比股价平均数能更为精确地衡量股价的变动。

（二）证券价格指数的编制方法

股票价格平均数反映一定时点上市股票价格的绝对水平，它可分为简单算术股价平均数、修正的股价平均数、加权股价平均数三类。人们通过对不同时点股价平均数的比较，可以看出股票价格的变动情况及趋势。

1. 简单算术股价平均数

简单算术股价平均数是将样本股票每日收盘价之和除以样本数得出的，即

$$简单算术股价平均数 = (P_1 + P_2 + P_3 + \cdots + P_n)/n$$

世界上第一个股票价格平均数——道琼斯股价平均数在 1928 年 10 月 1 日前就是使用简单算术平均法计算的。

现假设从某一股市采样的股票为 A、B、C、D 四种，在某一交易日的收盘价分别为 10 元、16 元、24 元和 30 元，计算该市场股价平均数。

将上述各数代入公式中，得

$$股价平均数 = (P_1 + P_2 + P_3 + P_4)/n = (10+16+24+30)/4 = 20（元）$$

简单算术股价平均数虽然计算较简便，但它有两个缺点：一是未考虑各种样本股票的权数，从而不能区分重要性不同的样本股票对股价平均数的不同影响；二是当样本股票发生股票分割派发红股、增资等情况时，股价平均数会产生断层而失去连续性，使时间序列前后的比较发生困难。例如，上述 D 股票发生以 1 股分割为 3 股时，股价势必从 30 元下调为 10 元，这时平均数就不是按上面计算得出的 20 元，而是

$$(10+16+24+10)/4 = 15（元）$$

这就是说，由于 D 股票分割技术上的变化，导致股价平均数从 20 元下跌为 15 元（这还未考虑其他影响股价变动的因素），显然不符合平均数作为反映股价变动指标的要求。

2. 修正的股价平均数

修正的股价平均数有以下两种。

（1）除数修正法，又称道氏修正法。这是美国道·琼斯在 1928 年创造的一种计算股价

平均数的方法。该法的核心是求出一个常数除数，以修正因股票分割、增资、发放红股等因素造成股价平均数的变化，以保持股价平均数的连续性和可比性。

具体做法是以新股价总额除以旧股价平均数，求出新的除数，再以计算期的股价总额除以新除数，这就得出修正的股价平均数。即

新除数=变动后的新股价总额/旧的股价平均数

修正的股价平均数=报告期股价总额/新除数

在前面的例子中，除数是 4，经调整后的新的除数应是

新的除数=(10+16+24+10)/20=3

将新的除数代入上列式中

修正的股价平均数=(10+16+24+10)/3=20（元）

得出的平均数与未分割时计算的一样，股价水平也不会因股票分割而变动。

（2）股价修正法。股价修正法就是将股票分割变动后的股价还原为变动前的股价，使股价平均数不会因此变动。美国《纽约时报》编制的 500 种股价平均数就是采用股价修正法计算的股价平均数。

3．加权股价平均数

加权股价平均数是根据各种样本股票的相对重要性进行加权平均计算的股价平均数，其权数（Q）可以是成交股数、股票总市值、股票发行量等。

股价指数编制方式可分为两种：平均法和综合法。

采用平均法计算指数时，先计算各样本股票的个别指数，再加总求算术平均数。假定基期第 j 种股价为 p_0^j，第 k 期（计算期）第 j 种股价为 p_k^j，样本股票数为 n，则计算公式为

$$\frac{1}{n}\sum_{j=1}^{n}\frac{p_k^j}{p_0^j} \tag{6.56}$$

采用综合法计算指数时，先对样本股票的基期价格与计算期价格分别加权为 p_0^j 和 p_k^j。假定基期股价为 100，用计算期股价与之相比，并以百分比表示，则其计算公式为

$$\frac{\sum_{j=1}^{n}P_k^j}{\sum_{j=1}^{n}P_0^j} \tag{6.57}$$

（三）股票价格指数编制原则

由于上市股票种类繁多，计算全部上市股票的价格平均数或指数的工作是艰巨而复杂的，因此人们常常从上市股票中选择若干种富有代表性的样本股票，来计算这些样本股票的价格平均数或指数，用以表示整个市场的股票价格总趋势及涨跌幅度。计算股价平均数或指数时经常考虑以下四点。

（1）样本股票必须具有典型性、普通性。为此，选择样本应综合考虑其行业分布、市场影响力、股票等级、适当数量等因素。

（2）计算方法应具有高度的适应性，能对不断变化的股市行情做出相应调整或修正，

使股票指数或平均数有较好的敏感性。

（3）要有科学的计算依据和手段。计算依据的口径必须统一，一般均以收盘价为计算依据。但随着计算频率的增加，有的以每小时价格甚至更短的时间价格计算。

（4）基期应有较好的均衡性和代表性。

基于以上原则，股票价格指数的计算方法很多，但一般以发行量（或成交量）为权数进行加权综合。其计算公式为

$$K_P = \frac{\sum P_{i1} Q_{i1(n)}}{\sum P_{in} Q_{i1(n)}} \tag{6.58}$$

式中，K_P 通常以"点"表示；P_{i1} 为第 i 种样本股票交易日价格；$Q_{i1(n)}$ 为第 i 种股票交易日（或基准日）发行量（或成交量）；P_{in} 为第 i 种股票基准日价格。大多数股价指数是以报告期发行量为权数计算的。

【例 6-19】设有四种股票的价格和发行量资料如表 6-17 所示，试计算股票价格指数。

表 6-17 某股市四种股票交易情况

股 票 名 称	股价/元		发行量 Q_n /万股
	基期 P_0	报告期 P_1	
甲	4.8	8.3	5 200
乙	7.4	10.5	12 000
丙	10	14	3 000
丁	2.1	2.4	18 000

解：根据加权综合指数法股票价格指数计算公式，四种股票的价格指数的计算过程如下：

$$K_P = \frac{\sum P_{i1} Q_{i1(n)}}{\sum P_{in} Q_{i1(n)}} = \frac{8.3 \times 5\,200 + 10.5 \times 12\,000 + 14 \times 3\,000 + 2.4 \times 18\,000}{4.8 \times 5\,200 + 7.4 \times 12\,000 + 10 \times 3\,000 + 2.1 \times 18\,000}$$

$$= \frac{254\,360}{181\,560} = 140.1\%$$

计算结果表明，四种股票报告期价格水平是基期的 140.1%，价格上涨了 40.1%。

（四）我国的股票指数

1. 上海证券交易所股票指数

上海证券交易所股票指数是由上海证券交易所依据在交易所上市的所有股票价格而编制的。上海证券交易所吸取了美国、日本等国家及中国香港和台湾地区股价指数编制经验，采用了市场价格总额加权计算法，以正式开业日——1990 年 12 月 19 日为基期，并以股票发行量为权数进行编制。上证综合指数的计算公式为

$$本日股价指数 = \frac{本日市价总值}{基期的市价总值} \times 100 \tag{6.59}$$

具体计算方法：以当时基期和计算日 8 种股票的收盘价（如当日未成交，沿用上一日收盘价）分别乘以发行股数，相加以后求得基期和计算日的市价总值，再相除后即得股价指数。但如遇上市股票增资扩股或新增（剔除），则需进行相应修正，其计算公式调整为

$$新基准市价总值 = \frac{修正前市价总值 + 市价总值变动额总值}{修正前市价总值} \times 修正前基准市价总值 \quad (6.60)$$

$$本日股价指数 = \frac{本日市价总值}{新基准市价总值} \times 100 \quad (6.61)$$

其特点如下。

（1）以上海证券交易所挂牌上市的全部股票作为编制对象。

（2）以发行量作为权数。

（3）指数基期为 100 点。

2．深圳综合股票指数

深圳综合股票指数是由深圳证券交易所编制的股票指数，以 1991 年 4 月 3 日为基期，基期指数为 100。该股票指数的计算方法基本与上海证券交易所指数相同，其样本为所有在深圳证券交易所挂牌上市的股票，权数为股票的总股本。如果样本股的股本有变动，以变动之日为新基日，以新基数进行计算。

现深圳证券交易所并存两个股票指数：一个是老指数，即深圳综合指数；另一个是现在的成分股指数。后者也是由深圳证券交易所编制，并于 1995 年 2 月 20 日正式公布。深圳成分股指数的编制方法是通过对所有上市公司进行考察，按一定标准选出一定数量的具有代表性的上市公司，采用成分股的可流通股数为权数，用帕氏加权股价指数为计算公式，进行综合计算编制的。其计算公式为

$$报告期指数 = \frac{报告期市价总值}{基日市价总值} \times 100 \quad (6.62)$$

调整方法为：

$$今日即时指数 = 上日收市股价指数 \times \frac{今日现时总市值}{上日收市总市值} \quad (6.63)$$

其特点如下。

（1）以上市的全部股票为编制对象，纳入指数计算范围。

（2）以发行量作为权数。

（3）指数基期为 100 点。

本章小结

统计指数是用来分析社会经济现象数量变动的对比性指标。狭义的指数是一种特殊的相对数，即用来说明不能直接相加的复杂社会经济现象综合变动程度的相对数。

综合指数方法的特点是先综合后对比。编制必须明确指数化指标和同度量因素，作为同度量因素的指标可固定不同时期。拉氏指数将同度量因素固定在基期水平上；帕氏指数将同度量因素固定在报告期水平上。通常情况下，数量指标指数按拉氏公式计算，质量指标指数按帕氏公式计算。

平均数指数方法的特点是先对比后平均。编制必须明确平均的方法和权数的确定。平均方法有算术平均数指数和调和平均数指数两种形式。通常情况下，算术平均数指数用基期总值来加权；调和平均数指数用报告期总值来加权。

指数的因素分析是对现象总值变动中各个因素变动的影响程度，利用综合指数体系，从相对数和绝对数两个方面，分析现象总变动中数量和质量的影响的因素分析。相对数就是各因素的指数，绝对数是因素指数的分子与分母指标之差。

总平均数指数是对总体平均指标相对变动的测定，包括可变构成指数、固定构成指数、结构影响指数。利用这三种指数构成的体系，分析现象总体平均指标变动受各组平均水平和各组结构变动的影响程度。

指数体系因素分析方法可以应用于相对数指标、多因素指标以及总值指标与平均指标综合变动的分析。指数体系可用于编制指数数列以分析现象的动态变化趋势，包括环比指数数列和定基指数数列，按数列中同度量因素的固定与否还包括可变权数与不变权数的指数数列。

常用指数的编制方法包括居民消费价格指数、商品零售价格指数、工业品价格指数和股票价格指数。

思考与练习

1．什么是统计指数？它有哪些性质？举例说明什么是数量指标指数和质量指标指数？

2．什么是总指数？总指数有哪两种计算方法？加权综合指数和加权平均指数有何区别与联系？

3．编制加权指数时，确定权数需要考虑哪几个方面的问题？

4．什么是同度量因素？它所起的作用是什么？编制数量指标指数和质量指标指数时如何确定同度量因素及其时期？

5．综合指数的同度量因素也是一种"权数"，它与平均数指数的权数有何不同？

6．拉氏指数和帕氏指数各有什么特点？

7．为什么说综合指数与平均数指数是两种独立的总指数编制方法？在何种条件下，两种指数形式相互之间可能存在"变形"关系？

8．平均指标的可变构成指数、结构变动影响指数和固定构成指数三者在分析意义上有何区别？在数量上有何联系？

9．什么是指数体系？进行指数分析所依据的指数体系有什么特点？

10．居民消费价格指数有哪些作用？

11．某超市报告期与基期三种商品价格及销售量资料如表 6-18 所示。

表 6-18 某超市报告期与基期三种商品价格及销售量表

商品名称	计量单位	销售量		价格/元	
		基期 q_0	报告期 q_1	基期 p_0	报告期 p_1
甲	件	1 300	2 400	240	300
乙	双	3 000	4 000	100	120
丙	套	4 000	4 800	90	100

根据表 6-18 资料列表计算：

（1）报告期与基期相比，三种商品总销售额增长的百分比和绝对额各是多少？

（2）采用拉氏指数公式计算三种商品的销售量综合指数及由于销售量变动而影响的绝对额。

（3）采用帕氏指数公式计算三种商品的价格综合指数及由于价格变动而影响的绝对额。

12．某企业总产值及产量增长的速度资料如表6-19所示。

表6-19　某企业总产值及产量增长速度表

产品名称	总产值/万元		产量增长速度/%
	基　期	报　告　期	
甲	120	150	10
乙	200	210	5
丙	400	440	20

根据资料，列表计算：产量指数；物价指数；由于物价变动所引起的总产值的增加额或减少额。

13．某药业公司某年第三季度和第四季度三种药品的销售数据如表6-20所示。

表6-20　某药业公司某年第三季度和第四季度三种药品销售数据表

药品名称	销售额/万元		第四季度与第三季度相比价格提高（+）或下降（-）的百分比/%
	第三季度	第四季度	
甲	150	155	5
乙	220	180	-4
丙	90	100	7

根据表中资料列表计算：

（1）三种药品的价格综合指数，适合采用加权综合指数形式还是加权平均指数形式？

（2）计算三种药品总销售额增长的百分比以及变动额。

（3）用第四季度的销售额作为权数，计算三种药品的价格综合指数以及由于价格变动而影响的销售额。

（4）利用指数体系的关系推算三种药品的销售量综合指数，以及由于销售量变动而影响的销售额。

第七章 概 率 统 计

学习目的

本章阐述概率论与数理统计的基本概念和基本结论，要求掌握概率的基本概念和基本性质；掌握古典概率的计算，理解条件概率的概念，掌握概率的乘法公式、全概率公式及贝叶斯公式；理解事件独立性概念，会计算相互独立事件的有关概率；掌握一维随机变量及其分布的概念和特性；了解多维随机变量及其分布的概念和特性；掌握随机变量的数学期望和方差；了解切比雪夫定理，了解伯努利大数定理，了解独立同分布的中心极限定理；了解统计量的概念，掌握常用的统计量的计算；了解常用的统计量的分布。

第一节 随机事件和概率

一、随机事件

（一）随机试验

随机试验是具有以下特征的试验：可以在相同条件下重复进行；每次试验的结果不只一个，但结果事先可以预知；每次试验前不能确定哪个结果会出现。

（二）样本空间、样本点

随机试验 E 的所有可能结果的集合称为样本空间。试验的每一个可能结果称为样本点。全体样本点集合称为样本空间 Ω。例如：

E_1：抛一枚硬币，观察正面、反面出现的情况。

$\Omega_1=\{H,T\}$；H 表示正面，T 表示反面。

E_2：将一枚硬币抛掷 3 次，观察正面、反面出现的情况。

$\Omega_2=\{HHH,HHT,HTH,THH,HTT,THT,TTH,TTT\}$。

E_3：记录某城市 120 急救电话台一昼夜接到的呼唤次数。

$\Omega_3=\{0,1,2,3,\cdots\}$。

E_4：在一批灯泡中任意抽取一个，测试它的寿命。

$\Omega_4=\{t \mid t\geq0\}$。

（三）随机事件

随机试验 E 的样本空间 Ω 的子集称为试验的随机事件，简称事件，用大写字母 $A,B,C,\cdots$ 表示。在每次试验中，当且仅当这一子集中的一个样本点出现时，称这一事件发生。例如：

在 E_2 中事件 A_1："第一次出现的是 H"，即 $A_1=\{HHH,HHT,HTH,HTT\}$；

事件 A_2："三次出现同一面"，即 $A_2=\{HHH,TTT\}$；

在 E_4 中事件 A_3："寿命小于 1 000 小时"，即 $A_3=\{t \mid 0 \leqslant t < 1\ 000\}$。

由一个样本点组成的单点集，称为基本事件。由两个或两个以上样本点组成的集合，称为复合事件。

样本空间 Ω 包含所有的样本点，它是 Ω 自身的子集，在每次试验中它总是发生的，称为必然事件。

空集 $\varnothing$ 不包含任何样本点，它也是样本空间的子集，它在每次试验中都不发生，称为不可能事件。

（四）事件间的关系

包含关系：$A \subset B$ 或 $B \supset A$，称事件 B 包含事件 A，即事件 A 发生必然导致事件 B 发生。

相等关系：$A \subset B$ 且 $B \supset A$，即 $A=B$，称事件 A 与事件 B 相等。

和关系：$A \cup B$，表示 A,B 两事件中至少有一个发生；$\bigcup\limits_{k=1}^{n} A_k$ 表示 n 个事件 $A_1, A_2, \cdots, A_n$ 中至少有一个发生。

差关系：$A-B$，表示事件 A 发生，而事件 B 不发生。

积关系：$A \cap B$，也记作 AB，表示 A 与 B 都发生；$\bigcap\limits_{k=1}^{n} A_k$ 表示 n 个事件 $A_1, A_2, \cdots, A_n$ 都发生。

互不相容（或互斥）关系：$AB=\varnothing$，即事件 A 与事件 B 不能同时发生；若 n 个事件 $A_1, A_2, \cdots, A_n$ 的任意两个事件不能同时发生，则称 $A_1, A_2, \cdots, A_n$ 互不相容。

互为对立（互逆）关系：若 $A \cup B=S$，且 $AB=\varnothing$，则事件 A 与事件 B 互逆。记 $B=\overline{A}$，且有 $A+\overline{A}=S$，$A\overline{A}=\varnothing$。

（五）事件间的运算

在进行运算时，经常要用到下述定律。设 A,B,C 为事件，则有

交换律：$A \cup B=B \cup A$；$A \cap B=B \cap A$

结合律：$A \cup (B \cup C)=(A \cup B) \cup C$；$A \cap (B \cap C)=(A \cap B) \cap C$

分配律：$A \cup (B \cap C)=(A \cup B) \cap (A \cup C)$；$A \cap (B \cup C)=(A \cap B) \cup (A \cap C)$

德·摩根律：$\overline{A \cup B}=\overline{A} \cap \overline{B}$；$\overline{A \cap B}=\overline{A} \cup \overline{B}$

对于 n 个事件，德·摩根律也成立。

二、概率

对于一个随机事件 A（除必然事件和不可能事件外），它在一次试验中可能发生，也可能不发生。人们希望知道的是事件 A 在一次试验中发生的可能性。

用一个数 $P(A)$ 来表示该事件发生的可能性大小，这个数 $P(A)$ 就称为随机事件 A 的概率。人们希望找到一个数来表示 $P(A)$。

（一）古典概率

所谓事件 A 的概率，是指事件 A 发生可能性程度的数值度量，记为 $P(A)$。规定 $P(A) \geqslant 0$，$P(\Omega) = 1$。满足下列两个条件的试验模型称为古典概率：

（1）所有基本事件是有限个。

（2）各基本事件发生的可能性相同。

在古典概率中，设其样本空间 Ω 所含的样本点总数，即试验的基本事件总数为 N_Ω，而事件 A 所含的样本数，即有利于事件 A 发生的基本事件数为 N_A，则事件 A 的概率便定义为

$$P(A) = \frac{N_A}{N_\Omega} = \frac{A包含的基本事件数}{基本事件总数} \tag{7.1}$$

古典概率具有下列性质：

若 $A \subset B$，则 $P(B-A) = P(B) - P(A)$，即差的概率等于概率之差。

若 $A \subset B$，则 $P(A) \leqslant P(B)$，即概率的单调性。

$P(A) \leqslant 1$，对任意事件 A，$P(\overline{A}) = 1 - P(A)$。

对任意事件 A,B，有 $P(A \cup B) = P(A) + P(B) - P(AB)$。

【例 7-1】设事件 A,B 相对独立，$P(B) = 0.5$，$P(A-B) = 0.3$，求 $P(B-A)$ 的值。

解： $P(A-B) = P(A) - P(AB) = P(A) - P(A)P(B)$

$$= P(A) - 0.5P(A) = 0.5P(A)$$

由已知得：$0.5P(A) = 0.3$

解得
$$P(A) = 0.6$$
$$P(B-A) = P(B) - P(AB) = 0.5 - 0.5P(A) = 0.2$$

（二）概率的统计定义

在相同条件下，进行了 n 次试验，在这 n 次试验中，事件 A 发生的次数 n_A 称为事件 A 发生的频数。比值 n_A/n 称为事件 A 发生的频率，并记成 $f_n(A)$。

历史上有人做过抛硬币的实验，结果如表 7-1 所示。

表 7-1 抛硬币实验

实 验 者	实验的次数	实验中出现正面的次数	正面出现的频率
德摩根	2 048	1 061	0.518 1
蒲丰	4 040	2 048	0.506 9
K.皮尔逊	12 000	6 019	0.501 6
K.皮尔逊	24 000	12 012	0.500 5

从表 7-1 可以看出，抛硬币次数较小时，频率在 0 与 1 之间随机波动，幅度较大，但随着实验次数增大，频率呈现出稳定性，即当实验次数逐渐增大时，频率总是在 0.5 附近摆动并逐渐稳定在 0.5。

大量实验证实，当重复试验的次数逐渐增大时，频率呈现出稳定性，逐渐稳定于某个常数。当 n 足够大时，$f_n(A) \approx P(A)$。

由于事件发生的频率表示 A 发生的频繁程度，频率大，事件 A 的发生就频繁，这意味

着 A 在一次试验中发生的可能性就大。

当 n 增大时，频率在概率附近摆动。因此，每一个从独立重复试验中测得的频率，都可以作为概率 $P(A)$ 的近似值。

由定义，易见频率具有下述基本性质：

（1）$0 \leqslant f_n(A) \leqslant 1$；

（2）$f_n(\Omega) = 1$；

（3）若 $A_1, A_2, \cdots, A_k$ 是两两互不相容的事件，则

$$f_n(A_1 \cup A_2 \cup \cdots \cup A_k) = f_n(A_1) + f_n(A_2) + \cdots + f_n(A_k)$$

三、概率的性质

设 E 是随机试验，Ω 是它的样本空间。对 E 的每一事件 A 赋予一个实数，记为 $P(A)$，称为事件 A 的概率。如果集合函数 $P(*)$ 满足下列条件：

（1）非负性。对于任何事件 A，有 $0 \leqslant P(A) \leqslant 1$。

（2）规范性。对于必然事件 Ω 和不可能事件 $\varnothing$，有 $P(\Omega) = 1$，$P(\varnothing) = 0$。

（3）有限可加性。对于任意有限个或可数事件 $A_1, A_2, \cdots, A_n$，若它们两两互不相容，即对于 $i \neq j$，$A_i A_j = \varnothing$，$i, j = 1, 2, \cdots$，则有 $P(\bigcup_{k=1}^{n} A_k) = \sum_{k=1}^{n} P(A_k)$。

可见，在公理化定义中只规定了概率应满足的性质，而不具体规定出它的计算公式或计算方法。另外还有以下性质：

加法公式：对于任意事件 A 和 B，有

$$P(A + B) = P(A) + P(B) - P(AB)$$

特别地，当 $AB = \varnothing$ 时，有

$$P(A + B) = P(A) + P(B)$$

此式还能推广到多个事件发生的情况，如设 A、B、C 为三个任意事件，则有

$$P(A + B + C) = P(A) + P(B) + P(C) - P(AB) - P(AC) - P(BC) + P(ABC)$$

四、条件概率

（一）条件概率问题的提出

条件概率是概率论中一个重要且实用的概念。所考虑的是事件 A 已经发生的条件下事件 B 发生的概率。

【例 7-2】将一枚硬币抛掷两次，观察其出现正反面的情况。设事件 A 为"至少有一次为正面"，事件 B 为"两次掷出同一面"。求已知事件 A 已经发生的条件下事件 B 发生的概率。

解： 根据题意，假设 H 代表出现正面，T 代表出现反面，则样本空间 $S = \{HH, HT, TH, TT\}$，$A = \{HH, HT, TH\}$，$B = \{HH, TT\}$。已知事件 A 已经发生，则 TT 不可能发生，即实验所有可能结果的集合就是事件 A。A 中有 3 个元素，其中只有 $HH \in B$，则在事件 A 发生的条件下事件 B 发生的概率（记为 $P(B|A)$）为

$$P(B \mid A) = \frac{1}{3}$$

这里，$P(B) = \frac{2}{4} \neq P(B \mid A)$，因为在求 $P(B \mid A)$ 时，我们限制了在事件 A 已经发生的条件下考虑事件 B 发生的概率。

又因为，$P(A) = \frac{3}{4}$，$P(AB) = \frac{1}{4}$，$P(B \mid A) = \frac{1}{3} = \frac{1/4}{3/4}$

所以，$P(B \mid A) = \dfrac{P(AB)}{P(A)}$

对于一般古典概率型问题，假设试验的基本事件总数为 n，A 所包含的基本事件数为 m（$m > 0$），AB 所包含的基本事件数为 k，即有

$$P(B \mid A) = \frac{k}{m} = \frac{k/n}{m/n} = \frac{P(AB)}{P(A)}$$

（二）条件概率的定义

一般地，因为增加了"事件 B 已发生"的条件，所以 $P(A \mid B) \neq P(A)$。设 A,B 为两个事件，且 $P(B) > 0$，则称 $\dfrac{P(AB)}{P(B)}$ 为事件 B 发生条件下事件 A 发生的条件概率，记为

$$P(A \mid B) = \frac{P(AB)}{P(B)} \tag{7.2}$$

（1）非负性。对于任何事件 A，有 $P(A \mid B) \geqslant 0$。

（2）规范性。对于必然事件 Ω，有 $P(\Omega \mid B) = 1$。

（3）有限可加性。设 $A_1, A_2, \cdots$ 为两两互不相容的事件，即对于 $i \neq j$，$A_i A_j = \varnothing$，$i, j = 1, 2, \cdots$，则有 $P\left(\sum\limits_{i=1}^{\infty} A_i \mid B\right) = \sum\limits_{i=1}^{\infty} P(A_i \mid B)$。

因此可以验证，条件概率满足概率定义中的三个条件，所以条件概率也是概率，前面对概率所列示的一些重要结果都适用于条件概率。

条件概率是在试验 E 的条件上加上一个新条件（如 B 发生）求事件（如 A）发生的概率。条件概率 $P(A \mid B)$ 与 $P(A)$ 的区别就是在 E 的条件上增加了一个新条件。而无条件概率是没有增加新条件的概率。

乘法公式：对于任意事件 A,B，有

$$P(AB) = P(B)P(A \mid B) \quad （此时 P(B) \neq 0）$$

或

$$P(AB) = P(A)P(B \mid A) \quad （此时 P(A) \neq 0）$$

此式也可推广到多个事件的积事件的情况，例如 A,B,C 为事件，且 $P(AB) > 0$，则有

$$P(ABC) = P(C \mid AB)P(B \mid A)P(A)$$

【例 7-3】 在 6 张卡片上分别写上 active 这 6 个字母，从中任取 3 张，求其排列结果为 act 的概率。

解： 设 A 表示取得的字母为 a 事件，C 表示取得的字母为 c 事件，T 表示取得的字

为 t 事件，则所求概率为

$$P(ACT)=P(T|AC)P(C|A)P(A)=\frac{1}{120}$$

（三）全概率公式

在概率中，还经常利用已知的简单事件的概率，推算出未知的复杂事件的概率。为此，常需把一个复杂事件分解为若干个互不相容的简单事件的和，再由简单事件的概率求得最后结果，这就需要用到全概率公式。

全概率公式是概率论的一个重要公式，应用全概率公式的关键是建立样本空间的正确划分（即构造一个正确的完备事件组），然后计算各个概率和条件概率，最后代入全概率公式。它是求复杂事件概率的有力工具。

样本空间划分的定义：设 Ω 为试验 E 的样本空间，$A_1,A_2,\cdots,A_n$ 为 E 的一组事件。若

（1）$A_iA_j=\varnothing$，$i\neq j$，$i,j=1,2,\cdots,n$；

（2）$A_1\cup A_2\cup\cdots\cup A_n=\Omega$；

则称 $A_1,A_2,\cdots,A_n$ 为样本空间 Ω 的一个划分（完备事件组）。

全概率公式：事件 $A_1,A_2,\cdots,A_n$ 两两互不相容，且 $B\subset\sum\limits_{i=1}^{n}A_i$，则

$$P(B)=\sum_{i=1}^{n}P(A_i)P(B|A_i) \tag{7.3}$$

在很多实际问题中，若事件 B 发生概率的计算比较困难，则可利用全概率公式转为寻求划分 $A_1,A_2,\cdots,A_n$ 及计算 $P(A_i)$ 和 $P(B|A_i)$ 的问题。

【例 7-4】从数 $1,2,3,4$ 中任取一个数，记为 X，再从 $1,\cdots,X$ 中任取一个数，记为 Y，求 $P\{Y=2\}$ 的值。

解： 本题涉及两次随机试验，应用全概率公式，且第一次试验的各种两两互不相容的结果即为完备事件组成或样本空间的划分。

$$P\{Y=2\}=P\{X=1\}P\{Y=2|X=1\}+P\{X=2\}P\{Y=2|X=2\}$$
$$+P\{X=3\}P\{Y=2|X=3\}+P\{X=4\}P\{Y=2|X=4\}$$

$$=\frac{1}{4}\times\left(0+\frac{1}{2}+\frac{1}{3}+\frac{1}{4}\right)=\frac{13}{48}$$

【例 7-5】某电子设备厂所用的元件是由三家元件制造厂提供的，据以往的记录有表 7-2 所示的数据。

表 7-2 三家元件制造厂对比

元件制造厂	次 品 率	提供元件的份额
1	0.02	0.15
2	0.01	0.80
3	0.03	0.05

设这三家工厂的产品在仓库中是均匀混合的，且无区别的标志。求在仓库中随机地取一只元件，求它是次品的概率。

解： 设 A 表示取到的是一只次品，$B_i(i=1,2,3)$ 表示取到的产品是由第 i 家工厂提供的。B_1, B_2, B_3 是样本空间的一个划分，且有

$$P(B_1) = 0.15, \quad P(B_2) = 0.80, \quad P(B_3) = 0.05$$
$$P(A|B_1) = 0.02, \quad P(A|B_2) = 0.01, \quad P(A|B_3) = 0.03$$

由全概率公式有

$$P(A) = P(A|B_1)P(B_1) + P(A|B_2)P(B_2) + P(A|B_3)P(B_3) = 0.012\,5$$

（四）贝叶斯（Bayes）公式

设 A 为样本空间 Ω 的事件，$B_1, B_2, \cdots, B_n$ 为 Ω 的一个划分，且 $P(A) > 0$，$P(B_i) > 0$ $(i = 1,2,\cdots,n)$，则

$$p(B_i|A) = \frac{P(AB_i)}{P(A)} = \frac{P(A|B_i)P(B_i)}{P(A)} = \frac{P(A|B_i)P(B_i)}{\sum\limits_{i=1}^{n} P(A|B_i)P(B_i)} \tag{7.4}$$

式（7.4）称为贝叶斯（Bayes）公式。贝叶斯公式往往与全概率公式同时使用。

若把 A 视为观察的"结果"，把 $B_1, B_2, \cdots, B_n$ 理解为"原因"，全概率公式用于"由因求果"问题，则贝叶斯公式反映了"因果"的概率规律，并做出了"由果索因"的推断。在使用时要分清是什么问题，确定应用哪个公式。

贝叶斯公式在概率论和数理统计中有着多方面的应用。假定 $B_1, B_2, \cdots$ 是导致试验结果的"原因"，$P(B_i)$ 称为先验概率，它反映了各种"原因"发生的可能性大小，一般是以往经验的总结，在这次试验前已经知道。现在若试验产生了事件 A，这个信息将有助于探讨事件发生的"原因"。条件概率 $P(B_i|A)$ 称为后验概率，它反映了试验之后对各种"原因"发生的可能性大小的新认识。

例如，在医疗诊断中，有人为了诊断病人到底是患了病情 $B_1, B_2, \cdots, B_n$ 中的哪一种，对病人进行观察与检查，确定了某个指标 A（例如是体温、脉搏、血液中转氨酶含量等），他想用这类指标来帮助诊断。这时就可以用贝叶斯公式来计算有关概率。首先，必须确定先验概率 $P(B_i)$，这实际上是确定病人患各种疾病的可能性大小，以往的资料可以给出一些初步数据；其次，是要确定 $P(A|B_i)$，这里当然主要依靠医学知识。有了它们，利用贝叶斯公式就可算出 $P(B_i|A)$。显然，对应于较大 $P(B_i|A)$ 的"病因"B_i，应多加考虑。在实际工作中，检查的指标 A 一般有多个，综合所有的后验概率，当然会对诊断有很大帮助。在实现计算机自动诊断或辅助诊断中，该方法是有实用价值的。

先验概率是指根据以往经验和分析得到的概率，如全概率公式 $P(A) = \sum\limits_{i=1}^{n} P(B_i)P(A|B_i)$ 中的 $P(B_i)$，它往往作为"由因求果"问题中的"因"出现。后验概率是指在得到"结果"的信息后重新修正的概率，如贝叶斯公式 $P(B_i|A) = P(A|B_i)P(B_i)/P(A)$ 中的 $P(B_i|A)$，是"执果寻因"问题中的"因"。

先验概率与后验概率有不可分割的联系，后验概率的计算要以先验概率为基础。如求 $P(B_i|A)$ 要先求 $P(A)$，一定要知道 $P(A|B_i)$。

【例 7-6】 某船只运输的物品有三种损坏的情况：损坏 2% 记为事件 A，损坏 10% 记为

事件 B，损坏 90%记为事件 C，且知 $P(A)=0.8,P(B)=0.15,P(C)=0.05$。现从已运输的物品中随机取 3 件，发现这 3 件物品都是好的，该事件记为 D。试求：（1）若取到 3 件物品都是好的，物品损坏 2%的概率；（2）若取到 3 件物品都是好的，物品损坏 10%的概率；（3）若取到 3 件物品都是好的，物品损坏 90%的概率。

解：

（1） $P(A|D) = \dfrac{P(D|A)P(A)}{P(D|A)P(A)+P(D|B)P(B)+P(D|C)P(C)}$

$= \dfrac{0.98^3 \times 0.8}{0.98^3 \times 0.8 + 0.9^3 \times 0.15 + 0.1^3 \times 0.05}$

$= 87.31\%$

（2） $P(B|D) = \dfrac{P(D|B)P(B)}{P(D|A)P(A)+P(D|B)P(B)+P(D|C)P(C)}$

$= \dfrac{0.9^3 \times 0.15}{0.98^3 \times 0.8 + 0.9^3 \times 0.15 + 0.1^3 \times 0.05}$

$= 12.68\%$

（3） $P(C|D) = \dfrac{P(D|C)P(C)}{P(D|A)P(A)+P(D|B)P(B)+P(D|C)P(C)}$

$= \dfrac{0.1^3 \times 0.05}{0.98^3 \times 0.8 + 0.9^3 \times 0.15 + 0.1^3 \times 0.05}$

$= 0.01\%$

【例 7-7】设某工厂甲、乙、丙三个车间生产同一种产品，产量依次占全厂产量的 45%、35%和 20%，且各车间的次品率依次为 4%、2%和 5%。现在从待出厂产品中检查出 1 个次品，问该产品由哪个车间生产的可能性较大？

解： 设 A 表示产品为次品的事件，B_1、B_2、B_3 分别表示产品由甲、乙、丙车间生产的事件，则由 $P(B_1)=45\%$ ，$P(B_2)=35\%$ ，$P(B_3)=20\%$ ，$P(A|B_1)=4\%$ ，$P(A|B_2)=2\%$ ，$P(A|B_3)=5\%$ ，得

$$P(A) = P(B_1)P(A|B_1) + P(B_2)P(A|B_2) + P(B_3)P(A|B_3) = 0.035$$

于是有

$$P(B_1|A) = \frac{P(B_1)P(A|B_1)}{P(A)} = \frac{0.45 \times 0.04}{0.035} \approx 0.514$$

$$P(B_2|A) = \frac{P(B_2)P(A|B_2)}{P(A)} = \frac{0.35 \times 0.02}{0.035} \approx 0.200$$

$$P(B_3|A) = \frac{P(B_3)P(A|B_3)}{P(A)} = \frac{0.20 \times 0.05}{0.035} \approx 0.286$$

可知该产品由甲车间生产的可能性最大。

五、独立试验概型

设事件 A 和 B 满足 $P(AB) = P(A)P(B)$ ，则称事件 A 和 B 是相互独立的。

若事件 A 和 B 相互独立，且 $P(A) > 0$ ，则有 $P(B|A) = \dfrac{P(AB)}{P(A)} = \dfrac{P(A)P(B)}{P(A)} = P(B)$ 。

在实际问题中，常常不是根据定义来判断事件的独立性，而是由独立性的实际含义，即一个事件发生并不影响另一个事件发生的概率来判断两事件的相互独立性。

在实际应用中，事件的独立性往往不是由定义而是由问题的实际意义来判断。如 A 和 B 分别表示甲、乙两人患感冒，如果甲、乙两人的活动范围相距甚远，就认为 A 和 B 相互独立；如果甲、乙两人同是住在一个房间里的，那就不能认为 A 和 B 相互独立。事件的独立性对于计算事件的概率有很大作用，特别是复杂事件的概率在满足事件相互独立这一条件时，计算起来会十分简便。

【例 7-8】 三人独立地去破译密码，已知每人能译出的概率分别为 1/5、1/3、1/4。求三人中至少有一人能将此密码译出的概率。

解： 设 A 表示甲能译出密码，B 表示乙能译出密码，C 表示丙能译出密码，所求概率为 $P(A+B+C)$。

$$P(A+B+C) = P(A)+P(B)+P(C) - P(AB) - P(AC) - P(BC)+P(ABC)$$

由于三人独立破译密码，上式为

$$P(A+B+C) = P(A)+P(B)+P(C) - P(A)P(B) - P(A)P(C) - P(B)P(C)+P(A)P(B)P(C)$$

$$= \frac{1}{5}+\frac{1}{3}+\frac{1}{4}-\frac{1}{5}\times\frac{1}{3}-\frac{1}{5}\times\frac{1}{4}-\frac{1}{3}\times\frac{1}{4}+\frac{1}{5}\times\frac{1}{3}\times\frac{1}{4}=\frac{3}{5}$$

对于两事件独立与两事件互斥，这两个概念并无必然的联系。两事件 A、B 独立，则 A、B 中任一个事件的发生与另一个事件的发生无关；而两事件互斥，则其中任一个事件的发生必然导致另一个事件不发生，所以说，两事件的发生是有影响的。

对于三个以上事件的相互独立，也不能因为多事件中两两事件之间的独立而自然推断出多个事件的相互独立。

第二节 一维随机变量及其分布

一、随机变量的概念

引入随机变量是研究随机现象统计规律的需要。为了揭示随机现象的统计规律性，人们将随机试验的结果与实数对应起来，将随机试验的结果数量化，从而引入随机变量的概念。

在随机现象中，有很大一部分问题与数值发生关系。例如，在产品检验问题中，人们关心的是抽样中出现的废品数；在车间供电问题中，人们关心的是某时刻正在工作的车床数；在电话问题中，人们关心的是某段时间中的话务量，它与呼叫的次数及各次呼叫占用交换设备的时间长短有关。此外，如测量时的误差、气体分子运动的速度、信号接收机所收到的信号（用电压表示或数字表示）的大小等都与数值有关。

有些初看起来与数值无关的随机现象，也常常能用数值来描述。例如在掷硬币问题中，每次出现的结果为正面或反面，与数值没有关系。但是可以用下面的方法使它与数值联系起来：当出现正面时对应数"1"，而出现反面时对应数"0"。为了计算 n 次投掷中出现的正面数，就只需计算其中"1"出现的次数。

一般地，如果 A 为某个随机事件，则一定可以通过如下函数使它与数值发生联系：

$$I_A = \begin{cases} 1, & \text{如果 } A \text{ 发生} \\ 0, & \text{如果 } A \text{ 不发生} \end{cases}$$

这些例子中，试验的结果能用一个数 X 来表示，这个数 X 是随着试验的结果不同而变化的，也即它是样本点的一个函数，这种量以后被称为随机变量。下面就来考虑应当如何给这种量以严格的数学定义。

正如对随机事件一样，人们所关心的不仅是试验会出现的结果，更重要的是要知道这些结果将以怎样的概率出现，即对随机变量不但要知道它取什么数值，而且要知道它取这些数值的概率。

例如，试验是将一枚硬币抛掷 3 次，观察正面 H、反面 T 出现的情况，随机变量 X 是出现正面的次数，结果如表 7-3 所示。

表 7-3　随机变量 X 的试验结果

样本点	HHH	HHT	HTH	THH	HTT	THT	TTH	TTT
X 的值	3	2	2	2	1	1	1	0

我们注意到，随机变量的取值随试验的结果而定，而试验的各个结果出现有一定的概率，因而随机变量的取值有一定的概率。例如，当且仅当事件 $A=\{HHT,HTH,THH\}$ 发生时，有 $\{X=2\}$，而且 $P(A) = 3/8$，则 $P\{X = 2\} = 3/8$。

二、随机变量的分布

（一）概率分布

一般地，若 L 是一个实数集合，将 X 在 L 上的取值写成 $\{X\in L\}$，它表示事件 $B=\{e \mid X(e)\in L\}$，即 B 是由 Ω 中使得 $X(e)\in L$ 的所有样本点 e 所组成的事件，此时有 $P\{X\in L\}=P(B)=P\{e \mid X(e)\in L\}$。$P\{X\in L\}$ 称为随机变量 X 的概率分布。

（二）分布函数

设 X 是一个随机变量，x 是任意实数，函数

$$F(x) = P\{X \leqslant x\} = P\{e|X(e)\in(-\infty,x)\} \tag{7.5}$$

称为 X 的分布函数。

（三）分布函数的性质

分布函数 $F(x)$ 具有下列性质。

（1）$F(x)$ 是一个不减函数，即对于任意实数 x_1, x_2 $(x_1 < x_2)$，有

$$F(x_1) \leqslant F(x_2)$$

（2）$F(-\infty) = \lim_{x \to -\infty} F(x) = 0$，$F(+\infty) = \lim_{x \to +\infty} F(x) = 1$。

（3）$F(x)$ 是右连续的，即 $F(x+0) = F(x)$。

三、离散型随机变量的概率分布

如果随机变量 X 的取值是有限个或可列无限多个，则称 X 为离散型随机变量。变量 X 取其各个可能值 x_k（$k = 1,2,\cdots$）的概率 $P\{X = x_k\} = p_k$，称为离散型随机变量 X 的概率函数（概率分布或分布律）。分布律也可以用表格的形式来表示（见表 7-4），称为随机变量 X 的分布数列。

表 7-4 分布律表

X	x_1	x_2	$\cdots$	x_n	$\cdots$
p_k	p_1	p_2	$\cdots$	p_n	$\cdots$

有了分布数列，可以通过下式求得分布函数：

$$F(x) = P\{X \leqslant x\} = \sum_{x_k \leqslant x} P\{X = x_k\} = \sum_{x_k \leqslant x} p_k \tag{7.6}$$

显然，这时 $F(x)$ 是一个跳跃函数，可以用分布数列或分布函数来描述离散型随机变量。

【例 7-9】 设一辆汽车在开往目的地的道路上需经过四组信号灯，每组信号灯以 1/2 的概率允许或禁止汽车通过。以 X 表示汽车首次停下时，它已通过的信号灯的组数（设各组信号灯的工作是相互独立的），求 X 的概率分布。

解： 以 p 表示每组信号灯禁止汽车通过的概率，易知 X 的分布律如表 7-5 所示。

表 7-5 X 分布律表

X	0	1	2	3	4
p_k	p	$(1-p)p$	$(1-p)^2p$	$(1-p)^3p$	$(1-p)^4$

或写成： $P\{X=k\}=(1-p)^k p$（$k = 0,1,2,3$），$P\{X=4\} = (1-p)^4$

将 $p = 1/2$ 代入，计算结果如表 7-6 所示。

表 7-6 计算结果

X	0	1	2	3	4
p_k	0.5	0.25	0.125	0.062 5	0.062 5

典型的离散型随机变量的分布包括 0-1 分布、二项分布、泊松分布等。

（一）0-1 分布

设随机变量 X 只可能取 0 和 1 两个值，它的分布律是

$$P\{X = k\} = p^k(1-p)^{1-k}, k = 0,1 \ (0 < p < 1) \tag{7.7}$$

则称 X 服从 0-1 分布或两点分布。

例如，对新生婴儿的性别进行登记，检查产品的质量是否合格，某车间的电力消耗是否超过负荷，以及前面多次讨论过的"抛硬币"试验等都可以用 0-1 分布的随机变量来描述。0-1 分布是经常遇到的一种分布。

（二）二项分布

设试验 E 只有两个可能的结果：A 及 $\overline{A}$，则称 E 为伯努利试验。设 $P(A)=p$（$0<p<1$），此时 $P(\overline{A})=1-p$。将 E 独立重复地进行 n 次，则称这一串重复的独立试验为 n 重伯努利试验。

考虑 n 重伯努利试验中，事件 A 恰出现 k 次的概率。以 X 表示 n 重伯努利试验中事件 A 发生的次数，X 是一个随机变量。X 所有可能取的值为 $0,1,2,\cdots,n$。由于各次试验是相互独立的，故在 n 次试验中，事件 A 发生 k 次的概率为

$$P\{X=k\}=\binom{n}{k}p^k q^{n-k} \quad (k=0,1,2,\cdots,n) \tag{7.8}$$

显然，$b(k;n,p)=\sum_{k=0}^{n}P\{X=k\}=\sum_{k=0}^{n}\binom{n}{k}p^k q^{n-k}=(p+q)^n$

注意到上面的和式中的通项是二项式 $(p+q)^n$ 的通项，所以称变量 X 服从参数为 n,p 的二项分布记为 $X\sim b(n,p)$。二项分布有现成的表可查。

对于固定的 n 及 p，当 k 增加时，$b(k;n,p)$ 也将随之增加并达到某极大值后又下降。此外，当概率 p 与 1/2 越接近时，分布越接近对称。

【例 7-10】一写字楼装有 5 台同类型的饮水机。设每台饮水机是否被使用是相互独立的。调查表明在任一时刻 t 每台饮水机被使用的概率为 0.1，求：

（1）恰有 2 台饮水机被使用的概率；

（2）至少有 3 台饮水机被使用的概率。

解：以 X 表示同一时刻被使用的设备的个数，则 $X\sim b(5,0.1)$

（1）$P(X=2)=C_2^2 0.1^2 (1-0.1)^3=72.9\%$

（2）$P(X\geqslant 3)=P(X=3)+P(X=4)+P(X=5)$

$$=C_5^3 0.1^3(1-0.1)^2+C_5^4 0.1^4(1-0.1)+0.1^5=0.856\%$$

（三）泊松分布

历史上，泊松分布是作为二项分布的近似，于 1837 年由法国数学家泊松（Poisson S.D.）引入。近几十年来，泊松分布日益显示出它的重要性，成了概率论中最重要的几个分布之一。

在实际应用中许多随机现象服从泊松分布。这种情况特别集中在两个领域：一是社会生活，对服务的各种要求，诸如电话交换台中的呼叫数、公共汽车站的乘客数等都近似地服从泊松分布，因此在运筹学及管理科学中泊松分布占有很突出的地位；另一领域是物理学，放射性分裂落到某区域的质点数、显微镜下落在某区域中的血球或微生物的数目等都服从泊松分布。

设随机变量 X 所有可能取的值为 $0,1,2,\cdots$，而取各个值的概率为

$$P\{X=k\}=\frac{\lambda^k \mathrm{e}^{-\lambda}}{k!} \quad (k=0,1,2,\cdots,n) \tag{7.9}$$

其中，$\lambda>0$ 是常数，则称 X 服从参数为 λ 的泊松分布，记为 $X\sim P(\lambda)$。

易知 $P\{X=k\}\geqslant 0,k=0,1,2,\cdots$，且有

$$\sum_{k=0}^{\infty}P\{X=k\}=\sum_{k=0}^{\infty}\frac{\lambda^k \mathrm{e}^{-\lambda}}{k!}=\mathrm{e}^{-\lambda}\sum_{k=0}^{\infty}\frac{\lambda^k}{k!}=\mathrm{e}^{-\lambda}\cdot \mathrm{e}^{\lambda}=1 \quad (k=0,1,2,\cdots,n) \tag{7.10}$$

【例 7-11】一电话总机每分钟收到呼唤的次数服从参数为 4 的泊松分布，求：

（1）某一分钟恰有 8 次呼唤的概率；

（2）某一分钟的呼唤次数大于 3 的概率。

解：以 X 表示电话总机一分钟收到呼唤的次数，则 $X \sim \pi(4)$ $P\{X=k\}=\dfrac{4^k \mathrm{e}^{-4}}{k!}$，$k=0,1,2,\cdots$

（1）$P\{X=8\}=\dfrac{4^8 \mathrm{e}^{-4}}{8!}=2.98\%$

（2）$P\{X>3\}=1-\sum\limits_{k=0}^{3}P\{X=k\}=1-\sum\limits_{k=0}^{3}\dfrac{4^k \mathrm{e}^{-4}}{k!}=56.65\%$

把随机现象中事件的发生看作"流"的时候，如果事件流满足：① 平稳性，即流的发生次数只与时间间隔 Δt_0 的长短有关，而与初始时刻无关；② 无后效性，即任一时间 t_0 前流的发生与 t_0 后流的发生无关；③ 普通性，即当时间间隔 Δt 很小时，流至多发生一次，则"流"称为泊松流，其概率分布服从泊松分布。

四、连续型随机变量的概率分布

连续型随机变量的一切可能取值可以充满某个区间。因此描述连续随机变量的概率分布不能再用分布数列形式表示，从而引入随机变量的概率密度函数。

定义：如果对于随机变量 X 的分布函数 $F(x)$，存在非负可积函数 $f(x)$，使对于任意实数 x，有

$$F(x)=\int_{-\infty}^{x}f(x)\mathrm{d}x \tag{7.11}$$

则称 X 为连续型随机变量，$f(x)$ 称为 X 的概率密度函数，简称概率密度。

由定义可知，概率密度 $f(x)$ 具有以下性质：

（1）$f(x)\geqslant 0$；

（2）$\int_{-\infty}^{\infty}f(x)\mathrm{d}x=1$；

（3）对于任意实数 $x_1,x_2(x_1\leqslant x_2)$，$P\{x_1<X\leqslant x_2\}=F(x_2)-F(x_1)=\int_{x_1}^{x_2}f(x)\mathrm{d}x$；

（4）若 $f(x)$ 在点 x 处连续，则有 $F'(x)=f(x)$。

以后当提到一个随机变量 X 的"概率分布"时，指的是它的分布函数。或者，当 X 是连续型时指的是它的概率密度；当 X 是离散型时指的是它的分布律。

【例 7-12】设随机变量 X 的分布函数为

$$F(x)=\begin{cases}0 & x<1\\ \ln x & 1\leqslant x<\mathrm{e}\\ 1 & x\geqslant \mathrm{e}\end{cases}$$

求：（1）$P\{X<2\}$，$P\{0<X\leqslant 3\}$，$P\left\{2<X<\dfrac{2}{5}\right\}$；

（2）概率密度 $f(x)$。

解：（1）$P\{X<2\}=P\{X\leqslant 2\}=F(2)=\ln 2$

$P\{0<X\leqslant 3\}=F(3)-F(0)=1-0=1$

$$P\left\{2<X<\frac{2}{5}\right\}=F\left(\frac{2}{5}\right)-F(2)=\ln\frac{2}{5}-\ln 2=\ln\frac{4}{5}$$

（2）由于 $F'(x)=f(x)$，即有

$$f(x)=\begin{cases}\dfrac{1}{x}, & 1<x<\mathrm{e}\\[2mm] 0, & \text{其他}\end{cases}$$

典型的连续型随机变量的分布包括均匀分布、指数分布和正态分布等。

（一）均匀分布

设连续型随机变量 X 具有概率密度：

$$f(x)=\begin{cases}\dfrac{1}{b-a}, & a<x<b\\[2mm] 0, & \text{其他}\end{cases}\tag{7.12}$$

则称 X 在区间 (a,b) 上服从均匀分布，记为 $X\sim U(a,b)$。

相应的分布函数为

$$f(x)=\begin{cases}0, & x<a\\[1mm]\dfrac{x-a}{b-a}, & a\leqslant x<b\\[1mm] 1, & x\geqslant b\end{cases}\tag{7.13}$$

【例 7-13】设 k 在 $(0,5)$ 上服从均匀分布，求 x 的方程 $4x^2+4kx+k+2=0$ 有实根的概率。

解：x 的二次方程 $4x^2+4kx+k+2=0$ 有实根的充要条件是它的判别式

$$\Delta=(4k)^2-4\times 4(k+2)\geqslant 0$$

即 $$16(k+1)(k-2)\geqslant 0$$

解得 $$k\geqslant 2 \text{ 或 } k\leqslant -1$$

因为 k 在区间 $(0,5)$ 上服从均匀分布，其概率密度为

$$f(x)=\begin{cases}\dfrac{1}{5}, & 0<x<5\\[2mm] 0, & \text{其他}\end{cases}$$

故该二次方程有实根的概率为

$$p=P\{K\geqslant 2\}\bigcup P\{K\leqslant -1\}=P\{K\geqslant 2\}+P\{K\geqslant -1\}$$

$$=\int_2^\infty f(x)\mathrm{d}x+\int_{-\infty}^1 f(x)\mathrm{d}x=\int_2^5\frac{1}{5}\mathrm{d}x+\int_{-\infty}^1 0\mathrm{d}x=\frac{3}{5}$$

（二）指数分布

设连续型随机变量 X 的概率密度为

$$f(x)=\begin{cases}\dfrac{1}{\theta}\mathrm{e}^{-x/\theta}, & x>0\\[2mm] 0, & \text{其他}\end{cases}\tag{7.14}$$

其中，$\theta>0$ 为常数，则称 X 服从参数为 θ 的指数分布，记为 $X\sim\exp(\theta)$。

相应的分布函数为

$$F(x)=\begin{cases}1-\mathrm{e}^{-x/\theta},x>0\\0,其他\end{cases}\qquad(7.15)$$

【例 7-14】司机通过某高速公路收费站等候的时间 X（单位：min）服从参数 $\lambda=\dfrac{1}{5}$ 的指数分布。

求：某司机在此收费站等候时间超过 10min 的概率。

解：$f(x)=\begin{cases}\dfrac{1}{5}\mathrm{e}^{-\frac{1}{5}x},x>0\\0,x\leqslant 0\end{cases}$

$$P\{X>10\}=\int_{10}^{\infty}\frac{1}{5}\mathrm{e}^{-\frac{1}{5}x}\mathrm{d}x=\mathrm{e}^{-\frac{1}{5}x}\big|_{10}^{\infty}=\mathrm{e}^{-2}$$

（三）正态分布

设连续型随机变量 X 的概率密度为

$$f(x)=\frac{1}{\sqrt{2\pi}\sigma}\mathrm{e}^{-\frac{(x-\mu)^2}{2\sigma^2}}\quad(-\infty<x<\infty)\qquad(7.16)$$

其中，μ、σ（$\sigma>0$）为常数，则称 X 服从参数为 μ、σ 的正态分布或高斯（Gauss）分布，记为 $X\sim N(\mu,\sigma^2)$。

相应的分布函数为

$$F(x)=\frac{1}{\sqrt{2\pi}\sigma}\int_{-\infty}^{x}\mathrm{e}^{-\frac{(t-\mu)^2}{2\sigma^2}}\mathrm{d}t\qquad(7.17)$$

正态分布密度函数 $f(x)$ 的性质如下。

（1）曲线关于 $x=\mu$ 对称。

（2）当 $x=\mu$ 时，$f(x)$ 取到最大值。

（3）固定 σ，改变 μ，曲线沿 Ox 轴平移，而不改变其形状；固定 μ，改变 σ，当 a 越小时曲线变得越尖，因而 X 落在 μ 附近的概率越大。

特别地，当 $\mu=0$，$\sigma=1$ 时，称随机变量 X 服从标准正态分布，其概率密度和分布函数分别用 $\varphi(x)$ 和 $\Phi(x)$ 表示，即有

$$\varphi(x)=\frac{1}{\sqrt{2\pi}}\mathrm{e}^{-\frac{x^2}{2}},\quad \Phi(x)=\frac{1}{\sqrt{2\pi}}\int_{-\infty}^{x}\mathrm{e}^{-\frac{x^2}{2}}\mathrm{d}x$$

易知 $\Phi(-x)=1-\Phi(x)$，人们已编制了 $\Phi(x)$ 的函数表可供查用。

一般，若 $X\sim(\mu,\sigma^2)$，则 $Z=\dfrac{X-\mu}{\sigma}\sim N(0,1)$。

【例 7-15】设 $X\sim N(\mu,\sigma^2)$，由 $\Phi(x)$ 的函数表解得

$$P\{\mu-\sigma<X<\mu+\sigma\}=\Phi(1)-\Phi(-1)=2\Phi(1)-1=68.26\%$$

$$P\{\mu-2\sigma<X<\mu+2\sigma\}=\Phi(2)-\Phi(-2)=2\Phi(2)-1=95.44\%$$

$$P\{\mu - 3\sigma < X < \mu + 3\sigma\} = \Phi(3) - \Phi(-3) = 2\Phi(3) - 1 = 99.74\%$$

可见，服从正态分布的随机变量虽然取值范围为$(-\infty, +\infty)$，但其值落在$(\mu - 3\sigma, \mu + 3\sigma)$内几乎是可以肯定的（99.74%的概率）。

正态分布表现为其取值具有对称性，极大部分取值集中在以对称点为中心的一个小区间内，只有少量取值落在区间外。在自然现象和社会现象中，大量随机变量都服从或近似服从正态分布。如人的身体特征指标（身高、体重）、学习成绩、产品的数量指标等都服从正态分布。许多较复杂的指标，只要在受到大量因素作用下每个因素的影响都不显著，且因素相互独立，也可认为近似服从正态分布。又如二项分布、泊松分布在 n 很大时，也以正态分布为极限分布。因此，可以说正态分布是最重要的分布。

【例 7-16】某地区 20 周岁的女青年的血压（收缩压，以 mmHg 计，mmHg=133.322 4 Pa）服从 $N(110, 12^2)$ 分布，在该地区任选一位 20 岁女青年，测量她的血压 X，求 $P\{X \leqslant 105\}$、$P\{100 < X \leqslant 120\}$。

解： 因为 $X \sim (110, 12^2)$，故有

$$P\{X \leqslant 105\} = \Phi\left(\frac{105 - 110}{12}\right) = \Phi\left(\frac{-5}{12}\right) = 1 - \Phi(0.417) = 1 - 0.661\,7 = 0.338\,3$$

$$P\{100 < X \leqslant 120\} = \Phi\left(\frac{120 - 110}{12}\right) - \Phi\left(\frac{100 - 110}{12}\right) = 2\Phi\left(\frac{10}{12}\right) - 1$$

$$= 2\Phi(0.833) - 1 = 2 \times 0.797\,6 - 1 = 0.595\,2$$

第三节　多维随机变量及其分布

一、多维随机变量及其分布函数

在第二节中介绍了当随机试验的结果对应一个数时，引进随机变量表示随机试验的结果。但是有的随机试验结果对应的是多个数值。参见下列随机事件。

E_1：同时掷两颗骰子，观察每颗朝上的点数，每个样本点都是一对数字。

E_2：按户抽样调查城市居民食品、穿衣的支出，每个结果为两个数值。

E_3：体检报告中，每一个人的体检结果同时有身高、体重、血压、肺活量等若干个指标。

E_4：考察股票的投资价值，对每一支股票会考虑其市盈率、资本报酬率等指标。

于是我们引入多维随机变量来表示随机试验的结果。本节主要分析二维随机变量分布的规律，得到其分布规律后可以推广到多维随机变量，有兴趣的读者可以参考其他书籍。

（一）二维随机变量的定义

设 $S = \{e\}$ 为随机试验 E 的样本空间，$X = X(e)$ 和 $Y = Y(e)$ 是定义在 S 上的随机变量，称 (X, Y) 为定义在 S 上的二维随机变量，或称二维随机向量。

二维随机变量 (X, Y) 的性质不仅与 X 和 Y 有关，而且还依赖于这两个随机变量的相互

联系。因此，逐个讨论 X 或 Y 的性质是不全面的，需要把 (X,Y) 作为一个整体来讨论。

（二）二维随机变量的分布函数

设 (X,Y) 是二维随机变量，对于任意实数 x,y，称二元函数

$$F(x,y) = P\{(X \leqslant x) \bigcap (Y \leqslant y)\} = P\{X \leqslant x, Y \leqslant y\} \tag{7.18}$$

为二维随机变量 (X,Y) 的分布函数，或称为 X 和 Y 的联合分布函数。

（三）二维随机变量的性质

二维随机变量 (X,Y) 的联合分布函数 $F(x,y)$ 满足下列性质。

（1）单调性：$F(x,y)$ 分别是变量 x 和 y 的单调递增函数。

（2）有界性：$0 \leqslant F(x,y) \leqslant 1$，且

$$F(-\infty, y) = \lim_{x \to \infty} F(x,y) = 0, \quad F(x, +\infty) = \lim_{x \to \infty} F(x,y) = 0$$

$$F(-\infty, +\infty) = \lim_{\substack{x \to \infty \\ y \to +\infty}} F(x,y) = 0, \quad F(+\infty, +\infty) = \lim_{\substack{x \to +\infty \\ y \to +\infty}} F(x,y) = 1$$

（3）右连续性：$F(x,y)$ 关于变量 x 和 y 是右连续的。

（4）非负性：对任意的 $x_1 < x_2, y_1 < y_2$，有

$$P(x_1 < X \leqslant x_2, y_1 < Y \leqslant y_2) = F(x_2, y_2) - F(x_2, y_1) - F(x_1, y_2) + F(x_1, y_1) \geqslant 0 \tag{7.19}$$

【例 7-17】 一个箱子中装有 12 个开关，其中有 2 个次品，在其中取两次，每次任取一个，在放回抽样的情况下，写出 X 与 Y 的联合分布律。

解： 在放回抽样的情况下，第一次和第二次取到正品（或次品）的概率相同，且两次所得的结果相互独立。

假设

X	0	1
事件	第一次取出的是正品	第一次取出的是次品
Y	0	1
事件	第一次取出的是正品	第一次取出的是次品

则

$$P\{X = 0\} = P\{Y = 0\} = \frac{5}{6}, \quad P\{X = 1\} = P\{Y = 1\} = \frac{1}{6}$$

且 $P\{X = i, Y = j\} = P\{X = i\}P\{Y = j\}, i, j = 0,1$，于是得 X 和 Y 的联合分布律为

$$P\{X = 0, Y = 0\} = P\{X = 0\}P\{Y = 0\} = \frac{25}{36}$$

$$P\{X = 0, Y = 1\} = P\{X = 0\}P\{Y = 1\} = \frac{5}{36}$$

$$P\{X = 1, Y = 0\} = P\{X = 1\}P\{Y = 0\} = \frac{5}{36}$$

$$P\{X = 1, Y = 1\} = P\{X = 1\}P\{Y = 1\} = \frac{1}{36}$$

X 与 Y 的联合分布律为

Y	X	
	0	1
0	$\dfrac{25}{36}$	$\dfrac{5}{36}$
1	$\dfrac{5}{36}$	$\dfrac{1}{36}$

（四）边缘分布函数

二维随机变量(X,Y)的边缘分布函数为

$$F_X(x) = P\{X \leqslant x\} = F(x, +\infty) = \lim_{y \to \infty} F(x, y)$$

$$F_Y(y) = P\{Y \leqslant y\} = F(+\infty, y) = \lim_{x \to \infty} F(x, y)$$

（7.20）

二、离散型随机变量的概率分布

（一）二维离散型随机变量

若二维随机变量(X,Y)只取有限对或可列无穷多对数值，则称(X,Y)为二维离散型随机变量。

（二）联合概率分布

设二维离散型随机变量(X,Y)的所有可能取值为(x_i, y_j) $(i,j=1,2,\cdots)$，称$p_{ij} = P\{X = x_i, Y = y_j\}$ $(i,j=1,2,\cdots)$为(X,Y)的联合概率分布。

联合概率分布满足下列性质。

（1）非负性：$p_{ij} \geqslant 0$。

（2）正则性：$\displaystyle\sum_{i=1}^{+\infty}\sum_{j=1}^{+\infty} p_{ij} = 1$。

（三）边缘概率分布

设二维随机变量(X,Y)的联合概率分布为$p_{ij} = P\{X = x_i, Y = y_j\}$ $(i,j=1,2,\cdots)$，称$p_i = P\{X = x_i\} = \displaystyle\sum_j p_{ij}$ $(i=1,2,\cdots)$为关于X的边缘概率分布。而$p_j = P\{Y = y_j\} = \displaystyle\sum_i p_{ij}$ $(i,j=1,2,\cdots)$为关于Y的边缘概率分布。

【例7-18】设随机变量X在1、2、3、4这四个整数中等可能地取一个值，另一个随机变量Y在1～X中等可能地取一个整数值。试求(X,Y)的分布律，并求X及Y的边缘分布律。

解：由乘法公式容易求得(X,Y)的分布律，易知$\{X=i, Y=j\}$的取值情况是：$i=1,2,3,4$，j取不大于i的整数，且

$$P\{X=i, Y=j\} = P\{Y=j \mid X=i\}P\{X=i\} = \frac{1}{i} \cdot \frac{1}{4}$$

$$i = 1,2,3,4, \quad j \leqslant i$$

于是(X,Y)的分布律为:

Y	X			
	1	2	3	4
1	$\frac{1}{4}$	$\frac{1}{8}$	$\frac{1}{12}$	$\frac{1}{16}$
2	0	$\frac{1}{8}$	$\frac{1}{12}$	$\frac{1}{16}$
3	0	0	$\frac{1}{12}$	$\frac{1}{16}$
4	0	0	0	$\frac{1}{16}$

由上表联合分布律可知,X的边缘分布律为:

X	1	2	3	4
p	$\frac{1}{4}$	$\frac{1}{4}$	$\frac{1}{4}$	$\frac{1}{4}$

Y的边缘分布律为:

Y	1	2	3	4
p	$\frac{25}{48}$	$\frac{13}{48}$	$\frac{7}{48}$	$\frac{3}{48}$

三、二维连续型随机变量的概率密度

(一)连续型随机变量及其联合概率密度

设二维随机变量的联合分布函数为$F(x,y)$,若存在二元非负可积函数$f(x,y)$,使得二维随机变量(X,Y)的联合分布函数$F(x,y)$可表示为

$$F(x,y) = \int_{-\infty}^{x} \int_{-\infty}^{y} f(u,v)\mathrm{d}v\mathrm{d}u \tag{7.21}$$

则称(X,Y)为二维连续型随机变量,称$f(x,y)$为(X,Y)的联合概率密度函数,简称概率密度,记作$(X,Y) \sim f(x,y)$。

【例7-19】设随机变量(X,Y)的概率密度为

$$f(x,y) = \begin{cases} k(6-x-y), & 0<x<2, 2<y<4 \\ 0, & 其他 \end{cases}$$

(1)确定常数k;

(2)求$P\{X<1,Y<3\}$。

解:(1)由$\int_{-\infty}^{\infty} \int_{-\infty}^{\infty} f(x,y)\mathrm{d}x\mathrm{d}y = 1$,得

$$1 = \int_{2}^{4} \mathrm{d}y \int_{0}^{2} k(6-x-y)\mathrm{d}x = k\int_{2}^{4} [(6-y)x - \frac{1}{2}x^2]\Big|_{x=0}^{x=2} \mathrm{d}y$$

$$= k\int_{2}^{4} (12-2y-2)\mathrm{d}y = k(10y-y^2)\Big|_{2}^{4} = 8k$$

所以，$k = \dfrac{1}{8}$

（2）$P\{X < 1, Y < 3\} = \displaystyle\int_2^3 \mathrm{d}y \int_0^1 \frac{1}{8}(6 - x - y)\mathrm{d}x$

$$= \frac{1}{8}\int_2^3 \left[(6 - y)x - \frac{1}{2}x^2\right]\Big|_{x=0}^{x=1} \mathrm{d}y$$

$$= \frac{1}{8}\int_2^3 \left(\frac{11}{2} - y\right)\mathrm{d}y = \frac{3}{8}$$

（二）边缘概率密度

对于连续型随机变量(X,Y)，设它的概率密度为$f(x,y)$，由于

$$F_X(x) = F(x, \infty) = \int_{-\infty}^{x}\left[\int_{-\infty}^{\infty} f(x,y)\mathrm{d}y\right]\mathrm{d}x$$

而X是一个连续型随机变量，因此其概率密度为

$$f_X(x) = \int_{-\infty}^{\infty} f(x,y)\mathrm{d}y \tag{7.22}$$

同样，Y也是一个连续型随机变量，其概率密度为

$$f_Y(y) = \int_{-\infty}^{\infty} f(x,y)\mathrm{d}x \tag{7.23}$$

【例 7-20】设二维随机变量(X,Y)的概率密度为

$$f(x,y) = \begin{cases} 4.8y(2-x), & 0 \leqslant x \leqslant 1, 0 \leqslant y \leqslant x \\ 0, & \text{其他} \end{cases}$$

求边缘概率密度。

解：(X,Y)的概率密度$f(x,y)$在区域$G:\{(x,y) \mid 0 \leqslant x \leqslant 1, 0 \leqslant y \leqslant x\}$外取零值

$$f_X(x) = \int_{-\infty}^{\infty} f(x,y)\mathrm{d}y$$

$$= \begin{cases} \displaystyle\int_0^x 4.8y(2-x)\mathrm{d}y, & 0 \leqslant x \leqslant 1 \\ 0 \end{cases}$$

$$= \begin{cases} 2.4(2-x)x^2, & 0 \leqslant x \leqslant 1 \\ 0, & \text{其他} \end{cases}$$

$$f_Y(y) = \int_{-\infty}^{\infty} f(x,y)\mathrm{d}x$$

$$= \begin{cases} \displaystyle\int_y^1 4.8y(2-x)\mathrm{d}x, & 0 \leqslant y \leqslant 1 \\ 0 \end{cases}$$

$$= \begin{cases} 2.4y(3 - 4y + y^2), & 0 \leqslant y \leqslant 1 \\ 0, & \text{其他} \end{cases}$$

（三）常见分布

1. 二维均匀分布

联合概率密度为

$$f(x,y) = \begin{cases} \dfrac{1}{S}, & (x,y) \in D \\ 0, & \text{其他} \end{cases}$$

其中，D 为平面中的一个有界区域，其面积为 $S > 0$。

2. 二维正态分布

二维正态分布 $(X,Y) \sim N(\mu_1, \mu_2, \sigma_1^2, \sigma_2^2, \rho)$。

联合概率密度为

$$f(x,y) = \frac{1}{2\pi\sigma_1\sigma_2\sqrt{1-\rho^2}} e^{-\frac{1}{2(1-\rho^2)}\left[\frac{(x-\mu_1)^2}{\sigma_1^2} - 2\rho\frac{(x-\mu_1)(y-\mu_2)}{\sigma_1\sigma_2} + \frac{(y-\mu_2)^2}{\sigma_2^2}\right]}$$

其中，μ_1、μ_2、σ_1^2、σ_2^2、ρ 都是常数，且 $\sigma_1 > 0$，$\sigma_2 > 0$，$-1 < \rho < 1$。

X 和 Y 的边缘概率分布分别为 $X \sim N(\mu_1, \sigma_1^2)$，$Y \sim N(\mu_2, \sigma_2^2)$。

四、二维随机变量的独立性

（一）两个变量的相互独立性

设二维随机向量 (X,Y) 的联合分布函数 $F(x,y)$，边缘分布函数分别为 $F_X(x)$ 和 $F_Y(y)$，对任意实数 x, y，若有 $F(x,y) = F_X(x)F_Y(y)$，则称 X 与 Y 相互独立。

若 (X,Y) 为离散型，则 X 与 Y 相互独立的充要条件为

$$P\{X = x_i, Y = y_j\} = P\{X = x_i\}P\{Y = y_j\}$$

若 (X,Y) 为连续型，则 X 与 Y 相互独立的充要条件为

$$f(x,y) = f_X(x)f_Y(y)$$

（二）n 个变量的相互独立性

设 n 维随机变量 $(X_1, X_2, \cdots, X_n)$ 的联合分布函数 $F(x_1, x_2, \cdots, x_n)$，$F_i(x_i)$（$i = 1, 2, \cdots, n$）为 X_i 的边缘分布函数。如果对任意 n 个实数 $x_1, x_2, \cdots, x_n$，有

$$F(x_1, x_2, \cdots, x_n) = \prod_{i=1}^{n} F_i(x_i)$$

则称 $X_1, X_2, \cdots, X_n$ 相互独立。

五、二维随机变量的条件分布

（一）二维离散型随机变量的条件概率分布

设 (X,Y) 的联合分布率为 $p_{ij} = P\{X = x_i, Y = y_i\}$（$i, j = 1, 2, \cdots$），对于任意固定的 j，若 $P\{Y = y_i\} > 0$，则称

$$P\{X = x_i \mid Y = y_i\} = \frac{P\{X = x_i, Y = y_i\}}{P\{Y = y_i\}} = \frac{p_{ij}}{p_{\cdot j}} \qquad i = 1, 2, \cdots \tag{7.24}$$

为在 $Y = y_i$ 的条件下 X 的条件分布律，或称条件概率分布。

【例7-21】 在一个生产电视机的工厂中，一台电视机有两道工序是由机器人完成的。一是紧固3个螺丝，二是焊接2个焊点。以 X 代表紧固螺丝不良的数量，以 Y 代表焊点焊接不良的数量。据以往数据得知 (X,Y) 的分布律如表7-7所示。

表7-7 (X,Y) 的分布律

Y	X				P{Y=j}
	0	1	2	3	
0	0.840	0.030	0.020	0.010	0.900
1	0.060	0.010	0.008	0.002	0.080
2	0.010	0.005	0.004	0.001	0.020
P{X=i}	0.910	0.045	0.032	0.013	1.000

（1）求在 $X=1$ 的条件下，Y 的分布律；

（2）求在 $Y=0$ 的条件下，X 的条件分布律。

解： 边缘分布律已在上表中列出。

在 $X=1$ 的条件下，Y 的条件分布律为

$$P\{Y=0\,|\,X=1\} = \frac{P\{X=1, Y=0\}}{P\{X=1\}} = \frac{0.030}{0.045}$$

$$P\{Y=1\,|\,X=1\} = \frac{P\{X=1, Y=1\}}{P\{X=1\}} = \frac{0.010}{0.045}$$

$$P\{Y=2\,|\,X=1\} = \frac{P\{X=1, Y=2\}}{P\{X=1\}} = \frac{0.005}{0.045}$$

或写成

Y=k	0	1	2
P{Y=k | X=1}	$\frac{6}{9}$	$\frac{2}{9}$	$\frac{1}{9}$

同样可得在 $Y=0$ 的条件下 X 的条件分布律为

X=k	0	1	2	3
P{X=k | Y=0}	$\frac{84}{90}$	$\frac{3}{90}$	$\frac{2}{90}$	$\frac{1}{90}$

（二）二维连续型随机变量的条件概率分布

设 (X,Y) 的联合分布律为 $f(x,y)$，Y 的边缘密度函数为 $f_Y(y)$，对一切使 $f_Y(y)>0$ 的 y，在 $Y=y$ 的条件下 X 的条件概率密度和条件分布函数分别为

$$f_{X|Y}(x\,|\,y) = \frac{f(x,y)}{f_Y(y)}, \quad F_{X|Y}(x\,|\,y) = \int_{-\infty}^{x} \frac{f(u,y)}{f_Y(y)} \mathrm{d}u \tag{7.25}$$

同样对一切使 $f_Y(y)>0$ 的 x，在 $X=x$ 的条件下 Y 的条件概率密度和条件分布函数分别为

$$f_{Y|X}(y\,|\,x) = \frac{f(x,y)}{f_X(x)}, \quad F_{Y|X}(y\,|\,x) = \int_{-\infty}^{y} \frac{f(x,v)}{f_X(x)} \mathrm{d}v \tag{7.26}$$

【例7-22】 设二维随机变量(X,Y)的概率密度为

$$f(x,y)=\begin{cases}e^{-x}, & 0<y<x\\0,其他\end{cases}$$

（1）求条件概率密度$f_{Y|X}(y|x)$；

（2）求条件概率$f_{Y|X}(y|x)P\{X\leqslant1|Y\leqslant1\}$。

解：（1）由$f(x,y)=\begin{cases}e^{-x}, & 0<y<x\\0, & 其他\end{cases}$得其边缘密度函数为

$$f_Z(x)=\int_0^x e^{-x}dy=xe^{-x},\ x>0$$

故

$$f_{Y|X}(y|x)=\frac{f(x,y)}{f_X(x)}=\frac{1}{x},\ 0<y<x$$

即

$$f_{Y|X}(y|x)=\begin{cases}\dfrac{1}{x}, & 0<y<x\\0, & 其他\end{cases}$$

（2）$P[X\leqslant1,Y\leqslant1]=\iint\limits_{\substack{x\leqslant1\\y\leqslant1}}f(x,y)dxdy=\int_0^1 dx\int_0^x e^{-x}dy$

$$=\int_0^1 xe^{-x}dx=1-2e^{-1}$$

$$f_Y(y)=\int_y^{+\infty}e^{-x}dx=-e^{-x}\Big|_y^{+\infty}=e^{-y},\ y>0$$

所以

$$P[Y\leqslant1]=\int_0^1 e^{-y}dy=-e^{-y}\Big|_0^1=-e^{-1}+1=1-e^{-1}$$

$$P[X\leqslant1,Y\leqslant1]=\frac{1-2e^{-1}}{1-e^{-1}}=\frac{e-2}{e-1}$$

六、两个随机变量函数的分布

（一）离散型随机变量函数的概率分布

设(X,Y)的联合分布律为$p_{ij}=P\{X=x_i,Y=y_j\},Z=g(X,Y)$，则$Z$的分布律为

$$P\{Z=z_k\}=P\{g(X,Y)=z_k\}=\sum_{g(x_i,y_j)=z_k}P\{X=x_i,Y=y_j\}$$

（二）连续型随机变量的概率分布

设(X,Y)的联合概率密度为$f(x,y),Z=g(X,Y)$，则Z的分布函数为

$$F_Z(z)=P(Z\leqslant z)=P\{g(X,Y)\leqslant z\}=\iint\limits_{g(x,y)\leqslant z}f(x,y)dxdy$$

概率密度为$f_Z(z)=f_z'(z)$。

【例7-23】 设二维随机变量(X,Y)的概率密度为

$$f(x,y)=\begin{cases}2-x-y, & 0<x<1,\ 0<y<1\\0, & 其他\end{cases}$$

（1）求 $P\{X > 2Y\}$；

（2）求 $Z = X + Y$ 的概率密度 $f_Z(z)$。

解：（1）可化为二重积分计算

$$P\{X > 2Y\} = \iint\limits_{x>2y} (2 - x - y)\mathrm{d}x\mathrm{d}y = \int_0^1 \mathrm{d}x \int_0^{\frac{\pi}{2}} (2 - x - y)\mathrm{d}y = \frac{7}{24}$$

（2）利用卷积公式可得

$$f_Z(z) = \int_{-\infty}^{+\infty} f(x, z - x)\mathrm{d}x$$

$$= \begin{cases} \int_0^z (2 - x)\mathrm{d}x, & 0 < z < 1 \\ \int_{z-1}^1 (2 - x)\mathrm{d}x, & 1 < z < 2 \\ 0, & \text{其他} \end{cases} = \begin{cases} 2z - z^2, & 0 < z < 1 \\ (2 - z)^2, & 1 \leqslant z < 2 \\ 0, & \text{其他} \end{cases}$$

第四节 随机变量的数字特征

一、随机变量的数学期望

（一）引例

【例7-24】 一个射手进行射击练习，规定射中 9 环区域得 2 分，射中 8 环区域得 1 分，脱靶得 0 分。

根据题意射手一次射击得分数 X 是一个随机变量，设 X 的分布律为 $P\{X = k\} = p_k$（$k = 0,1,2$），现在射击 N 次，其中得 0 分的有 a_0 次，得 1 分的有 a_1 次，得 2 分的有 a_2 次，$a_0 + a_1 + a_2 = N$。N 次射击得分的总和为 $a_0 \times 0 + a_1 \times 1 + a_2 \times 2$。于是平均一次射击的得分数为 $\sum_{k=0}^{2} k p_k$，$\dfrac{a_k}{N}$ 是事件 $\{X=k\}$ 的频率。当 N 很大时，$\dfrac{a_k}{N}$ 在一定意义下接近于事件 $\{X=k\}$ 的概率 p_k。即当试验次数很大时，随机变量 X 的观察值的算术平均 $\sum_{k=0}^{2} k \dfrac{a_k}{N}$ 在一定意义下接近于 $\sum_{k=0}^{2} k p_k$。我们称 $\sum_{k=0}^{2} k p_k$ 为随机变量 X 的数学期望或均值。

（二）数学期望的定义

1. 离散型数学期望的定义

设离散型随机变量 X 的概率分布为 $P\{X = x_n\} = p_n$（$n = 1,2,\cdots$），如果级数 $\sum_{n=1}^{\infty} x_n p_n$ 绝对收敛，则称该级数为 X 的数学期望，记作 $E(X)$，即 $E(X) = \sum_{n=1}^{\infty} x_n p_n$。

如果级数 $\sum_{n=1}^{\infty} x_n p_n$ 不是绝对收敛，即级数 $\sum_{n=1}^{\infty} |x_n| p_n$ 发散，称 X 为数学期望不存在。

注意：$E(X)$ 是 X 的各可能值的加权平均，因此 $E(X)$ 也被称为"均值"。

【例 7-25】某车站每天 8:00—9:00、9:00—10:00 都恰有一辆客车到站，但到站的时间是随机的，且两者到站的时间相互独立，其规律如表 7-8 所示。

表 7-8　某车站两辆客车到站规律

到站时间	8:10	8:30	8:50	9:10	9:30	9:50
概率	$\dfrac{1}{6}$	$\dfrac{3}{6}$	$\dfrac{2}{6}$	$\dfrac{1}{6}$	$\dfrac{3}{6}$	$\dfrac{2}{6}$

一旅客 8:20 到站，求他候车时间的数学期望。

解：设旅客的候车时间为 X（以分计）。X 的分布律为

X	10	30	50	70	90
p_k	$\dfrac{3}{6}$	$\dfrac{2}{6}$	$\dfrac{1}{6} \times \dfrac{1}{6}$	$\dfrac{1}{6} \times \dfrac{3}{6}$	$\dfrac{1}{6} \times \dfrac{2}{6}$

$$E(X) = 10 \times \frac{3}{6} + 30 \times \frac{2}{6} + 50 \times \frac{1}{36} + 70 \times \frac{3}{36} + 90 \times \frac{2}{36} = 27.22 \text{（分）}$$

2. 连续型随机变量的数学期望

设连续型随机变量 X 的概率密度为 $f(x)$，如果积分 $\int_{-\infty}^{+\infty} xf(x)\mathrm{d}x$ 绝对收敛，则称该积分为 X 的数学期望，记作 $E(X)$，即 $E(X) = \int_{-\infty}^{+\infty} xf(x)\mathrm{d}x$。

【例 7-26】某商店对某种家用电器的销售采用先使用后付款的方式。设使用寿命为 X（以年计），规定 $X \leqslant 1$，一台付款 1 500 元；$1 < X \leqslant 2$，一台付款 2 000 元；$2 < X \leqslant 3$，一台付款 2 500 元；$X > 3$，一台付款 3 000 元。

设寿命 X 服从指数分布，概率密度为

$$f(x) = \begin{cases} \dfrac{1}{10} \mathrm{e}^{-\frac{1}{10}x}, & x > 0 \\ 0, & x \leqslant 0 \end{cases}$$

试求该商店一台这种家用电器收费 Y 的数学期望。

解：先求出寿命 X 落在各个时间区间的概率。即有

$$P\{X \leqslant 1\} = \int_0^1 \frac{1}{10} \mathrm{e}^{\frac{-x}{10}} \mathrm{d}x = 1 - \mathrm{e}^{-0.1} = 0.095\,2$$

$$P\{1 < X \leqslant 2\} = \int_1^2 \frac{1}{10} \mathrm{e}^{\frac{-x}{10}} \mathrm{d}x = \mathrm{e}^{-0.1} - \mathrm{e}^{-0.2} = 0.086\,1$$

$$P\{2 < X \leqslant 3\} = \int_2^3 \frac{1}{10} \mathrm{e}^{\frac{-x}{10}} \mathrm{d}x = \mathrm{e}^{-0.2} - \mathrm{e}^{-0.3} = 0.077\,9$$

$$P\{X > 3\} = \int_3^\infty \frac{1}{10} \mathrm{e}^{\frac{-x}{10}} \mathrm{d}x = \mathrm{e}^{-0.3} = 0.740\,8$$

一台家用电器收费 Y 的分布律为

Y	1 500	2 000	2 500	3 000
p_k	0.095 2	0.086 1	0.077 9	0.740 8

得 $E(Y) = 1\,500 \times 0.095\,2 + 2\,000 \times 0.086\,1 + 2\,500 \times 0.077\,9 + 3\,000 \times 0.740\,8 = 2\,732.15$ （元）
即平均一台收费 2 732.15 元。

（三）各种典型分布的数学期望

1. 二项分布的数学期望

$$\sum_{k=0}^{n} k p_k = \sum_{k=1}^{n} k \binom{n}{k} p^k q^{n-k} = np(p+q)^{n-1} = np \tag{7.27}$$

【例 7-27】 设 $X_1, X_2, \cdots, X_m$ 为来自二项分布总体 $B(n, p)$ 的简单随机样本，$\bar{X}$ 和 S^2 分别为样本均值和样本方差，记统计量 $T = \bar{X} - S^2$，求 ET 的值。

解： $ET = E(\bar{X} - S^2) = E(X^2) - ES^2 = np - np(1-p) = np^2$

2. 泊松分布的数学期望

$$\sum_{k=0}^{\infty} k p_k = \sum_{k=1}^{\infty} k \cdot \frac{\lambda^k}{k!} e^{-\lambda} = \lambda e^{-\lambda} \sum_{k=1}^{\infty} \frac{\lambda^{k-1}}{(k-1)!} = \lambda e^{-\lambda} \cdot e^{\lambda} = \lambda \tag{7.28}$$

3. 均匀分布的数学期望

$$\int_{-\infty}^{\infty} x f(x) \mathrm{d}x = \int_a^b \frac{x}{b-a} \mathrm{d}x = \frac{a+b}{2}$$

4. 指数分布的数学期望

随机变量 X 服从指数分布，求数学期望。

$$\int_0^{\infty} x \lambda e^{-\lambda x} \mathrm{d}x = -\int_0^{\infty} \mathrm{d}(x e^{-\lambda x}) + \int_0^{\infty} e^{-\lambda x} \mathrm{d}x = \frac{1}{\lambda} \tag{7.29}$$

5. 正态分布的数学期望

随机变量 X 服从正态分布 $N(u, \sigma^2)$，求数学期望。

$$\int_{-\infty}^{\infty} x f(x) \mathrm{d}x = \int_{-\infty}^{\infty} x \frac{1}{\sqrt{2\pi}\sigma} e^{-(x-u)^2/2\sigma^2} \mathrm{d}x = \frac{1}{\sqrt{2\pi}} \int_{-\infty}^{\infty} (\sigma z + u) e^{-z^2/2} \mathrm{d}z$$

$$= \frac{u}{\sqrt{2\pi}} \int_{-\infty}^{\infty} e^{-z^2/2} \mathrm{d}z = u \tag{7.30}$$

（四）数学期望的简单性质

（1）如果 C 是一个常数，则 $E(C) = C$。

（2）$E(aX) = aE(X)$。

（3）$E(X+b) = E(X) + b$。

（4）$E(aX+b) = aE(X) + b$（其中 a, b 为常数）。

（5）对任意两个随机变量 X, Y，有 $E(X+Y) = E(X) + E(Y)$。

（6）设 X, Y 是相互独立的随机变量，有 $E(XY) = E(X) \cdot E(Y)$。

【例 7-28】 设随机变量 X 的分布为 $P(X=1) = P(X=2) = \dfrac{1}{2}$，在给定 $X=i$ 的条件下，随

机变量 Y 服从均匀分布 $U(0,i)$, $i=1,2$ 。

（1）求 Y 的分布函数；

（2）求期望 $E(Y)$ 。

解：（1）分布函数

$$F(y) = P(Y \leqslant y) = P(Y \leqslant y, X = 1) + P(Y \leqslant y, X = 2)$$

$$= P(Y \leqslant y \mid X = 1)P(X = 1) + P(Y \leqslant y \mid X = 2)P(X = 2)$$

$$= \frac{1}{2}(P(Y \leqslant y \mid X = 1) + P(Y \leqslant y \mid X = 2))$$

当 $y < 0$ 时，$F(y) = 0$ ；

当 $0 \leqslant y < 1$ 时，$F(y) = \frac{1}{2}y + \frac{1}{2} \times \frac{y}{2} = \frac{3}{4}y$ ；

当 $1 \leqslant y < 2$ 时，$F(y) = \frac{1}{2} + \frac{1}{2} \times \frac{y}{2} = \frac{1}{4}y + \frac{1}{2}$ ；

当 $y \geqslant 2$ 时，$F(y) = 1$ 。

所以分布函数为

$$F(y) = \begin{cases} 0, & y < 0 \\ \dfrac{3}{4}y, & 0 \leqslant y < 1 \\ \dfrac{1}{2} + \dfrac{y}{4}, & 1 \leqslant y < 2 \\ 1, & y \geqslant 2 \end{cases}$$

（2）概率密度函数为 $f(y) = F'(y) = \begin{cases} \dfrac{3}{4}, & 0 \leqslant y < 1 \\ \dfrac{1}{4}, & 1 < y < 2 \\ 0, & \text{其他} \end{cases}$

$$E(Y) = \int_0^1 \frac{3}{4} y \mathrm{d}y + \int_1^2 \frac{1}{4} y \mathrm{d}y = \frac{3}{4}$$

二、随机变量的方差

（一）方差的定义

设 X 是随机变量，期望 $E(X)$ 存在，并且 $E(X - EX)^2$ 也存在，称 $E(X - EX)^2$ 为 X 的方差，记作 $D(X)$ 或 $\mathrm{Var}(X)$ ，即 $D(X) = \mathrm{Var}(X) = [X - E(X)]^2$ 。称 $\sqrt{D(X)}$ 为 X 的标准差，记作 $\sigma(X)$ 。

（1）对离散型随机变量 X ，若 $P\{X = x_n\} = P_n$ （ $n = 1,2,\cdots$ ），则

$$D(X) = \sum_{n=1}^{\infty} [x_n - E(X)]^2 p_n \tag{7.31}$$

（2）对连续型随机变量 X ，若概率密度为 $f(x)$ ，则

$$D(X) = \int_{-\infty}^{+\infty} [x - E(X)]^2 f(x) \mathrm{d}x \tag{7.32}$$

注意：方差是反映随机变量 X 对均值的偏离程度的数字特征。

【**例 7-29**】设长方形的长（单位：m）$X \sim U(0,2)$，已知长方形的周长（单位：m）为 20，求长方形面积 A 的方差。

解： 长方形的长为 X，周长为 20，所以它的面积 A 为 $A=X(10-X)$，因为 $X \sim U(0,2)$，其概率密度为

$$f(x) = \begin{cases} \dfrac{1}{2}, 0 < x < 2 \\ 0, \text{其他} \end{cases}$$

所以

$$E(A) = E[X(10-X)] = \int_0^2 x(10-x)\frac{1}{2}\mathrm{d}x$$

$$= (\frac{5}{2}x^2 - \frac{1}{6}x^3)\big|_0^2 = \frac{26}{3} = 8.67$$

$$E(A^2) = E[X^2(10-X)^2] = \int_0^2 x^2(10-x)^2\frac{1}{2}\mathrm{d}x$$

$$= \frac{1}{2}\int_0^2 (100x^2 - 20x^3 + x^4)\mathrm{d}x = \frac{1\,448}{15} = 96.53$$

$$D(A) = E(A^2) - [E(A)]^2 = \frac{1\,448}{15} - (\frac{26}{3})^2 = 21.42$$

（二）各种典型分布的方差

1．二项分布的方差

$$D(X) = D(\sum_{k=1}^n X_k) = \sum_{k=1}^n D(X_k) = np(1-p)$$

2．泊松分布的方差

$$P\{X=k\} = \frac{\lambda^k \mathrm{e}^{-\lambda}}{k!} \quad (k = 0,1,2,\cdots, \lambda > 0)$$

由于 $E(X) = \lambda$，而

$$E(X^2) = E[X(X-1) + X] = E[X(X-1)] + E(X)$$

$$= \sum_{k=0}^{\infty} k(k-1)\frac{\lambda^k \mathrm{e}^{-\lambda}}{k!} + \lambda = \lambda^2 \mathrm{e}^{-\lambda} \sum_{k=2}^{\infty} \frac{\lambda^{k-2}}{(k-2)!} + \lambda$$

$$= \lambda^2 \mathrm{e}^{-\lambda}\mathrm{e}^{\lambda} + \lambda = \lambda^2 + \lambda$$

所以方差为

$$D(X) = E(X^2) - [E(X)]^2 = \lambda$$

3．均匀分布的方差

由于 $E(X) = \dfrac{a+b}{2}$，方差为

$$D(X) = E(X^2) - [E(X)]^2 = \int_a^b x^2 \frac{1}{b-a}\mathrm{d}x - (\frac{a+b}{2})^2 = \frac{(b-a)^2}{12}$$

4．指数分布的方差

由于 $E(X) = \theta$，而

$$E(X^2) = \int_{-\infty}^{\infty} x^2 f(x)\mathrm{d}x = \int_{0}^{\infty} x^2 \frac{1}{\theta}\mathrm{e}^{\frac{-x}{\theta}}\mathrm{d}x$$

$$= -x^2\mathrm{e}^{\frac{-x}{\theta}} \big|_{0}^{\infty} + \int_{0}^{\infty} 2x\mathrm{e}^{\frac{-x}{\theta}}\mathrm{d}x = 2\theta^2$$

$$D(X) = E(X^2) - [E(X)]^2 = 2\theta^2 - \theta^2 = \theta^2$$

5．正态分布的方差

$$E(X) = \mu, D(X) = \sigma^2$$

（三）方差的性质

（1）$D(C) = 0$（其中 C 为常数）。

（2）$D(CX) = C^2 D(X)$。

（3）$D(X+C) = D(X)$。

（4）$DX = E(X^2) - [E(X)]^2$。

（5）设 X, Y 为随机变量，则 $D(X+Y) = D(X) + D(Y) + 2E\{[X - E(X)][Y - E(Y)]\}$

（6）$D(X) = 0$ 的充分必要条件是 X 以概率 1 取常数 C。

三、协方差与相关系数

（一）协方差

对于二维随机变量 (X, Y)，随机变量的期望和方差只反映了各自的平均值与偏离程度，并没有反映随机变量之间的关系。

如果两个随机变量 X 和 Y 相互独立，则

$$E[(X - E(X))(Y - E(Y))] = 0$$

这表明当 $E[(X - E(X))(Y - E(Y))] \neq 0$ 时，X 与 Y 不相互独立，而是存在一定的关系。我们可以用协方差来衡量它们之间的关系。

1．协方差的定义

设 (X, Y) 为二维随机变量，若 $E(X), E(Y), E[(X - E(X))(Y - E(Y))]$ 存在，则称 $E[(X - E(X))(Y - E(Y))]$ 为随机变量 X 和 Y 的协方差，记作 $\mathrm{cov}(X, Y)$，即

$$\mathrm{cov}(X, Y) = E[(X - E(X))(Y - E(Y))] \tag{7.33}$$

2．协方差的性质（设所讨论的方差、协方差存在）

（1）$D(X \pm Y) = D(X) + D(Y) \pm 2\,\mathrm{cov}(X, Y)$。

（2）$\mathrm{cov}(X, X) = D(X)$。

（3）$\mathrm{cov}(X, Y) = \mathrm{cov}(Y, X)$。

（4）$\mathrm{cov}(aX, bY) = ab\,\mathrm{cov}(X, Y)$，（$a$，$b$ 为常数）。

（5）$\mathrm{cov}(X_1 + X_2, Y) = \mathrm{cov}(X_1, Y) + \mathrm{cov}(X_2, Y)$。

【例 7-30】设随机变量 (X, Y) 具有概率密度

$$f(x,y) = \begin{cases} \dfrac{1}{8}(x+y), 0 \leqslant x \leqslant 2, 0 \leqslant y \leqslant 2 \\ 0, 其他 \end{cases}$$

求 $\mathrm{cov}(X,Y)$ 。

解：

$$E(X) = \int_{-\infty}^{\infty}\int_{-\infty}^{\infty} xf(x,y)\mathrm{d}x\mathrm{d}y = \int_0^2 \mathrm{d}x \int_0^2 \frac{x}{8}(x+y)\mathrm{d}y$$

$$= \int_0^2 \frac{x}{8}(xy + \frac{1}{2}y^2)\big|_0^2 \,\mathrm{d}x = \int_0^2 \frac{x}{4}(x+1)\mathrm{d}x = \frac{7}{6}$$

由 x,y 在 (x,y) 的表达式中的对称性，得 $E(Y) = E(X) = \dfrac{7}{6}$。

$$E(XY) = \int_{-\infty}^{\infty}\int_{-\infty}^{\infty} xyf(x,y)\mathrm{d}x\mathrm{d}y = \int_0^2 \mathrm{d}x \int_0^2 \frac{xy}{8}(x+y)\mathrm{d}y$$

$$= \frac{1}{4}\int_0^2 (x^2 + \frac{4x}{3})\mathrm{d}x = \frac{4}{3}$$

$$\mathrm{cov}(X,Y) = E(XY) - E(X)E(Y) = \frac{4}{3} - \frac{49}{36} = -\frac{1}{36}$$

（二）相关系数

前面分析了协方差的 $\mathrm{cov}(X,Y)$ 的意义，衡量了 X,Y 线性关系的强弱，然而依然很难刻画出变量之间线性关系的强弱。而且协方差是有单位的，本身是一个有量纲的量。为了得到表示随机变量之间相互关系的无量纲的数字特征，引进如下标准化随机变量：

$$X^* = \frac{X - E(X)}{\sqrt{D(X)}}, \quad Y^* = \frac{Y - E(Y)}{\sqrt{D(Y)}}$$

即 $E(X^*) = E(Y^*) = 0$, $D(X^*) = D(Y^*) = 1$。因为 X^* 和 Y^* 无单位，可以通过计算 X^* 和 Y^* 的协方差来讨论 X,Y 的线性关系：

$$\mathrm{cov}(X^*,Y^*) = E(X^*Y^*) - E(X^*)E(Y^*) = E(X^*Y^*)$$

$$= E\left[\frac{X - E(X)}{\sqrt{D(X)}} \cdot \frac{Y - E(Y)}{\sqrt{D(Y)}}\right] = \frac{E\left[(X - E(X))(Y - E(Y))\right]}{\sqrt{D(X)}\sqrt{D(Y)}}$$

$$= \frac{\mathrm{cov}(X,Y)}{\sqrt{D(X)}\sqrt{D(Y)}}$$

1. 相关系数的定义

设 (X,Y) 为二维随机变量，若 $D(X) > 0, D(Y) > 0$，则称 $\dfrac{\mathrm{cov}(X,Y)}{\sqrt{D(X)}\sqrt{D(Y)}}$ 为 X 与 Y 的相关系数，记作 ρ_{XY}，即

$$\rho_{XY} = \frac{\mathrm{cov}(X,Y)}{\sqrt{D(X)}\sqrt{D(Y)}} \tag{7.34}$$

【例 7-31】 设随机变量 $X \sim (\mu, \sigma^2), Y \sim (\mu, \sigma^2)$，且设 X,Y 相互独立，求 $Z_1 = \alpha X + \beta Y$ 和 $Z_2 = \alpha X - \beta Y$ 的相关系数。

解：$\text{cov}(Z_1, Z_2) = \text{cov}(\alpha X + \beta Y, \alpha X - \beta Y)$

$$= \alpha^2 \text{cov}(X, Y) - \alpha\beta \text{cov}(X, Y) + \alpha\beta \text{cov}(Y, X) - \beta^2 \text{cov}(Y, Y)$$

$$= \alpha^2 D(X) - \beta^2 D(Y) = (\alpha^2 - \beta^2)\sigma^2$$

$D(Z_1) = D(\alpha X + \beta Y)$

$$= \alpha^2 D(X) + \beta^2 D(Y) + 2\text{cov}(\alpha X, \beta Y) = (\alpha^2 + \beta^2)\sigma^2$$

$D(Z_2) = D(\alpha X - \beta Y)$

$$= \alpha^2 D(X) + \beta^2 D(Y) - 2\text{cov}(\alpha X, \beta Y) = (\alpha^2 + \beta^2)\sigma^2$$

所以

$$\rho_{z_1 z_2} = \frac{\text{cov}(Z_1 Z_2)}{\sqrt{D(Z_1)D(Z_2)}} = \frac{(\alpha^2 - \beta^2)\sigma^2}{(\alpha^2 + \beta^2)\sigma^2} = \frac{\alpha^2 - \beta^2}{\alpha^2 + \beta^2}$$

2．相关系数的相关定理和推论

相关系数是随机变量间线性关系强弱的一种度量。由上述性质可知，当 X 与 Y 相互独立时，有 $\text{cov}(X, Y) = 0$，从而 $\rho_{XY} = 0$，此时称 X 与 Y 不相关；当 $|\rho_{XY}| = 1$ 时，称 X 与 Y 线性相关；当 $\rho_{XY} = 1$ 时，称 X 与 Y 正相关，表明随机变量 Y 随 X 的增大而增大；当 $\rho_{XY} = -1$ 时，称 X 与 Y 负相关，表明随机变量 Y 随 X 的增大而减小；当 $|\rho_{XY}| < 1$ 时，随机变量 X 与 Y 的线性相关程度随 $|\rho_{XY}|$ 的增大而增强。

需要注意的是，若 X 与 Y 相互独立，则 X 与 Y 不相关；反之，若 X 与 Y 不相关，则 X 与 Y 不一定相互独立。这表明"不相关"与"相互独立"是两个不同的概念，相关只是指 X 与 Y 之间是否存在线性关系，而相互独立是就一般关系而言的。

3．随机变量和的方差与协方差的关系

设 $X, Y, X_i (i = 1, 2, \cdots, n)$ 为随机变量，且所讨论的方差及协方差存在。

（1）$D(X \pm Y) = D(X) + D(Y) \pm 2\text{cov}(X, Y)$。

（2）$D\left(\sum_{i=1}^{n} X_i\right) = \sum_{i=1}^{n} D(X_i) + 2\sum_{i<j} \text{cov}(X_i, X_j)$。

（3）若随机变量 $X_1, X_2, \cdots, X_n$ 两两线性不相关，则 $D\left(\sum_{i=1}^{n} X_i\right) = \sum_{i=1}^{n} D(X_i)$。

第五节　大数定律和中心极限定理

一、切比雪夫定理

切比雪夫不等式可以使人们在随机变量 X 的分布未知的情况下，对事件 $|X - \mu| < \varepsilon$ 的概率做出估计。

定理：设随机变量 X 具有数学期望 $E(X) = \mu$，方差 $D(X) = \sigma^2$，则对任意正数 ε，不等式 $P\{|X - \mu| \geqslant \varepsilon\} \leqslant \dfrac{\sigma^2}{\varepsilon^2}$ 或 $P\{|X - \mu| < \varepsilon\} \geqslant \dfrac{\sigma^2}{\varepsilon^2}$ 成立。

注意：应用切比雪夫不等式必须满足 $E(X)$ 和 $D(X)$ 存在且有限这一条件。

若对于任意的 $\varepsilon>0$，当 n 很大时，事件 $|x_n-a|<\varepsilon$ 的概率接近于 1，则称随机变量序列 $\{X_n\}$ 依概率收敛于 a。正因为是概率，所以不排除小概率事件 $|x_n-a|\geqslant\varepsilon$ 发生。所以，依概率收敛是不确定现象中关于收敛的一种说法，记为 $X_n^P\to a$。

切比雪夫定理：设 $X_1,X_2,\cdots,X_n,\cdots$ 是相互独立的随机变量序列，数学期望 $E(X_i)$ 和方差 $D(X_i)$ 都存在（$i=1,2,\cdots$），且 $D(X_i)<C$（$i=1,2,\cdots$），则对任意给定的 $\varepsilon>0$，有

$$\lim_{n\to\infty}P\left\{\left|\frac{1}{n}\sum_{i=1}^{n}X_i-E(X_i)\right|<\varepsilon\right\}=1 \tag{7.35}$$

特别地：$X_1,X_2,\cdots,X_n,\cdots$ 是相互独立的随机变量序列，其数学期望 $E(X_i)=\mu$ 和方差 $D(X_i)=\sigma^2$（$i=1,2,\cdots$），则对任意给定的 $\varepsilon>0$，有

$$\lim_{n\to\infty}P\left\{\left|\frac{1}{n}\sum_{i=1}^{n}X_i-\mu\right|<\varepsilon\right\}=1 \tag{7.36}$$

即

$$\overline{X}\xrightarrow{P}\mu$$

二、大数定律

伯努利大数定理：设 n_A 是 n 次独立重复试验中事件 A 发生的次数，p 是事件 A 在每次试验中发生的概率，则对任意给定的 $\varepsilon>0$，有

$$\lim_{n\to\infty}P\left\{\left|\frac{n_A}{n}-p\right|<\varepsilon\right\}=1 \quad 或 \quad \lim_{n\to\infty}P\left\{\left|\frac{n_A}{n}-p\right|\geqslant\varepsilon\right\}=0 \tag{7.37}$$

伯努利大数定理给出了当 n 很大时，A 发生的频率 $\dfrac{n_A}{n}$ 依概率收敛于事件 A 的概率 p 的结论，证明了在试验次数很大时频率和平均值的稳定性，从理论上肯定了用算术平均值代替均值、用频率代替概率的合理性。它既验证了概率论中一些假设的合理性，又为数理统计中用样本推断总体提供了理论根据，所以说，大数定律是概率论中最重要的基本定律。

在一般场合，设 $X_1,X_2,\cdots,X_n,\cdots$ 是相互独立的随机变量序列，且服从同一分布，具有 $E(X_i)=\mu$（$i=1,2,\cdots$），则对任意给定的 $\varepsilon>0$，有

$$\lim_{n\to\infty}P\left\{\left|\frac{1}{n}\sum_{i=1}^{n}X_i-\mu\right|<\varepsilon\right\}=1 \tag{7.38}$$

此定理为辛钦定理。显然，伯努利大数定理是辛钦定理的特殊情形。

三、中心极限定理

定理一 独立同分布的中心极限定理：设 $X_1,X_2,\cdots,X_n,\cdots$ 是相互独立的随机变量序列，服从同一分布，且具有数学期望 $E(X_i)=\mu$ 和方差 $D(X_i)=\sigma^2$（$i=1,2,\cdots$），对任意实数 x，则随机变量

$$Y_n=\frac{\sum_{i=1}^{n}(X_i-\mu)}{\sqrt{n}\sigma}=\frac{\sum_{i=1}^{n}X_i-n\mu}{\sqrt{n}\sigma}$$

的分布函数 $F_n(x)$ 满足

$$\lim_{n\to\infty}F_n(x)=\lim_{n\to\infty}P\{Y_n\leqslant x\}=\int_{-\infty}^x\frac{1}{\sqrt{2\pi}}\mathrm{e}^{-\frac{t^2}{2}}\mathrm{d}t$$

即当 n 充分大时，$\dfrac{\overline{X}-\mu}{\sigma/\sqrt{n}}\overset{\text{近似}}{\sim}N(0,1)$。

【例 7-32】某商店出售某种商品，据以往数据，该商品每周的销售量服从参数为 $\lambda=1$ 的泊松分布。假定各周的销售量是相互独立的。用独立同分布中心极限定理计算该商店一年内（52 周）售出该商品件数在 $50\sim70$ 件的概率。

解： 设 X 为该商品每周的销售量，$X\sim\pi(1)$，$E(X)=1,D(X)=1$，所求概率为

$$P\{50\leqslant\sum_{n=1}^{52}X\leqslant72\}=P\{\frac{50-n\mu}{\sqrt{n}\sigma}\leqslant\sum_{n=1}^{52}X\leqslant\frac{70-n\mu}{\sqrt{n}\sigma}\}$$

$$P\{50\leqslant\sum_{n=1}^{52}X\leqslant72\}=P\{\frac{50-52\times1}{\sqrt{52}\times1}\leqslant\sum_{n=1}^{52}X\leqslant\frac{70-52\times1}{\sqrt{52}\times1}\}$$

$$=\Phi(\frac{18}{\sqrt{52}})-\Phi(\frac{-2}{\sqrt{52}})=\Phi(2.50)-\Phi(-0.28)$$

$$=0.6041$$

定理二 李雅普诺夫中心极限定理： 设 $X_1,X_2,\cdots,X_n,\cdots$ 是相互独立的随机变量，它们具有数学期望 $E(X_i)=\mu_i$ 和方差 $D(X_i)=\sigma_i^2$（$i=1,2,\cdots$），设 $B_n^2=\sum_{k=1}^n\sigma_k^2$，若存在正数 δ，使得

$n\to\infty$，$\dfrac{1}{B_n^{2+\delta}}\sum_{i=1}^nE\{|X_i-\mu_i|^{2+\delta}\}\to0$，则随机变量 $Z_n=\dfrac{\sum\limits_{i=1}^nX_i-E(\sum\limits_{i=1}^nX_i)}{\sqrt{D(\sum\limits_{i=1}^nX_i)}}=\dfrac{\sum\limits_{i=1}^nX_i-\sum\limits_{i=1}^n\mu_i}{B_n}$ 的分布

函数 $F_n(x)$ 对任意实数 x，满足：

$$\lim_{n\to\infty}F_n(x)=\lim_{n\to\infty}P\left\{\frac{\sum\limits_{i=1}^nX_i-\sum\limits_{i=1}^n\mu_i}{B_n}\leqslant x\right\}=\int_{-\infty}^x\frac{1}{\sqrt{2\pi}}\mathrm{e}^{-\frac{t^2}{2}}\mathrm{d}t \qquad(7.39)$$

即当 n 充分大时，$Z_n\overset{\text{近似}}{\sim}N(0,1)$。

我们知道，正态分布是现实生活中使用最多、最广泛、最重要的一种分布。许多随机变量本身并不属于正态分布，但它们的极限分布是正态分布。中心极限定理阐明了在什么条件下，原来不属于正态分布的一些随机变量其总和分布渐近地服从正态分布，为我们利用正态分布来解决这类随机变量的问题提供了理论依据。

大数定律与中心极限定理的异同：它们的相同点是，都是通过极限理论来研究概率问题，研究对象都是随机变量序列，解决的都是概率论中的基本问题，因而在概率论中有重要的意义。所不同的是，大数定律研究的是概率或平均值的极限，而中心极限定理则研究随机变量总和的分布的极限。

定理三 棣莫弗-拉普拉斯中心极限定理： 设随机变量 η_n（$n=1,2,\cdots$）服从参数为 n,p

（0<p<1）的二项分布，则对于任意 x，有

$$\lim_{n\to\infty} P\{\frac{\eta_n - np}{\sqrt{np(1-p)}} \leqslant x\} = \int_{-\infty}^{x} \frac{1}{\sqrt{2\pi}} e^{\frac{-x^2}{2}} dx$$

【例 7-33】 一轮船在海上航行，已知每遇到一次波浪的撞击晃动角度大于 3 度的概率为 $p = \frac{1}{3}$，若船总共遇到了 90 000 次波浪撞击，求其中有 29 500～30 500 次晃动角度大于 3 度的概率是多少？

解： 设 X 为在 90 000 次波浪撞击中晃动角度大于 3 度的次数，则 $X \sim (90\,000, \frac{1}{3})$，其分布律为

$$P\{X = k\} = C_{90\,000}^{k} \frac{1}{3}^{k} \frac{2}{3}^{90\,000-k} , \quad k = 0, 1, 2, \cdots 90\,000$$

所求概率为

$$P\{29\,500 \leqslant X \leqslant 30\,500\} = \sum_{29\,500}^{30\,500} C_{90\,000}^{k} \frac{1}{3}^{k} \frac{2}{3}^{90\,000-k}$$

直接计算非常麻烦，我们可以利用棣莫弗-拉普拉斯中心极限定理来求它的近似值，即

$$P\{29\,500 \leqslant X \leqslant 30\,500\} = P\{\frac{29\,500 - np}{\sqrt{np(1-p)}} \leqslant \frac{X - np}{\sqrt{np(1-p)}} \leqslant \frac{30\,500 - np}{\sqrt{np(1-p)}}\}$$

$$= \Phi(\frac{30\,500 - np}{\sqrt{np(1-p)}}) - \Phi(\frac{29\,500 - np}{\sqrt{np(1-p)}})$$

由于 $n = 90\,000$，$p = \frac{1}{3}$ 可得

$$P\{29\,500 \leqslant X \leqslant 30\,500\} \approx \Phi(\frac{5\sqrt{2}}{2}) - \Phi(-\frac{5\sqrt{2}}{2}) = 0.999\,5$$

第六节　样本及抽样分布

一、总体与样本

（一）总体、个体、样本、样本容量与样本值

下面要讨论的统计问题主要指下面这种类型：从一个集合中选取一部分元素，对这部分元素的某些数量指标进行测量，根据测量获得的数据来推断该集合中全部元素的这些数量指标的分布情况。在统计学中，把所研究的全部元素组成的集合称为母体或总体，而把组成母体的每个元素称为个体。例如，在研究某批灯泡的平均寿命时，该批灯泡的全体就组成了母体，而其中每个灯泡就是个体。但是在统计学中，人们关心的不是每个个体的种种具体特性，而仅仅是它的某一项或某几项数量指标 X 和该数量指标 X 在总体中的分布情况。在上述例子中，X 表示灯泡的寿命。就此数量指标 X 而言，每个个体所取的值是不同的。在试验中，抽取了若干个个体就观察到了 X 的这样或那样的数值，因而这个数量指标

X 是一个随机变量，而 X 的分布就完全描写了总体中人们所关心的那个数量指标的分布状况。由于人们关心的正是这个数量指标，因此以后就把总体和数量指标 X 可能取值的全体组成的集合等同起来，所谓总体的分布也就是指数量指标 X 的分布。

为了对总体的分布规律进行各种研究，就必须对总体进行抽样观察，一般来说，我们还不只进行一次抽样观察，而是进行多次观察。通过观察得到总体指标 X 的一组数值（$x_1, x_2, \cdots, x_n$），其中每个 x_i 是一次抽样观察的结果，即某一个被观察个体的 X 指标值（$x_1, x_2, \cdots, x_n$）被称为容量为 n 的样本的观察值。由于人们利用样本观察来对总体的分布进行推断，因而从总体中抽取样本进行观察时必须是随机的。所以对于随机抽样来说，对其某一次观察结果而论，是完全确定的一组值，但它又是随每次抽样观察而改变的。由于我们要依据这一观察结果进行分析推断，并研究比较各种推断方法的好坏，因而一般考虑问题时，就不能把它看为确定的数值，而应该看为随机向量 $X = (X_1, X_2, \cdots, X_n)$，称它为容量是 n 的样本，因而对样本也有分布可言。

（二）简单随机样本

抽取样本的目的是为了对总体的分布规律进行各种分析推断，因而要求抽取的样本能很好地反映总体的特性，这就必须对随机抽样的方法提出一定的要求。通常提出下面两点：（1）代表性。要求样本的每个分量 X_i 与所观察的总体 X 具有相同的分布 $F(x)$。（2）独立性。$X_1, X_2, \cdots, X_n$ 为相互独立的随机变量，也就是说，每个观察结果既不影响其他观察结果，也不受其他观察结果的影响。满足上述两点性质的样本称为简单随机样本。在以后如不做特殊声明，所说的样本将理解为简单随机样本。对于简单随机样本 $X = (X_1, X_2, \cdots, X_n)$，其分布可以由总体 X 的分布函数 $F(x)$（或概率密度 $f(x)$）完全决定，则 X 的分布函数为 $\prod\limits_{i=1}^{n} F(x_i)$（或概率密度为 $\prod\limits_{i=1}^{n} f(x_i)$）。

（三）总体与样本的定义

在数理统计中，研究对象的全体称为总体；组成总体的每个元素称为个体。从总体中抽取的一部分个体，称为总体的一个样本；样本中个体的个数称为样本的容量。

从分布函数为 $F(x)$ 的随机变量 X 中随机抽取的相互独立的 n 个随机变量，具有与总体相同的分布，则 $X_1, X_2, \cdots, X_n$ 称为从总体 X 得到的容量为 n 的随机样本，简称样本。一次具体的抽取记录 $x_1, x_2, \cdots, x_n$ 是随机变量 $X_1, X_2, \cdots, X_n$ 的一个观察值。

二、样本分布函数

（一）统计量概念的引入

样本是总体的代表和反映，但在我们抽取样本之后，并不直接利用样本进行推断，而需要对样本进行一番"加工"和"提炼"，把样本所包含的关于我们所关心的事物的信息集中起来，这便针对不同的问题构造出样本的某种函数，这种函数在统计学中称为统计量。

引进统计量的目的是为了将杂乱无序的样本值归结为一个便于进行统计推断和研究分析的形式，集中样本所含信息，使之更易揭示问题实质，从而解决问题。统计量中应该不含有未知参数。如果统计量中仍含有未知参数，就无法依靠样本观测值求出未知参数的估计值，因而失去利用统计量估计未知参数的意义，这便违背了人们引进统计量的初衷。

来自总体 X 的样本 $X_1, X_2, \cdots, X_n$ 的函数 $g(X_1, X_2, \cdots, X_n)$ 若是连续的且不含任何未知参数，则称为一个统计量。

（二）常用的统计量

设 $X_1, X_2, \cdots, X_n$ 是来自总体 X 的一个样本，$x_1, x_2, \cdots, x_n$ 是这一样本的观察值，以下是常用的样本统计量。

（1）样本平均值：
$$\overline{X} = \frac{1}{n}\sum_{i=1}^{n} X_i \tag{7.40}$$

（2）样本方差：
$$S^2 = \frac{1}{n-1}\sum_{i=1}^{n}(X_i - \overline{X})^2 = \frac{1}{n-1}(\sum_{i=1}^{n} X_i^2 - n\overline{X}^2) \tag{7.41}$$

（3）样本标准差：
$$S = \sqrt{S^2} = \sqrt{\frac{1}{n-1}\sum_{i=1}^{n}(X_i - \overline{X})^2} \tag{7.42}$$

（4）样本 k 阶原点矩：
$$A_k = \frac{1}{n}\sum_{i=1}^{n} X_i^k \quad (k = 1,2,\cdots) \tag{7.43}$$

（5）样本 k 阶中心矩：
$$B_k = \frac{1}{n}\sum_{i=1}^{n}(X_i - \overline{X})^k \quad (k = 1,2,\cdots) \tag{7.44}$$

（三）常用样本统计量的性质

以下约定：μ 表示总体的均值，σ^2 表示总体的方差，α_k 表示总体的 k 阶原点矩，μ_k 表示总体的 k 阶中心矩，则：

设总体 X 服从分布 $F(x)$，$X = (X_1, X_2, \cdots, X_n)$ 是从该总体中抽取的一个简单随机样本，如果 $F(x)$ 的二阶矩存在，则对样本均值 $\overline{X}$ 有

$$E(\overline{X}) = \mu, \quad D(\overline{X}) = \frac{\sigma^2}{n}$$

【例 7-34】已知某种纱的强力服从 $N(1.56, 0.222)$（单位：kg）。今抽取容量为 $n=50$ 的样本，求样本均值小于 1.45kg 的概率。

解： $E(\overline{X}) = \mu = 1.56$，$D(\overline{X}) = \sigma^2/n = 0.222^2/50 \approx 0.004\,4$

所以，$P\{\overline{X} < 1.45\} = \Phi(\dfrac{1.45 - 1.56}{0.066\,6}) = \Phi(-1.651) = 1 - \Phi(1.651) = 0.049\,4$

（四）抽样分布

统计量是人们对总体的分布律或数字特征进行推断的基础，因此求统计量的分布是数理统计的基本问题之一。

我们所感兴趣的是下面两类问题。

（1）对于任意一个自然数 n，要找出给定的统计量 $U_n = f(X_1, X_2, \cdots, X_n)$ 的分布，该分布被称为这一统计量的精确分布。求统计量的精确分布对于数理统计中所谓小样问题（即子样容量较小时的统计问题）的研究是非常有用的。

（2）不对任何个别的 n 求出统计量 U_n 的分布，而只求出当 $n\to\infty$ 时，统计量 U_n 的极限分布。该极限分布对于数理统计中的所谓大样问题（即子样容量较大时的统计问题）的研究很有用处。

一般来说，要确定一个统计量的精确分布是非常复杂的，可是对于一些重要的特殊情形，如正态总体，这个问题有较简单的解法。

在今后各章中将会看到，正态总体的研究处于特别显著的地位，这一方面是由于其统计量的精确分布的数学分析比较容易；另一方面是由于在许多领域的统计研究中所遇到的总体，正态分布是它的一个很好的近似。当然，中心极限定理也保证了这一状况。

三、几种常用统计量的分布

（一）正态总体样本的线性函数的分布

设 $X_1,X_2,\cdots,X_n$ 是抽自正态总体 $N(\mu,\sigma^2)$ 的一个样本，统计量 U 是样本的任意确定的线性函数：$U = a_1X_1 + a_2X_2 + \cdots + a_nX_n$，则 U 也是正态随机变量，且均值和方差分别为

$$E(U) = \mu\sum_{k=1}^{n} a_k \,, D(U) = \sigma^2\sum_{k=1}^{n} a_k^2 \,。$$

特别是样本均值 $\overline{X} = \dfrac{1}{n}\sum_{k=1}^{n} X_k$ 也是正态随机变量，且 $E(\overline{X}) = \mu$，$D(\overline{X}) = \dfrac{1}{n}\sigma^2$。

（二）χ^2 分布

设 $X_1,X_2,\cdots,X_n$ 是相互独立且服从标准正态总体 $N(0,1)$ 的随机变量，则称统计量

$$\chi^2 = X_1^2 + X_2^2 + \cdots + X_n^2 \tag{7.45}$$

服从自由度为 n 的 χ^2 分布，记为 $\chi^2 \sim \chi^2(n)$。（自由度指式（7.45）右端所包含的独立变量个数。）

可证明，χ^2 分布的分布密度函数是

$$\chi^2(x,n)=\begin{cases}\dfrac{1}{2^{\frac{n}{2}}\Gamma(n/2)}x^{\frac{n}{2}-1}e^{-\frac{x}{2}}, & x>0 \\ 0, & x\leqslant 0\end{cases}$$

其数学期望（均值）和方差分别为 n 和 $2n$。

若 $X_1 \sim \chi^2(n_1)$ 和 $X_2 \sim \chi^2(n_2)$，且 X_1 和 X_2 相互独立，则 $X_1 + X_2 \sim \chi^2(n_1 + n_2)$。

（三）t 分布

设 $X \sim N(0,1)$ 和 $Y \sim \chi^2(n)$，且 X 和 Y 相互独立，则称随机变量

$$T = \dfrac{X}{\sqrt{Y/n}} \tag{7.46}$$

服从自由度为 n 的 t 分布，记为 $T \sim t(n)$。

可证明，t 分布的分布密度函数是

$$t(x,n) = \frac{\Gamma[(n+1)/2]}{\sqrt{\pi n}\Gamma(n/2)}\left(1+\frac{x^2}{n}\right)^{-(n+1)/2} \quad (-\infty < x < \infty)$$

由 t 分布的密度函数可知，t 分布关于 $x=0$ 是对称的，且 $\lim\limits_{|x|\to\infty}t(x,n)=0$。当 n 很大时，t 分布很接近于正态分布，即

$$\lim_{n\to\infty}\left(1+\frac{x^2}{n}\right)^{-(n+1)/2} = e^{-x^2/2}$$

然而对于比较小的 n 值，t 分布与正态分布之间存在较大差异。而且有 $P\{|T|\geqslant t_0\}\geqslant P\{|X|\geqslant t_0\}$。也就是说，在 t 分布的尾部比在标准正态分布的尾部有着更大的概率。其中，$X \sim N(0,1)$。

【例 7-35】设 X_1、X_2、X_3 为来自正态总体 $N(0,\sigma^2)$ 的简单随机样本，则统计量 $S = \dfrac{X_1 - X_2}{\sqrt{2}|X_3|}$ 服从什么分布？

解：$S = \dfrac{X_1 - X_2}{\sqrt{2}|X_3|} = \dfrac{X_1 - X_2}{\sqrt{2}X_3^2}$，显然 $\dfrac{X_1 - X_2}{\sqrt{2}\sigma} \sim N(0,1)$，$\dfrac{X_3^2}{\sigma^2} \sim \chi^2(1)$，且 $\dfrac{X_1 - X_2}{\sqrt{2}\sigma} \sim N(0,1)$ 与 $\dfrac{X_3^2}{\sigma^2} \sim \chi^2(1)$ 相互独立，从而

$$S = \frac{X_1 - X_2}{\sqrt{2}|X_3|} = \frac{X_1 - X_2}{\sqrt{2}\sqrt{X_3^2}} = \frac{\dfrac{X_1 - X_2}{\sqrt{2}\sigma}}{\sqrt{\dfrac{X_3^2}{\sigma^2}}} \sim t(1)$$

（四）F 分布

设 $X \sim \chi^2(m)$，$Y \sim \chi^2(n)$，且 X 和 Y 相互独立，则称随机变量

$$F = \frac{X/m}{Y/n} \tag{7.47}$$

服从自由度为 (m,n) 的 F 分布，记为 $F \sim F(m,n)$。

可证明，F 分布的分布密度函数是

$$f(x;m,n) = \begin{cases} \dfrac{\Gamma[(m+n)/2](m/n)^{m/2}x^{(m/2)-1}}{\Gamma(m/2)\Gamma(n/2)[1+(mx/n)]^{(m+n)/2}}, & x>0 \\ 0, & x \leqslant 0 \end{cases}$$

若 $X_1 \sim \chi^2(m)$，$X_2 \sim \chi^2(n)$，且 X_1 和 X_2 相互独立，则 $Y = X_1 + X_2$ 与 $Z = X_1/X_2$ 相互独立。

若 $X/\sigma^2 \sim \chi^2(m)$ 和 $Y/\sigma^2 \sim \chi^2(n)$ 相互独立，则 $\dfrac{X}{Y}\Big/\dfrac{n}{m} \sim F(m,n)$。

若 $X \sim F(m,n)$，则 $1/X \sim F(n,m)$。

四、正态总体的样本均值与样本方差的分布

定理 1：设 $X_1, X_2, \cdots, X_n$ 是来自正态总体 $N(\mu,\sigma^2)$ 的一个样本，$\overline{X}$ 和 S^2 分别是样本均

值和样本方差，则有

（1）$\overline{X}$ 和 S^2 独立；

（2）$\overline{X} \sim N(\mu, \sigma^2 / n)$；

（3）$\dfrac{(n-1)S^2}{\sigma^2} \sim \chi^2(n-1)$。

定理 2： 设 $X_1, X_2, \cdots, X_n$ 是来自正态总体 $N(\mu, \sigma^2)$ 的一个样本，$\overline{X}$ 和 S^2 分别是样本均值和样本方差，则有

$$\frac{\overline{X} - \mu}{S / \sqrt{n}} \sim t(n-1) \qquad (7.48)$$

定理 3： 设 $X_1, X_2, \cdots, X_n$ 与 $Y_1, Y_2, \cdots, Y_n$ 分别是来自正态总体 $N(\mu_1, \sigma_1^2)$ 和 $N(\mu_2, \sigma_2^2)$ 的样本，且这两个样本相互独立。设 $\overline{X} = \dfrac{1}{n_1} \sum\limits_{i=1}^{n_1} X_i$、$\overline{Y} = \dfrac{1}{n_2} \sum\limits_{i=1}^{n_2} Y_i$ 分别是两个样本的均值；

$S_1^2 = \dfrac{1}{n_1 - 1} \sum\limits_{i=1}^{n_1} (X_i - \overline{X})^2$、$S_2^2 = \dfrac{1}{n_2 - 1} \sum\limits_{i=1}^{n_2} (Y_i - \overline{Y})^2$ 分别是这两个样本的样本方差，则有

（1）$\dfrac{S_1^2 / S_2^2}{\sigma_1^2 / \sigma_2^2} \sim F(n_1 - 1, n_2 - 1)$；

（2）当 $\sigma_1^2 = \sigma_2^2 = \sigma^2$ 时，$\dfrac{(\overline{X} - \overline{Y}) - (\mu_1 - \mu_2)}{S_w \sqrt{\dfrac{1}{n_1} + \dfrac{1}{n_2}}} \sim t(n_1 + n_2 - 2)$。

其中，$S_w^2 = \dfrac{(n_1 - 1)S_1^2 + (n_2 - 1)S_2^2}{n_1 + n_2 - 2}$，$S_w = \sqrt{S_w^2}$。

第七节 参数估计

通过样本对总体进行估计是统计推断的内容之一，本节主要介绍当总体的分布形式已知，分布中有未知参数时，通过样本对参数做点估计与区间估计的方法，以及点估计的评价标准。

一、点估计

设总体 X 的分布函数为 $F(x, \theta)$，其中 θ 是未知参数，θ 所属范围 Θ 已知，借助样本估计参数值，称为参数的点估计。

此处参数 θ 可以表示一个参数，也可以是参数向量，表示多个参数，即

$$\theta = (\theta_1, \theta_2, \cdots, \theta_k)$$

例如，设有正态总体 $N(\mu, \sigma^2)$，μ, σ^2 未知，知道 $\mu \in (-\infty, +\infty)$，$\sigma > 0$，要借助样本对 μ, σ^2 的数值做出估计，属点估计。

又如，已知总体 $X \sim P(\lambda)$，λ 未知，知道 $\lambda \in (0, +\infty)$，估计 λ 值，为点估计。

当总体的分布形式已知，总体的分布则完全由参数决定，设 $X_1, X_2, \cdots, X_n$ 是来自总体 X 的样本，样本是由总体抽样得来，包含总体的信息，也即包含参数的信息。要估计总体 X 分布中的未知参数 θ，显然应该通过构造适当的样本函数，即统计量完成。

称用来估计参数 θ 的统计量为 θ 的估计量，记作 $\hat{\theta}$，即 $\hat{\theta} = \hat{\theta}(X_1, X_2, \cdots, X_n)$。估计量 $\hat{\theta}$ 是随机变量，将样本观测值 $x_1, x_2, \cdots, x_n$ 代入估计量，得到 θ 的估计值，也记作 $\hat{\theta}$，即估计量 $\hat{\theta} = \hat{\theta}(x_1, x_2, \cdots, x_n)$，$\theta$ 的估计量和估计值统称为 θ 的估计。

本节将介绍两种应用广泛的点估计方法。

二、矩估计法

（一）矩估计的定义

以经常遇到的估计总体均值 $E(X)$ 为例，常识知道样本均值 $\bar{X} = \dfrac{1}{n}\sum_{i=1}^{n} X_i$ 是 $E(X)$ 的很好的估计。例如，设有饮料包装机，包装瓶装饮料的重量是随机变量，记作 X，为总体。要估计瓶装饮料的平均重量 $E(X)$，抽取 10 瓶为样本，测得样本的平均重量 $\bar{x} = 500\text{g}$，则认为总体均值 $E(X)$ 约为 500g。这一常识给我们一个启示：可以用样本矩估计总体矩，用样本矩的函数估计总体矩的函数，即参数的矩估计。

（二）矩估计的基本步骤

以总体分布中含有两个未知参数 θ_1, θ_2 为例，矩估计的步骤如下。

（1）找出总体一阶矩、二阶矩与参数 θ_1, θ_2 的关系：

$$E(X) = h_1(\theta_1, \theta_2), \quad E(X^2) = h_2(\theta_1, \theta_2)$$

（2）解出 θ_1、θ_2 于总体矩的估计，得到参数的矩估计：

$$\theta_1 = g_1(E(X), E(X^2)), \quad \theta_2 = g_2(E(X), E(X^2))$$

（3）用样本 k 阶矩作总体 k 阶矩的估计，得到参数的矩估计：

$$\hat{\theta}_1 = g_1\left(\bar{X}, \frac{1}{n}\sum_{i=1}^{n} X_i^2\right), \quad \hat{\theta}_2 = g_2\left(\bar{X}, \frac{1}{n}\sum_{i=1}^{n} X_i^2\right) \tag{7.49}$$

【例 7-36】设总体 X 服从二项分布 $B(m, p)$，参数 p 未知，$X_1, X_2, \cdots, X_n$ 为来自总体 X 的样本，求 p 的矩估计量。

解：由题设知 $E(X) = mp$，从而 $p = \dfrac{E(X)}{m}$，所以 p 的矩估计量为

$$\hat{p} = \frac{\bar{X}}{m} = \frac{1}{mn}\sum_{i=1}^{n} X_i$$

（三）矩估计的优良性

1. 无偏性

设 $\hat{\theta} = \hat{\theta}(X_1, X_2, \cdots, X_n)$ 为未知参数 θ 的一个估计量，若 $E(\hat{\theta}) = \theta$，则称 $\hat{\theta}$ 是 θ 的无偏估计量。若 $E(\hat{\theta}) \neq \theta$，则称 $\hat{\theta}$ 是 θ 的有偏估计量，且 $E(\hat{\theta}) - \theta$ 称为估计量 $\hat{\theta}$ 的偏差。若 $\lim_{n \to \infty} E(\hat{\theta}) = \theta$，则称 $\hat{\theta}$ 是 θ 的渐进无偏估计量。

但值得注意的是，$\hat{\theta}$ 是 θ 的无偏估计量时，$g(\hat{\theta})$ 不一定是 $g(\theta)$ 的无偏估计量。

2．有效性

设 $\hat{\theta}_1 = \hat{\theta}_1(X_1, X_2, \cdots, X_n)$ 和 $\hat{\theta}_2 = \hat{\theta}_2(X_1, X_2, \cdots, X_n)$ 都是参数 θ 的无偏估计量,若对于任意固定的样本容量 n，有 $D(\hat{\theta}_1) < D(\hat{\theta}_2)$，则称 $\hat{\theta}_1$ 较 $\hat{\theta}_2$ 有效。

设 θ^* 是参数 θ 的无偏估计量，若对参数 θ 的任一无偏估计量 $\hat{\theta}$，对于任意固定的样本容量 n，都有 $D(\theta^*) \leqslant D(\hat{\theta})$，则称 θ^* 是 θ 的最小方差无偏估计量。

3．一致性

设 $\hat{\theta} = \hat{\theta}(X_1, X_2, \cdots, X_n)$ 是总体未知参数 θ 的估计量，n 为样本容量，若对于任意给定的正数 ε，有

$$\lim_{n \to \infty} P\left\{ \left| \hat{\theta}_n - \theta \right| < \varepsilon \right\} = 1$$

成立，则称 $\hat{\theta}$ 是 θ 的一致估计。

三、最大似然估计

最大似然估计法的思想源于德国数学家高斯（Gauss）的误差理论，至 20 世纪初由英国数学家费歇尔（R.A.Fisher）作为估计方法提出。

下面将介绍离散型和连续型总体参数的最大似然估计。

（一）离散型总体参数的最大似然估计

设有离散型总体 X，分布律为 $P\{X = x\} = p(x, \theta)$，$\theta \in \Theta$ 未知，样本 $X_1, X_2, \cdots, X_n$ 的观测值为 $x_1, x_2, \cdots, x_n$，既然一次抽样事件 $\{X_1 = x_1, X_2 = x_2, \cdots, X_n = x_n\}$ 发生了，根据实际推断原理，这一事件应是大概率事件。

事件 $\{X_1 = x_1, X_2 = x_2, \cdots, X_n = x_n\}$ 发生的概率为

$$P\{X_1 = x_1, X_2 = x_2, \cdots, X_n = x_n\} = \prod_{i=1}^{n} P\{X_i = x_i\} = \prod_{i=1}^{n} p(x_i, \theta)$$

当样本观测值 $x_1, x_2, \cdots, x_n$ 固定时，其为 θ 的函数，称为 θ 的似然函数，记作 $L(\theta)$，即

$$L(\theta) = \prod_{i=1}^{n} p(x_i, \theta)$$

在 θ 的可选范围 Θ 内求 $\hat{\theta}$，使 θ 的似然函数值最大，即 $L(\hat{\theta}) = \max_{\theta \in \Theta} L(\theta)$，也即使事件 $\{X_1 = x_1, X_2 = x_2, \cdots, X_n = x_n\}$ 发生的概率最大。因为似然函数中含有样本观测值 $x_1, x_2, \cdots, x_n$，所以 $\hat{\theta}$ 是 $(x_1, x_2, \cdots, x_n)$ 的函数，称 $\hat{\theta}(x_1, x_2, \cdots, x_n)$ 为 θ 的最大似然估计值，$\hat{\theta}(X_1, X_2, \cdots, X_n)$ 为 θ 的最大似然估计量，统称为最大似然估计。

（二）连续型总体参数的最大似然估计

设有连续型总体 X，其概率密度函数为 $f(x, \theta)$，$\theta \in \Theta$ 未知，样本 $X_1, X_2, \cdots, X_n$ 的观测值为 $x_1, x_2, \cdots, x_n$。

因为是连续型随机变量，所以当一次抽样事件 $\{X_1 = x_1, X_2 = x_2, \cdots, X_n = x_n\}$ 发生，是指取值在点 $(x_1, x_2, \cdots, x_n)$ 附近是大概率事件，也就是说，在点 $(x_1, x_2, \cdots, x_n)$ 的联合概率密度应该较大。

样本构成的 n 维随机变量 $(X_1, X_2, \cdots, X_n)$ 在 $(x_1, x_2, \cdots, x_n)$ 点的联合概率密度为

$$f^*(x_1, x_2, \cdots, x_n) = \prod_{i=1}^n f(x_i, \theta) \qquad (7.50)$$

称其为 θ 的似然函数，记作 $L(\theta)$，即 $L(\theta) = \prod_{i=1}^n f(x_i, \theta)$。

求 $\hat{\theta} \in \Theta$，使 $L(\hat{\theta}) = \max_{\theta \in \Theta} L(\theta)$。同样，$\hat{\theta}$ 应该是 $(x_1, x_2, \cdots, x_n)$ 的函数，称 $\hat{\theta}(x_1, x_2, \cdots, x_n)$ 为 θ 的最大似然估计量。

（三）最大似然估计法的基本步骤

（1）写出似然函数 $L(x_1, x_2, \cdots, x_n; \theta_1, \theta_2, \cdots, \theta_k) = \prod_{i=1}^n f(x_i; \theta_1, \theta_2, \cdots, \theta_k)$。

（2）求出对数似然函数 $\ln L = \sum_{i=1}^n \ln f(x_i; \theta_1, \theta_2, \cdots, \theta_k)$。

（3）将对数似然函数 $\ln L$ 对各参数求偏导数并令其为零，得对数似然方程组。若总体分布中只有一个未知参数，则为一个方程，称为对数似然方程，即

$$\frac{\partial \ln L}{\partial \theta_i} = 0, \quad i = 1, 2, \cdots, k$$

（4）从方程组中解出 $\theta_1, \theta_2, \cdots, \theta_k$，并记为

$$\begin{cases} \hat{\theta}_1 = \hat{\theta}_1(x_1, x_2, \cdots, x_n) \\ \hat{\theta}_2 = \hat{\theta}_2(x_1, x_2, \cdots, x_n) \\ \qquad \vdots \\ \hat{\theta}_k = \hat{\theta}_k(x_1, x_2, \cdots, x_n) \end{cases}$$

则 $\hat{\theta}_1, \hat{\theta}_2, \cdots, \hat{\theta}_k$ 分别为参数 $\theta_1, \theta_2, \cdots, \theta_k$ 的最大似然估计值。$\hat{\theta}_i(X_1, X_2, \cdots, X_n)$ 为 θ_i 的最大似然估计量。

【例 7-37】设随机变量 X 的分布函数为

$$F(x, \alpha, \beta) = \begin{cases} 1 - \left(\dfrac{\alpha}{x}\right)^\beta, & x > \alpha \\ 0, & x \leqslant \alpha \end{cases}$$

其中参数 $\alpha > 0, \beta > 1$，设 $X_1, X_2, \cdots, X_n$ 为来自总体 X 的随机样本。

当 $\alpha = 1$ 时，求未知参数 β 的矩估计量。

当 $\alpha = 1$ 时，求未知参数 β 的最大似然估计量。

当 $\beta = 2$ 时，求未知参数 α 的最大似然估计量。

解：（1）当 $\alpha = 1$ 时，X 的概率密度为

$$f(x, \beta) = \begin{cases} \dfrac{\beta}{x^{\beta+1}}, & x > 1 \\ 0, & x \leqslant 1 \end{cases}$$

由于 $EX = \int_{-\infty}^{+\infty} xf(x;\beta)\mathrm{d}x = \int_1^{+\infty} x \cdot \dfrac{\beta}{x^{\beta+1}}\mathrm{d}x = \dfrac{\beta}{\beta+1}$ ，令 $\dfrac{\beta}{\beta-1} = \bar{X}$ ，解得 $\beta = \dfrac{\bar{X}}{\bar{X}-1}$ ，所以，

参数 β 的矩估计量为 $\beta = \dfrac{\bar{X}}{\bar{X}-1}$ 。

（2）对于总体 X 的样本值 $x_1, x_2, \cdots, x_n$ ，似然函数为

$$L(\beta) = \prod_{i=1}^n f(x_i;\alpha) = \begin{cases} \dfrac{\beta^n}{(x_1 x_2 \cdots x_n)^{\beta+1}}, x_i > 1 \ (i=1,2,\cdots,n) \\ 0, \text{其他} \end{cases}$$

当 $x_i > 1 \ (i=1,2,\cdots,n)$ 时，$L(\beta) > 0$ ，取对数得

$$\ln L(\beta) = n\ln\beta - (\beta+1)\sum_{i=1}^n \ln x_i$$

对 β 求导数，得 $\dfrac{\mathrm{d}[\ln L(\beta)]}{\mathrm{d}\beta} = \dfrac{n}{\beta} = \sum_{i=1}^n \ln x_i$ ，令 $\dfrac{\mathrm{d}[\ln L(\beta)]}{\mathrm{d}\beta} = \dfrac{n}{\beta} - \sum_{i=1}^n \ln x_i = 0$ ，解得 $\beta = \dfrac{n}{\sum\limits_{i=1}^n \ln x_i}$ ，

于是 β 的最大似然估计量为 $\hat{\beta} = \dfrac{n}{\sum\limits_{i=1}^n \ln x_i}$ 。

（3）当 $\beta = 2$ 时，X 的概率密度为

$$f(x,\beta) = \begin{cases} \dfrac{2\alpha^2}{x^3}, x > \alpha \\ 0, x \leqslant \alpha \end{cases}$$

对于总体 X 的样本值 $x_1 x_2 \cdots x_n$ ，似然函数为

$$L(\beta) = \prod_{i=1}^n f(x_i;\alpha) = \begin{cases} \dfrac{2^n \alpha^{2n}}{(x_1 x_2 \cdots x_n)^3}, x_i > \alpha \ (i=1,2,\cdots,n) \\ 0, \text{其他} \end{cases}$$

当 $x_i > \alpha \ (i=1,2,\cdots,n)$ 时，α 越大，$L(\alpha)$ 越大，即 α 的最大似然估计值为

$$\hat{\alpha} = \min\{x_1, x_2, \cdots, x_n\}$$

于是 α 的最大似然估计量为 $\hat{\alpha} = \min\{x_1, x_2, \cdots, x_n\}$ 。

【**例 7-38**】设总体 X 的概率密度为：$f(x) = \begin{cases} \dfrac{\theta^2}{x^3}\mathrm{e}^{-\frac{\theta}{x}}, x > 0 \\ 0, \text{其他} \end{cases}$ ，其中 θ 为未知参数且大于零，

$X_1, X_2, \cdots, X_n$ 为来自总体 X 的简单随机样本。

（1）求 θ 的矩估计量；

（2）求 θ 的最大似然估计量。

解：（1）先求出总体的期望 $E(X)$ ：

$$E(X) = \int_{-\infty}^{+\infty} xf(x)\mathrm{d}x = \int_0^{+\infty} \dfrac{\theta^2}{x^2}\mathrm{e}^{-\frac{\theta}{x}}\mathrm{d}x = 0$$

令 $E(X) = \bar{X} = \dfrac{1}{n}\sum_{i=1}^n X_i$ ，得 θ 的矩估计量为 $\hat{\theta} = \bar{X} = \dfrac{1}{n}\sum_{i=1}^n X_i$ 。

（2）当 $X_i > 0 \ (i=1,2,\cdots,n)$ 时，似然函数为

$$L(\theta) = \prod_{i=1}^{n}\left(\frac{\theta^2}{x_i^3}e^{-\frac{\theta}{x_i}}\right) = \frac{\theta^{2n}}{\left(\prod_{i=1}^{n}x_i\right)^3}e^{-e\left(\sum_{i=1}^{n}\frac{1}{x_i}\right)}$$

取对数，$\ln L(\theta) = 2n\ln\theta - \theta\left(\sum_{i=1}^{n}\frac{1}{x_i}\right) - 3\sum_{i=1}^{n}\ln x_i$，令 $\dfrac{\mathrm{d}\ln L(\theta)}{\mathrm{d}\theta} = 0$，得 $\dfrac{2n}{\theta} - \sum_{i=1}^{n}\dfrac{1}{x_i} = 0$，解得 θ

的极大似然估计量为 $\hat{\theta} = \dfrac{2n}{\displaystyle\sum_{i=1}^{n}\dfrac{1}{X_i}}$。

本章小结

随机现象、随机事件是研究概率的基础。在此基础上研究概率的古典定义和统计定义，利用概率的四个基本公式对概率进行计算。

一维和二维随机变量的基本概念，随机变量的概率分布。离散型随机变量，0-1 分布、二项分布、泊松分布；连续型随机变量，均匀分布、指数分布、正态分布等。正态分布在统计推断中起着核心作用，正态分布的"标准化变换"与标准正态分布。

随机变量的数字特征中主要介绍了数学期望、方差、标准差的概念、性质和计算方法，各种典型分布的数学期望和方差的计算。

大数定律和中心极限定理的含义、作用及应用。

总体与样本、参数与统计量的基本概念；常用统计量的基本性质；抽样分布的概念，常用样本统计量的抽样分布，χ^2 分布、t 分布、F 分布、正态分布；在大样本场合，抽样分布都可用正态分布去近似。

矩估计法的最大似然估计法对参数的估计。

思考与练习

1．一台机器生产零件的次品率是 5%，现从其生产的产品中随机抽出 5 件，问：

（1）刚好出现 1 件次品的概率是多少？

（2）至少出现 1 件次品的概率是多少？

2．甲乙两人进行网球比赛，每局甲胜的概率为 p，$p \geqslant 1/2$。求对甲而言，采用三局二胜制有利还是采用五局三胜制有利。假设各局胜负相互独立。

3．设两个随机事件 A,B，且 $P(A)=0.5$，$P(B)=0.6$，在事件 A 发生的条件下事件 B 发生的概率为 0.8。求：

（1）"A 发生或 B 发生"的概率是多少？

（2）在事件 B 发生的条件下事件 A 发生的概率是多少？

4．已知某一地区人口寿命超过 50 岁的概率为 0.8，超过 70 岁的概率为 0.6。求：该地区任一寿命刚过 50 岁的人活到 70 岁以上的概率。

5．已知某一地区男女人口数的比例为 106∶100，而且男性人口中有 5%患有色盲症，女性人口中有 0.4%患有色盲症。问：该地区任一人患有色盲症的概率是多少？

6. 设 15 个相同零件中有 2 个是次品，在其中取 3 次，每次任取 1 个，做不放回抽样。X 表示取出的次品数量。求 X 的分布律，并计算 $E(X)$。

7. X 表示某商店从早晨开始营业起直到第一个顾客到达的等待时间（以 min 计），X 的分布函数是

$$F(x) = \begin{cases} 1 - e^{-0.4x}, x > 0 \\ 0, x \leqslant 0 \end{cases}$$

求以下概率：

（1）$P\{$至多 3min$\}$。

（2）$P\{$至少 4min$\}$。

（3）$P\{3 \sim 4\text{min}\}$。

（4）$P\{$至多 3min 或至少 4min$\}$。

（5）$P\{$恰好 3min$\}$。

8. 设顾客在银行窗口等待的时间 X（以 min 计）服从指数分布，其概率密度为

$$f(x) = \begin{cases} \dfrac{1}{5} e^{\frac{-x}{5}}, x > 0 \\ 0, x \leqslant 0 \end{cases}$$

一顾客在窗口等待服务，若超过 10min，他就离开。一个月他要到银行 5 次，以 Y 表示一个月内他未等到服务而离开窗口的次数。求 Y 的分布律，并求 $P\{Y \geqslant 1\}$。

9. 已知两随机变量 X,Y 相互独立，各自的概率分布如表 7-9 所示。

表 7-9　随机变量 X,Y 的概率分布

X 的概率分布			Y 的概率分布		
X	1	2	Y	1	2
P	0.4	0.6	P	0.7	0.3

求：$X=Y$ 的概率是多少？

10. 设两个随机事件 A,B 满足 $P(A) = \dfrac{1}{4}$，$P(B \mid A) = P(A \mid B) = \dfrac{1}{2}$。令

$$X = \begin{cases} 1, \text{若 } A \text{ 发生} \\ 0, \text{若 } A \text{ 不发生} \end{cases} \qquad Y = \begin{cases} 1, \text{若 } B \text{ 发生} \\ 0, \text{若 } B \text{ 不发生} \end{cases}$$

求：(X,Y) 的联合分布。

11. 某公司员工的月工资服从均值为 8000 元、标准差为 1000 元的正态分布。求某员工月工资介于 7500～10 000 元的概率。

12. 一个售报员在报摊上卖报，已知每个过路人在此报摊上买报的概率为 1/3。令 X 是出售了 100 份报时过路人的人数，求 $P(280 \leqslant X \leqslant 360)$。

13. 量 A,B 两地之间的距离，限于测量工具，将其分成 1 200 段进行测量，设每段测量误差相互独立，且服从均匀分布 $U[-0.5, 0.5]$。求总测量误差的绝对值不超过 20km 的概率。

14. 设 $X \sim N(\mu, \sigma^2)$，证明：$P(\mu - 1.96\sigma < X < \mu + 1.96\sigma) = 0.95$。

15. 设总体 X 服从泊松分布 $P(\lambda)$，参数 λ 未知，$X_1, X_2, \cdots, X_n$ 为来自总体的样本，求 λ 的矩估计量和最大似然估计量。

第八章 抽样推断

✎ **学习目的**

抽样推断是统计研究中一种重要的分析方法。通过对本章的学习，要求掌握利用样本统计资料来推断总体数量特征的原理及方法；深刻理解抽样推断的概念及特点；深刻了解抽样误差产生的原因，并对抽样误差、抽样平均误差、抽样极限误差加以区别；掌握点估计和区间估计方法；掌握必要样本单位数的确定方法。

第一节 抽样推断概述

一、抽样推断的概念及特点

按随机原则从总体中抽取一部分单位（称为样本），根据样本的信息对总体的数量特征进行科学估计与推断的方法称为抽样推断。

抽样推断包含抽样调查和统计推断。

抽样调查是一种非全面调查，它是按随机原则从总体中抽出部分单位进行调查以获得有关的数据资料，目的是为了推断总体。

统计推断是根据抽样调查所获得的样本信息，对总体的数量特征做出具有一定可靠程度的估计和推断。

例如，假如想了解市民对公共交通的满意程度，理论上可以对每一个市民进行调查，询问他们的满意度。这样的全面调查，可以得到准确的结论。但是一个城市的市民，少则几十万，多则上千万，做全面调查的成本太大了。所以通常的做法是，随机抽取一部分市民（如200人），对这部分市民进行调查，然后根据这些数据，对所有市民对公共交通的满意情况进行合理的推断。

抽样推断的主要特点如下。

（1）按随机原则（也叫等可能性原则）抽取调查单位。随机抽样的目的是为了排除人的主观影响，使每个样本都有相同的可能性被抽中，使样本对总体具有充分的代表性。随机性原则是保证抽样推断正确性的一个重要前提条件。随机抽样不是随便抽样。例如，要了解全班同学的月平均零花钱，你不能随便找几个相熟的同学询问一下了事，而是要按照一套设计好的方案进行抽样，以便确保每个同学以相同的可能性被选为样本。

（2）根据部分推断总体。抽样推断就是从总体中随机抽出部分样本，然后根据样本的信息来推断总体的数量规律。这个特点之所以成立，前提条件就是其所面临的样本是按随机原则抽取的。因此，抽样调查虽然也是非全面调查，但是与典型调查、重点调查等非全面调查不同，后者不能根据调查结论来推断总体。

（3）抽样误差可以估计和控制，推断结果具有一定的可靠性和准确性。由于抽样推断是用部分来推断总体，是用样本的信息来推断总体的信息，必然会存在误差。但是这种误差是可以在一定统计假设下估计出来的，也可以采取一定的调查设计来控制误差的范围，以满足调查的误差要求，保证抽样推断的结论可以达到指定的可靠程度。

抽样调查和其他调查相比，还具有经济性、时效性、准确性和灵活性等优越性。

二、抽样的若干基本概念

总体参数是描述总体数量特征的指标。总体是唯一的，所以总体参数也是唯一的。总体参数是统计推断的对象。

常用的总体参数的惯用记号及计算公式如下。

总体平均数：$\mu = \dfrac{\sum X}{N}$ 或 $\mu = \dfrac{\sum XF}{\sum F}$；

总体成数：$P = \dfrac{N_1}{N}$；

总体平均数方差：$\sigma^2 = \dfrac{\sum (X - \mu)^2}{N}$ 或 $\sigma^2 = \dfrac{\sum (X - \mu)^2 F}{\sum F}$；

总体成数方差：$\sigma_P^2 = P(1 - P)$；

总体平均数标准差：$\sigma = \sqrt{\dfrac{\sum (X - \mu)^2}{N}}$ 或 $\sigma = \sqrt{\dfrac{\sum (X - \mu)^2 F}{\sum F}}$；

总体成数标准差：$\sigma_P = \sqrt{P(1 - P)}$。

其中，X（$X_1, X_2, \cdots, X_N$）表示总体变量值；N 表示总体单位总数；N_1 表示具有某种特征的单位数目；F 表示总体在分组资料下的各组频数。

样本统计量是描述样本数量特征的指标。样本统计量是样本的函数，由样本计算而得。由于样本是随机的，所以样本统计量是随机变量。样本统计量是用来推断总体数量特征的。

统计量是调研人员知道的，总体参数是调研人员想要知道的。

常用的样本参数的惯用记号及计算公式如下。

样本平均数：$\bar{x} = \dfrac{\sum x}{n}$ 或 $\bar{x} = \dfrac{\sum xf}{\sum f}$；

样本成数：$p = \dfrac{n_1}{n}$；

样本平均数方差：$s_{\bar{x}}^2 = \dfrac{\sum (x_i - \bar{x})^2}{n - 1}$ 或 $s_{\bar{x}}^2 = \dfrac{\sum (x - \bar{x})^2 f}{\sum f - 1}$；

样本成数方差：$s_p^2 = p(1 - p)$；

样本平均数标准差：$s_{\bar{x}} = \sqrt{\dfrac{\sum (x_i - \bar{x})^2}{n-1}}$ 或 $s_{\bar{x}} = \sqrt{\dfrac{\sum (x - \bar{x})^2 f}{\sum f - 1}}$；

样本成数标准差：$s_p = \sqrt{p(1-p)}$。

其中，$x\,(x_1, x_2, \cdots, x_n)$ 表示样本变量值；n 表示样本容量（样本单位数）；n_1 表示具有某种特征的样本单位数目；f 表示样本在分组资料下的各组频数。

需要注意的是，样本方差中的分母是 $n-1$ 或 $\sum f - 1$，而不是 n。其目的主要是为了保证用样本方差来估计总体方差时没有偏差。

第二节　抽样的组织方式

抽样推断的目的是根据样本的信息来推断总体的数量规律。这种推断是否可靠，关键在于样本的可靠性，也就是取决于样本的抽取是否科学。本节将对常用的抽样组织方式进行简单介绍。抽样的组织方式主要有简单随机抽样、类型抽样、机械抽样、整群抽样和多阶段抽样等。

一、简单随机抽样

简单随机抽样又称纯随机抽样（有时简称为随机抽样），是直接从总体中按随机的原则重复抽取样本，每一个总体单位有相同的可能性被抽中。

简单随机抽样的主要特点是遵循随机原则，所得到的样本是独立同分布的。但是，简单随机抽样不一定能保证样本单位在总体中分布的均匀性，适宜于单位数不多、标志变异较小、分布较均匀的总体。

二、类型抽样

类型抽样也称为分类抽样、分层抽样，先将总体单位按一定标志进行分类（层），然后在各类（层）中按随机原则分别抽出一定的单位组成样本。

类型抽样的主要特点：能保证分布的均匀性，样本具有很好的代表性，抽样误差一般较简单随机抽样小；不仅能对总体进行推断，而且能对各层子总体进行推断；对于层间是全面调查，对于层内是抽样调查，抽样误差产生于层内，因此，分层时应尽量减少层内差异而增大层间差异。

在各层分配样本单位数的方法有如下几种。

（一）比例分配法（等比例分层抽样）

按各层单位数在全部总体单位数中所占比例在每层中抽出相同比例的样本，即每层的样本容量为 $n_i = n\dfrac{N_i}{N}$。其中，n 表示样本容量；N_i 表示第 i 层的总体单位数；N 表示总体单位数。

（二）奈曼最佳分配法

考虑每层中总体单位的变异程度不同，在样本容量一定的条件下，对变异大的层，其样本容量应该大一些；变异小的层，其样本容量应该小一些。

因此，每层的样本容量为

$$n_i = n \frac{N_i \sigma_i}{\sum_{i=1}^{k} N_i \sigma_i}$$

式中，σ_i 表示各层的标准差。

（三）经济分配法

经济分配法既考虑每层中总体单位的变异程度不同，又考虑每层的调查费用。所以，在样本容量一定的条件下，标志变异大的层样本容量也大一些，调查费用大的层，样本容量相对小一些。因此，每层的样本容量为

$$n_i = n \frac{N_i \sigma_i / \sqrt{C_i}}{\sum_{i=1}^{k} \left(N_i \sigma_i / \sqrt{C_i} \right)}$$

式中，σ_i 表示各层的标准差；C_i 表示各层的调查费用。

三、机械抽样

机械抽样也称为等距抽样或系统抽样，它先将总体单位按某一标志排队，计算出抽样间隔，并在第一个抽样间隔内确定一个抽样起点，然后按固定的顺序和间隔来抽取样本单位。

机械抽样的主要特点：样本单位的抽取工作比较容易开展；按有关标志排队等距抽样能提高样本单位分布的均匀性，样本代表性较强。

机械抽样的方法及抽样起点的确定有如下几种。

（一）按无关标志排队的等距抽样

按无关标志排队的等距抽样是指等距抽样据以排队的标志与调查内容没有直接关系。例如，调查某班级同学的身高，按学号排队抽取，就属于无关标志等距抽样。其抽样起点 r 随机确定，即可以是第一个抽样距离内的任一个总体单位：$1 \leqslant r \leqslant k$。

按无关标志排队的等距抽样遵循了随机原则，不会产生系统偏差，但样本的代表性不如按有关标志排队等距抽样。

（二）按有关标志排队的等距抽样

按有关标志排队的等距抽样是指排队标志与调查内容有密切关系。例如，调查某班级同学的学习成绩，按学习成绩由高到低排列，进行等距抽样，就属于按有关标志排队等距抽样。

按有关标志排队的等距抽样使各单位差异程度小，样本的代表性相对较好。

其抽样起点有以下两个。

（1）半距起点等距抽样（中心系统抽样）。以第一个抽样距离的一半为抽样起点（$r=k/2$），

并每间隔 k 个单位抽一个单位。其特点是抽样的随机性受到限制。

（2）对称等距抽样。指在第一个抽样距离内随机地确定抽样起点 r（$1 \leqslant r \leqslant k$），然后以组界 $[k, 2k, \cdots, (n-1)k]$ 为对称点，两两对称地抽取样本单位，如图 8-1 所示（符号◇表示样本单位的位置）。

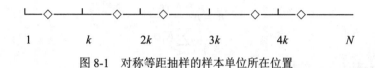

图 8-1　对称等距抽样的样本单位所在位置

抽样距离为单数时，最中间一组的中点为第一个样本点，再在第一组随机确定一个样本点，其后同前。

四、整群抽样

整群抽样也称为集团抽样，是将总体全部单位分为若干部分（每一部分称为一个群），按随机原则从中不重复抽取部分群体，在每群中进行全面调查（抽中群体的所有单位构成样本）。

该调查方法适用于单位较多的总体。

整群抽样的主要特点：只需对各群体进行编号，大大简化了抽样组织工作；由于样本单位比较集中，便于集中力量去调查，也便于组织和管理。但样本单位在总体中的分布不够均匀，样本的代表性可能较差。

与分层抽样相反，整群抽样在群内是全面调查，在群间是抽样调查，抽样误差产生于群间，因而，应尽量减少群间差异，扩大群内差异。

整群抽样对群体的划分可以是人为的，也可以是自然形成的。人为划分群体通常可以要求群体大小相等或接近。自然形成的群体则往往大小不等。当群体大小悬殊时，宜采用与群体规模成比例的不等概率的抽样方法来抽取样本群体，其参数估计的公式也有所不同。因此，为简便起见，划分群体时应使各群体所含的总体单位数尽可能相等。

五、多阶段抽样

多阶段抽样是先将一个很大的总体划分为若干个子总体，即一阶单位，再把一阶单位划分为若干个更小的单位，称为二阶单位，照此继续下去划分出更小的单位，依次称为三阶单位、四阶单位等。然后分别按随机原则逐阶段抽样。

第三节　抽样误差

一、抽样误差概述

任何推断都存在误差，抽样推断也不例外。抽样推断误差主要有两种：一种是由人为原因造成的、可以避免的误差，这种误差称为非抽样误差，如登记错误、设计失误或工具不良，调查对象选择失误、无回答，数据处理失误，调查人员误导，被调查者说谎等；另外一种是由非人为原因造成的、无法避免的误差，这种误差称为抽样误差，也叫作随机误差，它主要是由部分推断全体而产生的误差。

抽样误差是指由于随机抽样的偶然因素使样本各单位的结构不足以代表总体各单位的结构，而引起样本指标和总体指标之间的绝对离差。

例如，全班同学的平均每月零花钱为 500 元，而老师随机抽取了 10 名同学，这些同学的每月零花钱平均为 300 元。这样抽样的实际误差就是：|300-500|=200（元）。

影响抽样误差的因素主要有以下几种。

（1）总体各单位标志值的差异程度。一般来说，总体标志值的离散程度越大，在样本容量等因素不变的情况下，抽样误差也会越大。例如，为了比较某市 20 世纪 70 年代和现在的人均收入，同样抽取 100 个样本，则 20 世纪 70 年代抽取的样本就会比现在抽取的样本误差小。这是因为 20 世纪 70 年代个人收入的差距不大，都在其平均值附近，抽样误差当然不大。而现在个人收入差异很大，与平均值比较，误差就相对大了。

（2）抽样样本的单位数。一般来说，抽取的样本单位数，即样本容量越大，误差就越小。

（3）抽样的方法。不同的抽样方法也会影响抽样误差，如重复抽样和不重复抽样。另外，抽样的不同组织方式，对抽样误差也有很大影响。一般情况下，分层抽样就比简单随机抽样的误差小。

关于抽样误差，需要注意如下几点：首先，抽样误差是样本统计量与总体参数之间的绝对差异；其次，对于任何一个样本，其抽样误差都不可能测量出来；最后，抽样误差的大小可以依据概率分布理论加以说明。

二、抽样平均误差

（一）抽样平均误差的概念

抽样平均误差就是样本指标的标准差。

以平均数为例，假如用样本平均数估计总体平均数。由于抽样的随机性，样本平均数是一个随机变量，而总体平均数是个参数，是固定的，因此，用样本平均数估计总体平均数必然存在误差。这个随机变量的分布如果比较集中，则平均误差就会比较小；如果分布很分散，误差就会较大。而样本平均数的离散程度是用标准差来衡量的。也就是说，样本平均数的标准差就反映了样本平均数和总体平均数的误差程度。

抽样平均误差的作用主要表现在它能够说明样本指标代表性的大小。平均误差大，说明样本指标对总体指标的代表性低；反之，则说明样本指标对总体指标的代表性高。

（二）平均数的抽样平均误差

1. 重复抽样情形

假设从总体中独立重复地抽出的样本为 $x_1, x_2, \cdots, x_n$，就是说它们是简单随机样本，也就是它们是独立的，且与总体有相同的分布。假设总体的均值为 μ，方差为 σ^2，则样本均值的期望和方差分别为

$$E(\overline{x}) = E\left(\frac{1}{n}\sum x_i\right) = \frac{1}{n}[E(x_1) + E(x_2) + \cdots + E(x_n)] = \mu \qquad (8.1)$$

$$\sigma^2(\overline{x}) = \sigma^2\left(\frac{1}{n}\sum x_i\right) = \frac{1}{n^2}[\sigma^2(x_1) + \sigma^2(x_2) + \cdots + \sigma^2(x_n)] = \frac{1}{n^2}n\sigma^2 = \frac{\sigma^2}{n} \qquad (8.2)$$

平均数的抽样平均误差就是样本均值的标准差，通常记为 $\mu_{\overline{x}}$。

因此，平均数的抽样平均误差为

$$\mu_{\overline{x}} = \frac{\sigma}{\sqrt{n}} \qquad (8.3)$$

当方差 σ^2 为已知时，可以用上面的公式计算平均数的抽样平均误差。

当方差 σ^2 为未知时，可以：（1）用样本方差 S^2 代替；（2）用历史资料代替；（3）用试验结果估算。

【例 8-1】某讨论小组有 A、B、C、D 四名同学，其统计学作业分数分别为 80、90、70、60 分。现从中重复随机抽取两名同学，试计算其平均分数的抽样平均误差。

解法一： 总体均值和总体方差分别为

$$\mu = \frac{1}{4} \times (80 + 90 + 70 + 60) = 75 \text{（分）}$$

$$\sigma^2 = \frac{1}{4} \times [(80-75)^2 + (90-75)^2 + (70-75)^2 + (60-75)^2] = 125$$

样本容量 $n=2$，根据平均数的抽样平均误差的计算公式，有

$$\mu_{\overline{x}} = \frac{\sigma}{\sqrt{n}} = \sqrt{\frac{125}{2}} = 7.91 \text{（分）}$$

解法二： 为了加深对平均数的抽样平均误差的理解，我们从其定义出发进行计算。平均数的抽样平均误差就是样本均值的标准差。有重复抽取的容量为 2 的样本共有 $M = 4 \times 4 = 16$ 个，具体如表 8-1 所示。

表 8-1　抽取样本列表

样　　本	样　本　均　值	样　　本	样　本　均　值
(80,80)	80	(70,80)	75
(80,90)	85	(70,90)	80
(80,70)	75	(70,70)	70
(80,60)	70	(70,60)	65
(90,80)	85	(60,80)	70
(90,90)	90	(60,90)	75
(90,70)	80	(60,70)	65
(90,60)	75	(60,60)	60

因此，样本均值的平均数和样本均值的方差分别为

$$E(\overline{x}) = \frac{1}{16} \times (80 + 85 + 75 + \cdots + 60) = 75 \text{（分）}$$

$$\sigma^2(\overline{x}) = \frac{1}{16} \times [(80-75)^2 + (85-75)^2 + \cdots + (60-75)^2)] = 62.5$$

所以平均数的抽样平均误差为

$$\mu_{\bar{x}} = \sqrt{\sigma^2(\bar{x})} = \sqrt{62.5} = 7.91 \text{（分）}$$

两种计算方法得出了相同的结果。

注意：后一方法不需要除以 n，为什么？

2．不重复抽样情形

【例8-2】某讨论小组有 A、B、C、D 四名同学，其统计学作业分数分别为80、90、70、60 分。现从中不重复地随机抽取两名同学，试计算其平均分数的抽样平均误差。

解：不重复抽取的容量为 2 的样本共有 $M = 4 \times 3 = 12$（个），具体如表 8-2 所示。

表 8-2　抽取样本列表

样　　本	样 本 均 值	样　　本	样 本 均 值
(80,90)	85	(70,80)	75
(80,70)	75	(70,90)	80
(80,60)	70	(70,60)	65
(90,80)	85	(60,80)	70
(90,70)	80	(60,90)	75
(90,60)	75	(60,70)	65

样本平均数的平均值和样本平均数的方差分别为

$$E(\bar{x}) = \frac{1}{12} \times (85 + 75 + \cdots + 65) = 75 \text{（分）}$$

$$\sigma^2(\bar{x}) = \frac{1}{12} \times [(85-75)^2 + (75-75)^2 + \cdots + (65-75)^2] = 41.67$$

所以平均数的抽样平均误差为

$$\mu_{\bar{x}} = \sqrt{\sigma^2(\bar{x})} = \sqrt{41.67} = 6.45 \text{（分）}$$

可见，在不重复抽样的条件下，所有可能的样本平均数的平均值与重复抽样是一样的，但是其抽样平均误差比重复抽样情形要小一些。其原因可以这样"直观"地理解：不重复抽样排除了每次都抽到极端值的可能，因此，降低了抽样误差。

但是在实际中，以上计算方法是不现实的。因为，我们实际上只抽一次样本，不可能把所有可能的样本都抽一遍。因此，需要根据概率分布理论进行推导。

可以证明：在不重复抽样的条件下，平均数的抽样平均误差为

$$\mu_{\bar{x}} = \sqrt{\frac{\sigma^2}{n}\left(\frac{N-n}{N-1}\right)} \approx \sqrt{\frac{\sigma^2}{n}\left(1 - \frac{n}{N}\right)} \tag{8.4}$$

式中，N 表示总体单位个数；n 表示样本容量；σ^2 表示总体方差。

与重复抽样相比，多了一个系数 $\frac{N-n}{N-1} \approx 1 - \frac{n}{N}$，这个系数被称为不重复抽样的修正系数。该系数取值范围为 0～1，n 越小，修正系数就越大，表明不重复抽样对抽样误差的影响越大；n 越大，修正系数就越小，表明不重复抽样对抽样误差的影响越小，当 $n=N$ 时，总体中每个单位都被抽到，抽样误差为 0。

当总体单位数 N 很大时，不重复抽样可以近似看作重复抽样。

根据这个公式，重新计算例 8-2。在例 8-1 中已经计算出总体方差 $\sigma^2 = 125$，$n=2$，$N=4$。此时

$$\mu_{\bar{x}} = \sqrt{\frac{\sigma^2}{n}\left(\frac{N-n}{N-1}\right)} = \sqrt{\frac{125}{2}\times\left(\frac{4-2}{4-1}\right)} = 6.45 \text{（分）}$$

得到了相同的结果。

（三）成数的抽样平均误差

总体成数 P 是指具有某种特征的单位在总体中的比重。设总体单位的数目是 N，具有某种特征的单位数目为 N_1，则总体成数 $P = \dfrac{N_1}{N}$。

总体成数也可以看作一个随机变量的平均数。设随机变量 $X=1$ 表示总体单位具有某种特征，$X=0$ 表示总体单位不具有某种特征，即 X 是一个 0-1 变量，则其数学期望和方差分别为

$$\mu = E(X) = 1\times P + 0\times(1-P) = P$$
$$\sigma^2 = E(X-\mu)^2 = (1-P)^2\times P + (0-P)^2\times(1-P) = P(1-P)$$

现从总体中抽取 n 个单位，如果其中有 n_1 个单位具有相应特征，则样本成数为 $p = \dfrac{n_1}{n}$。

同样道理，样本成数可以看成随机变量 X 的样本均值。

成数的抽样平均误差的计算公式如下。

（1）在重复抽样的情况下：

$$\mu_p = \frac{\sigma}{\sqrt{n}} = \sqrt{\frac{P(1-P)}{n}} \tag{8.5}$$

（2）在不重复抽样的情况下：

$$\mu_p = \sqrt{\frac{\sigma^2}{n}\left(\frac{N-n}{N-1}\right)} = \sqrt{\frac{P(1-P)}{n}\left(\frac{N-n}{N-1}\right)} \approx \sqrt{\frac{P(1-P)}{n}\left(1-\frac{n}{N}\right)} \tag{8.6}$$

如果总体成数 P 未知，一般可以用样本成数 p 代替。

【例 8-3】美国 FBI 的研究表明，监狱犯人获释后一年内又再次犯罪的比例（称为重犯率）为 70%。巴尔第摩监狱准备抽取 100 名犯人进行一项改造计划，以望降低重犯率。求重犯率的抽样平均误差。

解： 由于巴尔第摩监狱犯人很多，因此抽样过程可以看作重复抽样，重犯率的抽样平均误差为

$$\mu_p = \sqrt{\frac{P(1-P)}{n}} = \sqrt{\frac{0.7\times(1-0.7)}{100}} = 4.58\%$$

即重犯率的平均抽样误差为 4.58%。

（四）各种组织形式下的抽样平均误差

前面讨论的抽样平均误差，都是建立在简单随机抽样基础上的。然而，不同的抽样组织方式，对抽样误差的影响是不能忽视的。下面就各种常用的抽样组织方式，讨论抽样平

均误差的计算。

1．类型抽样（分层抽样）

假定将总体分成 k 类，第 i 类的总体单位数为 N_i，其平均数为 μ_i，方差为 σ^2，成数为 P_i。从第 i 类中抽取样本 n_i 个，样本平均数为 $\bar{x}_i$，样本方差为 S_i^2，样本成数为 p_i。

假设进行等比例简单随机抽样，则样本平均数和方差平均数分别为

$$\bar{x} = \frac{1}{n}\sum_{i=1}^{k} n_i \bar{x}_i = \frac{1}{n}\sum_{j=1}^{n} x_j , \quad \overline{\sigma^2} = \frac{1}{n}\sum_{i=1}^{k} n_i \sigma_i^2$$

平均数的抽样平均误差就是样本平均数的标准差。

（1）在重复抽样情况下：

平均数的抽样平均误差： $\qquad \mu_{\bar{x}} = \sqrt{\dfrac{\overline{\sigma^2}}{n}}$ （8.7）

成数的抽样平均误差： $\qquad \mu_p = \sqrt{\dfrac{\overline{P(1-P)}}{n}}$ （8.8）

其中， $\qquad \overline{P(1-P)} = \dfrac{1}{n}\sum_{i=1}^{k} n_i P_i(1-P_i)$

（2）在不重复抽样情况下：

平均数的抽样平均误差： $\quad \mu_{\bar{x}} = \sqrt{\dfrac{\overline{\sigma^2}}{n}\left(\dfrac{N-n}{N-1}\right)} \approx \sqrt{\dfrac{\overline{\sigma^2}}{n}\left(1-\dfrac{n}{N}\right)}$ （8.9）

成数的抽样平均误差： $\quad \mu_p = \sqrt{\dfrac{\overline{P(1-P)}}{n}\left(\dfrac{N-n}{N-1}\right)} \approx \sqrt{\dfrac{\overline{P(1-P)}}{n}\left(1-\dfrac{n}{N}\right)}$ （8.10）

【例 8-4】 警察局长想了解盗抢案的平均经济损失，分别从本市的南山、罗湖和福田区公安分局当年的案件中按 10% 的比例抽取 30 件、40 件和 50 件做调查，发现平均每个案件的经济损失分别是 5 000 元、4 000 元和 6 000 元，标准差分别是 1 000 元、800 元和 1 200 元，试计算平均经济损失的抽样平均误差。

解： 这是等比例不重复类型抽样。三个区的案件总数为 $N=300+400+500=1\,200$（件），样本容量为 $n=30+40+50=120$（件）。每个区的经济损失的总体方差为未知，用样本方差代替。

根据计算公式，平均经济损失的抽样平均误差为

$$\overline{\sigma^2} = \frac{1}{n}\sum_{i=1}^{k} n_i S_i^2 = \frac{1}{120}\times(30\times1\,000^2 + 40\times800^2 + 50\times1\,200^2) = 1\,063\,333.33$$

$$\mu_{\bar{x}} = \sqrt{\frac{\overline{\sigma^2}}{n}\left(1-\frac{n}{N}\right)} = \sqrt{\frac{1\,063\,333.33}{120}\times\left(1-\frac{10}{100}\right)} = 89.30 \text{（元）}$$

即每个案件经济损失的抽样平均误差为 89.30 元。

2．机械抽样（等距抽样）

机械抽样（等距抽样）是先将总体单位按某一标志排队，计算出抽样间隔，并在第一个抽样间隔内确定一个抽样起点，然后按固定的顺序和间隔来抽取样本单位。这相当于把总体单位分为多个部分，在每个部分中抽取一个单位，其余单位的情况未知，每一部分的

方差无法计算，也无法用样本方差（因为只有一个样本单位）或历史资料代替。因此，难以直接计算机械抽样的平均误差，只好用间接方法进行近似估计。由于第一个样本是随机抽取的，其抽样平均误差与简单随机抽样误差比较接近。另外，机械抽样是不重复抽样。因此机械抽样的平均误差可以用不重复简单随机抽样的平均误差代替，即

（1）平均数的抽样平均误差：

$$\mu_{\bar{x}} = \sqrt{\frac{\sigma^2}{n}\left(\frac{N-n}{N-1}\right)} \approx \sqrt{\frac{\sigma^2}{n}\left(1-\frac{n}{N}\right)} \tag{8.11}$$

如果总体方差 σ^2 未知，可用样本方差代替。

（2）成数的抽样平均误差：

$$\mu_p = \sqrt{\frac{P(1-P)}{n}\left(\frac{N-n}{N-1}\right)} \approx \sqrt{\frac{P(1-P)}{n}\left(1-\frac{n}{N}\right)} \tag{8.12}$$

如果总体成数 P 未知，可用样本成数 p 代替。

【例 8-5】 将某社区住户按家庭年收入高低排队，然后每隔 20 户抽 1 户，共抽取 100 户，得知他们的家庭年平均收入为 150 000 元，样本标准差为 6 000 元。计算该社区住户年平均家庭收入的抽样平均误差。

解： 这是按有关标志排队的等距抽样，可以近似看作不重复简单随机抽样。总体单位 $N = 2\,000$ 户，样本容量 $n = 100$ 户，样本均值 $\bar{x} = 150\,000$ 元，样本方差 $s^2 = 6\,000^2$ 元。该社区住户年平均家庭收入的抽样平均误差为

$$\mu_{\bar{x}} = \sqrt{\frac{s^2}{n}\left(1-\frac{n}{N}\right)} = \sqrt{\frac{6\,000^2}{100}\left(1-\frac{100}{2\,000}\right)} = 584.81 \text{（元）}$$

3．整群抽样（集团抽样）

整群抽样是将总体全部单位分为若干部分，按随机原则从中不重复抽取部分群体，在每群中进行全面调查，据此对总体加以推断。

假设将总体全部 N 个单位划分成 R 群，从中随机抽取 r 群，抽中的群的所有单位组成样本。

设被抽中的群的平均值为 $\bar{x}_i = (i = 1, 2, \cdots, r)$，则样本均值为

$$\bar{x} = \frac{1}{r}\sum_{i=1}^{r}\bar{x}_i$$

实际上，可以把每个群看作总体单位，群平均值看作样本的标志值，则这个抽样过程可认为是从 R 个总体单位中随机抽取 r 个不重复简单随机抽样。

据此，可以方便地给出平均数和成数的抽样平均误差。

（1）平均数的抽样平均误差：

$$\mu_{\bar{x}} = \sqrt{\frac{\delta_{\bar{x}}^2}{r}\left(\frac{R-r}{R-1}\right)} \tag{8.13}$$

式中，$\delta_{\bar{x}}^2$ 为平均数的群间样本方差，即 $\delta_{\bar{x}}^2 = \frac{1}{r}\sum_{i=1}^{r}(\bar{x}_i - \bar{x})^2$。

（2）成数的抽样平均误差：

$$\mu_p = \sqrt{\frac{\delta_p^2}{r}\left(\frac{R-r}{R-1}\right)} \qquad (8.14)$$

式中，δ_p^2 为成数的群间样本方差，即 $\delta_p^2 = \frac{1}{r}\sum_{i=1}^{r}(p_i - p)^2$。

【例 8-6】某糖浆厂大量连续生产 100g 袋装糖浆，生产线每天 24h 运转，每天产量为 14 400 袋，平均每分钟产量 10 袋。现在每隔 144min 抽取 1min 的产量（10 袋）进行检查，共抽取 10 次（100 袋），每分钟产量（10 袋）的平均重量如下（g）：98,102,104,106,100,98,100,96,100,106。试计算每袋重量的抽样平均误差。

解： 根据题意，这是以每分钟产量为一群的整群抽样。总体被分为 $R = 24 \times 60 = 1440$ 群，抽取 $r=10$ 群的全部单位作为样本。

样本均值为

$$\overline{x} = \frac{1}{r}\sum_{i=1}^{r}\overline{x}_i = \frac{1}{10}\times(98 + 102 + \cdots + 106) = 101 \;(\text{g})$$

群间方差为

$$\delta_{\overline{x}}^2 = \frac{1}{r}\sum_{i=1}^{r}(\overline{x}_i - \overline{x})^2 = \frac{1}{10}\times[(98-101)^2 + (102-101)^2 + \cdots + (106-101)^2] = 10.6$$

所求的抽样平均误差为

$$\mu_{\overline{x}} = \sqrt{\frac{\delta_{\overline{x}}^2}{r}\left(\frac{R-r}{R-1}\right)} = \sqrt{\frac{10.6}{10}\times\frac{1\,440-10}{1\,440-1}} = 1.026 \;(\text{g})$$

第四节　参　数　估　计

一、点估计

（一）点估计的概念及特点

我们已经知道，总体参数是描述总体数量特征的指标，是抽样调查的研究对象。所谓参数估计，是指以样本统计量对总体参数进行估计。参数估计通常有两种形式：一种是点估计；另一种是区间估计。所谓点估计，就是直接以样本统计量作为相应的总体参数的估计量。

统计上常用的参数点估计有以下几项。

（1）用样本均值估计总体均值：$\hat{\mu} = \overline{x}$。

（2）用样本成数估计总体成数：$\hat{P} = p$。

（3）用样本方差估计总体方差：$\hat{\sigma}^2 = S^2$。

（4）用样本标准差估计总体标准差：$\hat{\sigma} = S$。

其中，μ、P、σ^2、σ 分别表示总体均值、总体成数、总体方差和总体标准差；$\hat{\mu}$、$\hat{P}$、$\hat{\sigma}^2$、$\hat{\sigma}$ 分别表示相应的估计量；而 $\overline{x}$、p、S^2、S 分别表示样本均值、样本成数、样本方差和样本标准差。

点估计的优点是直接给出了总体参数的具体数值，缺点是未能给出误差的大小。例如，市长想知道本市居民的家庭收入水平，安排统计部门进行调查。统计部门抽查了 200 户家庭，结果这些家庭的平均年收入为 80 000 元。因此，我们估计本市居民的家庭年收入就是 30 000 元。但是，这个估计的误差究竟有多大？点估计没有给出。实际上完全可以出现这种情况：本市居民的家庭年收入实际上是 40 000 元，由于样本的随机性，200 户家庭中包含了较多的高收入户，使得样本平均值为 80 000 元，实际误差高达 40 000 元。因此，我们必须考虑点估计的优良性，尽量避免出现如上情况。

（二）估计量优劣的衡量标准

1. 无偏性

假设 θ 表示待估计的总体参数，$\hat{\theta}$ 表示用于估计 θ 的样本统计量。如果估计量 $\hat{\theta}$ 的平均偏差为零，即 $E(\hat{\theta}-\theta)=0$ 或 $E(\hat{\theta})=\theta$，则称 $\hat{\theta}$ 为 θ 的无偏估计。

可以这样理解无偏估计：如果进行一次抽样，估计误差 $\hat{\theta}-\theta$ 我们无法把握，但是如果同样的抽样重复很多次，则各次估计值 $\hat{\theta}$ 的平均值正好等于参数值 θ。

可以证明：在一定条件下，样本均值 $\bar{x}$ 和样本方差 S^2 分别为总体均值 μ 和总体方差 σ^2 的无偏估计。

证明：假设 $x_1, x_2, \cdots, x_n$ 是从总体中抽出来的简单随机样本，也就是说，它们是独立分布的。假设总体的均值为 μ，方差为 σ^2，则

$$E(\bar{x}) = E\left(\frac{1}{n}\sum x_i\right) = \frac{1}{n}[E(x_1) + E(x_2) + \cdots + E(x_n)] = \mu$$

所以样本均值 $\bar{x}$ 是总体均值 μ 的无偏估计。

又因为 $\sigma^2(\bar{x}) = \dfrac{\sigma^2}{n}$，$\sigma^2 = E(x-\mu)^2$，有

$$
\begin{aligned}
E(S^2) &= E\left[\frac{1}{n-1}\sum_{i=1}^{n}(x_i - \bar{x})^2\right] \\
&= E\left[\frac{1}{n-1}\sum_{i=1}^{n}(x_i - \mu + \mu - \bar{x})^2\right] \\
&= \frac{1}{n-1}E\left[\sum_{i=1}^{n}(x_i - \mu)^2 - n(\bar{x} - \mu)^2\right] \\
&= \frac{1}{n-1}\left[\sum_{i=1}^{n}E(x_i - \mu)^2 - nE(\bar{x} - \mu)^2\right] \\
&= \frac{1}{n-1}\left[n\sigma^2 - n\frac{\sigma^2}{n}\right] \\
&= \frac{1}{n-1}\left[(n-1)\sigma^2\right] \\
&= \sigma^2
\end{aligned}
$$

所以样本方差 S^2 是总体方差 σ^2 的无偏估计。

2．有效性

假设 $\hat{\theta}$ 是参数 θ 的一个无偏估计，由于方差表示随机变量的波动性，如果估计量 $\hat{\theta}$ 的方差越小，表示 $\hat{\theta}$ 作为参数 θ 的无偏估计就越准确。如果 $\hat{\theta}_1$ 和 $\hat{\theta}_2$ 都是参数 θ 的无偏估计，且 $\hat{\theta}_1$ 的方差比 $\hat{\theta}_2$ 小，即 $\sigma^2(\hat{\theta}_1) < \sigma^2(\hat{\theta}_2)$，则称无偏估计 $\hat{\theta}_1$ 比 $\hat{\theta}_2$ 有效。如果在 θ 的一切无偏估计中，$\hat{\theta}$ 的方差最小，则称 $\hat{\theta}$ 为 θ 的有效估计。

【例 8-7】假设 $x_1, x_2, \cdots, x_{100}$ 是来自总体的简单随机样本，也就是说，它们是独立的同分布的。设总体的均值为 μ，方差为 σ^2，用 $\bar{x}_{100}$ 表示 100 个样本的样本均值，$\bar{x}_{50}$ 表示其中 50 个样本的样本均值，试证明 $\bar{x}_{100}$ 是比 $\bar{x}_{50}$ 更有效的总体均值 μ 的无偏估计。

证明：对于样本容量为 n 的样本均值 $\bar{x}$，前面已经证明它是总体均值 μ 的无偏估计，因此，$\bar{x}_{100}$ 和 $\bar{x}_{50}$ 都是总体均值 μ 的无偏估计。

又已知 $\sigma^2(\bar{x}) = \dfrac{\sigma^2}{n}$，因此 $\sigma^2(\bar{x}_{100}) = \dfrac{\sigma^2}{100} < \dfrac{\sigma^2}{50} = \sigma^2(\bar{x}_{50})$，根据有效性的定义，知 $\bar{x}_{100}$ 比 $\bar{x}_{50}$ 更有效。

3．一致性

假设 $\hat{\theta}$ 是参数 θ 的一个估计量，如果样本容量趋向于无穷大，估计量 $\hat{\theta}$ 依概率收敛于 θ，即对任意小的一个正数 ε，有 $\lim\limits_{n \to \infty} P\{|\hat{\theta} - \theta| < \varepsilon\} = 1$，则称 $\hat{\theta}$ 是 θ 的一致估计。

上面的定义说明，当样本容量 n 充分大时，估计量 $\hat{\theta}$ 与参数 θ 的偏差可以渐进于 100% 的概率控制在任意给定的范围之内。

由中心极限定理可以证明，我们平常接触到的大多数估计量都是一致估计。例如，样本均值 $\bar{x}$、样本成数 p、样本方差 S^2 和样本标准差 S 分别是总体均值 μ、总体成数 P、总体方差 σ^2 和总体标准差 σ 的一致估计。

二、区间估计

（一）区间估计的原理

点估计给出了总体参数的具体估计值，其估计的质量虽然有一些衡量的标准，但是误差是多少，可靠性如何，点估计是无法给出的。假如我们要估计本市市民的平均身高，随机抽取 200 名市民，其平均身高为 170cm，这就是全部市民平均身高的一个点估计，但是这个估计的误差是多少？我们无从知道估计正确的概率有多大，完全正确的概率基本上为零。为了既给出估计的精度，又给出估计的可靠度，我们可以考虑用区间估计。

所谓区间估计，就是在一定的概率保证下，由样本指标推断总体指标可能在的区间，这个区间称为置信区间。假设 $\hat{\theta}_1$ 和 $\hat{\theta}_2$ 都是样本统计量（$\hat{\theta}_1 < \hat{\theta}_2$），如果区间 $(\hat{\theta}_1, \hat{\theta}_2)$ 满足如下要求：

$$P\{\hat{\theta}_1 < \theta < \hat{\theta}_2\} = 1 - \alpha \tag{8.15}$$

则称区间 $(\hat{\theta}_1, \hat{\theta}_2)$ 为参数 θ 的置信度为 $100(1-\alpha)\%$ 的置信区间，$100(1-\alpha)\%$ 称为置信度，$\hat{\theta}_1$ 和 $\hat{\theta}_2$ 分别称为置信下限和置信上限。

通常取 α（$0 < \alpha < 1$）为 1%、5% 或 10%。

如何理解定义中的概率 $P\{\hat{\theta}_1 < \theta < \hat{\theta}_2\}$？这个概率是不是指参数 θ 落在区间 $(\hat{\theta}_1, \hat{\theta}_2)$ 内的概率？这样理解是有问题的，因为参数 θ 是个常数，不是随机变量，它是不变的，变化的是区间 $(\hat{\theta}_1, \hat{\theta}_2)$，因为这个区间是随机样本的函数，所以它是随机的，这里的概率也是对随机样本而言的。因此，正确地理解置信区间应该是：每抽一次样本容量为 n 的样本，可以得到一个区间 $(\hat{\theta}_1, \hat{\theta}_2)$，这个区间也许包含了总体参数 θ，也许没有包括，但是如果重复这样的操作 100 次，那么，平均会有 $100(1-\alpha)\%$ 次操作得到的区间 $(\hat{\theta}_1, \hat{\theta}_2)$ 包含了总体参数 θ，只有 $100\alpha\%$ 次没有包含总体参数 θ 在内。

如何理解区间估计中的精确度与置信度？我们说有 95% 的概率保证区间 $(165, 175)$ 涵盖了全部市民的平均身高 X 在内，这个 95% 就是置信度，概率越高，表示这个区间的置信度越高；区间的长度表示估计的精度，长度越短，表示这个区间估计越准确。然而，精确度和置信度通常是矛盾的，区间长度越小，则估计的精确度越高，置信度越低；相反，区间长度越大，则精确度越低，置信度越高。例如，如果区间估计为 $(160, 180)$，比区间 $(165, 175)$ 长度大一些，因此精确度差一些，这个区间涵盖总体参数在内的可能性就会大一些，置信度就会比 95% 高一些，例如 99%。一个极端情况是，如果区间估计是 $(0, +\infty)$，则置信度为 100%。显然，这个估计没有任何意义。

（二）均值的区间估计

对均值的区间估计，我们分两种情况：一种是总体方差已知；另一种是总体方差未知。

1. 总体方差 σ^2 已知时，对总体均值的区间估计

根据区间估计的定义，对于给定的 α（$0 < \alpha < 1$），要找出区间 $(\hat{\theta}_1, \hat{\theta}_2)$，使得 $P\{\hat{\theta}_1 < \theta < \hat{\theta}_2\} = 1 - \alpha$。根据抽样分布定理，若总体服从正态分布，则样本均值也服从正态分布，即 $\bar{x} \sim N\left(\mu, \dfrac{\sigma^2}{n}\right)$，因此，

$$z = \frac{\bar{x} - \mu}{\sigma / \sqrt{n}} \sim N(0,1) \tag{8.16}$$

对于给定的 α（$0 < \alpha < 1$），通过标准正态分布表可以查出临界值 $z_{\alpha/2}$（也叫 $\alpha/2$ 分位数），使得

$$P\{-z_{\alpha/2} < z < z_{\alpha/2}\} = 1 - \alpha \tag{8.17}$$

因此，
$$P\{-z_{\alpha/2} < \frac{\bar{x} - \mu}{\sigma / \sqrt{n}} < z_{\alpha/2}\} = 1 - \alpha$$

$$\Leftrightarrow P\{-z_{\alpha/2}\sigma / \sqrt{n} < \bar{x} - \mu < z_{\alpha/2}\sigma / \sqrt{n}\} = 1 - \alpha$$

$$\Leftrightarrow P\{\bar{x} - z_{\alpha/2}\sigma / \sqrt{n} < \mu < \bar{x} + z_{\alpha/2}\sigma / \sqrt{n}\} = 1 - \alpha$$

这样，就得到了总体均值 μ 的置信度为 $100(1-\alpha)\%$ 的置信区间：

$$(\bar{x} - z_{\alpha/2}\sigma / \sqrt{n},\ \bar{x} + z_{\alpha/2}\sigma / \sqrt{n}) \tag{8.18}$$

以上置信区间是在重复抽样情形下推导出来的，如果样本的抽取是不重复的，只需要乘以一个修正系数即可，即在不重复抽样情况下，总体均值 μ 的置信度为 $100(1-\alpha)\%$ 的置信区间为

$$\left(\bar{x} - z_{\alpha/2} \frac{\sigma}{\sqrt{n}} \sqrt{\frac{N-n}{N-1}}, \ \bar{x} + z_{\alpha/2} \frac{\sigma}{\sqrt{n}} \sqrt{\frac{N-n}{N-1}}\right) \tag{8.19}$$

置信区间与抽样的平均误差、极限误差都有着密切的关系。

所谓抽样的极限误差 Δ，是指在一定概率保证下，样本统计量偏离总体参数的最大幅度（误差范围）。

根据上面置信区间的推导过程，可以看出 $P\{|\bar{x} - \mu| < z_{\alpha/2}\sigma/\sqrt{n}\} = 1 - \alpha$，因此，如果用样本均值估计总体均值，则以概率 $100(1-\alpha)\%$ 保证其误差不超过 $z_{\alpha/2}\sigma/\sqrt{n}$，即概率保证度为 $100(1-\alpha)\%$ 的抽样极限误差是 $\Delta = z_{\alpha/2}\sigma/\sqrt{n}$；另一方面，如果已知概率保证度为 $100(1-\alpha)\%$ 的抽样极限误差是 Δ，即 $P\{|\bar{x} - \mu| < \Delta\} = 1 - \alpha$，从而，总体均值 μ 的置信度为 $100(1-\alpha)\%$ 的置信区间等于 $(\bar{x} - \Delta, \ \bar{x} + \Delta)$。可见，置信区间与抽样极限误差是等价的。这个结论也适用于成数情形。

均值的抽样平均误差为 $\mu_{\bar{x}} = \sigma/\sqrt{n}$，因此，抽样的平均误差 $\mu_{\bar{x}}$、极限误差 Δ 与临界值 $z_{\alpha/2}$ 三者之间的关系为

$$\Delta = z_{\alpha/2}\mu_{\bar{x}}; \ \ \mu_{\bar{x}} = \Delta/z_{\alpha/2}; \ \ z_{\alpha/2} = \Delta/\mu_{\bar{x}} \tag{8.20}$$

计算总体均值的区间估计的步骤如下。

第一步：计算样本统计量 $\bar{x}$。

第二步：计算抽样平均误差 $\mu_{\bar{x}} = \sigma/\sqrt{n}$。

第三步：计算抽样极限误差 $\Delta = z_{\alpha/2}\mu_{\bar{x}}$。

第四步：确定置信区间 $(\bar{x} - \Delta, \ \bar{x} + \Delta)$。

以上讨论是对简单随机样本来进行的，对于其他抽样组织形式得到的样本，只需在第二步计算抽样平均误差时做适当改变即可，其他各步骤保持不变。

【例 8-8】从一个企业全部职工中任意抽取 400 人，计算得知其平均月收入为 6 000 元。已知该企业职工月收入的标准差为 3 000 元。试以 95% 的置信水平估计该企业的平均月工资。

解：已知总体方差为 $\sigma^2 = 3\,000^2$，样本均值为 $\bar{x} = 6\,000$，抽样平均误差为 $\mu_{\bar{x}} = \sigma/\sqrt{n} = 3\,000/\sqrt{400} = 150$。又 $\alpha = 5\%$，查标准正态分布表，可以得到临界值 $z_{\alpha/2} = z_{0.025} = 1.96$。因此，该企业平均月工资的置信水平为 95% 的置信区间为

$$(\bar{x} - Z_{\alpha/2}\sigma/\sqrt{n}, \ \bar{x} + Z_{\alpha/2}\sigma/\sqrt{n}) = (6\,000 - 1.96 \times 150, \ 6\,000 + 1.96 \times 150)$$
$$= (5\,706, 6\,294)$$

即有 95% 的把握保证该企业的平均月工资范围为 5 706～6 294 元。

【例 8-9】在例 8-6 中，以 95% 的概率计算每袋糖浆平均重量的区间估计。

解：这是以每分钟产量为一群的整群抽样。总体被分为 $R = 24 \times 60 = 1\,440$ 群，抽取 $r = 10$ 群的全部单位作为样本。

例 8-6 中已经求得样本均值为 $\bar{x} = 101$，抽样平均误差为 $\mu_{\bar{x}} = 1.026$。置信度为 95%，即 $\alpha = 5\%$。查标准正态分布表，可以得到临界值 $z_{\alpha/2} = z_{0.025} = 1.96$。因此，在 95% 的概率保证度下每袋糖浆平均重量的区间估计为

$$(\bar{x} - Z_{\alpha/2}\mu_{\bar{x}}, \bar{x} + Z_{\alpha/2}\mu_{\bar{x}}) = (101 - 1.96 \times 1.026, 101 + 1.96 \times 1.026)$$
$$= (98.99, 103.01)$$

即每袋糖浆平均重量的区间估计在 99～103g。

2．总体方差 σ^2 未知时，对总体均值的区间估计

若总体方差 σ^2 未知，以样本方差 S^2 代替，这时统计量

$$t = \frac{\bar{x} - \mu}{S / \sqrt{n}} \tag{8.21}$$

不再是标准正态分布，而是自由度为 $(n-1)$ 的 t 分布。对于给定的 α（$0 < \alpha < 1$），通过 t 分布表可以查出临界值 $t_{\alpha/2}$，使得

$$P\{-t_{\alpha/2} < t < t_{\alpha/2}\} = 1 - \alpha \tag{8.22}$$

因此，类似地可以得到总体均值 μ 的置信度为 $100(1-\alpha)\%$ 的置信区间为

$$(\bar{x} - t_{\alpha/2} S / \sqrt{n}, \bar{x} + t_{\alpha/2} S / \sqrt{n}) \tag{8.23}$$

与总体方差 σ^2 已知情形相比，除以样本方差 S^2 代替总体方差 σ^2 外，还需把临界值对应的分布替换成 t 分布。

同样，在不重复抽样情况下，总体均值 μ 的置信度为 $100(1-\alpha)\%$ 的置信区间为

$$\left(\bar{x} - t_{\alpha/2} \frac{S}{\sqrt{n}} \sqrt{\frac{N-n}{N-1}}, \bar{x} + t_{\alpha/2} \frac{S}{\sqrt{n}} \sqrt{\frac{N-n}{N-1}}\right) \tag{8.24}$$

在大样本场合，t 分布与标准正态分布几乎没有什么区别，因此可以直接按标准正态分布来查表得出临界值（即使总体不是正态分布也可以）。

【例 8-10】某机场随机抽取 50 名旅客为该机场的服务质量进行评级，满意程度为 1～10，实际的评判结果为：6,4,6,8,7,7,6,3,3,8,10,4,8,7,8,7,5,9,5,8,4,3,8,5,5,4,4,4,8,4,4,6,2,5,9,9,8,4,8,9,9,5,9,7,8,3,10,8,9,6。求：总体满意度均值 μ 的置信度为 99%的置信区间。

解：总体方差 σ^2 未知，需要计算样本均值和样本方差。

样本的频数分布为

等级：	2	3	4	5	6	7	8	9	10
次数：	1	4	9	6	5	5	11	7	2

样本均值和样本方差分别为

$$\bar{x} = \frac{\sum xf}{\sum f} = 6.32, \quad S = \sqrt{\frac{\sum (x - \bar{x})^2 f}{\sum f - 1}} = 2.31$$

对 $\alpha = 1\%$，查自由度为 49 的 t 分布表，可以得到临界值 $t_{\alpha/2} = t_{0.005} = 2.58$。因此，总体满意度均值 μ 的置信度为 99%的置信区间为

$$\left(\bar{x} - t_{\alpha/2} \frac{s}{\sqrt{n}}, \bar{x} + t_{\alpha/2} \frac{s}{\sqrt{n}}\right) = \left(6.32 - 2.58 \times \frac{2.31}{\sqrt{50}}, 6.32 + 2.58 \times \frac{2.31}{\sqrt{50}}\right)$$
$$= (6.32 - 0.84, 6.32 + 0.84) = (5.48, 7.16)$$

（三）成数的区间估计

假设总体成数为 P，样本成数为 p。在重复抽样情况下，样本成数的抽样平均误差，也就是样本成数的标准差为

$$\mu_p = \sqrt{\frac{P(1-P)}{n}} \tag{8.25}$$

当样本容量充分大时，根据中心极限定理，样本成数近似服从正态分布，其均值为 p，标准差为 μ_p，即 $p \sim N(P, \mu_p)$，因此，

$$z = \frac{p - P}{\mu_p} \sim N(0, 1) \tag{8.26}$$

类似于总体平均数的区间估计，总体成数的区间估计如下。

（1）在重复抽样情况下，总体成数 P 的置信度为 $100(1-\alpha)\%$ 的置信区间为

$$(\overline{x} - z_{\alpha/2}\mu_p, \overline{x} + z_{\alpha/2}\mu_p) \tag{8.27}$$

（2）在不重复抽样情况下，总体成数 P 的置信度为 $100(1-\alpha)\%$ 的置信区间为

$$\left(\overline{x} - z_{\alpha/2}\mu_p\sqrt{\frac{N-n}{N-1}}, \overline{x} + z_{\alpha/2}\mu_p\sqrt{\frac{N-n}{N-1}}\right) \tag{8.28}$$

在大样本情况下，如果总体成数 P 未知，则以样本成数 p 代替，临界值查表的分布仍然是标准正态分布。

【例 8-11】 某校一个由 413 名大学生组成的样本中，277 名学生没有宗教信仰。试估计该校学生总体中无宗教信仰比率的 95%置信区间。

解： 样本成数 p=277/413=0.67，总体成数为 P 未知，以样本成数 p 代替。成数的抽样平均误差为

$$\mu_p = \sqrt{\frac{p(1-p)}{n}} = \sqrt{\frac{0.67(1-0.67)}{413}} = 0.023$$

对 α =5%，查标准正态分布表，可以得到临界值 $z_{\alpha/2} = z_{0.025} = 1.96$。因此，该校学生总体中无宗教信仰比率的 95%置信区间为

$$(p - z_{\alpha/2}\mu_p, p + z_{\alpha/2}\mu_p) = (0.67 - 1.96 \times 0.023, 0.67 + 1.96 \times 0.023) = (0.625, \ 0.715)$$

即该校学生总体中无宗教信仰比率的 95%置信区间为(62.5%,71.5%)。

三、样本容量的确定

（一）确定样本容量的意义

我们探讨一下样本容量、抽样误差及调查费用之间的关系。由于抽样极限误差为 $\Delta = z_{\alpha/2}\sigma/\sqrt{n}$，在固定的概率保证度下，样本容量 n 越大，误差越小，区间估计的精度（等于 2Δ）也越高，但是调查费用也越大。小样本容量节省费用但调查误差大，大样本容量调查精度高但费用较大，两者之间如何取舍？在实际工作中，有两种不同的方案。一种方案是：找出在规定误差范围内的最小样本容量，这样确定的样本容量可以在保证满足误差要求下，使得调查费用最小。另一种方案是：找出在限定费用范围内的最大样本容量，这样确定的样本容量可以保证在满足费用要求下，使得调查误差最小。本节主要讨论第一种方案的样本容量的确定。

（二）估计均值时的样本容量

1. 总体方差已知，重复抽样情形

因为抽样极限误差为 $\Delta = z_{\alpha/2}\sigma/\sqrt{n}$，所以

$$n = \frac{Z_{\alpha/2}^2 \sigma^2}{\Delta^2} \qquad (8.29)$$

这就是在给定抽样极限误差和概率保证度下，至少应抽取的样本容量。

2．总体方差已知，不重复抽样情形

这时，因为抽样极限误差为 $\Delta = \frac{z_{\alpha/2}\sigma}{\sqrt{n}}\sqrt{1-\frac{n}{N}}$ ，两边平方并进行整理，可得

$$n = \frac{NZ_{\alpha/2}^2\sigma^2}{N\Delta^2 + Z_{\alpha/2}^2\sigma^2} \qquad (8.30)$$

式中，N 表示总体单位数；n 表示所求的样本容量；Δ 表示抽样极限误差；$z_{\alpha/2}$ 表示标准正态分布的 $\alpha/2$ 分位数（在置信度 $100(1-\alpha)\%$ 下标准正态分布的临界值）。

以上两种情形都要求方差 σ^2 或样本方差 S^2 必须事先知道，但通常样本容量需要在调查之前确定，而此时方差 σ^2 或样本方差 S^2 是未知的。实际工作中，一般按以下方法确定其估计值。

（1）用历史资料中的方差或样本方差代替。

（2）在正式抽样前进行若干次试验性调查，用试验中方差的最大值代替总体方差。

注意：计算结果中小数点通常要向上进位，例如 $n=50.05$，就要取 51 而不是 50。

【例 8-12】某地硕士研究生毕业第一年年薪的标准差大约为 2 000 元。如果以 95%的置信度估计其平均年薪，并且希望抽样极限误差分别不超过 500 元和 100 元，样本容量应为多少？

解： 置信度为 95%，即 α =5%，查表得 $z_{\alpha/2}$ =1.96，标准差 σ =2 000 元。

抽样极限误差分别不超过 500 元时，至少应抽取的样本容量：

$$n = \frac{Z_{\alpha/2}^2\sigma^2}{\Delta^2} = \frac{1.96^2 \times 2\,000^2}{500^2} = 61.47 \approx 62$$

抽样极限误差分别不超过 100 元时，至少应抽取的样本容量：

$$n = \frac{Z_{\alpha/2}^2\sigma^2}{\Delta^2} = \frac{1.96^2 \times 2\,000^2}{100^2} = 1536.64 \approx 1\,537$$

（三）估计成数时的样本容量

假设总体成数为 P ，样本成数为 p 。在重复抽样情况下，样本成数的抽样平均误差为

$$\mu_p = \sqrt{\frac{P(1-P)}{n}}$$

样本成数的抽样极限误差为

$$\Delta_p = z_{\alpha/2}\mu_p = z_{\alpha/2}\sqrt{\frac{P(1-P)}{n}}$$

两边平方并整理后，得到

$$n = \frac{Z_{\alpha/2}^2 P(1-P)}{\Delta_p^2} \qquad (8.31)$$

这就是在给定抽样极限误差和概率保证度下，至少应抽取的样本容量。

在不重复抽样情况下，样本成数的抽样平均误差为

$$\mu_p = \sqrt{\frac{P(1-P)}{n}\left(1-\frac{n}{N}\right)} \tag{8.32}$$

样本成数的抽样极限误差为

$$\Delta_p = z_{\alpha/2}\mu_p = z_{\alpha/2}\sqrt{\frac{P(1-P)}{n}\left(1-\frac{n}{N}\right)}$$

两边平方并整理后，得到

$$n = \frac{NZ_{\alpha/2}^2 P(1-P)}{N\Delta_p^2 + Z_{\alpha/2}^2 P(1-P)} \tag{8.33}$$

这就是在给定抽样极限误差和概率保证度下，至少应抽取的样本容量。

同样，以上两种情形都要求总体成数 P 或者样本成数 p 必须事先知道，但通常是未知的。实际工作中，一般按以下方法确定其估计值。

（1）用历史资料中的样本成数 p 代替。

（2）在正式抽样前进行若干次试验性调查，用试验中样本成数 p 代替。

（3）在完全缺乏资料的情况下，就取 $p=0.5$。

【**例 8-13**】某网站以往一个由 400 名使用者组成的样本表明，该网站的使用者中 26% 的使用者为女性。在 95% 的置信度下，若希望将抽样极限误差控制在 3%，则样本容量应为多少？

解：总体单位数很大，可以看作重复抽样。已知抽样极限误差为 3%，$p=26\%$，$\alpha=5\%$，查表得 $z_{\alpha/2}=1.96$，因此，样本容量至少应为

$$n = \frac{Z_{\alpha/2}^2 P(1-P)}{\Delta_p^2} = \frac{1.96^2 \times 0.26 \times (1-0.26)}{0.03^2} = 821.25 \approx 822（人）$$

样本容量至少应为 822 人。

【**例 8-14**】从一个企业全部职工中任意抽取 400 人，计算得知其平均月收入为 6 200 元，标准差为 3 500 元，月工资在 5 000 元以上的职工人数有 260 人。如果要求平均工资的允许误差范围不超过 400 元，月工资在 5 000 元以上的职工所占的比重的允许误差范围不超过 5%，置信度都要求是 95.45%，问至少应抽取多少名职工？

解：这个例题中同时包含了平均数和成数的误差要求，因此应分别计算两个样本容量，然后取两者中的最大者。

估计平均工资：标准差为 $s=3\,500$ 元，允许误差范围不超过 400 元，即 $\Delta_{\bar{x}}=400$，对 $\alpha=4.55\%$，查标准正态分布表得到 $z_{\alpha/2}=2$。因此，样本容量至少应为

$$n = \frac{Z_{\alpha/2}^2 \sigma^2}{\Delta_{\bar{x}}^2} = \frac{2^2 \times 3\,500^2}{400^2} = 306.25 \approx 307（人）$$

估计月工资在 5 000 元以上的职工所占的比重为：样本成数 $p=260/400=0.65$，允许误差范围不超过 5%，即 $\Delta_p=5\%=0.05$，样本容量至少应为

$$n = \frac{Z_{\alpha/2}^2 P(1-P)}{\Delta_p^2} = \frac{2^2 \times 0.65 \times (1-0.65)}{0.05^2} = 364（人）$$

所以，为了同时满足两个误差要求，样本容量至少应为 364 人。

第五节 假 设 检 验

一、假设检验的基本概念

（一）假设检验基本原理

统计推断包括两个方面的内容，就是参数估计和假设检验。参数估计是用样本的信息来对总体参数进行估计，区间估计是在给定概率下判断总体参数的可能范围。假设检验则是先对总体的某些数量特征提出假设，然后利用样本的信息对该假设正确与否做出判断。假设检验分为两类：参数检验和非参数检验。本节只讨论参数检验。

假设检验在实际中有着极为重要的应用。例如，月圆之夜在西方很多民俗中被认为是邪恶的，会使人精神错乱。在莎士比亚名剧《奥赛罗》中，也发出这样的感叹："这都是月亮的过错/它离地球更近/给人间带来了灾难。"那么月圆之夜是否真的会使人发生精神错乱呢？为此，美国一位社会学家做了一项调查。他在弗吉尼亚州调查了所有精神病院，分别统计了在满月前、满月中和满月后送进精神病院的平均人数，据此进行假设检验，判断满月中是否有更多的精神病人发病。再如，有人利用虚词出现的频率，判断《红楼梦》后40回与前80回是否出自同一个人的手笔。

进行假设检验所依据的是"小概率原理"。所谓小概率原理，是指概率很小的事件在一次试验中实际上不可能出现。这种事件称为"实际不可能事件"。例如，有人宣称耳朵也能认字。但是在100次试验中他只正确了2次。假如他说的是真话，耳朵真的能认字，那么"在100次试验中他最多只正确了2次"就是小概率事件，可认为在实际中是不可能发生的，但是这个小概率事件竟然发生了，这只能认为"假设他说的是真话"这个前提不成立。我们换一种说法，把假设"他说的是真话"记为 H_0，称为原假设，或零假设；把"他说的不是真话"记为 H_1，称为对立假设，或备择假设。假如 H_0 成立，则"在100次试验中他最多只正确了2次"是小概率事件，但是这个事件在实际中发生了，违背了"小概率原理"，因此，实际检验的结果证明 H_0 这个假设不成立。

多小的概率可以算是小概率呢？这没有统一标准，因人而异，通常取1%、5%等，这个概率通常称为假设检验的显著性水平。

【例8-15】某地对100户居民进行的调查表明，长话费下调后第一周，平均每个长话的通话时间为14.5min，而此前的调查为平均每个长话的通话时间为13.6min。已知总体标准差为5min。请问长话的通话时间在资费调整前后是否有明显变化？所谓是否"有明显变化"，就是指话费下调后，平均通话时间由13.6min增加到14.5min，这个变化究竟是由于话费调整引起的，还是由于抽样的随机性引起的正常波动？

我们实际上是要检验这个问题：话费调整后的平均通话时间 μ 是否等于13.6min？这就是一个原假设（Null Hypothesis），也就是

$$H_0: \mu = 13.6$$

与原假设对立的假设称为对立假设或备择假设（Alternative Hypothesis），通常根据实

际情况决定，一般把期望出现的结论作为备择假设。本例中，备择假设为

$H_1: \mu > 13.6$（如果我们希望出现的结论是调整后的平均通话时间比 13.6min 长）

这种备择假设所对应的检验问题通常称为单尾（单侧、单边）检验（One Tail Test）。

也可以是

$H_1: \mu \neq 13.6$（如果我们希望出现的结论是调整后的平均通话时间与过去有很大变化）

这种备择假设所对应的检验问题通常称为双尾（双侧、双边）检验（Two Tail Test）。

当原假设和备择假设确定下来后，我们需要构造一个合适的统计量和判断规则来决定我们是"接受原假设，拒绝备择假设"，还是"拒绝原假设，接受备择假设"。统计量的选择需要根据实际情况和统计分布理论决定，判断规则的确定则需要给出一个拒绝域。对给定的显著性水平，把样本空间根据一定规则划分为两部分：一部分对应着检验统计量的小概率区域（对应概率不超过显著性水平），这部分区域就称为拒绝域；另一部分对应着检验统计量的大概率区域（对应概率不低于 1-显著性水平），这部分区域就称为接受。判断规则是这样的：如果检验统计量的具体数值落在拒绝域内，就拒绝原假设，接受备择假设；如果检验统计量的具体数值落在接受域内，就接受原假设，拒绝备择假设。

至此，可以给出一般假设检验的步骤。

第一步：确定原假设和备择假设。

第二步：明确检验统计量。

第三步：根据显著性水平，确定拒绝域。

第四步：计算检验统计量的数值。

第五步：给出判断结论。

（二）两种类型的错误

在假设检验中，最重要的是确定拒绝域。然而应该根据什么原则来确定拒绝域呢？一个直观的想法就是使得假设检验犯错误的概率最小。假设检验可以看作一个决策，存在以下四种情况。

（1）原假设是成立的，检验结果是接受原假设，这是一种正确的决策。

（2）原假设是成立的，检验结果是拒绝原假设，这是一种错误的决策，属于"弃真错误"，也称为"第一类错误"。

（3）原假设是不成立的，检验结果是拒绝原假设，这也是一种正确的决策。

（4）原假设是不成立的，检验结果是接受原假设，这又是一种错误的决策，它属于"取伪错误"，也称为"第二类错误"。

归纳起来，可以用表 8-3 表示。

表 8-3　假设检验决策情况表

原　假　设	接受 H_0	拒绝 H_0
H_0 真实	正确	第一类错误
H_0 不真实	第二类错误	正确

任何决策都希望犯错误的概率越小越好，那么是否存在这么一个决策，使得犯第一类

错误和犯第二类错误的概率都最小呢？答案是否定的。不妨举例说明。在美国，法庭上的被告在判决之前都假定他是无罪的，即原假设为：H_0，被告无罪；H_1，被告有罪。法庭的判决可能犯的第一类错误是：被告无罪，但判决结果是有罪，"冤枉了好人"；法庭的判决可能犯的第二类错误是：被告有罪，但判决结果是无罪，"放过了坏人"。在一定的证据下，为了减少"冤枉好人"的概率，法庭会尽可能接受原假设，判被告无罪，这样就很有可能增加了"放过坏人"的概率；相反，为了减少"放过坏人"的概率，法庭会尽可能拒绝原假设，判被告有罪，这样就很有可能增加了"冤枉好人"的概率。因此，在一定的证据下，法庭不可能同时使"冤枉好人"和"放过坏人"的概率都达到最小。面对这种两难选择，明智的做法是：判断犯哪类错误的后果比较严重，严格控制该类错误发生的概率不能超过指定的水平，在此基础上使犯另外一类错误的概率最小。那么，我们应该控制哪类错误呢？如果严格控制"放过坏人"的概率在很小的水平上，那么"冤枉好人"的概率就会增大，相当于"宁可错杀一千，不可放过一人"的严重后果。

因此，我们通常的做法是：给定显著性水平 α，然后找出一个拒绝域，使得犯第一类错误的概率小于等于 α。

二、总体均值的检验

（一）总体方差已知情形（z 检验）

假设样本 $x_1, x_2, \cdots, x_n$ 是简单随机样本，来自正态总体 $N(\mu, \alpha^2)$，方差 α^2 已知。我们要检验的问题为

$$H_0: \mu = \mu_0, H_1: \mu \neq \mu_0 \quad （\mu_0 为已知常数）$$

为了找出检验统计量，我们考虑均值 μ 的估计量，即样本均值 $\bar{x}$。根据统计量的分布定理，在 H_0 成立时，有

$$z = \frac{\bar{x} - \mu_0}{\sigma / \sqrt{n}} \overset{H_0}{\sim} N(0,1) \tag{8.34}$$

z 就作为检验统计量。

对于给定的显著性水平 α，通过查表可以得到标准正态分布的 $\alpha/2$ 分位数 $z_{\alpha/2}$，使得

$$P\{|z| > z_{\alpha/2}\} = \alpha \tag{8.35}$$

因此，如果选取拒绝域为：$|z| > z_{\alpha/2}$，则犯第一类错误的概率为

$$P\{拒绝H_0 \mid H_0成立\} = P\{|z| > z_{\alpha/2} \mid H_0成立\} = \alpha \tag{8.36}$$

所以，通过样本计算统计量 $z = \dfrac{\bar{x} - \mu_0}{\sigma / \sqrt{n}}$，如果 $|z| > z_{\alpha/2}$，即若 $z > z_{\alpha/2}$ 或 $z < -z_{\alpha/2}$，则拒绝 H_0；否则，接受 H_0。

类似地，如果检验的问题为：$H_0: \mu = \mu_0$，$H_1: \mu \neq \mu_0$（μ_0 为已知常数），则该检验的单尾（右侧）检验，拒绝域为 $z > z_{\alpha}$，其中 z_{α} 为标准正态分布的 α 分位数 z_{α}，即满足 $P\{z > z_{\alpha}\} = \alpha$。

如果检验的问题为：$H_0: \mu = \mu_0$，$H_1: \mu \neq \mu_0$（μ_0 为已知常数），则该检验的单尾（左侧）检验，拒绝域为 $z < -z_{\alpha}$。

可以证明：

问题 $H_0: \mu = \mu_0$，$H_1: \mu \neq \mu_0$（μ_0 为已知常数）的拒绝域为 $z > z_\alpha$。

问题 $H_0: \mu = \mu_0$，$H_1: \mu \neq \mu_0$（μ_0 为已知常数）的拒绝域为 $z < -z_\alpha$。

【例 8-16】某地对 100 户居民进行的调查表明，长话费下调后第一周，平均每个长话的通话时间为 14.5min，而此前的调查为平均每个长话的通话时间为 13.6min。已知总体标准差为 5min。请问长话的通话时间在资费调整前后是否有明显变化？

解：解题步骤如下。

第一步：提出原假设和备择假设。

$$H_0: \mu = 13.6, \quad H_1: \mu \neq 13.6$$

第二步：构造检验统计量。

检验统计量为 $z = \dfrac{\overline{x} - \mu_0}{\sigma / \sqrt{n}}$，当 H_0 成立时，$z = \dfrac{\overline{x} - \mu_0}{\sigma / \sqrt{n}} \overset{H_0}{\sim} N(0,1)$。

第三步：根据显著性水平，确定拒绝域。

给定显著性水平 $\alpha = 0.5$，通过查表，$z_{\alpha/2} = z_{0.025} = 1.96$，因此，拒绝域为 $|z| > 1.96$。

第四步：计算检验统计量的数值。

由于 $\overline{x} = 14.5$，$\mu_0 = 13.6$，$\sigma = 5$，因此检验统计量：

$$|z| = \left| \frac{\overline{x} - \mu_0}{\sigma / \sqrt{n}} \right| = \left| \frac{14.5 - 13.6}{5 / \sqrt{100}} \right| = 1.8 < 1.96$$

第五步：给出判断结论。

由于样本统计量的数值落在接受域内，因此不能拒绝原假设 H_0，即不能认为长话的通话时间在资费调整前后有了明显变化。

（二）总体方差未知情形（t 检验）

假设样本 $x_1, x_2, \cdots, x_n$ 是简单随机样本，来自正态总体 $N(\mu, \sigma^2)$，方差 σ^2 未知。我们要检验的问题为 $H_0: \mu = \mu_0$，$H_1: \mu \neq \mu_0$（μ_0 为已知常数）。

如果总体方差未知，我们通常用样本方差代替总体方差。此时检验统计量变为

$$t = \frac{\overline{x} - \mu_0}{S / \sqrt{n}} \overset{H_0}{\sim} t(n-1) \tag{8.37}$$

检验统计量不再服从标准正态分布，而是 $n-1$ 个自由度的 t 分布。

相应的拒绝域为 $|t| > t_{\alpha/2}(n-1)$，其中 $t_{\alpha/2}(n-1)$ 为 $n-1$ 个自由度的 t 分布的 $\alpha/2$ 分位数，使得 $P\{|t| > t_{\alpha/2}(n-1)\} = \alpha$。

同样，如果检验的问题为 $H_0: \mu = \mu_0$，$H_1: \mu > \mu_0$（μ_0 为已知常数），则拒绝域为 $t > t_\alpha(n-1)$。

如果检验的问题为 $H_0: \mu = \mu_0$，$H_1: \mu < \mu_0$（μ_0 为已知常数），则拒绝域为 $t < -t_\alpha(n-1)$。

如果检验的问题为 $H_0: \mu \leq \mu_0$，$H_1: \mu > \mu_0$（μ_0 为已知常数），则拒绝域为 $t > t_\alpha(n-1)$。

如果检验的问题为 $H_0: \mu \geq \mu_0$，$H_1: \mu < \mu_0$（μ_0 为已知常数），则拒绝域为 $t < -t_\alpha(n-1)$。

如果是大样本情形，t 分布与标准正态分布近似，此时可以用 z 检验代替 t 检验。

【例 8-17】1998 年全国人均年消费支出为 1 590 元，同期在新疆一个由 25 户家庭组成的样本表明，其年人均消费支出为 1 450 元，样本标准差为 220 元。试以 0.1 的显著性水平

判断，新疆的人均年消费支出是否明显低于全国平均水平？

解：第一步：提出原假设和备择假设。

$$H_0: \mu \geqslant 1590, \ H_1: \mu < 1590$$

第二步：构造检验统计量。

因为总体方差未知，样本容量为 25，属于小样本。取检验统计量为 $t = \dfrac{\bar{x} - \mu_0}{S/\sqrt{n}}$，当 H_0 成立时，$t = \dfrac{\bar{x} - \mu_0}{S/\sqrt{n}} \overset{H_0}{\sim} t(n-1)$。

第三步：根据显著性水平，确定拒绝域。

给定显著性水平 $\alpha = 0.1$，通过查表，$t_\alpha(n-1) = t_{0.1}(24) = 1.318$，因此，拒绝域为 $t < -1.318$。

第四步：计算检验统计量的数值。

由于 $\bar{x} = 1450$，$\mu_0 = 1590$，$S = 220$，因此检验统计量

$$t = \frac{\bar{x} - \mu_0}{S/\sqrt{n}} = \frac{1450 - 1590}{220/\sqrt{25}} = -3.18$$

第五步：给出判断结论。

由于样本统计量的数值 $t = -3.18 < -1.318$，落在拒绝域内，因此应该拒绝原假设 H_0，即有理由认为新疆的人均年消费支出明显地低于全国平均水平。

三、总体成数的检验

假设总体成数为 P，样本成数为 p。要检验的问题为

$$H_0: P = p_0, \ H_1: P \neq p_0$$

在大样本情况下，如果 H_0 成立，我们前面已经证明统计量

$$z = \frac{p - p_0}{\sqrt{p_0(1-p_0)/n}} \overset{H_0}{\sim} N(0,1)$$

对于给定显著性水平，可以得到拒绝域为 $|z| > z_{\alpha/2}$。

类似地，

问题 $H_0: P \leqslant p_0$，$H_1: P > p_0$ 的拒绝域为：$z > z_\alpha$。

问题 $H_0: P \geqslant p_0$，$H_1: P < p_0$ 的拒绝域为：$z < -z_\alpha$。

【例 8-18】假如规定男婴占新生儿总数的比例不超过 51.7%，即可认为出生性别比例正常。某地一个由 400 名新生儿组成的样本表明，男婴所占比例为 53.4%，试以 0.05 的显著性水平分析该地出生性别比例是否超出正常范围。

解：第一步：提出原假设和备择假设。

$$H_0: P \leqslant 0.517, \ H_1: P > 0.517$$

第二步：构造检验统计量。

因为样本容量为 400，属于大样本。取检验统计量为

$$z = \frac{p - 0.517}{\sqrt{p(1-p)/n}} \overset{H_0}{\sim} N(0,1)$$

第三步：根据显著性水平，确定拒绝域。

给定显著性水平 $\alpha = 0.05$，通过查表，$z_\alpha = z_{0.05} = 1.645$，因此，拒绝域为 $z > 1.645$。

第四步：计算检验统计量的数值。

由于 $p = 0.534$，因此检验统计量为

$$z = \frac{0.534 - 0.517}{\sqrt{0.534(1 - 0.534)/400}} = 0.682 < 1.645$$

第五步：给出判断结论。

由于样本统计量的数值 $z = 0.682 < 1.645$，落在接受域内，因此不能拒绝原假设 H_0，即没有充分的理由证明该地的出生性别比例高于正常的范围。

四、假设检验与区间估计的关系

假设样本 $x_1, x_2, \cdots, x_n$ 是简单随机样本，来自正态总体 $N(\mu, \sigma^2)$，方差 σ^2 已知。我们要检验的问题为

$$H_0 : P = p_0, \quad H_1 : P \neq p_0 \quad (\mu_0 \text{ 为已知常数})$$

总体均值 μ 的置信度为 $100(1 - \alpha)\%$ 的置信区间：

$$(\bar{x} - z_{\alpha/2}\sigma/\sqrt{n}, \quad \bar{x} + z_{\alpha/2}\sigma/\sqrt{n})$$

而对于假设检验问题，令

$$z = \frac{\bar{x} - \mu_0}{\sigma/\sqrt{n}} \overset{H_0}{\sim} N(0,1)$$

则拒绝域为 $|z| = \left| \dfrac{\bar{x} - \mu_0}{\sigma/\sqrt{n}} \right| > z_{\alpha/2}$。

置信区间与假设检验的关系为：若置信区间包括 μ_0 在内，则接受 H_0；若置信区间不包括 μ_0 在内，则拒绝 H_0，接受 H_1。

这是因为：

若置信区间包括 μ_0 在内，则

$$\bar{x} - z_{\alpha/2}\sigma/\sqrt{n} \leqslant \mu_0 \leqslant \bar{x} + z_{\alpha/2}\sigma/\sqrt{n}$$

$$\Leftrightarrow \left| \frac{\bar{x} - \mu_0}{\sigma/\sqrt{n}} \right| \leqslant z_{\alpha/2}$$

$$\Leftrightarrow |z| \leqslant z_{\alpha/2}$$

即 z 落在接受域内，接受 H_0。

相反，若置信区间不包括 H_0 在内，即

$$\mu_0 < \bar{x} - z_{\alpha/2}\sigma/\sqrt{n} \quad \text{或} \quad \mu_0 > \bar{x} + z_{\alpha/2}\sigma/\sqrt{n}$$

$$\Leftrightarrow \left| \frac{\bar{x} - \mu_0}{\sigma/\sqrt{n}} \right| > z_{\alpha/2}$$

$$\Leftrightarrow |z| > z_{\alpha/2}$$

即 z 落在拒绝域外，所以要拒绝 H_0，接受 H_1。

【例 8-19】 高尔夫球生产企业规定，合格球的射程为 280 码（1 码=0.91m）。某日随机抽取 36 个球组成一个样本，测得其平均射程为 278.5 码，标准差为 12 码。试求该批球平均射程的 95%置信区间，并在显著性水平为 0.05 条件下，检验该批球的射程是否不为 280 码。

解： 由于 n=36，属于大样本，$\bar{x}$=278.5，μ_0=280，样本标准差 S=5。给定显著性水平 $\alpha=0.05$，通过查表，$z_{\alpha/2}=z_{0.025}=1.96$，因此，该批球平均射程的 95%置信区间为

$$(\bar{x}-z_{\alpha/2}\sigma/\sqrt{n},\bar{x}+z_{\alpha/2}\sigma/\sqrt{n})=(278.5-1.96\times12/\sqrt{36},278.5+1.96\times12/\sqrt{36})$$
$$=(274.58,282.42)$$

要检验的问题为

$$H_0:\mu=280,\ H_1:\mu\neq280$$

令

$$z=\frac{\bar{x}-280}{\sigma/\sqrt{n}}\overset{H_0}{\sim}N(0,1)$$

则拒绝域为 $|z|=\left|\dfrac{\bar{x}-280}{12/\sqrt{36}}\right|>1.96$。

因为 $z=\dfrac{278.5-280}{12/\sqrt{36}}=-0.75$，在 -1.96 到 1.96 之间，因此接受 H_0。

可见，$\mu_0=280$ 落在置信区间内，相应地假设检验也接受 H_0。

本章小结

抽样推断是按随机原则从总体中抽取一部分单位（称为样本），根据样本的信息对总体的数量特征进行科学估计与推断的方法。

抽样推断包含了抽样调查和统计推断。抽样调查是一种非全面调查，它按随机原则从总体中抽出部分单位进行调查以获得有关的数据资料，目的是为了推断总体。统计推断是根据抽样调查所获得的样本信息，对总体的数量特征做出具有一定可靠程度的估计和推断。

抽样的组织方式主要有简单随机抽样、类型抽样、机械抽样、整群抽样和多阶段抽样等。

抽样误差是指由于随机抽样的偶然因素使样本各单位的结构不足以代表总体各单位的结构，而引起样本指标和总体指标之间的绝对离差。抽样推断误差主要有两种：一种是非抽样误差；另一种为抽样误差，也叫随机误差。影响抽样误差的因素主要有：总体各单位标志值的差异程度、抽样样本的单位数、抽样的方法。常用的度量抽样误差的方式有三种：抽样实际误差、抽样平均误差和抽样极限误差。

点估计是直接以样本统计量作为相应的总体参数的估计量。区间估计是在一定的概率保证下，由样本指标推断总体指标可能存在的区间，这个区间称为置信区间。

假设检验是先对总体的某些数量特征提出假设，然后利用样本的信息对该假设正确与否做出判断。假设检验分为两类：参数检验和非参数检验。

思考与练习

1. 类型抽样中的分组和整群抽样中的分群有什么不同意义和不同要求？

2. 为什么样本平均数的标准差可以反映样本平均数对总体平均数的抽样误差？由此说明样本平均数与总体平均数之间存在什么内在的联系？

3. 区间估计和假设检验有什么联系和不同？

4. 如何区分单侧检验和双侧检验、左侧检验和右侧检验？

5. 举例说明假设检验中的两类错误，并论述它们之间的关系。

6. 若抽样单位数增加 5 倍、1.8 倍，简单随机重复抽样平均误差如何变化？若抽样单位数减少 50%、20%，其抽样平均误差又如何变化？

7. 从麦当劳餐厅随机抽查 49 位顾客，发现其平均消费额为 25.5 元。根据以往资料，已经知道顾客消费额的总体标准差是 10.5 元。

（1）在 95% 的概率保证下，抽样极限误差是多少？说明了什么问题？

（2）试求顾客平均消费额的 95% 置信区间。

8. 采用简单随机重复抽样的方法，从养鸡场 2 000 只鸡中抽查 200 只，发现其中 190 只是健康的，有 10 只出现疾病。

（1）试计算健康鸡比率的抽样平均误差。

（2）以 95.45% 的概率保证程度，对健康鸡比率和健康鸡数量进行区间估计。

（3）如果健康鸡比率的极限误差为 2.31%，则其概率保证程度是多少？

9. 某单位按简单随机重复抽样方式抽取 40 名职工，对其业务情况进行考核，考核成绩资料如下：

```
68  89  88  84  86  87  75  73  72  68  75  82  99  58
81  54  79  76  95  76  71  60  91  65  76  72  76  85
89  92  64  57  83  81  78  77  72  61  70  87
```

要求：

（1）根据上述资料按成绩分成以下几组：60 分以下，60～70 分，70～80 分，80～90 分，90～100 分，并根据分组整理成变量分配数列。

（2）根据整理后的变量数列，以 95.45% 的概率保证程度推断全体职工业务考试成绩的区间范围。

（3）若其他条件不变，将允许误差范围缩小一半，应抽取多少名职工？

10. 调查一批机械零件合格率。根据过去的资料，合格品率曾有过 99%、97% 和 95% 三种情况，现在要求误差不超过 1%，要求估计的概率保证程度为 95%，问需要抽查多少个零件？

11. 某大学有教职员工 2 000 人，其中专任教师 800 人，员工 1 200 人。为了进行收入抽查，按不同类型采用不重复抽样方法抽查 40 名教师和 60 名员工，结果如表 8-4 所示。

表 8-4 教职员工月收入表

教　师		员　工	
月收入/万元	人数（人）	月收入/万元	人数（人）
1.0	10	0.8	20
1.7	20	1.3	30
2.6	10	2.0	10

根据以上资料，试求：

（1）在 95.45% 的概率保证下，对该校教职工的平均收入进行区间估计。

（2）如果要求极限误差不超过 0.12 万元，概率保证程度为 95.45%，试计算按类型不重复抽样组织形式所必要的样本单位数。

（3）如果按简单随机不重复抽样组织形式，要求同样的极限误差和概率保证程度，需要抽取多少个样本单位数？

（4）如果按简单随机不重复抽样组织形式，要求同样的样本单位数和概率保证程度，则会有多大的极限误差？

第九章　相关与回归分析

✎ **学习目的**

相关与回归分析是处理变量之间关系的一种统计分析方法。通过本章的学习，要求理解相关关系的概念和种类、相关分析的概念和内容；了解相关表与相关图；重点掌握简单相关系数的计算方法以及判断相关关系的密切程度、回归分析的概念；熟练掌握建立一元线性回归方程的方法及统计检验方法；理解多元线性回归分析方法，能对计算机统计软件回归计算的结果做出正确解释；了解非线性回归分析。

第一节　相关分析概述

一、相关关系的概念

自然界和人类社会中的许多事物或现象，彼此之间都是相互联系、相互依赖和相互制约的。每一现象的存在和发展一方面影响着周围一些事物的存在和发展，另一方面又受周围一些事物的影响和制约。对于现象之间的这种联系最终都要通过相互之间的数量对应关系反映出来，因此现象之间的联系必然表现为变量之间的依存关系。变量之间的依存关系有两种不同的类型：一种是函数关系，另一种是相关关系。

（一）函数关系

函数关系是指变量之间存在着严格的数量依存关系。在这种关系中，当一个或几个变量取一定的值时，另一个变量有确定值与之相对应，并且这种关系可以用一个数学表达式反映出来。例如，圆的面积 S 对于半径 R 的关系可以用一个确定的公式表达：

$$S = \pi R^2$$

这就是一种函数关系。一般把作为影响因素的变量称为自变量，把发生对应变化的变量称为因变量。在上例中，S 为因变量，R 为自变量。这里，只要 R 取某一个数值，S 就有唯一的数值与之对应。

客观世界的各种现象之间，特别是在自然界，广泛存在着函数关系。

（二）相关关系

相关关系是指变量之间存在的不确定的依存关系。在这种关系中，当一个或几个相互联系的变量取一定的值时，与之相对应的变量会有多个数值，表现出不确定，然而它仍按某种规律在一定的范围内变化。例如，每亩（1 亩=666.67m²）耕地的施肥量与亩产量之间有一定的依存关系。在一般条件下，施肥量适当增加，亩产量便相应地提高，但是它们之间不存在严格的依存关系，在施肥量相同的情况下，亩产量可能会出现许多不同的数值。这是因为亩产量不仅和施肥量有关，还受到种子品质、密植程度、降雨量、土壤条件等因素的影响。但即便如此，它们之间仍然存在着一定的规律性，即在一定范围内，亩产量随着施肥量的增加而提高。

在相关关系中，变量之间的联系有两种情况：一种是变量之间存在着一定的因果关系。起影响作用的变量是"因"，为自变量，用 x 表示；受自变量变动影响而发生变动的变量为"果"，是因变量，用 y 表示。例如，在施肥量与亩产量之间，施肥量是"因"，亩产量是"果"。另一种是两个变量之间只存在相互联系而不存在明显的因果关系。这时应根据研究目的，把其中一个变量确定为自变量，把另一个相应变化的变量确定为因变量。例如，研究身高与体重的关系时，若研究身高对体重的影响，可以把身高作为自变量，而把体重作为因变量。如果研究体重对身高的影响，则体重就是自变量，此时身高就是因变量。

必须指出的是，作为研究对象的现象之间的相关关系，在任何情况下，都必须是真实的、具有内在联系的关系，而绝不是主观臆造的，或是形式上偶然的巧合。因此，统计在研究相关关系时，应当根据有关的科学理论，通过观察和实验，在对现象进行深入分析的基础上，建立相关关系，而且还要通过理论上和实践上的进一步检验。只有这样，才能经过研究得出具有科学意义的结论。

（三）函数关系与相关关系的区别和联系

函数关系与相关关系的区别表现为：函数关系是变量之间数量上严格的依存关系，现象中的变量关系不是对等的；相关关系是变量之间数量上不严格的依存关系，现象中的变量关系是完全对等的。

函数关系与相关关系的联系表现为：由于存在观察或实验中出现的误差等原因，关系值不能绝对确定，函数关系有时通过相关关系反映出来；而当对现象之间的内在联系和规律性了解得很清楚的时候，相关关系又常常借助于函数关系的形式近似地将它表现出来。

二、相关关系的种类

现象之间的联系是很复杂的，它们各自以不同方向、不同形式、不同程度相互作用着，使相关关系表现出不同的类型和形态，因此，相关关系从不同的角度可以分为不同的种类。

（1）按相关关系涉及的因素多少可分为单相关、复相关和偏相关。单相关又称简单相关，是涉及两个变量之间的相关关系，即研究时只涉及一个自变量和一个因变量。例如，家庭收入水平与消费支出之间的相关关系。复相关是涉及 3 个或 3 个以上变量之间的相关关系，即研究时涉及两个或两个以上的自变量和一个因变量。例如，某种商品销售量与其价格水平、人均收入之间的相关关系。偏相关是在一个变量与多个变量相关时，假定其他变量不变，只研究其中两个变量之间的相关关系。例如，假定人均收入不变，只考虑某种商品销售量与其价格水平的关系就是一种偏相关。

（2）按相关关系的表现形态可分为直线相关和曲线相关。直线相关是指当一个变量发生变动时，另一个变量大致沿着一个方向（增加或减少）发生均等的变动，在坐标图上近似表现为直线。例如，人均消费水平与人均收入水平通常呈线性关系。如果两种相关变量之间不表现为直线的关系，而是近似于某种曲线的关系，则这种相关关系为曲线相关。例如，产品的平均成本与产品总产量之间的相关关系就是一种曲线相关。

（3）按相关变量的变化方向可分为正相关和负相关。正相关是指一个变量的数值增加（减少）时，另一个变量的数值也相应地增加（减少），即相关的两个变量同方向变化。例如，工人的工资随劳动生产率的提高而增加。负相关是指一个变量的数值增加（减少）时，另一个变量的数值相应地减少（增加），即相关的两个变量反方向变化。例如，产品的成本随着劳动生产率的提高而降低。

（4）按相关关系的程度可分为完全相关、不相关和不完全相关。完全相关是指两个变量之间有确定的函数关系。例如，在价格不变的条件下，某种商品的销售总额与其销售量总是成正比例关系。在这种情况下，相关关系就成为函数关系。因此也可以说，函数关系是相关关系的一个特例。不相关是指两个变量之间各自独立、不存在依存关系。不完全相关是指两个有联系的变量，当一个变量变化时另一个变量也随之发生变化，但两者不存在严格的函数关系。不完全相关介于完全相关与不相关之间，一般的相关现象都是指这种不完全相关。

（5）按相关性质可分为"真实相关"和"虚假相关"。"真实相关"是指两个变量之间的相关关系确实并具有内在的联系。例如，居民消费与收入、产品成本与产量等的相关都是"真实相关"。"虚假相关"是指两个变量之间的相关只是表面存在，实质上并没有内在联系。例如，有人曾经观察过某一个国家历年的国内生产总值与精神病患者人数的关系，发现两者之间存在高度的正相关。这种关系就是一种比较典型的"虚假相关"。国内生产总值与精神病患者人数之间不可能存在内在的联系，它们之所以呈现出一种正相关，是因为都与另一个因素——人口总量有着内在的相关关系。变量之间内在联系的判断和因果关系的确定，要以有关的实质性学科的理论为指导，结合专业的知识和实际经验进行分析和判断"真实相关"与"虚假相关"，去研究变量之间的"真实相关"的关系。研究"虚假相关"，没有意义并且会导致荒谬的结论。

三、相关分析的概念及内容

相关分析是研究两个或两个以上变量之间的相关方向和相关密切程度的统计分析方法。在相关分析中不必确定变量中哪个是自变量，哪个是因变量。其所涉及的变量都是随机变量，是对等关系。相关分析的主要内容有以下几方面。

（一）确定变量之间有无相关关系以及相关关系的表现形式

这是相关分析中的定性分析。确定相关关系是否存在是进行相关分析的前提，它包括确定变量之间是否有相关关系，是否是真实相关。在通过分析确定有真实相关关系之后，要进一步确定其表现形式是直线相关还是曲线相关。相关形式不同，分析方法也不同。

（二）确定变量之间相关的密切程度

若只是粗略地直观认识变量间的密切程度，则要编制相关表或绘制相关图。若要定量地确定变量之间相关关系的密切程度，则要计算相关系数。对于变量之间有相关关系，但关系不密切的情况，进一步研究则没有多大价值。

（三）建立合适的数学模型

根据相关关系的表现形式建立变量之间数量变化关系的近似表达式，即配合相应的数学模型。若变量之间的关系表现为线性相关，就采用线性方程拟合；若变量之间表现为曲线相关，就采用曲线方程拟合。由此来表现变量之间相互依存关系数量上的规律性，从而为推算、预测提供依据。

（四）测定变量估计值的可靠程度

配合直线或曲线方程，将自变量数值代入方程中就可以估计或预测因变量的值。估计值与实际观察值一般是有差别的，差别的大小可通过计算估计标准误差来确定。估计标准误差小，说明估计或预测值较准确，可靠程度较大；估计标准误差大，则估计或预测值不够准确，可靠程度差。

第二节　线性相关的测定

一、相关表与相关图

相关表与相关图是研究现象之间相关关系最简单、最直观的方法。一般在进行详细的定量分析之前，可以先利用它们对现象之间存在的相关关系的方向、形态和密切程度做大致的判断。

相关表就是用表格形式反映变量之间相关关系的统计表，它根据数据资料是否进行分组，可分为简单相关表和分组相关表。

相关图又称散点图，它是以直角坐标系的横轴代表变量 x，纵轴代表变量 y，将两个变量间相对应的变量值用坐标点的形式描绘出来，用于反映两变量之间相关关系的图形。它比相关表更明显、直观地表明变量之间的相关关系。

（一）简单相关表与相关图

简单相关表是资料未经分组，将某一变量按其变量值的大小顺序排列，然后再将与其相关的另一变量的对应值平行排列所形成的表。

【例 9-1】假设对 10 家企业的年销售收入和广告费支出进行调查，得到原始资料如表 9-1 所示。

表 9-1　年销售收入和广告费

企 业 编 号	广告费/万元	年销售收入/百万元
1	20	25
2	15	18
3	40	60
4	30	45
5	42	62
6	60	88
7	65	92
8	70	99
9	53	75
10	78	98

根据表 9-1 提供的原始资料，将广告费按从小到大的顺序排列，可编制简单相关表，如表 9-2 所示。

表 9-2　年销售收入和广告费的相关表

企 业 编 号	广告费/万元	年销售收入/百万元
2	15	18
1	20	25
4	30	45
3	40	60
5	42	62
9	53	75
6	60	88
7	65	92
8	70	99
10	78	98

从表 9-2 可以看出，企业的广告费与年销售收入有同步增长的趋势，两变量之间存在着明显的正相关关系。

由表 9-2 资料编制的相关图，如图 9-1 所示。

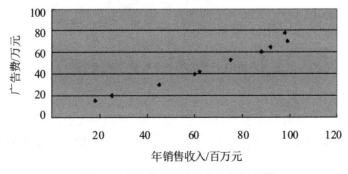

图 9-1　广告费与年销售收入的相关图

（二）分组相关表与相关图

如果原始数据资料很多，据此编制的简单相关表就显得冗长，使用起来不方便，而相应相关点太多，相关图也较难绘制。因此，可以将简单相关表的两个变量进行分组，编制分组相关表。

分组相关表就是将原始数据进行分组而编制的相关表。根据分组的情况不同，可以分为单变量分组相关表和双变量分组相关表。

1. 单变量分组相关表与相关图

单变量分组相关表是对有相关关系的两个变量中，只根据一个变量进行分组并计算次数，而另一个变量不进行分组，只计算平均数。单变量分组相关表可使简单相关资料简化，更明显地反映两个变量之间的相关关系。

【例9-2】400名女大学生身高和体重相关表如表9-3所示。

表9-3　400名女大学生身高和体重相关表

按体重分组/kg	人数/人	每组平均身高/cm
45以下	1	151
45～47.5	24	154
47.5～50	91	155
50～52.5	129	158
52.5～55	87	160
55～57.5	38	162
57.5～60	25	163
60～62.5	3	167
62.5以上	2	170
合　计	400	—

由表9-3资料编制的相关图如图9-2所示。

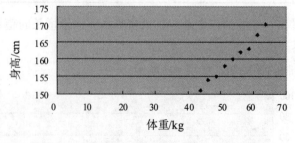

图9-2　400名女大学生身高和体重相关图

2. 双变量分组相关表

双变量分组相关表是对两个变量都进行分组而编制的相关表。

【例9-3】由400名女大学生的身高和体重编制双变量分组表，如表9-4所示。

表 9-4　400 名女大学生身高和体重分组表

按体重分组/kg	按身高分组/cm							
	150 以下	150～154	154～158	158～162	162～166	166～170	170 及以上	合　计
45 以下		1						1
45～47.5	2		12		10			24
47.5～50		3	30	28	20	10		91
50～52.5	3	3	24	42	45	12		129
52.5～55		2	8	20	28	25	4	87
55～57.5				16	14	8		38
57.5～60			4	6	7	8		25
60～62.5						3		3
62.5 以上						2		2
合　计	5	9	74	94	125	68	25	400

　　表 9-4 中横栏与纵栏的交叉处列出两个变量各组间的共同次数，根据次数分布的情况，可初步判断两个变量间相关的形式、方向和程度。

二、相关系数

　　相关表和相关图只能帮助我们直观、粗略地判断变量之间的相关关系。如果要定量地说明变量之间相关关系的密切程度，就必须计算相关系数。

　　相关系数是反映变量之间相关关系密切程度的统计分析指标。根据线性相关变量的多少、分析问题的角度不同，相关系数可分为简单相关系数、偏相关系数和复相关系数。这里先讲述简单相关系数。简单相关系数是反映两个变量之间线性相关密切程度的相关系数。它是统计学中最常使用的指标，如果不做说明，相关系数指的就是简单相关系数。

（一）相关系数的计算

1．积差法

$$r = \frac{\sigma_{xy}^2}{\sigma_x \sigma_y} \qquad (9.1)$$

　　式中，r 表示相关系数；σ_{xy}^2 表示 x 与 y 变量数列的协方差，$\sigma_{xy}^2 = \dfrac{\sum(x-\bar{x})(y-\bar{y})}{n}$；$\sigma_x$ 表示 x 变量数列的标准差，$\sigma_x = \sqrt{\dfrac{\sum(x-\bar{x})^2}{n}}$；$\sigma_y$ 表示 y 变量数列的标准差，$\sigma_y = \sqrt{\dfrac{\sum(y-\bar{y})^2}{n}}$。

　　因此相关系数也可写成

$$r = \frac{\sigma_{xy}^2}{\sigma_x \sigma_y} = \frac{\sum(x-\bar{x})(y-\bar{y})}{\sqrt{\sum(x-\bar{x})^2}\sqrt{\sum(y-\bar{y})^2}} \qquad (9.2)$$

2．简捷法

　　用积差法计算相关系数，要计算两个数列的平均数和标准差，计算工作量较大。如果对积差法的公式推导变形，可得以下几个简捷法的计算公式：

$$r = \frac{n \sum xy - \sum x \sum y}{\sqrt{n \sum x^2 - \left(\sum x\right)^2} \sqrt{n \sum y^2 - \left(\sum y\right)^2}} \tag{9.3}$$

在已有两个变量平均值时，可以使用以下公式：

$$r = \frac{\sum xy - n \bar{x} \bar{y}}{\sqrt{\sum x^2 - n(\bar{x})^2} \sqrt{\sum y^2 - n(\bar{y})^2}} \tag{9.4}$$

在已有两个变量平均值及标准差时，可以使用以下公式：

$$r = \frac{\overline{xy} - \bar{x} \bar{y}}{\sigma_x \sigma_y} \tag{9.5}$$

其中，$\overline{xy} = \dfrac{\sum xy}{n}$。

【例9-4】抽取8个地区的居民货币收入和社会商品零售额资料如表9-5所示，试计算其相关系数。

表9-5 积差法相关系数计算表

单位：亿元

地区编号	居民货币收入 x	社会商品零售额 y	$x - \bar{x}$	$(x - \bar{x})^2$	$y - \bar{y}$	$(y - \bar{y})^2$	$(x - \bar{x})(y - \bar{y})$
1	12	10	−3.25	10.56	−3.25	10.56	10.56
2	13	12	−2.25	5.06	−1.25	1.56	2.81
3	14	12	−1.25	1.56	−1.25	1.56	1.56
4	15	13	−0.25	0.06	−0.25	0.06	0.06
5	14	13	−1.25	1.56	−0.25	0.06	0.31
6	16	14	0.75	0.56	0.75	0.56	0.56
7	18	15	2.75	7.56	1.75	3.06	4.81
8	20	17	4.75	22.56	3.75	14.06	17.81
合　计	122	106	—	49.48	—	31.48	38.48

解：据表9-5可得

$$\bar{x} = \frac{\sum x}{n} = \frac{122}{8} = 15.25 \ （亿元）$$

$$\bar{y} = \frac{\sum y}{n} = \frac{106}{8} = 13.25 \ （亿元）$$

$$\sigma_x = \sqrt{\frac{\sum (x - \bar{x})^2}{n}} = \sqrt{\frac{49.48}{8}} = 2.487\,0 \ （亿元）$$

$$\sigma_y = \sqrt{\frac{\sum (y - \bar{y})^2}{n}} = \sqrt{\frac{31.48}{8}} = 1.983\,7 \ （亿元）$$

$$\sigma_{xy}^2 = \frac{\sum (x - \bar{x})(y - \bar{y})}{n} = \frac{38.48}{8} = 4.81$$

由式（9.1），计算其相关系数为

$$r = \frac{\sigma_{xy}^2}{\sigma_x \sigma_y} = \frac{4.81}{2.487\,0 \times 1.983\,7} = 0.975\,0$$

由式（9.2），计算其相关系数为

$$r = \frac{\sum(x-\overline{x})(y-\overline{y})}{\sqrt{\sum(x-\overline{x})^2}\sqrt{\sum(y-\overline{y})^2}} = \frac{38.48}{\sqrt{49.48}\sqrt{31.48}} = 0.975\,0$$

依据表9-5资料，用简捷法计算其相关系数，如表9-6所示。

表9-6　简捷法相关系数计算表

单位：亿元

地 区 编 号	居民货币收入 x	社会商品零售额 y	x^2	y^2	xy
1	12	10	144	100	120
2	13	12	169	144	156
3	14	12	196	144	168
4	15	13	225	169	195
5	14	13	196	169	182
6	16	14	256	196	224
7	18	15	324	225	270
8	20	17	400	289	340
合　计	122	106	1 910	1 436	1 655

将表9-6中有关数据代入式（9.3），计算其相关系数为

$$\begin{aligned}
r &= \frac{n\sum xy - \sum x\sum y}{\sqrt{n\sum x^2 - \left(\sum x\right)^2}\sqrt{n\sum y^2 - \left(\sum y\right)^2}} \\
&= \frac{8\times 1\,655 - 122\times 106}{\sqrt{8\times 1\,910 - 122^2}\sqrt{8\times 1\,436 - 106^2}} \\
&= 0.975\,0
\end{aligned}$$

已知：$\overline{x}=15.25$（亿元），$\overline{y}=13.25$（亿元），由式（9.4）计算其相关系数：

$$\begin{aligned}
r &= \frac{\sum xy - n\overline{x}\,\overline{y}}{\sqrt{\sum x^2 - n(\overline{x})^2}\sqrt{\sum y^2 - n(\overline{y})^2}} \\
&= \frac{1\,655 - 8\times 15.25\times 13.25}{\sqrt{1\,910 - 8\times(15.25)^2}\sqrt{1\,436 - 8\times(13.25)^2}} \\
&= 0.975\,0
\end{aligned}$$

已知：$\overline{x}=15.25$（亿元），$\overline{y}=13.25$（亿元），$\sigma_x=2.487\,0$（亿元），$\sigma_y=1.983\,7$（亿元），$\overline{xy}=\dfrac{\sum xy}{n}=\dfrac{1\,655}{8}=206.875\,0$（亿元），由式（9.5）计算其相关系数：

$$r = \frac{\overline{xy} - \overline{x}\,\overline{y}}{\sigma_x \sigma_y} = \frac{206.875\,0 - 15.25\times 13.25}{2.487\,0\times 1.983\,7} = 0.975\,0$$

3. 分组相关表相关系数的计算

上述计算相关系数的各种公式，都是采用简单相关表的资料。如果根据分组相关表资料计算相关系数，就需要运用加权的方法。对于单变量分组相关表计算相关系数，其计算

公式为

$$r = \frac{\sum(x-\bar{x})(y-\bar{y})f}{\sqrt{\sum(x-\bar{x})^2 f}\sqrt{\sum(y-\bar{y})^2 f}}$$ (9.6)

简捷法计算公式为

$$r = \frac{\sum f \sum xyf - (\sum xf)(\sum yf)}{\sqrt{\sum f \sum x^2 f - (\sum xf)^2}\sqrt{\sum f \sum y^2 f - (\sum yf)^2}}$$ (9.7)

式中，f 表示分组变量的频数。

对于双变量分组相关表计算相关系数，其计算公式为

$$r = \frac{\sum(x-\bar{x})(y-\bar{y})f_{xy}}{\sqrt{\sum(x-\bar{x})^2 f_x}\sqrt{\sum(y-\bar{y})^2 f_y}}$$ (9.8)

式中，f_x 表示 x 组的频数；f_y 表示 y 组的频数；f_{xy} 表示 x 与 y 交错组的频数。

$$\sum f_x = \sum f_y = \sum f_{xy} = N$$

（二）相关系数的密切程度

相关系数的取值范围为 $-1 \sim +1$，即

$$-1 \leqslant r \leqslant +1$$

相关系数有正负号，当 $-1 \leqslant r < 0$ 时，表明两个变量为负相关；当 $0 < r \leqslant 1$ 时，表明两个变量为正相关。

相关系数的作用在于判断两个变量之间相关关系的密切程度。$|r|$ 的值越大，即越接近 1，表明两个变量间的线性相关关系越强；如果 $|r|=1$，则两个变量之间为完全线性相关；反之，$|r|$ 的值越小，即越接近于 0，表明两个变量之间线性相关关系越弱；如果 $|r|=0$，则两个变量之间无线性相关关系，但这并不表明其间不存在其他类型的关系。

按照统计学中常用的标准，把变量之间相关关系密切程度划分为以下几个等级，如表 9-7 所示。

表 9-7　相关程度判断标准

$|r|$ 取值范围	相关程度
$|r|=0$	无线性相关
$0 < |r| < 0.3$	微弱相关
$0.3 \leqslant |r| < 0.5$	低度相关
$0.5 \leqslant |r| < 0.8$	显著相关
$0.8 \leqslant |r| < 1$	高度相关
$|r|=1$	函数关系

对于例 9-4，$r = 0.9750$，为高度相关。

如果要对变量之间相关的密切程度做出更准确的判断，则需要对相关系数进行显著性检验。

第三节　一元线性回归分析

一、回归分析的概念

"回归"一词，是英国统计学家高尔顿（Francis Galton）于 1889 年在研究祖先与后代的身高之间的相互关系时，在其发表的论文中首先提出的。高尔顿研究出，当父母亲特别高或特别矮时，儿女的身高则是趋向于他的家族人（祖父、叔父、伯父……）身高的平均数，即儿女身高有返归于家族高度的趋势，也就是回归于一般平均高度。高尔顿称这种趋势为回归原理。这是回归在遗传上的含义。以后，高尔顿的学生皮尔生（Kart Pearson）继续研究，把回归的概念和数学方法联系起来，把代表现象之间一般数量关系的直线或者曲线称为回归直线或回归曲线。后来，"回归"这个词被用来泛指变量之间的一般数量关系。

回归分析就是对具有相关关系的变量之间数量变化的一般关系进行测定，确定一个合适的回归方程，据以进行估计或预测的统计方法。

回归分析根据回归方程的形式可分为线性回归分析和非线性回归分析；根据所研究变量的多少可分为一元回归分析和多元回归分析。本节研究一元线性回归分析。

一元线性回归分析的特点如下。

（1）回归分析中，两个变量之间的关系是不对等的，因此必须根据研究目的，具体确定哪个是自变量，哪个是因变量。

（2）回归分析中的两个变量，自变量是给定的确定性变量，因变量是随机变量。因此，回归方程只能用给定的自变量的数值来估计因变量的数值。一个回归方程只能做一种推算。

（3）在两个变量互为因果关系的情况下，可以有两个回归方程：y 依 x 变化的回归方程和 x 依 y 变化的回归方程。但不同方程所说明的问题是不一样的。

二、一元线性回归模型与回归方程

一元线性回归模型是用于分析一个自变量 x 与一个因变量 y 之间线性关系的数学方程。

对于具有线性相关关系的两个变量，自变量 x 的 n 个数据值有 $x_1, x_2, \cdots, x_n$，对应的因变量 y 的值为 $y_1, y_2, \cdots, y_n$，则一元线性回归的数学模型为

$$y_i = \beta_0 + \beta_1 x_i + u_i \quad (i=1,2,\cdots,n) \tag{9.9}$$

式中，β_0、β_1 表示待估参数；u_i 表示随机误差，是服从正态分布 $N(0,\sigma^2)$ 的随机变量，且独立。

由于 x 与 y 之间是线性相关关系，根据样本观察值数据 $(x_1,y_1),(x_2,y_2),\cdots,(x_n,y_n)$ 在直角坐标平面上的散点图，可以看出所有散点大体上散布在一条直线的上下。求回归方程，就是要找出 β_0 与 β_1 的估计值，使该直线总的看来与所有的散点最接近，近似描述 x 与 y 之间的相关关系，那么该直线方程就是线性回归方程，即

$$\hat{y} = b_0 + b_1 x \tag{9.10}$$

式中，$\hat{y}$ 表示因变量的估计值；x 表示自变量；b_0 表示回归直线的截距，β_0 的估计值；

b_1 表示回归直线的斜率，为回归系数，它表示当 x 变动一个单位时，y 的平均变动量，β_1 的估计值。

由两个变量 x、y 的数据资料，求得 b_0，b_1，即可确定回归方程。而求得 b_0、b_1 应根据最小二乘法，使得因变量估计值 $\hat{y}$ 与实际观察值 y 的离差的平方和为最小，即

$$Q = \sum(y - \hat{y})^2 = \sum(y - b_0 - b_1 x)^2 = 最小值 \qquad (9.11)$$

根据微分的极值原理，要使 Q 为最小，只需在式（9.11）中分别对 b_0，b_1 求偏导，并令其等于零，即

$$\frac{\partial Q}{\partial b_0} = -2\sum(y - b_0 - b_1 x) = 0$$

$$\frac{\partial Q}{\partial b_1} = -2\sum(y - b_0 - b_1 x)x = 0$$

由上述两式可整理得

$$\begin{cases} \sum y = n_0 b_0 + b_1 \sum x \\ \sum xy = b_0 \sum x + b_1 \sum x^2 \end{cases} \qquad (9.12)$$

解正规方程组式（9.12），则得参数 β_0、β_1 的估计值 b_0，b_1：

$$b_1 = \frac{\sum(x - \bar{x})(y - \bar{y})}{\sum(x - \bar{x})^2} = \frac{n\sum xy - \sum x \sum y}{n\sum x^2 - \left(\sum x\right)^2} \qquad (9.13)$$

$$b_0 = \frac{\sum y}{n} - b_1 \frac{\sum x}{n} = \bar{y} - b_1 \bar{x} \qquad (9.14)$$

由式（9.13）可以看到，b_1 值的符号取决于分子 $(x - \bar{x})(y - \bar{y})$ 数值的乘积。当 y 随 x 的增加而增加时，b_1 为正值，表明两个变量的变化方向相同，且为正相关。当 y 随 x 的增加而减少时，b_1 为负值，表明两个变量的变化方向相反，且为负相关。

利用直线回归方程中的回归系数 b_1 可以求得相关系数 r，其关系式为

$$r = b_1 \frac{\sigma_x}{\sigma_y}$$

【例 9-5】根据表 9-6 的资料建立一元线性回归方程。

解：将表 9-6 中的数据代入式（9.13）和式（9.14）得

$$b_1 = \frac{n\sum xy - \sum x \sum y}{n\sum x^2 - \left(\sum x\right)^2} = \frac{8 \times 1\,655 - 122 \times 106}{8 \times 1\,910 - 122^2} = 0.777\,8$$

$$b_0 = \frac{\sum y}{n} - b_1 \frac{\sum x}{n} = \frac{106}{8} - 0.777\,8 \times \frac{122}{8} = 1.388\,5$$

则社会商品零售额 y 对居民货币收入 x 的直线回归方程为

$$\hat{y} = 1.388\,5 + 0.777\,8x$$

这个一元线性回归方程的意义是，当居民货币收入每增加 1 亿元时，社会商品零售额平均增加 0.777 8 亿元。

三、一元线性回归方程的检验

一元线性回归方程求出来了，但它是否符合变量 y 与 x 之间的客观规律呢？用它来根据自变量 x 的值去估计因变量 y 的值的效果如何？这就需要进行统计检验。

（一）离差平方和的分解

在一元线性回归模型中，观察值 y_i 的取值大小是上下波动的，它们之间的差异是由两个方面的原因引起的：一是自变量 x 取值的不同；二是随机误差的影响。为了分析检验这两个方面的影响，必须把它们所引起的差异从总的差异中分解出来，即

$$y - \overline{y} = (y - \hat{y}) + (\hat{y} - \overline{y})$$

由于 $\sum(y - \overline{y}) = 0$，因而在分析离差时，采用离差平方和 $\sum(y - \overline{y})^2$ 来进行，即

$$\sum(y - \overline{y})^2 = \sum[(y - \hat{y}) + (\hat{y} - \overline{y})]^2$$
$$= \sum(y - \hat{y})^2 + \sum(\hat{y} - \overline{y})^2 + 2\sum(y - \hat{y})(\hat{y} - \overline{y})$$

可以证明上式中：

$$2\sum(y - \hat{y})(\hat{y} - \overline{y}) = 0$$

于是可获得总的离差平方和的分解公式：

$$\sum(y - \overline{y})^2 = \sum(\hat{y} - \overline{y})^2 + \sum(y - \hat{y})^2$$

即　　　　　　　　总离差平方和=回归平方和+剩余平方和

即　　　　　　　　　　　　$SST = SSR + SSE$ 　　　　　　　　　　(9.15)

现对式（9.15）中三个平方和分别做出说明。

SST 是 y 对 $\overline{y}$ 离差平方和，它的大小描述了 y 的离散程度，所以称为总离差平方和。

SSR 是 $\hat{y}$ 对 $\overline{y}$ 的离差平方和，它描述了 $\hat{y}$ 的离散程度。$\hat{y}$ 是回归直线上点的纵坐标，相应的横坐标是 x。因此 $\hat{y}$ 的离散性来源于 x 的离散性，并且通过 x 对 y 的线性影响反映出来。再由于

$$\sum(\hat{y} - \overline{y})^2 = \sum(b_0 + b_1 x - b_0 - b_1 \overline{x})^2 = b_1^2 \sum(x - \overline{x})^2$$

$\sum(x - \overline{x})^2$ 是 x 对 $\overline{x}$ 的离差平方和，它描述了 x 的离散程度，这也说明 $\hat{y}$ 的离散性是由 x 引起的。由于 SSR 的大小反映了 x 对 y 线性影响的大小，所以称为回归平方和。

SSE 就是 $\sum(y - b_0 - b_1 x)^2$，这在最小二乘法时已用到，由式（9.9）可以看到 $\sum(y - \hat{y})^2$ 纯粹是由随机误差引起的，它反映了除 x 对 y 的线性影响之外的一切因素对 y 的影响作用，所以称为剩余平方和。

对每个平方和来说，都有一个自由度与之联系。总离差平方和的自由度 $f_{总}$ 也等于回归平方和的自由度 $f_{回}$ 与剩余平方和的自由度 $f_{剩}$ 之和，即

$$f_{总} = f_{回} + f_{剩}$$

对于一元线性回归，$f_{总} = n-1$；$f_{回} = 1$，即对应于自变量的个数；$f_{剩} = n-2$。

剩余平方和除以它的自由度为剩余方差，回归平方和除以它的自由度为回归方差。上述可以用方差分析表来表示，如表9-8所示。

表 9-8   一元线性回归方差分析表

离 差 来 源	离差平方和	自 由 度	方 差
回归	$\sum(\hat{y}-\bar{y})^2$	1	$\sum(\hat{y}-\bar{y})^2$
剩余	$\sum(y-\hat{y})^2$	$n-2$	$\sum(y-\hat{y})^2/(n-2)$
总计	$\sum(y-\bar{y})^2$	$n-1$	—

【例 9-6】根据表 9-6 的数据及例 9-5 的计算结果进行方差分析。

解：总离差平方和

$$SST = \sum(y-\bar{y})^2 = \sum y^2 - \frac{1}{n}\left(\sum y\right)^2 = 1\,436 - \frac{1}{8}\times(106)^2 = 31.5$$

回归离差平方和

$$SSR = (\hat{y}-\bar{y})^2 = b_1^2 \sum(x-\bar{x})^2 = b_1^2\left[\sum x^2 - \frac{1}{n}\left(\sum x\right)^2\right]$$

$$= 0.777\,8^2 \times\left(1\,910 - \frac{1}{8}\times 122^2\right) = 29.943$$

剩余平方和

$$SSE = SST - SSR = 31.5 - 29.943 = 1.557$$

$$剩余方差 = \frac{\sum(y-\hat{y})^2}{n-2} = \frac{1.557}{8-2} = 0.259\,5$$

$$回归方差 = \sum(\hat{y}-\bar{y})^2 = 29.943$$

将上述计算结果列入表 9-9 中。

表 9-9   某市居民货币收入与社会商品零售额方差分析表

离 差 来 源	离差平方和	自 由 度	方 差
回归	29.943	1	29.943
剩余	1.557	6	0.259 5
总计	31.5	7	—

通过对总的离差平方和的分解，解释了影响它的各项主要因素及其影响程度。对分解后得到的回归平方和与剩余平方和，则可以进一步测定可决系数、相关系数、估计标准误差等指标，并进一步通过方差分析对回归方程进行检验。

（二）r 检验

将式（9.15）的两边同除以 SST，即得

$$1 = \frac{SSR}{SST} + \frac{SSE}{SST}$$

由于回归平方和 SSR 反映 x 对 y 产生的线性影响，因此回归平方和 SSR 与总离差平方和 SST 的比值可用于表示 x 与 y 之间的线性关系。定义可决系数为

$$r^2 = \frac{SSR}{SST} = 1 - \frac{SSE}{SST}$$

即
$$r^2 = \frac{\sum (\hat{y} - \bar{y})^2}{\sum (y - \bar{y})^2} = 1 - \frac{\sum (y - \hat{y})^2}{\sum (y - \bar{y})^2} \tag{9.16}$$

可决系数 r^2 用来表示因变量受自变量影响的程度，即度量回归方程对观察值的拟合优度。如果拟合是完全的，即所有的观察值都在回归直线上，$y = \hat{y}$，$SSE = 0$，则 $r^2 = 1$；如果回归直线的拟合是不好的，即自变量与因变量完全无关时，回归方程是 y 的平均数，即 $\hat{y} = \bar{y}$，故 $SSE = SST$，$r^2 = 0$；如果观察值不是全部位于回归直线上，$SSE>0$，那么 $SSE/SST>0$，则 $r^2<1$。由此可见：

$$0 \leqslant r^2 \leqslant 1$$

如果 $r^2 = 0.95$，则表明因变量受自变量的影响程度为 95%，其余 5% 受随机因素的影响，说明回归方程与观察值之间的拟合较好。

由可决系数的定义式可知，r^2 的分子、分母均是不可能为负值的平方和，因此其比值具有非负性。但是在回归方程中不包括截距项的场合，由于总离差平方和的分解公式不成立，按式（9.16）计算的 r^2 有可能小于0。

可决系数 r^2 按定义公式计算比较烦琐，它和相关系数有如下关系：

$$r = \sqrt{r^2}$$

在已经计算相关系数 r 的情况下，可以很容易地得到可决系数 r^2 的值。

对于相关系数，在实际的分析研究中，用于计算相关系数的 x 与 y 一般都是现象总体中的样本数据，因而带有一定的随机性。样本容量越小，用样本相关系数估计总体相关系数其可信程度就越差。例如，当 x 与 y 各只有两个样本数据时，相关系数 $|r|=1$，但这样并不能表明两个变量之间总是完全相关，有时可能两个变量之间没有任何关系。我们知道，只有相关系数的绝对值大到一定程度时，才认为 x 与 y 之间的线性相关关系显著，回归方程才有意义，因此有必要对相关系数进行显著性检验。r 检验的步骤如下。

（1）根据公式计算相关系数 r。

（2）根据给定的显著性水平 α，查相关系数检验表，得临界值 $r_\alpha(n-2)$。

（3）判别：若 $|r| > r_\alpha(n-2)$，表明 x 与 y 线性相关关系显著，检验通过；反之，表明 x 与 y 线性相关关系不显著。

【例 9-7】 根据例 9-4 的数据及表 9-9 的计算结果，计算可决系数并进行相关系数检验。

解： 由式（9.16）得

$$r^2 = \frac{\sum (\hat{y} - \bar{y})^2}{\sum (y - \bar{y})^2} = 1 - \frac{\sum (y - \hat{y})^2}{\sum (y - \bar{y})^2} = \frac{29.943}{31.5} = 1 - \frac{1.557}{31.5} = 0.950\ 6$$

计算结果表明，社会商品零售额的变化受居民货币收入的影响程度为 95.06%。

$$r = \sqrt{r^2} = \sqrt{0.950\ 6} = 0.975\ 0$$

由 $\alpha=0.05$，自由度为 $n-2=6$，查相关系数检验表，得临界值 $r_{0.05}(8-2) = 0.707$。

$$r = 0.975\ 0 > 0.707 = \alpha_{0.05}(6)$$

故在 5% 显著水平上检验通过，说明居民货币收入与社会商品零售额之间线性相关关系显著。

(三)估计标准误差

式(9.15)中的剩余平方和除以它的自由度为剩余方差,用 S_{yx}^2 表示,其计算公式为

$$S_{yx}^2 = \frac{\sum(y-\hat{y})^2}{n-2}$$

剩余方差的平方根为估计标准误差,即

$$S_{yx} = \sqrt{\frac{\sum(y-\hat{y})^2}{n-2}} \tag{9.17}$$

线性回归方程的一个重要作用在于根据给定的自变量 x 来推算因变量的估计值 $\hat{y}$,然而,因变量估计值 $\hat{y}$ 与实际值 y 之间存在着或大或小的差异,这种差异的大小直接反映出推算的准确性,说明回归方程的代表性。估计标准误差就是说明回归方程推算结果准确程度的统计分析指标,或者说是反映回归方程代表性大小的统计分析指标。

由式(9.17)计算估计标准误差,要先求出 $\hat{y}$ 的值,然后再计算 $\sum(y-\hat{y})^2$,其工作量较大,可将其变换简化为

$$S_{yx} = \sqrt{\frac{\sum y^2 - b_0\sum y - b_1\sum xy}{n-2}} \tag{9.18}$$

【例9-8】根据表9-6的数据及例9-5的计算结果,计算估计标准误差。

解: 由式(9.18)得

$$S_{yx} = \sqrt{\frac{\sum y^2 - b_0\sum y - b_1\sum xy}{n-2}}$$

$$= \sqrt{\frac{1\,436 - 1.388\,5 \times 106 - 0.777\,8 \times 1\,655}{8-2}}$$

$$= 0.509\,9\ (亿元)$$

(四)F 检验

回归分析中的显著性检验包括两方面的内容:一是对整个回归方程的显著性检验,它在方差分析的基础上采用 F 检验;二是对各回归系数的显著性检验,它采用的是 t 检验。

F 检验的目的是检验已建立的回归方程是否具有显著性,即检验假设 $H_0: \beta_1 = 0$ 是否成立。这种检验的方法通常是将回归方差与剩余方差进行比较,这两种方差的比值为 F 统计量。其计算公式为

$$F = \frac{\sum(\hat{y}-\bar{y})^2}{\sum(y-\hat{y})^2/(n-2)} = \frac{r^2}{1-r^2}(n-2) \tag{9.19}$$

F 检验的步骤如下。

(1)提出假设 $H_0: \beta_1 = 0$, $H_1: \beta_1 \neq 0$。

(2)用式(9.19)计算 F 值。

(3)根据给定的显著性水平 α,查 F 分布表,得临界值 $F_\alpha(1, n-2)$。

(4)判别:若 $F > F_\alpha(1, n-2)$,则拒绝假设 $H_0: \beta_1 = 0$,认为 x 与 y 之间存在着显著的

线性关系，即回归方程显著；反之，接受假设 $H_0: \beta_1 = 0$，认为 x 与 y 之间不存在线性关系，即回归方程不显著。

【例 9-9】根据例 9-4 及表 9-9 中的计算结果，进行 F 检验。

解：假设 $H_0: \beta_1 = 0$，$H_1: \beta_1 \neq 0$

由式（9.19）得

$$F = \frac{\sum (\hat{y} - \bar{y})^2}{\sum (y - \hat{y})^2 / (n-2)} = \frac{29.943}{0.259\,5} = 115.387\,3$$

由 $\alpha = 0.05$，查 F 分布表得临界值：

$$F_{0.05}(1, 8 - 2) = 5.99$$

$$F = 115.387\,3 > 5.99 = F_{0.05}(1, 6)$$

因此拒绝 H_0 假设，这说明居民货币收入与社会商品零售额之间存在线性关系，回归方程显著。

（五）t 检验

t 检验是检验自变量对因变量是否具有显著的线性关系，即检验假设 $H_0: \beta_0 = 0$，$H_0: \beta_1 = 0$ 是否成立。在小样本（$n < 30$）时，可运用 t 检验，t 统计量为

$$t_{b_j} = \frac{b_j}{S_{b_j}} \quad (j = 0, 1) \tag{9.20}$$

其中，S_{b_j} 是 b_j（$j = 0, 1$）的标准差。其计算公式为

$$S_{b_0} = \sqrt{\frac{S_{yx}^2 \sum x^2}{n \sum (x - \bar{x})^2}}$$

$$S_{b_1} = \sqrt{\frac{S_{yx}^2}{\sum (x - \bar{x})^2}} \tag{9.21}$$

虽然可以检验 b_0 在给定的显著性水平上是否为零，但意义不大，因为 b_0 只不过是截距而已。所以，只对 b_1 做检验。

t 检验的步骤如下。

（1）提出假设 $H_0: \beta_1 = 0$，$H_1: \beta_1 \neq 0$。

（2）利用式（9.20）计算 t 值。

（3）根据给定的显著性水平 α，查 t 分布表，得临界值 $t_{\alpha/2}(n-2)$。

（4）比较：若 $|t_{b_j}| > t_{\alpha/2}(n-2)$，拒绝 H_0 假设，说明 x 与 y 之间存在线性关系；反之，接受 H_0 假设，则认为 x 与 y 之间不存在线性关系。

【例 9-10】根据例 9-4 及表 9-5、表 9-9 中的计算结果，进行 t 检验。

解：假设 $H_0: \beta_1 = 0$，$H_1: \beta_1 \neq 0$

$$S_{yx}^2 = \sqrt{\frac{\sum (y - \hat{y})^2}{n - 2}} = \frac{1.557}{8 - 2} = 0.259\,5$$

$$\sum (x - \bar{x})^2 = 49.48$$

由式（9.21）得

$$S_{b_1} = \sqrt{\frac{S_{yx}^2}{\sum (x - \bar{x})^2}} = \sqrt{\frac{0.2595}{49.48}} = 0.0724$$

根据式（9.20）得

$$t_{b_1} = \frac{b_1}{S_{b_1}} = \frac{0.7778}{0.0724} = 10.7431$$

由 $\alpha = 0.05$，自由度 $n - 2 = 6$，查 t 分布表得临界值 $t_{0.05/2}(6) = 2.45$

$$t_{b_1} = 10.7431 > 2.45 = t_{0.05/2}(6)$$

拒绝 H_0 假设，说明居民货币收入与社会商品零售额之间存在显著的线性关系。

必须指出的是，在对回归系数进行检验时，拒绝 H_0 假设，仅是表明在 x 的样本观察值范围内，x 与 y 之间存在线性关系。

事实上，在一元线性回归中，自变量只有一个，r 检验、F 检验、t 检验是等价的。从 F 值与 t 值的计算公式中，可以看到都与 r 有关，且 $t = \sqrt{F}$。从对例 9-4 的检验可以证明这一点。但在多元回归分析中，F 检验和 t 检验有着不同的意义。这里为了便于进行后面的多元线性回归分析，才都加以论述。

如果回归方程上述检验没有通过，其原因可能有以下几种，要进一步查清，加以处理。

（1）影响变量 y 的因素除变量 x 外还有其他不可忽略的因素。

（2）变量 y 与变量 x 的关系不是线性的，即可能是曲线关系。

（3）变量 y 与变量 x 没有关系。

四、一元线性回归方程的预测

对一元线性回归方程的检验通过后，说明其回归方程是可信的，那就要利用回归方程进行预测。由式（9.10），根据某个自变量的值 x_0，便可求得相应因变量的预测值 $\hat{y}_0$，这就是点估计。然而，预测目的的实际值 y 总会同预测值 $\hat{y}$ 之间产生或大或小的偏差，所以不仅需要计算预测值 $\hat{y}_0$，并且还希望知道实际值 y_0 可能偏离预测值 $\hat{y}_0$ 的范围，并要知道这个范围包含着预测目标实际值 y_0 的可靠程度。这样的范围通常以区间的形式给出，称为预测区间。对预测区间的估计为区间估计。

对于我们所讨论的预测目标，若有一组统计数据 (x_i, y_i)（$i = 1, 2, \cdots, n$），在一定的显著性水平 α 下，寻找一个正数 δ，使得实际值 y_0 以 $(1 - \alpha)$ 的概率落在区间 $(\hat{y}_0 - \delta, \hat{y}_0 + \delta)$ 内，即

$$P\{|y_0 - \hat{y}_0| \leqslant \delta\} = 1 - \alpha$$

其中，$\hat{y}_0 = b_0 + b_1 x$，预测误差为 $(y_0 - \hat{y}_0)$。由于 β_0, β_1, u_i 均为正态分布，故 $(y_0 - \hat{y})$ 也是正态分布，其期望值为 $E(y_0 - \hat{y}_0) = 0$，方差为

$$D(y_0 - \hat{y}_0) = 1^2 D(y_0) + (-1)^2 D(\hat{y}_0) = \sigma^2 + D(b_0 + b_1 x_0) = \sigma^2 + D[\bar{y} + b_1(x_0 - \bar{x})]$$

$$= \sigma^2 + \frac{\sigma^2}{n} + \frac{(x_0 - \bar{x})^2}{\sum (x - \bar{x})^2} \sigma^2 = \sigma^2 \left[1 + \frac{1}{n} + \frac{(x_0 - \bar{x})^2}{\sum (x - \bar{x})^2} \right]$$

故$(y_0 - \hat{y}_0)$服从 $N \sim \left[0, \left(1 + \dfrac{1}{n} + \dfrac{(x_0 - \overline{x})^2}{\sum(x - \overline{x})^2} \right) \sigma^2 \right]$ 分布。

另外，可以证明，σ^2 的无偏估计量为 S_{yx}^2，即为剩余方差

$$S_{yx}^2 = \frac{\sum(y_i - \hat{y}_i)^2}{n - 2}$$

因此，当 $n < 30$ 为小样本时

$$t = \frac{y_0 - \hat{y}_0}{S_{yx} \sqrt{1 + \dfrac{1}{n} + \dfrac{(x_0 - \overline{x})^2}{\sum(x - \overline{x})^2}}} \tag{9.22}$$

为服从自由度为 $(n-2)$ 的 t 分布。

故 y_0 的置信度为 $(1 - \alpha)$ 的置信区间为

$$\hat{y}_0 - t_{\alpha/2}(n-2)S_{yx} \sqrt{1 + \dfrac{1}{n} + \dfrac{(x_0 - \overline{x})^2}{\sum(x - \overline{x})^2}} \leqslant y_0 \leqslant \hat{y}_0 + t_{\alpha/2}(n-2)S_{yx} \sqrt{1 + \dfrac{1}{n} + \dfrac{(x_0 - \overline{x})^2}{\sum(x - \overline{x})^2}} \tag{9.23}$$

当 $n \geqslant 30$ 为大样本时，则有

$$Z = \frac{y_0 - \hat{y}_0}{S_{yx} \sqrt{1 + \dfrac{1}{n} + \dfrac{(x_0 - \overline{x})^2}{\sum(x - \overline{x})^2}}} \tag{9.24}$$

y_0 的置信度为 $(1 - \alpha)$ 的置信区间为

$$\hat{y}_0 - Z_{\alpha/2}S_{yx} \sqrt{1 + \dfrac{1}{n} + \dfrac{(x_0 - \overline{x})^2}{\sum(x - \overline{x})^2}} \leqslant y_0 \leqslant \hat{y}_0 + Z_{\alpha/2}S_{yx} \sqrt{1 + \dfrac{1}{n} + \dfrac{(x_0 - \overline{x})^2}{\sum(x - \overline{x})^2}} \tag{9.25}$$

根据上面所述，用回归方程预测时，其精度与 $\overline{x}$ 有关。x_0 靠近 $\overline{x}$ 时，精度就高，即估计区间窄些，远离 $\overline{x}$ 的精度就差，即估计区间宽些，如图 9-3 所示，图中的直线为回归直线，而两侧的两条曲线则表示预测值的变动范围。当 n 相当大且 x_0 又离 $\overline{x}$ 较近时，式（9.25）中的根式近似于 1，回归线两侧的为直线，如图 9-4 所示。因此 y_0 的 95.45% 的置信区间可近似为

$$\hat{y}_0 - 2S_{yx} \leqslant y_0 \leqslant \hat{y}_0 + 2S_{yx}$$

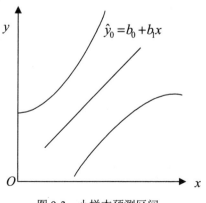

图 9-3 小样本预测区间

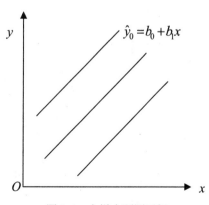

图 9-4 大样本预测区间

【例 9-11】 根据表 9-5 中的资料和例 9-5 以及例 9-8 的计算结果，若取居民货币收入为 19 亿元，对该地区社会商品零售额做出区间预测。

解： $x_0 = 19$ 亿元的预测值为

$$\hat{y}_0 = 1.388\,5 + 0.777\,8 \times 19 = 16.17 \quad (亿元)$$

若给定 $\alpha = 0.05$，$n-2 = 8-2 = 6$，查 t 分布表得临界值 $t_{0.05/2}(6) = 2.45$，则 y_0 的 95%置信程度的预测区间为

$$16.17 - 2.45 \times 0.509\,9\sqrt{1 + \frac{1}{8} + \frac{(19-15.25)^2}{49.48}} \leqslant y_0 \leqslant 16.17 + 2.45 \times 0.509\,9\sqrt{1 + \frac{1}{8} + \frac{(19-15.25)^2}{49.48}}$$

即为

$$14.69 \leqslant y_0 \leqslant 17.65$$

即当居民货币收入为 19 亿元时，社会商品零售额有 95%的可能性为 14.69 亿元～17.65 亿元。

第四节　多元线性回归分析

一元线性回归分析研究的是因变量只与一个自变量之间的关系。然而在对客观现象的分析中，因变量常常受到多个自变量因素的影响。例如，某种商品的销售额不仅受到居民收入的影响，还要受到人口数等因素的影响。如果在有多个自变量的情况下，还是运用一个自变量，就不能求得精确的结果。因此，当研究变量之间的关系涉及三个或三个以上的变量时，就应当运用多元线性回归分析。

多元线性回归分析是指在线性相关条件下，研究两个或两个以上的自变量与因变量之间的数量变化关系。多元线性回归分析的基本原理与一元线性回归分析相同，只是涉及的变量多一些，计算复杂一些。在计算机技术十分发达的今天，利用现成的软件包，如 TSP、Excel 等，只要将有关数据输入计算机，并指定因变量和相应的自变量，就能很快得到计算结果。因此，要做到能够理解输入和输出之间相互对应的关系，并对计算机输出的结果做出正确的解释。为了便于理解多元线性回归分析的基本原理，先论述二元线性回归，然后再将其推广到 m 元线性回归。

一、二元线性回归分析

（一）二元线性回归模型与回归方程

二元线性回归模型是用于分析两个自变量与一个自变量之间线性关系的数学方程。其数学模型为

$$y_i = \beta_0 + \beta_1 x_{i1} + \beta_2 x_{i2} + u_i \tag{9.26}$$

与一元线性回归相同，当给定一组因变量与自变量的统计数据时，可得出 y 与 x_1, x_2 的线性回归方程，即二元线性回归方程：

$$\hat{y} = b_0 + b_1 x_1 + b_2 x_2 \tag{9.27}$$

式中，$\hat{y}$ 表示因变量的估计值；x_1, x_2 表示自变量；b_0 表示常数项，β_0 的估计值；b_1 表示 y 对 x_1 的回归系数，表示当 x_2 固定时，x_1 变动一个单位，引起 y 的平均变动量，β_1 的估计值；b_2 表示 y 对 x_2 的回归系数，表示当 x_1 固定时，x_2 变动一个单位，引起 y 的平均变动量，β_2 的估计值。

类似一元线性回归，由最小二乘法有

$$Q = \sum (y - \hat{y})^2 = 最小$$

即

$$Q = \sum (y - b_0 - b_1 x_1 - b_2 x_2)^2 = 最小 \tag{9.28}$$

根据微分的极值原理，在式（9.28）中分别对 b_0, b_1, b_2 求偏导并令其等于零，即

$$\frac{\partial Q}{\partial b_0} = -2 \sum (y - b_0 - b_1 x_1 - b_2 x_2) = 0$$

$$\frac{\partial Q}{\partial b_1} = -2 \sum (y - b_0 - b_1 x_1 - b_2 x_2) x_1 = 0$$

$$\frac{\partial Q}{\partial b_2} = -2 \sum (y - b_0 - b_1 x_1 - b_2 x_2) x_2 = 0$$

整理可得

$$\begin{cases} \sum y = n b_0 + b_1 \sum x_1 + b_2 \sum x_2 \\ \sum x_1 y = b_0 \sum x_1 + b_1 \sum x_1^2 + b_2 \sum x_1 x_2 \\ \sum x_2 y = b_0 \sum x_2 + b_1 \sum x_1 x_2 + b_2 \sum x_2^2 \end{cases} \tag{9.29}$$

得一正规方程组，由方程组式（9.29）中的第一个式子得

$$b_0 = \bar{y} - b_1 \bar{x}_1 - b_2 \bar{x}_2$$

将该式分别代入式（9.29）中的第二、三式，得到

$$\sum (x_1 - \bar{x}_1)(y - \bar{y}) = b_1 \sum (x_1 - \bar{x}_1)^2 + b_2 \sum (x_1 - \bar{x}_1)(x_2 - \bar{x}_2)$$

$$\sum (x_2 - \bar{x}_2)(y - \bar{y}) = b_1 \sum (x_1 - \bar{x}_1)(x_2 - \bar{x}_2) + b_2 (x_2 - \bar{x}_2)^2$$

为了表述方便，令

$$L_{11} = \sum (x_1 - \bar{x}_1)^2 = \sum x_1^2 - \frac{1}{n} \left(\sum x_1 \right)^2$$

$$L_{12} = L_{21} = \sum (x_1 - \bar{x}_1)(x_2 - \bar{x}_2) = \sum x_1 x_2 - \frac{1}{n} \sum x_1 \sum x_2$$

$$L_{22} = \sum (x_2 - \bar{x}_2)^2 = \sum x_2^2 - \frac{1}{n} \left(\sum x_2 \right)^2$$

$$L_{10} = \sum (x_1 - \bar{x}_1)(y - \bar{y}) = \sum x_1 y - \frac{1}{n} \sum x_1 \sum y$$

$$L_{20} = \sum (x_2 - \bar{x}_2)(y - \bar{y}) = \sum x_2 y - \frac{1}{n} \sum x_2 \sum y$$

则有

$$\begin{cases} L_{10} = L_{11} b_1 + L_{12} b_2 \\ L_{20} = L_{21} b_1 + L_{22} b_2 \end{cases}$$

由此方程组可得估计值的计算公式：

$$b_1 = \frac{L_{10}L_{22} - L_{20}L_{12}}{L_{11}L_{22} - L_{12}^2} \tag{9.30}$$

$$b_2 = \frac{L_{20}L_{11} - L_{10}L_{21}}{L_{11}L_{22} - L_{12}^2} \tag{9.31}$$

$$b_0 = \overline{y} - b_1\overline{x}_1 - b_2\overline{x}_2 \tag{9.32}$$

再将 b_0, b_1, b_2 的计算值代入式（9.27），便得所求的二元线性回归方程。

【**例 9-12**】已知某地某种商品可比价计算的销售额（y，单位：万元）、人口数（x_1，单位：千人）、可比价计算的人均收入（x_2，单位：元），试建立二元线性回归方程。有关计算项资料如表 9-10 所示。

表 9-10   某地区某种商品销售额、人口数与人均收入计算表

年次	y	x_1	x_2	x_1^2	x_2^2	y^2	x_1x_2	x_1y	x_2y
1	162	274	2 450	75 076	6 002 500	26 244	671 300	44 388	396 900
2	120	180	3 254	32 400	10 588 516	14 400	585 720	21 600	390 480
3	223	375	3 802	140 625	14 455 204	49 729	1 425 750	83 625	847 846
4	131	205	2 838	42 025	8 054 244	17 161	581 790	26 855	371 778
5	67	86	2 347	7 396	5 508 409	4 489	201 842	5 762	157 249
6	169	265	3 782	70 225	14 303 524	28 561	1 002 230	44 785	639 158
7	81	98	3 008	9 604	9 048 064	6 561	294 784	7 938	243 648
8	192	330	2 450	108 900	6 002 500	36 864	808 500	63 360	470 400
9	116	195	2 137	38 025	4 566 769	13 456	416 715	22 620	247 892
10	55	53	2 560	2 809	6 553 600	3 025	135 680	2 915	140 800
11	252	430	4 020	184 900	16 160 400	63 504	1 728 600	108 360	1 013 040
12	232	372	4 427	138 384	19 598 329	53 824	1 646 844	86 304	1 027 064
13	144	236	2 660	55 696	7 075 600	20 736	627 760	33 984	383 040
14	103	157	2 088	24 649	4 359 744	10 609	327 816	16 171	215 064
15	212	370	2 605	136 900	6 786 025	44 944	693 850	78 440	552 260
合　计	2 259	3 626	44 428	1 067 614	139 063 428	394 107	11 419 181	647 107	7 096 619

由表 9-10 可计算出：

$$L_{11} = \sum x_1^2 - \frac{1}{n}\left(\sum x_1\right)^2 = 1\,067\,614 - \frac{1}{15} \times 3\,626^2 = 191\,089$$

$$L_{12} = L_{21} = \sum x_1x_2 - \frac{1}{n}\sum x_1 \sum x_2 = 11\,419\,181 - \frac{1}{15} \times 3\,626 \times 44\,428 = 679\,453$$

$$L_{22} = \sum x_2^2 - \frac{1}{n}\left(\sum x_2\right)^2 = 139\,063\,428 - \frac{1}{15} \times 44\,428^2 = 7\,473\,616$$

$$L_{10} = \sum x_1y - \frac{1}{n}\sum x_1 \sum y = 647\,107 - \frac{1}{15} \times 3\,626 \times 2\,259 = 101\,031$$

$$L_{20} = \sum x_2y - \frac{1}{n}\sum x_2 \sum y = 7\,096\,619 - \frac{1}{15} \times 44\,428 \times 2\,259 = 405\,762$$

由式（9.30）、式（9.31）、式（9.32）得

$$b_1 = \frac{L_{10}L_{22} - L_{20}L_{12}}{L_{11}L_{22} - L_{12}^2} = \frac{101\,031 \times 7\,473\,616 - 405\,762 \times 679\,453}{191\,089 \times 7\,473\,616 - 679\,453^2} = 0.496\,0$$

$$b_2 = \frac{L_{20}L_{11} - L_{10}L_{21}}{L_{11}L_{22} - L_{12}^2} = \frac{405\,762 \times 191\,089 - 101\,031 \times 679\,453}{191\,089 \times 7\,473\,616 - 679\,453^2} = 0.009\,2$$

$$b_0 = \bar{y} - b_1\bar{x}_1 - b_2\bar{x}_2 = \frac{\sum y}{n} - b_1\frac{\sum x_1}{n} - b_2\frac{\sum x_2}{n}$$

$$= \frac{2\,259}{15} - 0.496\,0 \times \frac{3\,626}{15} - 0.009\,2 \times \frac{44\,428}{15} = 3.451\,0$$

所得的二元线性回归方程为

$$\hat{y} = 3.451\,0 + 0.496\,0x_1 + 0.009\,2x_2$$

这一回归方程说明，当人均收入 x_2 保持不变，而人口数 x_1 增加 1 000 人时，销售额平均增加 0.496 0 万元；当人口数 x_1 保持不变，而人均收入 x_2 增加 1 元时，销售额平均增加 0.009 2 万元。

（二）二元线性回归方程的检验

二元线性回归方程是在因变量与两个自变量之间存在线性关系的假定下推导出来的。为了检验这一假定是否正确，需要对二元线性回归方程进行检验。常用的检验方法有 r 检验、F 检验与 t 检验。

为了便于问题的说明，首先列出方差分析表，如表 9-11 所示，表中 m 为自变量的个数，二元回归的 m 为 2。

表 9-11　多元线性回归分析的方差分析表

离 差 来 源	离 差 平 方 和	自　由　度	方　　　差
回归	$\sum(\hat{y} - \bar{y})^2$	m	$\sum(\hat{y} - \bar{y})^2 / m$
剩余	$\sum(y - \hat{y})^2$	$n - m - 1$	$\sum(y - \hat{y})^2 / (n - m - 1)$
总计	$\sum(y - \bar{y})^2$	$n - 1$	—

1. r 检验

与一元线性回归相同，有

$$\sum(y - \bar{y})^2 = \sum(\hat{y} - \bar{y})^2 + \sum(y - \hat{y})^2$$

$$SST = SSR + SSE$$

$$r^2 = \frac{SSR}{SST} = 1 - \frac{SSE}{SST}$$

$$r^2 = \frac{\sum(\hat{y} - \bar{y})^2}{\sum(y - \bar{y})^2} = 1 - \frac{\sum(y - \hat{y})^2}{\sum(y - \bar{y})^2} \tag{9.33}$$

r^2 这时称为复可决系数。从复可决系数的计算公式可以看出，r^2 是自变量个数的不减函数，也就是说，增加自变量的个数，即使增加的这个自变量在统计上并不显著，r^2 也会随之递增。因此，单纯为了使 r^2 值提高而随意增加方程中自变量的数目，其结果不能如实反映回归方程的拟合度。因此，不能仅用 r^2 作为评价方程优劣程度的标准，而应考虑有关自由度对 r^2 进行修正，计算修正的复可决系数 $\overline{r^2}$ ：

$$\overline{r^2} = 1 - (1-r^2) \times \frac{n-1}{n-m-1} \tag{9.34}$$

$\overline{r^2}$ 的解释与 r^2 类似，由于考虑了自由度，使得 $\overline{r^2}$ 的值永远小于 r^2，而且 $\overline{r^2}$ 的值不会由于方程中自变量个数的增加而越来越接近于 1。因此，通常多用 $\overline{r^2}$。

复可决系数的平方根 r 为复相关系数，其计算公式为

$$r = \sqrt{1 - \frac{\sum(y-\hat{y})^2}{\sum(y-\overline{y})^2}} \tag{9.35}$$

r^2 在这里说明两个自变量 x_1, x_2 对因变量 y 的影响程度；r 则描述自变量 x_1, x_2 与因变量 y 之间的相关程度。

尽管计算多元线性回归复可决系数和复相关系数与一元线性回归可决系数和相关系数的计算公式相同，但是，在这里它们所体现的是两个自变量（作为一个整体）对因变量变化的影响程度及其与因变量的相关系数。需要说明的是，复相关系数的取值范围为 $0 \leqslant r \leqslant 1$，这是因为当模型中的自变量个数为两个或两个以上时，自变量的回归系数符号可能不同，有正有负，难以确定 r 的符号。因此复相关系数不能说明 y 与多个自变量之间的线性相关方向，仅说明它们之间的线性相关程度。

【例 9-13】根据表 9-10 的数据资料计算复可决系数、修正的复可决系数、复相关系数，并进行 r 检验。

解：根据表 9-10 的数据资料可计算出

$$\sum(y-\overline{y})^2 = \sum y^2 - \frac{1}{n}\left(\sum y\right)^2 = 53\,901.6$$

$$\sum(y-\hat{y})^2 = 56.883\,6$$

由式（9.33）得

$$r^2 = 1 - \frac{\sum(y-\hat{y})^2}{\sum(y-\overline{y})^2} = 1 - \frac{56.883\,6}{53\,901.6} = 0.998\,9$$

由式（9.34）得

$$\overline{r^2} = 1 - (1-r^2) \times \frac{n-1}{n-m-1} = 1 - (1-0.998\,9) \times \frac{14}{12} = 0.998\,7$$

计算结果说明，某地区某种商品销售额的变化受人口数和人均收入的影响程度为 99.87%。

由式（9.35）得

$$r = \sqrt{1 - \frac{\sum(y-\hat{y})^2}{\sum(y-\overline{y})^2}} = \sqrt{1 - \frac{56.883\,6}{53\,901.6}} = \sqrt{0.998\,9} = 0.999\,4$$

由 $\alpha = 0.01$，自变量个数 m 为 2，$n-m-1=12$，查相关系数检验表得 $r_{0.01} = 0.732$，有

$$r = 0.999\ 4 > 0.732 = r_{0.01}$$

检验通过，这说明在 1%显著水平上，某地区某种商品销售额与人口数、人均收入的线性相关关系显著。

2．估计标准误差

同一元线性回归一样，多元线性回归的估计标准误差是衡量多元回归方程拟合程度的统计分析指标。对二元线性回归方程的估计标准误差在给定 x_1, x_2 时，y 的实际值同估计值 $\hat{y}$ 的平均离差，也就是剩余方差的平方根，用 $S_{y(x_1,x_2)}$ 表示。其计算公式为

$$S_{y(x_1,x_2)} = \sqrt{\frac{\sum(y-\hat{y})^2}{n-m-1}} \tag{9.36}$$

经过代数变换，可得其简化公式

$$S_{y(x_1,x_2)} = \sqrt{\frac{\sum y^2 - b_0 \sum y - b_1 \sum x_1 y - b_2 \sum x_2 y}{n-m-1}} \tag{9.37}$$

3．F 检验

F 检验用来判断 β_1, β_2 是否皆为零，即检验假设 $H_0: \beta_1 = \beta_2 = 0$ 是否成立，F 统计量是回归方差与剩余方差之比，即

$$F = \frac{\sum(\hat{y}-\bar{y})^2 \Big/ m}{\sum(y-\hat{y})^2 \Big/ (n-m-1)} = \frac{r^2}{1-r^2} \times \frac{n-m-1}{m} \tag{9.38}$$

式中，n 表示样本容量；m 表示自变量的个数；F 表示服从自由度为 $(m, n-m-1)$ 的 F 变量。

按给定的显著性水平 α 查 F 分布表，若 $F > F_\alpha(m, n-m-1)$，拒绝 H_0 假设，认为自变量 x_1, x_2 与因变量 y 的线性统计关系显著；反之，则接受 H_0 假设，说明两个自变量与因变量线性统计关系不显著。从式（9.38）可以看出，F 统计量与 r^2 的趋向是一致的，r^2 大，F 统计量也大；r^2 小，F 统计量也小。所以，若检验结果表明假设 H_0 成立，则 r^2,F 统计量必然很小。这时，回归方程无效。

【例 9-14】根据表 9-10 的数据资料及例 9-13 的计算结果，进行 F 检验。

解：由式（9.38）得

$$F = \frac{r^2}{1-r^2} \times \frac{n-m-1}{m} = \frac{0.998\ 9}{1-0.998\ 9} \times \frac{15-2-1}{2} = 5\ 448.55$$

由 $\alpha = 0.01$，查 F 分布表得临界值：

$$F_{0.01}(2,12) = 6.93$$

$$F = 5\ 448.55 > 6.93 = F_{0.01}(2,12)$$

故拒绝假设 $H_0: \beta_1 = \beta_2 = 0$。据此可以得出结论，例 9-12 所求得的二元线性回归方程足以说明商品销售额的变化情况。

4．t 检验

F 检验只能说明 β_1 和 β_2 并不全为零，也就是说，自变量 x_1 和 x_2 足够用以说明因变量 y 的变化。但是 F 检验并不能说明 β_1 和 β_2 两者之中是否有一个为零，如果有估计参数为零的

自变量出现，则应从方程式中删除，重新建立因变量与其余自变量间的回归方程。这一问题则需要依靠 t 检验解决。t 检验是建立假设：$H_0 : \beta_1 = 0, H_0 : \beta_2 = 0$。$t$ 统计量为

$$t_{b_j} = \frac{b_j}{S_{b_j}} \quad (j=1,2,\cdots,m) \tag{9.39}$$

式中，b_j 为回归方程中的回归系数，对于二元线性回归方程，则为 b_1, b_2；S_{b_j} 为 b_j 的标准差。t 统计量服从自由度为 $n-m-1$ 的 t 分布。S_{b_1}, S_{b_2} 的计算公式为

$$S_{b_1} = \sqrt{\frac{S_{y(x_1,x_2)}^2}{L_{11}(1-r_{12}^2)}} \tag{9.40}$$

$$S_{b_2} = \sqrt{\frac{S_{y(x_1,x_2)}^2}{L_{22}(1-r_{12}^2)}} \tag{9.41}$$

式中，$S_{y(x_1,x_2)}^2$ 为剩余方差；r_{12} 为 x_1, x_2 的简单相关系数。

【例 9-15】根据表 9-10 的数据资料及例 9-12 的计算结果，进行 t 检验。

解：
$$S_{y(x_1,x_2)}^2 = \frac{\sum(y-\hat{y})^2}{n-m-1} = \frac{56.883\,6}{12} = 4.740\,3$$

$$r_{12}^2 = \frac{\left(\sum(x_1-\bar{x}_1)(x_2-\bar{x}_2)\right)^2}{\sum(x_1-\bar{x}_1)^2\sum(x_2-\bar{x}_2)^2} = \frac{L_{12}^2}{L_{11}L_{22}} = \frac{679\,453^2}{191\,089\times7\,473\,616} = 0.323\,3$$

由式（9.40）和式（9.41）得

$$S_{b_1} = \sqrt{\frac{S_{y(x_1,x_2)}^2}{L_{11}\left(1-r_{12}^2\right)}} = \sqrt{\frac{4.740\,3}{191\,089\times(1-0.323\,3)}} = 0.006\,1$$

$$S_{b_2} = \sqrt{\frac{S_{y(x_1,x_2)}^2}{L_{22}\left(1-r_{12}^2\right)}} = \sqrt{\frac{4.740\,3}{7\,473\,616\times(1-0.323\,3)}} = 0.001$$

再由式（9.39）有

$$t_{b_1} = \frac{b_1}{S_{b_1}} = \frac{0.496}{0.006\,1} = 81.31$$

$$t_{b_2} = \frac{b_2}{S_{b_2}} = \frac{0.009\,2}{0.001} = 9.2$$

取 $\alpha = 0.01$，查 t 分布表得临界值：
$$t_{0.01/2}(15-2-1) = 3.05$$

则有

$$t_{b_1} = 81.31 > 3.05 = t_{0.01/2}(12)$$

$$t_{b_2} = 9.2 > 3.05 = t_{0.01/2}(12)$$

因此拒绝假设 $H_0 : \beta_1 = 0$，说明人口数对商品销售额有显著的影响；同时拒绝 $H_0 : \beta_2 = 0$，说明人均收入对商品销售额也有显著的影响。

由式（9.40）和式（9.41）可以看到，当自变量之间有高度相关时，b_j 的标准差 S_{b_j} 的值就大，因而回归系数 b_j 的统计显著性就小。当自变量之间的 $r_{12} = 0$ 时，则回归系数 b_1, b_2 的统

计显著性也就由相应的单个自变量来决定。b_j 的标准差 S_{b_j} 的这一性质告诉我们，自变量之间的相关程度直接影响到回归方程。所以在选择自变量时，要做到自变量之间的关系必须不密切，要求弱相关或零相关，而自变量与因变量之间的关系必须很密切，要求强相关。

（三）二元线性回归方程的预测

与一元线性回归分析法类似，只是预测区间公式较为复杂，在实际中通常用简化的公式估计预测对象 y_0 的置信度为 $(1-\alpha)$ 的置信区间：

$$\hat{y}_0 - t_{\alpha/2}(n-m-1)S_{y(x_1,x_2)} \leqslant y_0 \leqslant \hat{y}_0 + t_{\alpha/2}(n-m-1)S_{y(x_1,x_2)} \tag{9.42}$$

【例9-16】根据例9-12及例9-15的计算结果，对该地区某种商品的销售额做出区间估计。

解：

$$S_{y(x_1,x_2)} = \sqrt{\frac{\sum(y-\hat{y})^2}{n-m-1}} = \sqrt{\frac{56.8836}{12}} = \sqrt{4.7403} = 2.1772$$

若对于所要预测的年份：$x_1=375$，$x_2=2\,610$，由式（9.42），则有

$$\hat{y}_0 = 3.451 + 0.496 \times 375 + 0.0092 \times 2\,610 = 213.463 \text{（万元）}$$

取 $\alpha = 0.01$，则有

$$213.463 - 3.05 \times 2.1772 \leqslant y_0 \leqslant 213.463 + 3.05 \times 2.1772$$

即

$$206.8225 \leqslant y_0 \leqslant 220.1035$$

即有99%的把握预测，当人口数为375千人，人均收入为 2 610 元时，其商品销售额在 206.822 5 万～220.103 5 万元。

二、m 元线性回归分析

根据二元线性回归法，可以很容易地推广到三元回归、四元回归，其分析方法基本上是相同的，所不同的是增加了自变量的个数。但是也要看到，二元线性回归方程的计算及检验，用手工计算还是可以的。如果自变量增加到三元、四元，用手工计算就困难了，通常要依靠计算机，因此用矩阵形式来表达较为简便。

（一）m 元线性回归模型和回归方程

假定因变量 y_i 与自变量 $x_{i1}, x_{i2}, \cdots, x_{im}$ 之间存在某种线性关系：

$$y_i = \beta_0 + \beta_1 x_{i1} + \beta_2 x_{i2} + \beta_3 x_{i3} + \cdots + \beta_m x_{im} + u_i \tag{9.43}$$

当给定一组自变量和因变量的观察值时：

$$\begin{cases} y_1 = \beta_0 + \beta_1 x_{11} + \beta_2 x_{12} + \cdots + \beta_m x_{1m} + u_1 \\ y_2 = \beta_0 + \beta_1 x_{21} + \beta_2 x_{22} + \cdots + \beta_m x_{2m} + u_2 \\ \vdots \qquad \vdots \qquad \vdots \qquad \vdots \qquad\qquad \vdots \qquad \vdots \\ y_n = \beta_0 + \beta_1 x_{n1} + \beta_2 x_{n2} + \cdots + \beta_m x_{nm} + u_n \end{cases} \tag{9.44}$$

式中，$\beta_0, \beta_1, \beta_2, \cdots, \beta_m$ 是 $m+1$ 个待估计的参数；$x_1, x_2, x_3, \cdots, x_m$ 是可以测量或控制的 m 个自变量；$u_1, u_2, \cdots, u_n$ 是 n 个相互独立且服从同一正态分布 $N(0, \sigma^2)$ 的随机误差。

式（9.44）就是多元线性回归的数学模型，用矩阵可表示为

$$Y = XB + U \qquad (9.45)$$

其中，

$$\underset{n \times 1}{Y} = \begin{bmatrix} y_1 \\ y_2 \\ \vdots \\ y_n \end{bmatrix}, \qquad \underset{n \times (m+1)}{X} = \begin{bmatrix} 1 & x_{11} & x_{12} & \cdots & x_{1m} \\ 1 & x_{21} & x_{22} & \cdots & x_{2m} \\ \vdots & \vdots & \vdots & & \vdots \\ 1 & x_{n1} & x_{n2} & \cdots & x_{nm} \end{bmatrix},$$

$$\underset{(m+1) \times 1}{B} = \begin{bmatrix} \beta_0 \\ \beta_1 \\ \vdots \\ \beta_m \end{bmatrix}, \qquad \underset{n \times 1}{U} = \begin{bmatrix} u_1 \\ u_2 \\ \vdots \\ u_n \end{bmatrix}$$

Y 表示因变量向量；X 表示自变量矩阵；B 表示待估参数向量；U 表示随机误差向量。

采用最小二乘法对式（9.45）中的参数 $\beta_0, \beta_1, \beta_2, \cdots, \beta_m$ 进行估计。设 $b_0, b_1, b_2, \cdots, b_m$ 分别是参数 $\beta_0, \beta_1, \beta_2, \cdots, \beta_m$ 的最小二乘估计值，矩阵形式的多元线性回归方程为

$$\hat{Y} = X\hat{B} \qquad (9.46)$$

我们知道：
$$y_i - \hat{y}_i = e_i$$

那么也有：$Y - \hat{Y} = e$ 为估计的剩余向量。于是剩余平方和为

$$\sum_{i=1}^{n} e_i^2 = e'e = (Y - X\hat{B})'(Y - X\hat{B}) = (Y' - \hat{B}'X')(Y - X\hat{B})$$

$$= Y'Y - \hat{B}'X'Y - Y'X\hat{B} + \hat{B}'X'X\hat{B}$$

$$= Y'Y - 2\hat{B}'X'Y + \hat{B}'X'X\hat{B}$$

其中，由于 $\hat{B}'X'Y$ 是 1×1 阶矩阵，所以有

$$\hat{B}'X'Y = (\hat{B}'X'Y)' = Y'X\hat{B}$$

根据微分的极值原理，要使 $e'e$ 最小，对 $\hat{B}$ 求偏导，并令其等于零：

$$\frac{\partial(e'e)}{\partial B} = 0 - 2X'Y + 2X'X\hat{B} = 0$$

则得一标准矩阵方程：

$$X'Y = X'X\hat{B}$$

因为 $X'X$ 可逆，所以有

$$\hat{B} = (X'X)^{-1}X'Y \qquad (9.47)$$

回归系数的估计值为

$$\hat{B} = \begin{bmatrix} b_0 \\ b_1 \\ \vdots \\ b_m \end{bmatrix}$$

为了根据观察值确定 $\hat{B}$，必须求得 $X'X$ 的逆矩阵和 $X'Y$ 的值。$X'X$ 矩阵为

$$X'X = \begin{bmatrix} 1 & 1 & \cdots & 1 \\ x_{11} & x_{21} & \cdots & x_{n1} \\ x_{12} & x_{22} & \cdots & x_{n2} \\ \vdots & \vdots & & \vdots \\ x_{1m} & x_{2m} & \cdots & x_{nm} \end{bmatrix} \begin{bmatrix} 1 & x_{11} & x_{12} & \cdots & x_{1m} \\ 1 & x_{21} & x_{22} & \cdots & x_{2m} \\ \vdots & \vdots & \vdots & & \vdots \\ 1 & x_{n1} & x_{n2} & \cdots & x_{nm} \end{bmatrix}$$

$$= \begin{bmatrix} n & \sum x_{i1} & \sum x_{i2} & \cdots & \sum x_{im} \\ \sum x_{i1} & \sum x_{i1}^2 & \sum x_{i1}x_{i2} & \cdots & \sum x_{i1}x_{im} \\ \vdots & \vdots & \vdots & & \vdots \\ \sum x_{im} & \sum x_{i1}x_{im} & \sum x_{i2}x_{im} & \cdots & \sum x_{im}^2 \end{bmatrix}$$

$X'X$ 的逆矩阵为

$$(X'X)^{-1} = \frac{1}{|X'X|} M$$

其中，M 是($X'X$)的伴随矩阵。

$X'Y$ 向量为

$$X'Y = \begin{bmatrix} 1 & 1 & \cdots & 1 \\ x_{11} & x_{21} & \cdots & x_{n1} \\ x_{12} & x_{22} & \cdots & x_{n2} \\ \vdots & \vdots & & \vdots \\ x_{1m} & x_{2m} & \cdots & x_{nm} \end{bmatrix} \begin{bmatrix} y_1 \\ y_2 \\ \vdots \\ y_n \end{bmatrix} = \begin{bmatrix} \sum y_i \\ \sum x_{i1}y_i \\ \sum x_{i2}y_i \\ \vdots \\ \sum x_{im}y_i \end{bmatrix}$$

下面以四元线性回归分析进行举例说明。

【例 9-17】某年对 20 个地区 5 种有联系的经济现象进行调查，资料如表 9-12 所示，试建立四元线性回归方程。

表 9-12　20 个地区 5 种经济现象的调查资料

单位：万元

地 区 编 号	y	x_1	x_2	x_3	x_4
1	66	50.5	60	34.5	49
2	37	57.5	30	26	47.5
3	30	45	33	25	53
4	65	71	42	45	69.5
5	36	72	42	50.5	65
6	83	66	82	49.5	65
7	47	48.5	25	27	47
8	16	59.5	36	37.5	53.5
9	14	42	22	24	62.5
10	30	61	17	16	56
11	20	51.5	18	37.5	64
12	7	48.5	25	12.5	36
13	10	51	11	39	58.5

地 区 编 号	y	x_1	x_2	x_3	x_4
14	41	52	16	37.5	53.5
15	34	52.5	25	26	62.5
16	96	49	68	39.5	49
17	49	56	34	38	74
18	64	56.5	26	47.5	63.5
19	75	58	37	39.5	66
20	77	60	85	48.5	72

由表 9-12 的数据有

$$\mathop{\boldsymbol{X}}_{(20\times5)} = \begin{bmatrix} 1 & 50.5 & 60 & 34.5 & 49 \\ 1 & 57.5 & 30 & 26 & 47.5 \\ \vdots & \vdots & \vdots & \vdots & \vdots \\ 1 & 60 & 85 & 48.5 & 72 \end{bmatrix} \qquad \mathop{\boldsymbol{Y}}_{(20\times1)} = \begin{bmatrix} 66 \\ 37 \\ \vdots \\ 77 \end{bmatrix}$$

$$\boldsymbol{X}' = \begin{bmatrix} 1 & 1 & \cdots & 1 \\ 50.5 & 57.5 & \cdots & 60 \\ 60 & 30 & \cdots & 85 \\ 34.5 & 26 & \cdots & 48.5 \\ 49 & 47.5 & \cdots & 72 \end{bmatrix}$$

$$\boldsymbol{X}'\boldsymbol{X} = \begin{bmatrix} 20 & 1\,108 & 734 & 700.5 & 1\,167 \\ 1\,108 & 62\,599 & 41\,769.5 & 39\,774.75 & 65\,368.5 \\ 734 & 41\,769.5 & 35\,536 & 28\,033.5 & 43\,696 \\ 700.5 & 39\,774.75 & 28\,033.5 & 26\,822.75 & 42\,174.75 \\ 1\,167 & 65\,368.5 & 43\,696 & 42\,174.75 & 69\,892 \end{bmatrix} \qquad \boldsymbol{X}'\boldsymbol{Y} = \begin{bmatrix} 897 \\ 50\,975.5 \\ 41\,006 \\ 34\,565.5 \\ 53\,777.5 \end{bmatrix}$$

$$(\boldsymbol{X}'\boldsymbol{X})^{-1} = \begin{bmatrix} 3.525 & -0.043\,86 & -0.001\,503 & 0.021\,84 & -0.030\,05 \\ -0.043\,86 & 0.001\,291 & -0.000\,041\,64 & -0.000\,377\,5 & -0.000\,221\,6 \\ -0.001\,503 & -0.000\,041\,64 & 0.000\,166\,9 & -0.000\,196\,6 & 0.000\,078\,3 \\ 0.021\,84 & -0.000\,377\,5 & -0.000\,196\,6 & 0.001\,117 & -0.000\,562\,2 \\ -0.030\,05 & -0.000\,221\,6 & 0.000\,078\,3 & -0.000\,562\,2 & 0.001\,014 \end{bmatrix}$$

因此，由式（9.47）有

$$\hat{\boldsymbol{B}} = (\boldsymbol{X}'\boldsymbol{X})^{-1}\boldsymbol{X}'\boldsymbol{Y} = \begin{bmatrix} 2.040\,1 \\ -0.188\,8 \\ 0.790\,1 \\ 0.632\,0 \\ 0.036\,6 \end{bmatrix}$$

由此得 y 对 x_1, x_2, x_3, x_4 的线性回归方程：

$$\hat{y} = 2.040\,1 - 0.188\,8x_1 + 0.790\,1x_2 + 0.632\,0x_3 + 0.036\,6x_4$$

（二）m 元线性回归方程的检验

1. r 检验

这里同样存在以下关系：

$$\sum(y-\bar{y})^2 = \sum(\hat{y}-\bar{y})^2 + \sum(y-\hat{y})^2$$

$$SST = SSR + SSE$$

剩余平方和为

$$
\begin{aligned}
\sum e_i^2 = e'e &= (Y-\hat{Y})'(Y-\hat{Y}) \\
&= (Y'-\hat{Y}')(Y-\hat{Y}) \\
&= Y'Y - Y'\hat{Y} - \hat{Y}'Y + \hat{Y}'\hat{Y} \\
&= Y'Y - 2\hat{Y}'Y + \hat{B}'X'X\hat{B} \\
&= Y'Y - 2\hat{Y}'Y + \hat{B}'X'Y \\
&= Y'Y - \hat{B}'X'Y
\end{aligned}
$$

总离差平方和为

$$\sum(y-\bar{y})^2 = \sum y^2 - n\bar{y}^2 = Y'Y - n\bar{y}^2$$

因此，回归平方和为

$$
\begin{aligned}
\sum(\hat{y}-\bar{y})^2 &= \sum(y-\bar{y})^2 - \sum(y-\hat{y})^2 \\
&= Y'Y - n\bar{y}^2 - Y'Y + \hat{B}'X'Y \\
&= \hat{B}'X'Y - n\bar{y}^2
\end{aligned}
$$

由此可以得 m 元线性回归矩阵形式的方差分析表，如表 9-13 所示。

表 9-13　m 元线性回归矩阵形式的方差分析表

离 差 来 源	离 差 平 方 和	自 由 度	方 　 差
回归	$\hat{B}'X'Y - n\bar{y}^2$	m	$(\hat{B}'X'Y - n\bar{y}^2)/m$
剩余	$Y'Y - \hat{B}'X'Y$	$n-m-1$	$(Y'Y - \hat{B}'X'Y)/(n-m-1)$
总计	$Y'Y - n\bar{y}^2$	$n-1$	—

所以，复可决系数为

$$r^2 = \frac{\hat{B}'X'Y - n\bar{y}^2}{Y'Y - n\bar{y}^2} \tag{9.48}$$

复相关系数为

$$r = \sqrt{\frac{\hat{B}'X'Y - n\bar{y}^2}{Y'Y - n\bar{y}^2}} \tag{9.49}$$

【例 9-18】由例 9-17 计算复可决系数、修正的复可决系数、复相关系数，并进行 r 检验。

解：由式（9.48）得

$$\hat{B}'X'Y - n\bar{y}^2 = 48\,418.288\,4 - 20\times(44.85)^2 = 8\,187.838\,4$$

$$Y'Y - n\bar{y}^2 = 53\,249 - 20\times(44.85)^2 = 13\,018.55$$

因此
$$r^2 = \frac{\hat{B}'X'Y - n\overline{y}^2}{Y'Y - n\overline{y}^2} = \frac{8\,187.838\,4}{13\,018.55} = 0.628\,9$$

由式（9.34）得
$$\overline{r^2} = 1 - (1 - r^2) \times \frac{n-1}{n-m-1} = 1 - (1 - 0.628\,9) \times \frac{19}{15} = 0.529\,9$$

这说明 y 的变化受 x_1, x_2, x_3, x_4 的影响程度为 52.99%。

由式（9.49）得
$$r = \sqrt{\frac{\hat{B}'X'Y - n\overline{y}^2}{Y'Y - n\overline{y}^2}} = \sqrt{0.628\,9} = 0.793\,0$$

给定 $\alpha = 0.05$，自变量个数 m 为 4，$n - m - 1 = 15$，查相关系数检验表得：$r_{0.05} = 0.670$。
$$r = 0.793\,0 > 0.670 = r_{0.05}$$

检验通过，即在 5% 的显著水平上，y 与 x_1, x_2, x_3, x_4 的相关系数显著。

2．估计标准误差

m 元线性回归方程的估计标准误差是剩余方差的平方根，用 S 表示。其计算公式为
$$S = \sqrt{\frac{Y'Y - \hat{B}'X'Y}{n - m - 1}} \tag{9.50}$$

3．F 检验

F 检验用来判断回归系数是否皆为零，即检验假设 $H_0: \beta_1 = \beta_2 = \cdots = \beta_m = 0$ 是否成立。矩阵形式的 F 统计量为
$$\begin{aligned} F &= \frac{(\hat{B}'X'Y - n\overline{y}^2)/m}{(Y'Y - \hat{B}'X'Y)/(n - m - 1)} \\ &= \frac{r^2}{1 - r^2} \times \frac{n - m - 1}{m} \end{aligned} \tag{9.51}$$

【例 9-19】由例 9-17 的数据资料进行 F 检验。

解：
$$Y'Y - \hat{B}'X'Y = 53\,249 - 48\,418.288\,4 = 4\,830.711\,6$$

由式（9.51）得
$$F = \frac{(\hat{B}'X'Y - n\overline{y}^2)/m}{(Y'Y - \hat{B}'X'Y)/(n - m - 1)} = \frac{8\,187.838\,4}{4\,830.711\,6} \times \frac{15}{4} = 6.36$$

由 $\alpha = 0.05$，查 F 分布表知临界值：$F_{0.05}(4,15) = 3.06$
$$F = 6.36 > 3.06 = F_{0.05}(4,15)$$

故拒绝假设 $H_0: \beta_1 = \beta_2 = \beta_3 = \beta_4 = 0$。

由此可知所得的四元线性回归方程有显著的意义，y 与 x_1, x_2, x_3, x_4 存在着线性关系。

4．t 检验

t 检验可以说明每一个自变量对因变量的影响是否显著，即检验假设 $H_0: \beta_j = 0$ $(j = 1, 2, \cdots, m)$，t 为统计量：
$$t_{b_j} = \frac{b_j}{S_{b_j}} \quad (j = 1, 2, \cdots, m) \tag{9.52}$$

$$S_{b_j} = \sqrt{S^2 C_{jj}} = \sqrt{\frac{\boldsymbol{Y'Y} - \hat{\boldsymbol{B}}'\boldsymbol{X'Y}}{n-m-1} C_{jj}} \tag{9.53}$$

式中，C_{jj} 为矩阵 $(\boldsymbol{X'X})^{-1}$ 主对角线上的第 j 个元素。

【例 9-20】对例 9-17 检验 x_1, x_2, x_3, x_4 分别对 y 是否有显著影响。

解：建立假设 $H_0 : \beta_1 = 0$，$H_0 : \beta_2 = 0$，$H_0 : \beta_3 = 0$，$H_0 : \beta_4 = 0$。

$$S^2 = \frac{\boldsymbol{Y'Y} - \hat{\boldsymbol{B}}'\boldsymbol{X'Y}}{n-m-1} = \frac{4\,830.711\,6}{15} = 322.05$$

由式（9.53）得

$$S_{b_1} = \sqrt{322.05 \times 0.001\,291} = 0.644\,8$$

$$S_{b_2} = \sqrt{322.05 \times 0.000\,166\,9} = 0.231\,8$$

$$S_{b_3} = \sqrt{322.05 \times 0.001\,117} = 0.599\,8$$

$$S_{b_4} = \sqrt{322.05 \times 0.001\,014} = 0.571\,5$$

因此由式（9.52）得

$$t_{b_1} = -0.188\,8/0.644\,8 = -0.29$$

$$t_{b_2} = 0.790\,1/0.231\,8 = 3.41$$

$$t_{b_3} = 0.632\,0/0.599\,8 = 1.05$$

$$t_{b_4} = 0.036\,6/0.571\,5 = 0.06$$

给定 $\alpha = 0.05$，查 t 分布表知临界值 $t_{0.05/2}(20-4-1) = 2.13$，则有

$$t_{b_1} = 0.29 < 2.13 = t_{0.05/2}(15)$$

$$t_{b_2} = 3.41 > 2.13 = t_{0.05/2}(15)$$

$$t_{b_3} = 1.05 < 2.13 = t_{0.05/2}(15)$$

$$t_{b_4} = 0.06 < 2.13 = t_{0.05/2}(15)$$

t 检验的结果拒绝 $H_0 : \beta_2 = 0$，说明 x_2 对 y 有显著影响，接受 $H_0 : \beta_1 = 0$，$H_0 : \beta_3 = 0$，$H_0 : \beta_4 = 0$，说明 x_1, x_3, x_4 对 y 没有显著影响。

这里应该注意的是，t 检验后，若 $\left|t_{b_j}\right| > t_{\alpha/2}(n-m-1)$，拒绝 H_0 假设，即 x_j 为重要的自变量，应保留在回归方程中；若 $\left|t_{b_j}\right| < t_{\alpha/2}(n-m-1)$，则接受 H_0 假设，认为 β_j 与 0 无显著差异，这一自变量 x_j 应从回归方程中剔除。一般一次 t 检验只剔除一个自变量，并且这个自变量是所有不显著变量中 t 值最小的，即从观察值组中剔除这一自变量 x_j 的数据，然后按新的观察值组重新建立回归方程，再进行检验，直到所建立的回归方程的各自变量都是显著时为止。

（三）因变量的预测及预测区间估计

对于 m 元线性回归的因变量预测公式的矩阵形式为

$$\hat{\boldsymbol{Y}}_0 = \boldsymbol{X}_0 \hat{\boldsymbol{B}}$$

其中，

$$\boldsymbol{X}_0 = (1, x_{01}, x_{02}, \cdots, x_{0m})$$

这里，$x_{01}, x_{02}, x_{03}, \cdots, A_{0m}$ 是自变量的取值。

m 元线性回归方程的因变量预测区间用公式表示为

$$\hat{Y}_0 - t_{\alpha/2}(n-m-1) \cdot S \cdot \sqrt{1 + X_0(X'X)^{-1}X_0'} \leqslant Y_0$$

$$\leqslant \hat{Y}_0 + t_{\alpha/2}(n-m-1) \cdot S \cdot \sqrt{1 + X_0(X'X)^{-1}X_0'} \qquad (9.54)$$

其中，$(X'X)^{-1}$ 是自变量矩阵 $(X'X)$ 的逆矩阵。

第五节　非线性回归分析

一、非线性回归分析的意义

在实际问题中，有些回归方程的因变量与自变量之间并不是线性关系，而是某种曲线关系，因此就需要配合适当的曲线方程，这种为实际观察值拟合曲线回归方程所进行的分析为非线性回归分析。非线性回归分析按自变量的个数也可分为一元非线性回归分析和多元非线性回归分析。非线性回归分析一般分以下两个步骤进行。

第一步：确定非线性函数变量之间关系的类型。变量之间的函数关系有时根据理论分析或过去累积的经验而确定；有时事前不能确定变量之间的函数关系类型，需要根据实际资料先做出散点图，从散点图的分布和形状选择适当的曲线来配合实际观察值。

第二步：确定非线性回归函数中的未知参数。非线性函数类型确定以后，须估计函数关系式中的未知参数。估计未知参数最常用的方法是最小二乘法。但是在应用最小二乘法以前要通过一些变量把非线性函数关系转换成线性关系，然后再利用前面所述的方法确定方程中的参数，并对建立的线性回归方程进行显著性检验和区间估计。

由于经济现象之间的关系错综复杂，用数学曲线近似描述经济现象的变化难免会发生偏差，这时可以根据实际观察值所表现的曲线形状，采用几种可能的数学曲线加以拟合，曲线拟合的优度通过计算相关指数 R 来加以选择。相关指数的计算公式为

$$R = \sqrt{\frac{\sum(\hat{y}-\bar{y})^2}{\sum(y-\bar{y})^2}} = \sqrt{1 - \frac{\sum(y-\hat{y})^2}{\sum(y-\bar{y})^2}}$$

相关指数 R 的大小表示回归曲线拟合度的高低，R 只取正值，$0 \leqslant R \leqslant 1$，$R$ 越接近于 1，说明所拟合曲线与实际观察值吻合程度度越高，反之越低。

二、非线性回归方程的线性变换

多数情况下，在进行非线性回归分析时，为了便于计算，可将其转换为线性方程。其转换的方式视回归方程的形式而定。以下是几种常用的非线性回归方程的线性变换。

（一）双曲线函数方程

$$\frac{1}{\hat{y}} = b_0 + \frac{b_1}{x}$$

令
$$\hat{y}' = \frac{1}{\hat{y}}, \quad x' = \frac{1}{x}$$

则有线性回归方程：
$$\hat{y}' = b_0 + b_1 x'$$

（二）幂函数方程

$$\hat{y} = b_0 x^{b_1}$$

对方程两边取对数后，得
$$\lg \hat{y} = \lg b_0 + b_1 \lg x$$

令
$$\hat{y}' = \lg \hat{y}, \quad b_0' = \lg b_0, \quad x' = \lg x$$

则有线性回归方程：
$$\hat{y}' = b_0' + b_1 x'$$

（三）指数函数方程

$$\hat{y} = b_0 e^{b_1 x}$$

对方程两边取自然对数，得
$$\ln \hat{y} = \ln b_0 + b_1 x$$

令
$$\hat{y}' = \ln \hat{y}, \quad b_0' = \ln b_0$$

则有线性回归方程：
$$\hat{y}' = b_0' + b_1 x$$

（四）对数函数方程

$$\hat{y} = b_0 + b_1 \lg x$$

令
$$x' = \lg x$$

则有线性回归方程：
$$\hat{y} = b_0 + b_1 x'$$

（五）S 形曲线方程

$$\hat{y} = \frac{1}{b_0 + b_1 e^{-x}}$$

令
$$\hat{y}' = \frac{1}{\hat{y}}, \quad x' = e^{-x}$$

则有线性回归方程：
$$\hat{y}' = b_0 + b_1 x'$$

（六）多项式曲线方程

1. $\hat{y} = b_0 + b_1 x + b_2 x^2 + b_3 x^3$

令
$$x_1 = x, \quad x_2 = x^2, \quad x_3 = x^3$$

则有线性回归方程：
$$\hat{y} = b_0 + b_1 x_1 + b_2 x_2 + b_3 x_3$$

2. $\hat{y} = b_0 + b_1 x_1 + b_2 x_1 x_2$

令
$$x_3 = x_1 x_2$$

则有线性回归方程：
$$\hat{y} = b_0 + b_1 x_1 + b_2 x_3$$

3. $\hat{y} = b_0 b_1^{x_1} b_2^{x_2}$

对方程两边取对数后，得

$$\lg \hat{y} = \lg b_0 + x_1 \lg b_1 + x_2 \lg b_2$$

令 $\qquad \hat{y}' = \lg \hat{y}, \quad b_0' = \lg b_0, \quad b_1' = \lg b_1, \quad b_2' = \lg b_2$

则有线性回归方程： $\qquad \hat{y}' = b_0' + b_1' x_1 + b_2' x_2$

4. $\hat{y} = b_0 x_1^{b_1} x_2^{b_2} x_3^{b_3}$

对方程两边取对数后，得

$$\lg \hat{y} = \lg b_0 + b_1 \lg x_1 + b_2 \lg x_2 + b_3 \lg x_3$$

令 $\qquad \hat{y}' = \lg \hat{y}, \quad b_0' = \lg b_0, \quad x_1' = \lg x_1, \quad x_2' = \lg x_2, \quad x_3' = \lg x_3$

则有线性回归方程： $\qquad \hat{y}' = b_0' + b_1 x_1' + b_2 x_2' + b_3 x_3'$

需要说明的是，并不是所有的非线性函数方程都可以通过变换得到与原方程完全等价的线性回归方程。遇到这种情况时，还需要利用其他一些方法，如泰勒级数展开法等进行估计。

本章小结

变量之间依存关系的类型为函数关系、相关关系，它们之间既有区别又有联系。相关关系的种类有：按涉及因素多少可分为单相关、复相关和偏相关；按表现形态可分为直线相关和曲线相关；按相关变量变化方向可分为正相关和负相关；按相关程度可分为完全相关、不相关和不完全相关；按相关性质可分为"真实相关"和"虚假相关"。相关分析是研究两个或两个以上变量之间相关方向和相关密切程度的统计分析方法。主要内容有：确定变量之间有无相关关系以及相关关系的表现形式；确定变量之间相关的密切程度；建立合适的数学模型；测定变量估计值的可靠程度。

线性相关的测定方法有：相关表与相关图、相关系数计算、相关系数密切程度的判断。

一元线性回归分析是对具有线性相关关系的两个变量之间数量变化的一般关系进行测定，确定合适的回归方程，据以进行估计或预测的统计方法。建立一元线性回归方程并对其进行检验：r 检验、计算估计标准误差、F 检验、t 检验。利用一元线性回归方程进行预测。

多元线性回归分析，是指在线性相关条件下，研究两个或两个以上的自变量与因变量之间的数量变化关系。建立多元线性回归方程并对其进行检验：r 检验、计算估计标准误差、F 检验、t 检验。利用多元线性回归方程进行预测。

因变量与自变量之间是某种曲线关系，要配合适当的曲线方程进行非线性回归分析。非线性回归分析按自变量的个数可分为一元非线性回归分析和多元非线性回归分析。在多数情况下，进行非线性回归分析时，为了便于计算，可将其转换为线性方程。

思考与练习

1．什么是相关关系？相关关系与函数关系有何区别与联系？

2．相关分析的主要内容是什么？

3．什么是回归分析？什么是相关分析？它们之间的区别与联系是什么？

4．一元线性回归分析有哪些特点？

5．什么是可决系数？它与相关系数有什么区别和联系？

6．什么是估计标准误差？它有什么作用？

7．某集团所属 10 个企业某年的生产性固定资产和工业增加值资料如表 9-14 所示。

表 9-14　某年某集团所属 10 个企业资料表

企 业 编 号	生产性固定资产价值/万元	工业增加值/万元
1	316	528
2	920	1 020
3	200	480
4	405	830
5	425	910
6	502	945
7	328	608
8	1 208	1 542
9	1 025	1 380
10	1 240	1 675

根据表 9-14 所示资料：

（1）计算生产性固定资产价值与工业增加值的相关系数。

（2）若相关程度较高，则配合工业增加值依生产性固定资产价值的直线回归方程。

（3）计算估计标准误差。

8．已知数据：$n = 7$，$\sum x = 1\,890$，$\sum y = 31.3$，$\sum x^2 = 535\,500$，$\sum y^2 = 174.15$，$\sum xy = 9\,318$。

要求：

（1）根据上述数据，试确定 y 依 x 的简单直线回归方程。

（2）计算相关系数及可决系数。

（3）计算估计标准误差。

（4）对回归系数进行 t 检验（$\alpha = 0.05$）。

9．某工业企业某种产品产量与单位产品成本资料如表 9-15 所示。

表 9-15　某工业企业某种产品产量与单位产品成本表

年　　份	第1年	第2年	第3年	第4年	第5年	第6年	第7年	第8年
产品产量/万件	2	3	4	3	4	5	6	7
单位产品成本/元/件	73	72	71	73	69	68	66	65

要求：

（1）根据表中资料绘制相关图，判别该数列相关与回归的种类。

（2）配合适当的回归方程。

（3）根据回归方程，指出每当产品产量增加 1 万件时，单位产品成本的变动情况。

（4）计算相关系数，并进行 r 检验（$\alpha = 0.05$）。

（5）计算估计标准误差。

（6）当产量为 8 万件时，对单位产品成本做置信度为 95% 的区间估计。

10. 某地管理部门随机抽取 10 个零售企业，对它们某月的商品销售额、流通费用额和利润额情况进行调查，资料如表 9-16 所示。

表 9-16 10 个零售企业资料

单位：万元

零售企业编号	利润额 y	商品销售额 x_1	流通费用额 x_2
1	1.8	40	4.8
2	2.0	43	4.9
3	2.1	48	5.7
4	1.9	42	5.0
5	1.9	41	4.8
6	2.1	45	5.0
7	2.2	47	5.7
8	2.4	50	5.7
9	2.5	52	6.1
10	2.6	56	6.5

要求：

（1）建立二元线性回归方程。

（2）计算复相关系数、复可决系数、修正的复可决系数。

（3）对回归方程进行显著性水平为 5% 的显著性检验。

（4）对回归系数进行显著性水平为 5% 的显著性检验。

11. 对于二元线性回归方程，y 是电话机的门数（百门）；x_1 是居民人数（万人）；x_2 是居民人均年收入（千元）。现利用 8 个城市的资料已经计算出以下数据：

$$(X'X)^{-1} = \begin{bmatrix} 430.334 & 1.573\,99 & -5.168\,68 \\ 1.573\,99 & 0.006\,36 & -0.019\,93 \\ -5.168\,68 & -0.019\,93 & 0.063\,84 \end{bmatrix} \qquad X'Y = \begin{bmatrix} 2\,748 \\ 821\,058 \\ 478\,675 \end{bmatrix}$$

$$Y'Y = 3\,975\,600 \qquad\qquad \overline{Y} = 274.6$$

试根据上述数据，要求：

（1）估计方程中的回归系数。

（2）计算随机误差项的方差估计值。

（3）计算修正的复可决系数。

（4）计算各回归系数的 t 统计量。

（5）对整个回归方程进行显著性水平为 5% 的显著性检验。

（6）测算居民人数 150 万人、人均年收入 6 万元时的电话机门数。

12. 测得某动物的体长（cm）和体重（kg）数据如表 9-17 所示。

表 9-17 某动物的体长和体重数据

序 号	体重 y/kg	体长 x/cm
1	1.00	70.70
2	4.85	98.25
3	6.59	112.57
4	9.01	122.48
5	12.34	138.46
6	15.50	148.00
7	21.25	152.00
8	22.11	162.00

要求：

（1）绘制散点图，确立适宜的曲线回归方程。

（2）计算相关指数。

第十章 统计学中的 Excel 例解

🖋 学习目的

Excel 是统计分析中应用较为普遍的软件。基于本科学生在大一已经学习了大学计算机课程，对 Excel 的功能及操作有所了解，本章只是对 Excel 在统计分析中的应用以例解的形式进行介绍。通过本章的学习，要求掌握 Excel 在描述统计中的应用，能结合实例用 Excel 做数据的频率分布和直方图、对原始数据进行统计分析及计算分组数据的平均值和方差；掌握 Excel 在推断统计中的应用，能结合实例做区间估计和假设检验；熟练掌握 Excel 在相关与回归中的应用。

第一节　Excel 概述

目前常用的统计分析软件有 SPSS、SAS、Minitab、TSP、Excel 等。其中 Excel 作为办公软件，广泛地被公司企业和个人所使用，应用最为普遍且易学易懂。Excel 具有强有力的数据库管理功能、丰富的宏命令和函数、强有力的决策支持工具。本章通过实例介绍如何应用 Excel 进行常见的统计分析，对 Excel 的操作、功能等不做详细介绍。

Excel 提供了一组数据分析工具，称为"分析工具库"，在建立复杂的统计分析时，使用现成的数据分析工具，可以节省很多时间。只需为每一个分析工具提供必要的数据和参数，该工具就会用适宜的统计或数学函数，在输出表格中显示相应的结果。其中的一些工具在生成输出表格时还能同时产生图表。Microsoft Office 在默认安装时，一般不会自动安装"分析工具库"。如果"数据分析"命令没有出现在"工具"菜单上，则必须通过"工具"菜单中的"加载宏"命令来加载"分析工具库"。

加载"分析工具库"的步骤如下。

打开 Excel 表格，执行"工具"→"加载宏"命令，弹出如图 10-1 所示的对话框。

图 10-1　"可用加载宏"对话框

（1）选中"分析工具库"复选框，并单击"确定"按钮。

（2）加载完毕，没有任何提示，但"工具"菜单下会多出一个"数据分析"选项。

第二节　Excel 在描述统计中的应用

一、利用"直方图"工具计算频率分布并制作直方图

【例 10-1】某班 40 名学生统计学考试成绩如下：

57　89　49　84　86　87　75　73　72　68　75　82　97　81　67　81

54　79　87　95　76　71　60　90　65　76　72　70　86　85　89　89

64　57　83　81　78　87　72　61

（1）试计算以 60,70,80,90,100 为组限学生人数的频数和累计频率。

（2）按上面分类做出学生人数分布的直方图。

解题步骤：将数据输入表格，把考试分数输入 A1 中，把组限输入 B1 中，如图 10-2 所示。

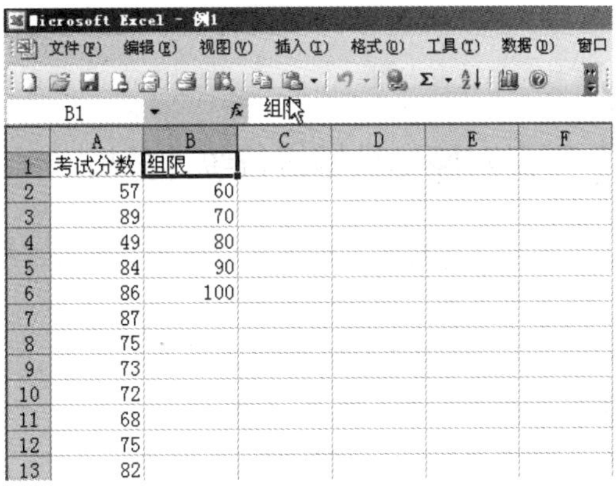

图 10-2　将数据输入 Excel 表中

（1）执行"工具"→"数据分析"菜单命令，弹出如图 10-3 所示的对话框。

（2）选择"直方图"选项，单击"确定"按钮，弹出"直方图"对话框。在该对话框中输入相关的数据。输入区域：选择 A1 选项，按住鼠标左键不放拖到 A41；接收区域：选择 B1 选项，按住鼠标左键不放拖到 B6；选中"标志"复选框；选中"输出区域"单选按钮并选择 C1 选项指定输出区域。再选中"累积百分率"和"图表输出"复选框，如图 10-4 所示。

（3）单击"确定"按钮，得到各组频数和累积频率以及直方图，如图 10-5 所示。

（4）对得出的直方图进行修改，调整坐标刻度、字体等。图中柱体的间距应该设置为 0，方法是：把鼠标指向柱体内，单击鼠标右键，弹出"数据系列格式"对话框，选择"选项"选项卡，在"分类间距"数值框中将数值设置为"0"，如图 10-6 所示。

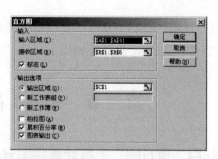

图 10-3　"数据分析"对话框　　　　　　图 10-4　"直方图"对话框

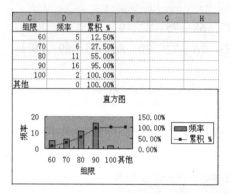

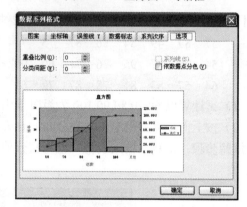

图 10-5　各组频数和累计频率及直方图　　　图 10-6　"数据系列格式"对话框

二、利用"描述统计"工具对原始数据进行统计分析

【例 10-2】计算例 10-1 中考试分数的平均值、中位数、方差、标准差、95%置信区间等。

解题步骤：

（1）用鼠标单击例 10-1 工作表中待分析数据的任一单元格。

（2）选择"工具"菜单中的"数据分析"子菜单。

（3）用鼠标双击数据分析工具中的"描述统计"选项。

（4）弹出"描述统计"对话框，按如图 10-7 所示设置各选项。

图 10-7　"描述统计"对话框

"描述统计"对话框中各选项的含义如下。

● 输入区域：在此输入待分析数据区域的单元格范围。一般情况下，Excel 会自动根

据当前单元格确定待分析数据区域。

- 分组方式：如果需要指出输入区域中的数据是按行还是按列排列，则选中"逐行"或"逐列"单选按钮。
- 标志位于第一行/列：如果输入区域的第一行中包含标志项（变量名），则选中"标志位于第一行"复选框；如果输入区域的第一列中包含标志项，则选中"标志位于第一列"复选框；如果输入区域没有标志项，则不选中任何复选框，Excel 将在输出表中生成适宜的数据标志。
- 平均数置信度：若需要输出由样本均值推断总体均值的置信区间，则选中此复选框，然后在右侧的文本框中输入所要使用的置信度。例如，置信度为 95%可计算出的总体样本均值置信区间为 10，即表示在 5%的显著水平下总体均值的置信区间为 $(X-10, X+10)$。
- 第 K 大/小值：如果需要在输出表的某一行中包含每个区域的数据的第 K 个最大/小值，则选中此复选框。然后在右侧的文本框中输入 K 的数值。
- 输出区域：在此文本框中可填写输出结果表左上角单元格地址，用于控制输出结果的存放位置。整个输出结果分为两列：左边一列包含统计标志；右边一列包含统计值。根据所选择的"分组方式"选项的不同，Excel 将为输入表中的每一行或每一列生成一个两列的统计表。
- 新工作表组：选中此单选按钮，可在当前工作簿中插入新工作表，并由新工作表的 A1 单元格开始存放计算结果。如果需要给新工作表命名，则在右侧文本框中输入名称。
- 新工作簿：选中此单选按钮，可创建一个新工作簿，并在新工作簿的新工作表中存放计算结果。
- 汇总统计：指定输出表中生成下列统计结果，则选中此复选框。这些统计结果有：平均值、标准误差、中位数、众数、标准差、方差、峰度、偏度、极差（全距）最小值、最大值、总和、观测数等。

（5）设置完"描述统计"对话框后，单击"确定"按钮即可，结果如图 10-8 所示。

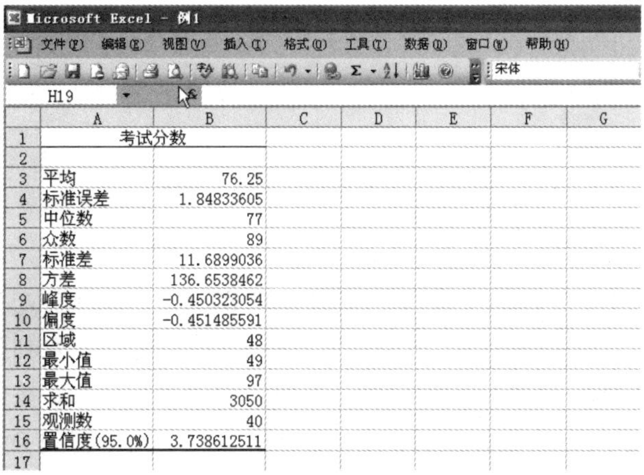

图 10-8　"描述统计"工具生成的结果

结果说明："描述统计"工具可生成以下统计指标，其中按从上到下的顺序包括样本的平均值、标准误差（$\sigma/\sqrt{n}$）、中位数（median）、众数（mode）、标准差、方差、峰度值（kurtosis）、偏度值（skewness）、极差（range）、最小值（min）、最大值（max）、总和、数据单位个数和一定显著水平下总体均值的置信区间。

三、计算分组数据的平均值和方差

【例 10-3】学生成绩的分组情况如表 10-1 所示。

表 10-1 学生成绩分组情况

按成绩分组/分	学生数 f/人
60 以下	7
60～70	21
70～80	25
80～90	19
90～100	8
合 计	80

试计算学生成绩的平均值和标准差。

解题步骤：

（1）将分组数据、学生数、组中值及相关要计算的指标的标题输入 Excel 表格中，并留好相应空白单元格的位置，如图 10-9 所示。

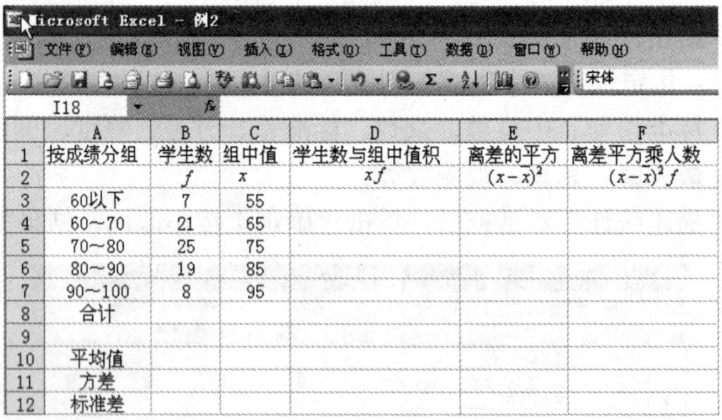

	A	B	C	D	E	F
1	按成绩分组	学生数	组中值	学生数与组中值积	离差的平方	离差平方乘人数
2		f	x	xf	$(x-\bar{x})^2$	$(x-\bar{x})^2 f$
3	60以下	7	55			
4	60～70	21	65			
5	70～80	25	75			
6	80～90	19	85			
7	90～100	8	95			
8	合计					
9						
10	平均值					
11	方差					
12	标准差					

图 10-9 将数据输入 Excel 表格中

（2）求出平均值，如图 10-10 所示。

过程如下：先在 B8 单元格中输入"=SUM(B3:B7)"，求出学生总数。在 D3 单元格中输入公式"=B3*C3"，按 Enter 键，出现结果"385"后，把公式复制到余下各组。其方法是：用鼠标左键选定 D3，使光标变成黑框，出现实心的黑十字形，按住鼠标左键往下拖到 D7 单元格，就得到了所有结果。然后把 B8 单元格中的公式复制到 D8，得到"6000"。再在 B10 单元格中输入公式"=D8/B8"，就得到平均值"75"。

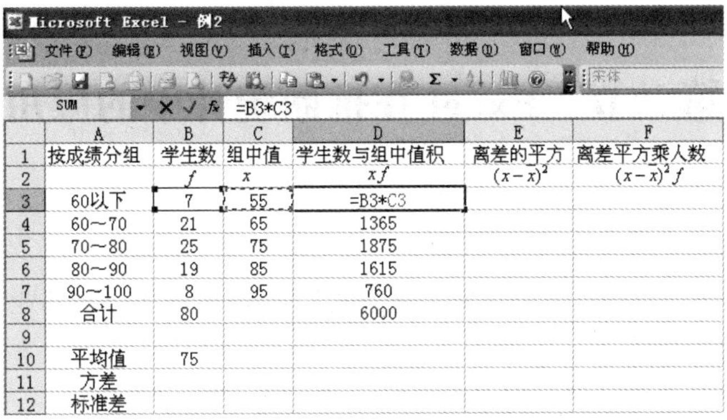

	A	B	C	D	E	F
1	按成绩分组	学生数	组中值	学生数与组中值积	离差的平方	离差平方乘人数
2		f	x	xf	$(x-x)^2$	$(x-x)^2 f$
3	60以下	7	55	=B3*C3		
4	60～70	21	65	1365		
5	70～80	25	75	1875		
6	80～90	19	85	1615		
7	90～100	8	95	760		
8	合计	80		6000		
9						
10	平均值	75				
11	方差					
12	标准差					

图 10-10 求平均值

（3）求出方差和标准差。

在 E3 单元格中输入“=(C3−75)^2”，复制至 E7；在 F3 单元格中输入“=B3*E3”，复制至 F7，如图 10-11 所示。

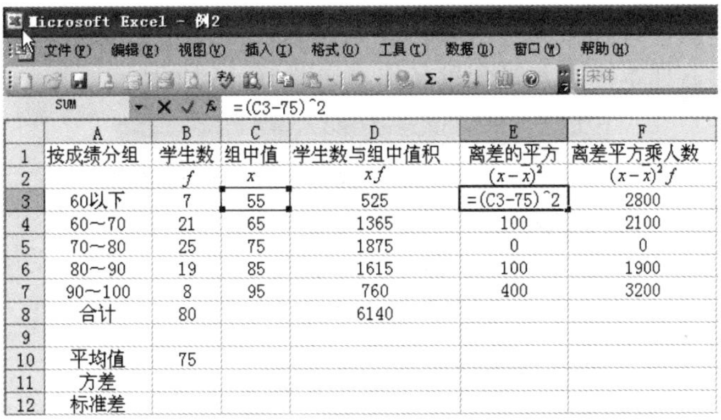

	A	B	C	D	E	F
1	按成绩分组	学生数	组中值	学生数与组中值积	离差的平方	离差平方乘人数
2		f	x	xf	$(x-x)^2$	$(x-x)^2 f$
3	60以下	7	55	525	=(C3-75)^2	2800
4	60～70	21	65	1365	100	2100
5	70～80	25	75	1875	0	0
6	80～90	19	85	1615	100	1900
7	90～100	8	95	760	400	3200
8	合计	80		6140		
9						
10	平均值	75				
11	方差					
12	标准差					

图 10-11 求方差和标准差

分别在 E8 和 F8 单元格中求和（把 D8 单元格中的公式复制到 E8 和 F8 单元格即可）。在 B11 单元格中输入方差的计算公式“=F8/B8”，按 Enter 键即得到方差的值。然后在 B12 单元格中输入开根号公式，即“=SQRT(B11)”，就得到了标准差的值，如图 10-12 所示。

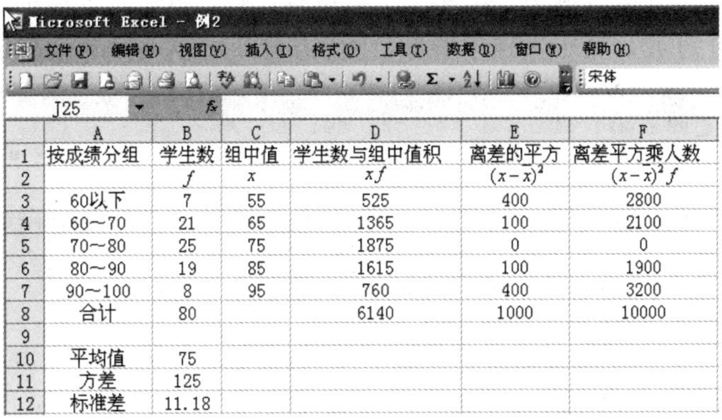

	A	B	C	D	E	F
1	按成绩分组	学生数	组中值	学生数与组中值积	离差的平方	离差平方乘人数
2		f	x	xf	$(x-x)^2$	$(x-x)^2 f$
3	60以下	7	55	525	400	2800
4	60～70	21	65	1365	100	2100
5	70～80	25	75	1875	0	0
6	80～90	19	85	1615	100	1900
7	90～100	8	95	760	400	3200
8	合计	80		6140	1000	10000
9						
10	平均值	75				
11	方差	125				
12	标准差	11.18				

图 10-12 求标准差的值

第三节　Excel在推断统计中的应用

一、区间估计

【例 10-4】某单位按简单随机重复抽样方式抽取40名职工，对其业务情况进行考核，考核成绩（分）资料如下：

68	89	88	84	86	87	75	73	72	68
75	82	99	58	81	54	79	76	95	76
71	60	91	65	76	72	76	85	89	92
64	57	83	81	78	77	72	61	70	87

试以95.45%的概率保证程度推断全体职工业务考试成绩的区间范围。

解题步骤：

（1）构造工作表。首先将40个数据输入A2:A41单元格区域，在B2:B10单元格区域内输入样本平均值、样本标准差等变量名称，如图10-13所示。

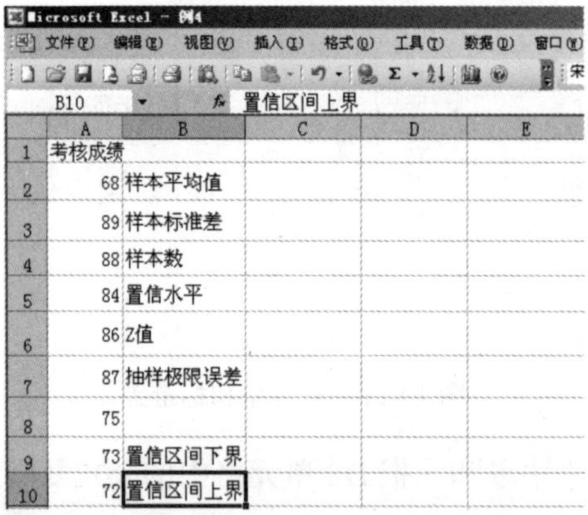

	A	B	C	D	E
1	考核成绩				
2	68	样本平均值			
3	89	样本标准差			
4	88	样本数			
5	84	置信水平			
6	86	Z值			
7	87	抽样极限误差			
8	75				
9	73	置信区间下界			
10	72	置信区间上界			

图 10-13　构造工作表

（2）在C2:C9单元格区域中调用相关函数进行计算，各个单元格的公式如图10-14所示（其中样本容量为40，属于大样本情形，所以t分布可以用标准正态分布代替）。

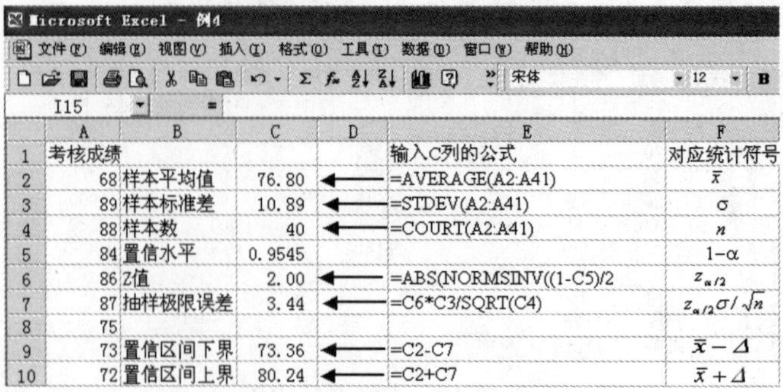

	A	B	C	D	E	F
1	考核成绩				输入C列的公式	对应统计符号
2	68	样本平均值	76.80	←	=AVERAGE(A2:A41)	$\bar{x}$
3	89	样本标准差	10.89	←	=STDEV(A2:A41)	σ
4	88	样本数	40	←	=COURT(A2:A41)	n
5	84	置信水平	0.9545			$1-\alpha$
6	86	Z值	2.00	←	=ABS(NORMSINV((1-C5)/2	$z_{\alpha/2}$
7	87	抽样极限误差	3.44	←	=C6*C3/SQRT(C4)	$z_{\alpha/2}\sigma/\sqrt{n}$
8	75					
9	73	置信区间下界	73.36	←	=C2-C7	$\bar{x}-\Delta$
10	72	置信区间上界	80.24	←	=C2+C7	$\bar{x}+\Delta$

图 10-14　各单元格的公式

其中置信水平直接填写。最后得到以 95.45%的概率保证全体职工业务考试成绩范围为(73.36,80.24)。

二、假设检验

【例 10-5】 某种元件的寿命 X（h）服从正态分布 $N(\mu,\sigma^2)$，其正常平均寿命为 225h，现随机测得 16 只元件的寿命如下：

159	280	101	212	224	379	179	264
222	362	168	250	149	260	485	170

根据以上数据检测该元件的寿命是否存在显著性差异（α=0.05）。

解题步骤：

检验问题为 H_0: μ=225，H_1: $\mu\neq$225。总体方差未知，属于双侧小样本 t 检验。

（1）构造工作表。首先在 B2:B12 单元格区域中输入样本平均值、样本标准差等变量名称，如图 10-15 所示。

	A	B
1	元件寿命	
2	159	样本平均值
3	280	样本标准差
4	101	样本数
5	212	置信水平
6	224	总体均值假设值
7	379	抽样平均误差
8	179	自由度
9	264	计算t值
10	222	
11	362	t临界值
12	168	检验结果

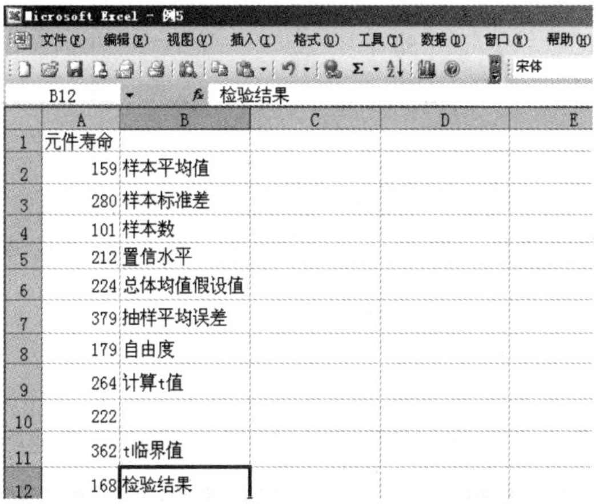

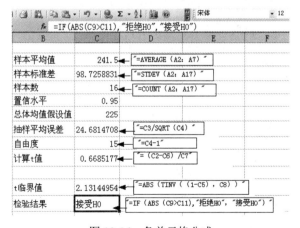

图 10-15　构造工作表

（2）在 C2:C9 单元格区域中调用函数计算需要结果的数值，公式如图 10-16 所示。

B	C	公式
样本平均值	241.5	"=AVERAGE（A2: A7）"
样本标准差	98.7258831	"=STDEV（A2: A17）"
样本数	16	"=COUNT（A2: A17）"
置信水平	0.95	
总体均值假设值	225	
抽样平均误差	24.6814708	"=C3/SQRT（C4）"
自由度	15	"=C4-1"
计算t值	0.6685177	"=（C2-C6）/C7"
t临界值	2.13144954	"=ABS（TINV（（1-C5），C8））"
检验结果	接受H0	"=IF（ABS（C9>C11),"拒绝H0"，"接受H0"）"

图 10-16　各单元格公式

t 统计量的临界值是 2.13，样本统计量的 t 值是 0.67，小于临界值，落在接受域内，因此接受原假设，断定该元件寿命不存在显著性差异。

第四节　Excel 在相关与回归中的应用

【例 10-6】从某大学中随机选取 15 名女大学生，测量其身高和体重数据如表 10-2 所示。

表 10-2　某大学 15 名女大学生身高和体重数据表

编　号	身高 y/m	体重 x/kg	编　号	身高 y/m	体重 x/kg
1	1.54	46	9	1.57	49
2	1.55	48	10	1.66	59
3	1.58	50	11	1.67	60
4	1.60	52	12	1.68	61
5	1.62	54	13	1.68	62
6	1.63	56	14	1.69	64
7	1.65	58	15	1.70	64
8	1.65	59			

要求：

（1）计算女大学生身高与体重的相关系数。

（2）以体重（x）为自变量，以身高（y）为因变量，建立线性回归方程，并对回归系数进行显著性检验（$\alpha=0.1$）。

解题步骤：

1．求相关系数

（1）将数据输入表格，在 D3 单元格中输入"相关系数"，存放系数值，如图 10-17 所示。

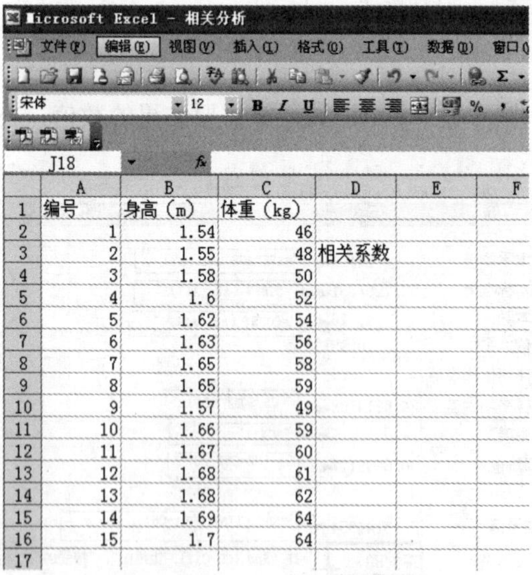

图 10-17　将数据输入 Excel 表格

（2）选择"工具"→"数据分析"命令，在弹出的"数据分析"对话框中选择"相关系数"选项，如图 10-18 所示。

（3）确定后会弹出"相关系数"对话框，按照如图 10-19 所示进行操作。

图 10-18　"数据分析"对话框

图 10-19　"相关系数"对话框

（4）单击"确定"按钮，即可得到如图 10-20 所示的结果，其中 0.994 452 即为相关系数的值。

图 10-20　结果

2．回归分析

（1）选择"工具"→"数据分析"命令，在弹出的"数据分析"对话框中选择"回归"选项，如图 10-21 所示。

（2）单击"确定"按钮，弹出"回归"对话框，按照如图 10-22 所示进行操作。

图 10-21　"数据分析"对话框

图 10-22　"回归"对话框

（3）单击"确定"按钮，得到如图 10-23 所示的结果。

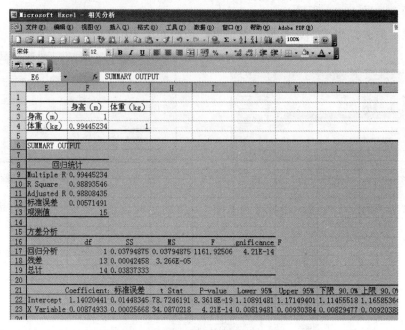

图 10-23 结果

从上面的结果可知，线性回归方程为

$$\hat{y} = 1.140\,2 + 0.008\,7x$$

从输出的结果可知 $R^2 = 0.988\,9$ ，说明模型拟合很好；回归系数的 p 值小于 0.1，说明体重与身高关系显著，建立的回归模型通过检验。

参 考 文 献

[1] 黄良文，曾五一. 统计学原理[M]. 北京：中国统计出版社，2000.

[2] 袁卫，庞皓，曾五一. 统计学[M]. 北京：高等教育出版社，2000.

[3] 徐国祥，刘汉良，孙允午，等. 统计学[M]. 上海：上海财经大学出版社，2001.

[4] 肖彦花，马知遥. 统计学[M]. 长沙：国防科技大学出版社，2004.

[5] 杨曾武. 社会经济统计学原理教科书[M]. 北京：中国统计出版社，1992.

[6] 贾俊平. 统计学[M]. 北京：清华大学出版社，2004.

[7] 黄良文，姚志学. 社会经济统计学原理[M]. 北京：中国统计出版社，1996.

[8] 孙静娟. 经济预测理论·方法·评价[M]. 北京：中国经济出版社，1999.

[9] 孙文生，吕杰. 统计学[M]. 北京：中国农业大学出版社，2004.

[10] 李洁明，祁新娥. 统计学原理[M]. 上海：复旦大学出版社，2004.

[11] 王怀伟，闫献平，燕建梁. 统计学教程[M]. 北京：清华大学出版社，2004.

[12] 曾五一. 统计学概论[M]. 北京：首都经济贸易大学出版社，2003.

[13] 谢启南，曾声文. 统计学原理[M]. 广州：暨南大学出版社，1991.

[14] 暴奉贤，朱慧强. 社会经济统计学原理[M]. 广州：暨南大学出版社，1997.

[15] 梁前德，陈元江. 统计学[M]. 北京：高等教育出版社，2004.

[16] 邹顺华，李金华. 社会经济统计学原理[M]. 北京：中国统计出版社，1995.

附录 A

03 47 43 73 86	36 96 47 36 61	46 98 63 71 62	33 26 16 80 45	60 11 14 10 95
97 74 24 67 62	42 81 14 57 20	42 53 32 37 32	27 07 36 07 51	24 51 79 89 73
16 76 62 27 66	56 50 26 71 07	32 90 79 78 53	13 55 38 58 59	88 97 54 14 10
12 56 85 99 26	96 96 68 27 31	05 03 72 93 15	57 12 10 14 21	88 26 49 81 76
55 59 56 35 64	38 54 82 46 22	31 62 43 09 90	06 18 44 32 53	23 83 01 30 30
16 22 77 94 39	49 54 43 54 82	17 37 93 23 78	87 35 20 96 43	84 26 34 91 64
84 42 17 53 31	57 24 55 06 88	77 04 74 47 67	21 76 33 50 25	83 92 12 06 76
63 01 63 78 59	16 95 55 67 19	98 10 50 71 75	12 86 73 58 07	44 39 52 38 79
33 21 12 34 29	78 64 56 07 82	52 42 07 44 38	15 51 00 18 42	99 66 02 79 54
57 60 86 32 44	09 47 27 96 54	49 17 46 09 62	90 52 84 77 27	08 02 73 43 28
18 18 07 92 46	44 17 16 58 09	79 83 86 19 62	06 76 50 03 10	55 23 64 05 05
26 62 38 97 75	84 16 07 44 99	83 11 46 32 24	20 14 85 88 45	10 93 72 88 71
23 42 40 64 74	82 97 77 77 81	07 45 32 14 08	32 98 94 07 72	93 85 79 10 75
52 36 28 19 95	50 92 26 11 97	00 56 76 31 38	80 22 02 53 53	86 60 42 04 53
37 85 94 35 12	83 39 50 08 30	42 34 07 96 88	54 22 06 87 98	35 85 29 48 39
70 29 17 12 13	40 33 20 38 26	13 89 51 03 74	17 76 37 13 04	07 74 21 19 30
56 62 18 37 35	96 83 50 87 75	97 12 20 93 47	70 33 24 03 54	97 77 46 44 80
99 49 57 22 77	88 42 95 45 72	16 64 36 16 00	04 43 18 66 79	94 77 24 11 90
16 08 15 04 72	33 27 14 34 09	45 59 34 68 49	12 72 07 34 45	99 27 72 95 14
31 16 93 32 43	50 27 89 87 19	20 15 37 00 49	52 85 66 60 44	38 68 88 11 80
68 34 30 13 70	55 74 30 77 40	44 22 78 84 26	04 33 46 09 52	68 07 97 06 57
74 57 25 65 76	59 29 97 68 60	71 91 38 67 54	13 58 18 24 76	15 54 55 95 52
27 42 37 86 53	48 55 90 65 72	96 57 69 36 10	96 46 92 42 45	97 60 49 04 91
00 39 68 29 61	66 37 32 20 30	77 84 57 03 29	10 45 65 04 26	11 04 96 67 24
29 94 98 94 24	68 49 69 10 82	53 75 91 93 30	34 25 20 57 27	40 48 73 51 92

附表 A-2　正态分布概率表

Z	F(Z)	Z	F(Z)	Z	F(Z)	Z	F(Z)
0.00	0.000 0	0.25	0.197 4	0.50	0.382 9	0.75	0.546 7
0.01	0.008 0	0.26	0.205 1	0.51	0.389 9	0.76	0.552 7
0.02	0.016 0	0.27	0.212 8	0.52	0.396 9	0.77	0.558 7
0.03	0.023 9	0.28	0.220 5	0.53	0.403 9	0.78	0.564 6
0.04	0.031 9	0.29	0.228 2	0.54	0.410 8	0.79	0.570 5
0.05	0.039 9	0.30	0.235 8	0.55	0.417 7	0.80	0.576 3
0.06	0.047 8	0.31	0.243 4	0.56	0.424 5	0.81	0.582 1
0.07	0.055 8	0.32	0.251 0	0.57	0.431 3	0.82	0.587 8
0.08	0.063 8	0.33	0.258 6	0.58	0.438 1	0.83	0.593 5
0.09	0.071 7	0.34	0.266 1	0.59	0.444 8	0.84	0.599 1
0.10	0.079 7	0.35	0.273 7	0.60	0.451 5	0.85	0.604 7
0.11	0.087 6	0.36	0.281 2	0.61	0.458 1	0.86	0.610 2
0.12	0.095 5	0.37	0.288 6	0.62	0.464 7	0.87	0.615 7
0.13	0.103 4	0.38	0.296 1	0.63	0.471 3	0.88	0.621 1
0.14	0.111 3	0.39	0.303 5	0.64	0.477 8	0.89	0.626 5
0.15	0.119 2	0.40	0.310 8	0.65	0.484 3	0.90	0.631 9
0.16	0.127 1	0.41	0.318 2	0.66	0.490 7	0.91	0.637 2
0.17	0.135 0	0.42	0.325 5	0.67	0.497 1	0.92	0.642 4
0.18	0.142 8	0.43	0.332 8	0.68	0.503 5	0.93	0.647 6
0.19	0.150 7	0.44	0.340 1	0.69	0.509 8	0.94	0.652 8
0.20	0.158 5	0.45	0.347 3	0.70	0.516 1	0.95	0.651 9
0.21	0.166 3	0.46	0.354 5	0.71	0.522 3	0.96	0.692 9
0.22	0.174 1	0.47	0.361 6	0.72	0.528 5	0.97	0.668 0
0.23	0.181 9	0.48	0.368 8	0.73	0.534 6	0.98	0.672 9
0.24	0.189 7	0.49	0.375 9	0.74	0.540 7	0.99	0.677 8
1.00	0.682 7	1.25	0.788 7	1.50	0.866 4	1.75	0.919 9
1.01	0.687 5	1.26	0.792 3	1.51	0.869 0	1.76	0.921 6
1.02	0.692 3	1.27	0.795 9	1.52	0.871 5	1.77	0.923 3
1.03	0.697 0	1.28	0.799 5	1.53	0.874 0	1.78	0.924 9
1.04	0.701 7	1.29	0.803 0	1.54	0.876 4	1.79	0.926 5
1.05	0.706 3	1.30	0.806 4	1.55	0.878 9	1.80	0.928 1
1.06	0.710 9	1.31	0.809 8	1.56	0.881 2	1.81	0.929 7
1.07	0.715 4	1.32	0.813 2	1.57	0.883 6	1.82	0.931 2
1.08	0.719 9	1.33	0.816 5	1.58	0.885 9	1.83	0.932 8
1.09	0.724 3	1.34	0.819 8	1.59	0.888 2	1.84	0.934 2

Z	F(Z)	Z	F(Z)	Z	F(Z)	Z	F(Z)
1.10	0.728 7	1.35	0.823 0	1.60	0.890 4	1.85	0.935 7
1.11	0.733 0	1.36	0.826 2	1.61	0.892 6	1.86	0.937 1
1.12	0.737 3	1.37	0.829 3	1.62	0.894 8	1.87	0.938 5
1.13	0.741 5	1.38	0.832 4	1.63	0.896 9	1.88	0.939 9
1.14	0.745 7	1.39	0.835 5	1.64	0.899 0	1.89	0.941 2
1.15	0.749 9	1.40	0.838 5	1.65	0.901 1	1.90	0.942 6
1.16	0.754 0	1.41	0.841 5	1.66	0.903 1	1.91	0.943 9
1.17	0.758 0	1.42	0.844 4	1.67	0.905 1	1.92	0.945 1
1.18	0.762 0	1.43	0.847 3	1.68	0.907 0	1.93	0.946 4
1.19	0.766 0	1.44	0.850 1	1.69	0.909 0	1.94	0.947 6
1.20	0.769 9	1.45	0.852 9	1.70	0.910 9	1.95	0.948 8
1.21	0.773 7	1.46	0.855 7	1.71	0.912 7	1.96	0.950 0
1.22	0.777 5	1.47	0.858 4	1.72	0.914 6	1.97	0.951 2
1.23	0.781 3	1.48	0.861 1	1.73	0.916 4	1.98	0.952 3
1.24	0.785 0	1.49	0.863 8	1.74	0.918 1	1.99	0.953 4
2.00	0.954 5	2.30	0.978 6	2.60	0.990 7	2.90	0.996 2
2.02	0.956 6	2.32	0.979 7	2.62	0.991 2	2.92	0.996 5
2.04	0.958 7	2.34	0.980 7	2.64	0.991 7	2.94	0.996 7
2.06	0.960 6	2.36	0.981 7	2.66	0.992 2	2.96	0.996 9
2.08	0.962 5	2.38	0.982 7	2.68	0.992 6	2.98	0.997 1
2.10	0.964 3	2.40	0.983 6	2.70	0.993 1	3.00	0.997 3
2.12	0.966 0	2.42	0.984 5	2.72	0.993 5	3.20	0.998 6
2.14	0.967 6	2.44	0.985 3	2.74	0.993 9	3.40	0.999 3
2.16	0.969 2	2.46	0.986 1	2.76	0.994 2	3.60	0.999 68
2.18	0.970 7	2.48	0.986 9	2.78	0.994 6	3.80	0.999 86
2.20	0.972 2	2.50	0.987 6	2.80	0.994 9	4.00	0.999 94
2.22	0.973 6	2.52	0.988 3	2.82	0.995 2	4.50	0.999 994
2.24	0.974 9	2.52	0.988 9	2.84	0.995 5	5.00	0.999 999
2.26	0.976 2	2.56	0.989 5	2.86	0.995 8		
2.28	0.977 4	2.58	0.990 1	2.88	0.996 0		

附表 A-3 t 分布单侧临界值表

自 由 度	$\alpha = 0.25$	$\alpha = 0.10$	$\alpha = 0.05$	$\alpha = 0.025$	$\alpha = 0.01$	$\alpha = 0.005$
1	1.000 0	3.077 7	6.313 8	12.706 2	31.820 7	63.657 4
2	0.816 5	1.885 6	2.920 0	4.302 7	6.964 6	9.924 8
3	0.764 9	1.637 7	2.353 4	3.182 4	4.540 7	5.840 9
4	0.740 7	1.533 2	2.131 8	2.776 4	3.746 9	4.604 1
5	0.726 7	1.475 9	2.015 0	2.570 6	3.364 9	4.032 2
6	0.717 6	1.439 8	1.943 2	2.446 9	3.142 7	3.707 4
7	0.711 1	1.414 9	1.894 6	2.364 6	2.998 0	3.499 5

自 由 度	$\alpha = 0.25$	$\alpha = 0.10$	$\alpha = 0.05$	$\alpha = 0.025$	$\alpha = 0.01$	$\alpha = 0.005$
8	0.706 4	1.396 8	1.859 5	2.306 0	2.896 5	3.355 4
9	0.702 7	1.383 0	1.833 1	2.262 2	2.821 4	3.249 8
10	0.699 8	1.372 2	1.812 5	2.228 1	2.763 8	3.169 3
11	0.697 4	1.363 4	1.795 9	2.201 0	2.718 1	3.105 8
12	0.695 5	1.356 2	1.782 3	2.178 8	2.681 0	3.054 5
13	0.693 8	1.350 2	1.770 9	2.160 4	2.650 3	3.012 3
14	0.692 4	1.345 0	1.761 3	2.144 8	2.624 5	2.976 8
15	0.691 2	1.340 6	1.753 1	2.131 5	2.602 5	2.946 7
16	0.690 1	1.336 8	1.745 9	2.119 9	2.583 5	2.920 8
17	0.689 2	1.333 4	1.739 6	2.109 8	2.566 9	2.898 2
18	0.688 4	1.330 4	1.734 1	2.100 9	2.552 4	2.878 4
19	0.687 6	1.327 7	1.729 1	2.093 0	2.539 5	2.860 9
20	0.687 0	1.325 3	1.724 7	2.086 0	2.528 0	2.845 3
21	0.686 4	1.323 2	1.720 7	2.079 6	2.517 7	2.831 4
22	0.685 8	1.321 2	1.717 1	2.073 9	2.508 3	2.818 8
23	0.685 3	1.319 5	1.713 9	2.068 7	2.499 9	2.807 3
24	0.684 8	1.317 8	1.710 9	2.063 9	2.492 2	2.796 9
25	0.684 4	1.316 3	1.708 1	2.059 5	2.485 1	2.787 4
26	0.684 0	1.315 0	1.705 6	2.055 5	2.478 6	2.778 7
27	0.683 7	1.313 7	1.703 3	2.051 8	2.472 7	2.770 7
28	0.683 4	1.312 5	1.701 1	2.048 4	2.467 1	2.763 3
29	0.683 0	1.311 4	1.699 1	2.045 2	2.462 0	2.756 4
30	0.682 8	1.310 4	1.697 3	2.042 3	2.457 3	2.750 0
31	0.682 5	1.309 5	1.695 5	2.039 5	2.452 8	2.744 0
32	0.682 2	1.308 6	1.693 9	2.036 9	2.448 7	2.738 5
33	0.682 0	1.307 7	1.692 4	2.034 5	2.444 8	2.733 3
34	0.681 8	1.307 0	1.690 9	2.032 2	2.441 1	2.728 4
35	0.681 6	1.306 2	1.689 6	2.030 1	2.437 7	2.723 8
36	0.681 4	1.305 5	1.688 3	2.028 1	2.434 5	2.719 5
37	0.681 2	1.304 9	1.687 1	2.026 2	2.431 4	2.715 4
38	0.681 0	1.304 2	1.686 0	2.024 4	2.428 6	2.711 6
39	0.680 8	1.303 6	1.684 9	2.022 7	2.425 8	2.707 9
40	0.680 7	1.303 1	1.683 9	2.021 1	2.423 3	2.704 5
41	0.680 5	1.302 5	1.682 9	2.019 5	2.420 8	2.701 2
42	0.680 4	1.302 0	1.682 0	2.018 1	2.418 5	2.698 1
43	0.680 2	1.301 6	1.681 1	2.016 7	2.416 3	2.695 1
44	0.680 1	1.301 1	1.680 2	2.015 4	2.414 1	2.692 3
45	0.680 0	1.300 6	1.679 4	2.014 1	2.412 1	2.689 6

附表 A-4 　 t 分布双侧临界值表

自 由 度	双侧和在一起的面积			
	$\alpha = 0.10$	$\alpha = 0.05$	$\alpha = 0.01$	$\alpha = 0.01$
1	6.314	12.706	31.821	63.657
2	2.920	4.403	6.965	9.925
3	2.353	3.182	4.541	5.841
4	2.132	2.776	3.747	4.604
5	2.015	2.571	3.365	4.032
6	1.943	2.447	3.143	3.707
7	1.895	2.365	2.998	3.499
8	1.860	2.306	2.986	3.355
9	1.833	2.262	2.821	3.250
10	1.812	2.228	2.764	3.169
11	1.796	2.201	2.718	3.106
12	1.782	2.179	2.681	3.055
13	1.771	2.160	2.650	3.012
14	1.761	2.145	2.624	2.977
15	1.753	2.131	2.602	2.947
16	1.746	2.120	2.583	2.921
17	1.740	2.110	2.567	2.898
18	1.734	2.101	2.552	2.878
19	1.729	2.093	2.539	2.861
20	1.725	2.086	2.528	2.845
21	1.721	2.080	2.518	2.831
22	1.717	2.074	2.508	2.819
23	1.714	2.069	2.500	2.807
24	1.711	2.064	2.942	2.797
25	1.708	2.060	2.485	2.787
26	1.760	2.056	2.479	2.779
27	1.703	2.052	2.473	2.771
28	1.701	2.048	2.467	2.763
29	1.699	2.045	2.462	2.756
30	1.697	2.042	2.457	2.750
40	1.684	2.021	2.423	2.704
60	1.671	2.000	2.390	2.660

附表 A-5 　 F 分布临界值表（ $\alpha = 0.05$ ）

分母 自由度	分子自由度								
	1	2	3	4	5	6	8	10	15
1	161.4	199.5	215.7	224.6	230.2	234.0	238.9	241.9	245.9
2	18.51	19.00	19.16	19.25	19.30	19.33	19.37	19.40	19.43
3	10.13	9.55	9.28	9.12	9.01	8.94	8.85	8.79	8.70
4	7.71	6.94	6.59	6.39	6.26	6.16	6.04	5.96	5.86

续表

分母自由度	分子自由度								
	1	2	3	4	5	6	8	10	15
5	6.61	5.79	5.41	5.19	5.05	4.95	4.82	4.74	4.62
6	5.99	5.14	4.76	4.53	4.39	4.28	4.15	4.06	3.94
7	5.59	4.74	4.35	4.12	3.97	3.87	3.73	3.64	3.51
8	5.32	4.46	4.07	3.84	3.69	3.58	3.44	3.35	3.22
9	5.12	4.26	3.86	3.63	3.48	3.37	3.23	3.14	3.01
10	4.96	4.10	3.71	3.48	3.33	3.22	3.07	2.98	2.85
11	4.84	3.98	3.59	3.36	3.20	3.09	2.95	2.85	2.72
12	4.75	3.89	3.49	3.26	3.11	3.00	2.85	2.75	2.62
13	4.67	3.81	3.41	3.18	3.03	2.92	2.77	2.67	2.53
14	4.60	3.74	3.34	3.11	2.96	2.85	2.70	2.60	2.46
15	4.54	3.68	3.29	3.06	2.90	2.79	2.64	2.54	2.40
16	4.49	3.63	3.24	3.01	2.85	2.74	2.59	2.49	2.35
17	4.45	3.59	3.20	2.96	2.81	2.70	2.55	2.45	2.31
18	4.41	3.55	3.16	2.93	2.77	2.66	2.51	2.41	2.27
19	4.38	3.52	3.13	2.90	2.74	2.63	2.48	2.38	2.23
20	4.35	3.49	3.10	2.87	2.71	2.60	2.45	2.35	2.20
21	4.32	3.47	3.07	2.84	2.68	2.57	2.42	2.32	2.18
22	4.30	3.44	3.05	2.82	2.66	2.55	2.40	2.30	2.15
23	4.28	3.42	3.03	2.80	2.64	2.53	2.37	2.27	2.13
24	4.26	3.40	3.01	2.78	2.62	2.51	2.36	2.25	2.11
25	4.24	3.39	2.99	2.76	2.60	2.49	2.34	2.24	2.09
26	4.23	3.37	2.98	2.74	2.59	2.47	2.32	2.22	2.07
27	4.21	3.35	2.96	2.73	2.57	2.46	2.31	2.20	2.06
28	4.20	3.34	2.95	2.71	2.56	2.45	2.29	2.19	2.04
29	4.18	3.33	2.93	2.70	2.55	2.43	2.28	2.18	2.03
30	4.17	3.32	2.92	2.69	2.53	2.42	2.27	2.16	2.01
40	4.08	3.23	2.84	2.61	2.45	2.34	2.18	2.08	1.92
50	4.03	3.18	2.79	2.56	2.40	2.29	2.13	2.03	1.87
60	4.00	3.15	2.76	2.53	2.37	2.25	2.10	1.99	1.84
70	3.98	3.13	2.74	2.50	2.35	2.23	2.07	1.97	1.801
80	3.96	3.11	2.72	2.49	2.33	2.21	2.06	1.95	1.79
90	3.95	3.10	2.71	2.47	2.32	2.20	2.04	1.94	1.78
100	3.94	3.09	2.70	2.46	2.31	2.19	2.03	1.93	1.77
125	3.92	3.07	2.68	2.44	2.29	2.17	2.01	1.91	1.75
150	3.90	3.06	2.66	2.43	2.27	2.16	2.00	1.89	1.73
200	3.89	3.04	2.65	2.42	2.26	2.14	1.98	1.88	1.72
∞	3.84	3.00	2.60	2.37	2.21	2.10	1.94	1.83	1.67

附表 A-6　F 分布临界值表（α =0.01）

分母自由度	分子自由度								
	1	2	3	4	5	6	8	10	15
1	4 052	4 999.5	5 403	5 625	5 764	5 859	5 981	6 065	6 157
2	98.50	99.00	99.17	99.25	99.30	99.33	99.37	99.40	99.43
3	34.12	30.82	29.46	28.71	28.24	27.91	27.49	27.23	26.87
4	21.20	18.00	16.69	15.98	15.52	15.21	14.80	14.55	14.20
5	16.26	13.27	12.06	11.39	10.97	10.67	10.29	10.05	9.72
6	13.75	10.92	9.78	9.15	8.75	8.47	8.10	7.87	7.56
7	12.25	9.55	8.45	7.85	7.46	7.19	6.84	6.62	6.31
8	11.26	8.65	7.59	7.01	6.63	6.37	6.03	5.81	5.52
9	10.56	8.02	6.99	6.42	6.06	5.80	5.47	5.26	4.96
10	10.04	7.56	6.55	5.99	5.64	5.39	5.06	4.85	4.56
11	9.65	7.21	6.22	5.67	5.32	5.07	4.74	4.54	4.25
12	9.33	6.93	5.95	5.41	5.06	4.82	4.50	4.30	4.01
13	9.07	6.70	5.74	5.21	4.86	4.62	4.30	4.10	3.82
14	8.86	6.51	5.56	5.04	4.69	4.46	4.14	3.94	3.66
15	8.86	6.36	5.42	4.89	4.56	4.32	4.00	3.80	3.52
16	8.53	6.23	5.29	4.77	4.44	4.20	3.89	3.69	3.41
17	8.40	6.11	5.19	4.67	4.34	4.10	3.79	3.59	3.31
18	8.29	6.01	5.09	4.58	4.25	4.01	3.71	3.51	3.23
19	8.18	5.93	5.01	4.50	4.17	3.94	3.63	3.43	3.15
20	8.10	5.85	4.94	4.43	4.10	3.87	3.56	3.37	3.09
21	8.02	5.78	4.87	4.37	4.04	3.81	3.51	3.31	3.03
22	7.95	5.72	4.82	4.31	3.99	3.76	3.45	3.26	2.98
23	7.88	5.66	4.76	4.26	3.94	3.71	3.41	3.21	2.93
24	7.82	5.61	4.72	4.22	3.90	3.67	3.36	3.17	2.89
25	7.77	5.57	4.68	4.18	3.85	3.63	3.32	3.13	2.85
26	7.72	5.53	4.64	4.14	3.82	3.59	3.29	3.09	2.81
27	7.68	5.49	4.60	4.11	3.78	3.56	3.26	3.06	2.78
28	7.64	5.45	4.57	4.07	3.75	3.53	3.23	3.03	2.75
29	7.60	5.42	4.54	4.04	3.73	3.50	3.20	3.00	2.73
30	7.56	5.39	4.51	4.02	3.70	3.47	3.17	2.98	2.70
40	7.31	5.18	4.31	3.83	3.51	3.29	2.99	2.80	2.52
50	7.17	5.06	4.20	3.72	3.41	3.19	2.89	2.70	2.42
60	7.08	4.98	4.13	3.65	3.34	3.12	2.82	2.63	2.35
70	7.01	4.92	4.07	3.60	3.29	3.07	2.78	2.59	2.31
80	6.96	4.88	4.04	3.56	3.26	3.04	2.74	2.55	2.27
90	6.93	4.85	4.01	3.53	3.23	3.01	2.72	2.52	2.42
100	6.90	4.82	3.98	3.51	3.21	2.99	2.69	2.50	2.22
125	6.84	4.78	3.94	3.47	3.17	2.95	2.66	2.47	2.19
150	6.81	4.75	3.91	3.45	3.14	2.92	2.63	2.44	2.16
200	6.76	4.71	3.88	3.41	3.11	2.89	2.60	2.41	2.13
∞	6.63	4.61	3.78	3.32	3.02	2.80	2.51	2.23	2.04

附表 A-7 χ^2 检验临界值概率表一

自 由 度	$\alpha=0.995$	$\alpha=0.99$	$\alpha=0.975$	$\alpha=0.95$	$\alpha=0.90$	$\alpha=0.75$
1	—	—	0.001	0.004	0.016	0.102
2	0.010	0.020	0.051	0.103	0.211	0.575
3	0.072	0.115	0.216	0.352	0.584	1.213
4	0.207	0.297	0.484	0.711	1.064	1.923
5	0.412	0.554	0.831	1.145	1.610	2.675
6	0.676	0.872	1.273	1.635	2.204	3.455
7	0.989	1.239	1.690	2.167	2.833	4.255
8	1.344	1.646	2.180	2.733	3.496	5.071
9	1.735	2.088	2.700	3.325	4.168	5.899
10	2.156	2.558	3.247	3.940	4.856	6.737
11	2.603	3.053	3.816	4.575	5.578	7.584
12	3.074	3.571	4.404	5.226	6.304	8.438
13	3.565	4.107	5.009	5.892	7.042	9.299
14	4.075	4.660	5.629	6.571	7.790	10.165
15	4.601	5.229	6.262	7.261	8.547	11.037
16	5.142	5.812	6.908	7.962	9.312	11.912
17	5.697	6.408	7.564	8.672	10.085	12.792
18	6.265	7.015	8.231	9.390	10.865	13.675
19	6.844	7.633	8.907	10.117	11.651	14.562
20	7.434	8.260	9.591	10.851	12.443	15.452
21	8.034	8.897	10.283	11.591	13.240	16.344
22	8.643	9.542	10.982	12.338	14.042	17.240
23	9.260	10.196	11.689	13.091	14.848	18.137
24	9.886	10.856	12.401	13.848	15.659	19.037
25	10.520	11.542	13.120	14.611	16.473	19.939
26	11.160	12.198	13.844	15.379	17.292	20.843
27	11.808	12.879	14.573	16.151	18.114	21.749
28	12.461	13.565	15.308	16.928	18.939	22.657
29	13.121	14.257	16.047	17.708	19.768	23.567
30	13.787	14.954	16.791	18.493	20.599	24.478
31	14.458	15.655	17.539	19.281	21.434	25.390
32	15.134	16.362	18.291	20.072	22.271	26.304
33	15.815	17.074	19.047	20.867	23.110	27.219
34	16.501	17.789	19.806	21.664	23.952	28.136
35	17.192	18.509	20.569	22.465	24.797	29.054
36	17.887	19.233	21.336	23.269	25.643	29.973
37	18.586	19.960	22.106	24.075	26.492	30.893
38	19.289	20.691	22.878	24.884	27.343	31.815
39	19.996	21.426	23.654	25.695	28.196	32.737
40	20.707	22.164	24.433	26.509	29.051	33.660
41	21.421	22.906	25.215	27.326	29.907	34.585

续表

自　由　度	$\alpha = 0.995$	$\alpha = 0.99$	$\alpha = 0.975$	$\alpha = 0.95$	$\alpha = 0.90$	$\alpha = 0.75$
42	22.138	23.650	25.999	28.144	30.765	35.510
43	22.859	24.398	26.785	28.965	31.625	36.436
44	23.584	25.348	27.575	29.787	32.487	37.363
45	24.311	25.901	28.366	30.612	33.350	38.291

附表 A-8　χ^2 检验临界值概率表二

自　由　度	$\alpha = 0.25$	$\alpha = 0.10$	$\alpha = 0.05$	$\alpha = 0.025$	$\alpha = 0.01$	$\alpha = 0.005$
1	1.323	2.706	3.841	5.024	6.635	7.879
2	2.773	4.605	5.991	7.378	9.210	10.597
3	4.108	6.251	7.815	9.348	11.345	12.838
4	5.385	7.779	9.488	11.143	13.277	14.860
5	6.626	9.236	11.071	12.833	15.086	16.750
6	7.841	10.645	12.592	14.449	16.812	18.548
7	9.037	12.017	14.067	16.013	18.475	20.278
8	10.219	13.362	15.507	17.535	20.090	21.955
9	11.389	14.684	16.919	19.023	21.666	23.589
10	12.549	15.987	18.307	20.483	23.209	25.188
11	13.701	17.275	19.675	21.920	24.725	26.757
12	14.845	18.549	21.026	23.337	26.217	28.299
13	15.984	19.812	22.362	24.736	27.688	29.819
14	17.117	21.064	23.685	26.119	29.141	31.319
15	18.245	22.307	24.996	27.488	30.578	32.801
16	19.369	23.542	26.296	28.845	32.000	34.267
17	20.489	24.769	27.587	30.191	33.409	35.718
18	21.605	25.989	28.869	31.526	34.805	37.156
19	22.718	27.204	30.144	32.825	36.191	38.582
20	23.828	28.412	31.410	34.170	37.566	39.997
21	24.935	29.615	32.671	35.479	38.932	41.401
22	26.039	30.813	33.924	36.781	40.289	42.796
23	27.141	32.007	35.172	38.076	41.638	44.181
24	28.241	33.196	36.415	39.364	42.980	45.559
25	29.339	34.382	37.652	40.646	44.314	46.928
26	30.435	35.563	38.885	41.923	45.642	48.290
27	31.528	36.741	40.113	43.194	46.963	49.645
28	32.620	37.916	41.337	44.461	48.278	50.993
29	33.711	39.087	42.557	45.722	49.588	52.336
30	34.800	40.256	43.773	46.979	50.892	53.672
31	35.887	41.422	44.985	48.232	52.191	55.003
32	36.973	42.585	46.194	49.480	53.486	56.328
33	38.058	43.745	47.400	50.725	54.776	57.648
34	39.141	44.903	48.602	51.966	56.061	58.964

自　由　度	$\alpha=0.25$	$\alpha=0.10$	$\alpha=0.05$	$\alpha=0.025$	$\alpha=0.01$	$\alpha=0.005$
35	40.223	46.059	49.802	53.203	57.342	60.275
36	41.304	47.212	50.998	54.437	58.619	61.581
37	42.383	48.363	52.192	55.668	59.892	62.883
38	43.462	49.513	53.384	56.896	61.162	64.181
39	44.539	50.660	54.572	58.120	62.428	65.476
40	45.616	51.805	55.758	59.342	63.691	66.766
41	46.692	52.949	56.942	60.561	64.950	68.053
42	47.766	54.090	58.124	61.777	66.206	69.336
43	48.840	55.230	59.304	62.990	67.459	70.616
44	49.913	56.369	60.481	64.201	68.710	71.893
45	50.985	57.505	61.656	65.410	69.957	73.166

附表 A-9　二项分布临界值表

n	单侧检验（α)		双侧检验（α)	
	0.05	0.01	0.05	0.01
5	5	—	—	—
6	6	—	6	—
7	7	7	7	—
8	7	8	8	—
9	8	9	8	9
10	9	10	9	10
11	9	10	10	11
12	10	11	10	11
13	10	12	11	12
14	11	12	12	13
15	12	13	12	13
16	12	14	13	14
17	13	14	13	15
18	13	15	14	15
19	14	15	15	16
20	15	16	15	17
21	15	17	16	17
22	16	17	17	18
23	16	18	17	19
24	17	19	18	19
25	18	19	18	20
26	18	20	19	20
27	19	20	20	21
28	19			

附表 A-10　相关系数检验表

自由度	自变量和因变量总数				自由度	自变量和因变量总数			
	2	3	4	5		2	3	4	5
	($\alpha = 0.05$)					($\alpha = 0.01$)			
1	0.997	0.999	0.999	0.999	1	1.000	1.000	1.000	1.000
2	0.950	0.975	0.983	0.987	2	0.990	0.995	0.997	0.998
3	0.878	0.930	0.950	0.961	3	0.959	0.976	0.983	0.987
4	0.811	0.881	0.912	0.930	4	0.917	0.949	0.963	0.970
5	0.754	0.836	0.874	0.898	5	0.874	0.917	0.937	0.949
6	0.707	0.795	0.839	0.867	6	0.834	0.886	0.911	0.927
7	0.666	0.758	0.807	0.838	7	0.798	0.855	0.885	0.904
8	0.632	0.726	0.777	0.811	8	0.765	0.827	0.860	0.882
9	0.602	0.697	0.750	0.766	9	0.735	0.800	0.835	0.861
10	0.576	0.671	0.726	0.763	10	0.708	0.776	0.814	0.840
11	0.553	0.648	0.703	0.741	11	0.684	0.753	0.793	0.821
12	0.532	0.627	0.683	0.722	12	0.661	0.732	0.773	0.802
13	0.514	0.608	0.664	0.703	13	0.641	0.712	0.755	0.785
14	0.497	0.590	0.646	0.686	14	0.623	0.694	0.737	0.768
15	0.482	0.574	0.630	0.670	15	0.606	0.677	0.721	0.752
16	0.468	0.559	0.615	0.655	16	0.590	0.662	0.706	0.738
17	0.456	0.545	0.601	0.641	17	0.575	0.647	0.691	0.724
18	0.444	0.532	0.587	0.628	18	0.561	0.633	0.678	0.710
19	0.433	0.520	0.575	0.615	19	0.549	0.620	0.665	0.698
20	0.423	0.509	0.563	0.604	20	0.537	0.608	0.652	0.685
25	0.381	0.462	0.514	0.553	25	0.487	0.555	0.600	0.633
30	0.349	0.426	0.476	0.514	30	0.449	0.514	0.558	0.591
35	0.325	0.397	0.445	0.482	35	0.418	0.481	0.523	0.556
40	0.304	0.373	0.419	0.445	40	0.393	0.454	0.494	0.526
50	0.273	0.336	0.379	0.412	50	0.354	0.410	0.449	0.479
60	0.250	0.308	0.348	0.380	60	0.325	0.377	0.414	0.442
70	0.232	0.286	0.324	0.354	70	0.302	0.351	0.386	0.413
80	0.217	0.269	0.304	0.332	80	0.283	0.333	0.362	0.389
	0.241	0.274	0.300		100	0.254	0.297	0.327	0.351